인공지능으로 구현되는 세상

강성배 · 박상철 · 오창규 · 정대율 · 정석찬

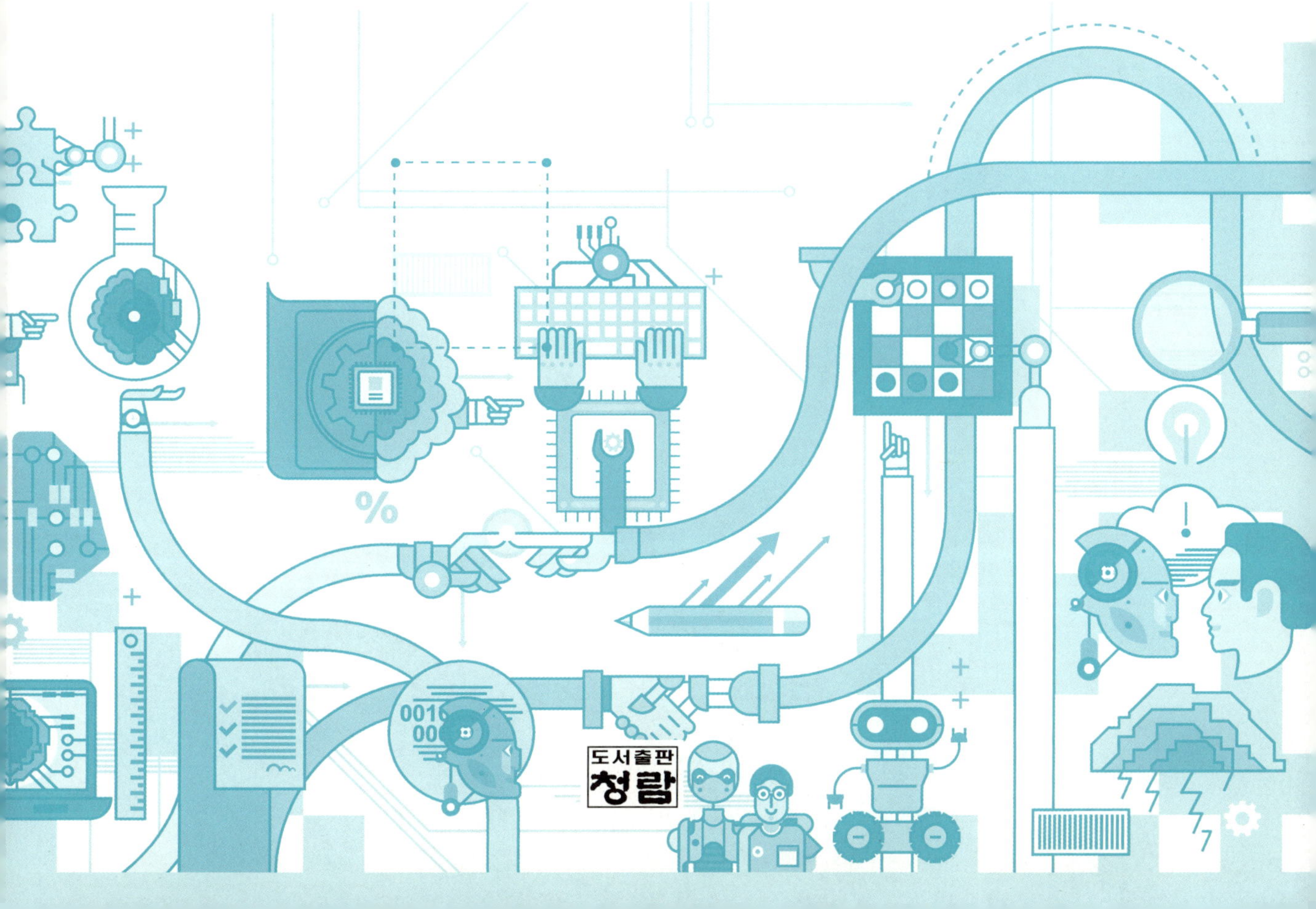

도서출판 청람

| 머리말 |

우리 인류는 지금까지 살아오면서 끊임없이 환경의 지배를 받으면서도 이를 극복하면서 살아왔다. 초기 인류는 생존을 위해 수렵과 채집 생활을 하게 되었으며, 점차 유목 생활을 하면서 단백질을 쉽게 섭취하게 되면서 두뇌가 급속히 발전하자 지구상의 다른 동물보다 우위에 있게 되었다. 그 이후 농경 생활을 시작하면서 한 곳에서 마을을 이루어 집을 짓고 가축을 사육하기 시작하면서 안정적으로 삶을 영위할 수 있게 되었다. 특히, 철기의 발견은 농기구에 있어 획기적인 변화와 함께 농업 생산성을 급격히 향상시켰다. 이러한 농업혁명은 급속한 인구의 증가와 함께 인류의 지능을 보다 더 높여주었다. 농업기술의 발전은 잉여농산물을 이용한 지배계급의 탄생을 불러왔을 뿐만 아니라 잉여농산물의 교환과 거래를 통한 상업의 발달을 가져왔다. 농업과 상업의 발전은 인류에게 지식과 정보를 축적하고 공유하게 하는데 있어 가장 중요한 역할을 하였다.

17세기 증기기관의 발명과 함께 시작된 산업혁명은 인류에게 있어 매우 큰 삶의 변화를 가져왔다. 증기기관의 발명은 말이나 소와 같은 동물의 힘에 의존하던 동력을 기계의 힘으로 대체할 수 있게 하였다. 이러한 동력체계의 변화는 가내수공업에서 벗어나 대규모 공장을 통한 대량생산체제로의 전환을 가능하게 하였다. 또한 증기기관을 이용한 철도의 발전은 인류의 이동속도를 빠르게 하였을 뿐만 아니라 대량의 물류 이동을 가능하게 하였다. 이러한 산업혁명은 수많은 사람들을 농촌에서 도시로 이주하게 하여 산업노동자 계급을 만들었으며, 도시의 급속한 팽창을 가져오게 하였다. 산업혁명을 통한 산업생산성의 증대와 도시화를 통한 집단적 학습은 인류의 지능을 더 한층 발전시키는 계기가 되었다.

전기(Eelectricity), 전화(Telephone), 그리고 전신(Electrical Telegraph)의 3대 발명은 오늘날 정보통신기술의 발전을 가져오는 데 있어 가장 중요한 원천이며,

2차 산업혁명을 불러일으켰다. 이로써 인류는 지식과 정보를 쉽게 공유하고 전달할 수 있는 수단을 가지게 되었다. 물론 지식을 저장하고 전달하는데 있어 종이의 발견과 인쇄술의 발견을 빼놓을 수는 없다. 고대 중국 후한시대의 환관인 채륜이 발명한 종이 제조 기술은 당나라 때 751년 탈라스 전투 이후 이슬람권으로 전해진 이후 10세기 무렵 유럽으로 전해지게 되었다. 그리고 1440년대 독일의 구텐베르크가 금속활자 기술을 개발하면서 인쇄술의 급속한 발전에 힘입어 유럽 전역에 지식의 전파가 급속히 이루어졌다. 물론 동양에서는 3세기경에 목판인쇄술이 보급되었으며, 우리나라에는 신라시대 때 이미 목판인쇄술이 사용되었다. 또한 금속활자도 독일보다 30년 더 앞서 세계 최초로 금속활자를 만들었다.

인류가 전기의 존재를 알게 된 것은 기원전 550년 경으로 거슬러 올라간다. 고대 그리스 철학자 탈레스가 호박에 작은 물체가 붙는 현상을 보고 호박을 문지를 때 정전기가 발생한다는 것을 발견하였다. 그러나 인류가 전기가 선을 타고 움직일 수 있다는 것을 알게 된 것은 1729년 영국의 그레이가 도체와 부도체를 발견하면서부터이다. 전기가 인류에게 본격적인 혜택을 주기 시작한 것은 1879년 에디슨이 백열전구를 발명하면서부터 가능했다. 그리고 전기를 상업적으로 생산하기 위한 최초의 발전소는 1882년 에디슨이 뉴욕에 설치한 발전소이다. 우리나라는 1887년 경복궁 건천궁에 전등을 설치하면서 전기가 들어왔으며, 1898년 한성전기회사가 설립되면서 전기를 보급하기 시작하였다.

전기의 발명과 함께 인류 역사에서 가장 큰 변화를 가져온 것은 바로 전화의 발명이다. 전기파동 신호를 이용한 최초의 전화기는 1849년 쿠바의 아바나에서 이탈리아 사람 안토니오 메우치에 의해 개발되었다. 그러나 현재 사용되는 전화기 모델은 1876년 알렉산더 그레이엄 벨에 의해 처음 고안되었으며, 1878년 매사추세츠 보스턴에 처음으로 전화 교환국이 설립되었다. 우리나라는 1896년 덕수궁에 좌석식 전화기가 최초로 설치되었다.

전신 또는 전보는 전기 신호를 이용하여 송신할 내용을 보내는 통신 방법으로 우편보다 빠르게 보낼 수 있다는 장점을 가지고 있다. 1837년 새뮤얼 모스가 전신부호 특허를 얻어 1844년 전신사업을 시작하였다. 우리나라는 1885년 청국에 의해 한성전보총국이 설치되면서 전신사업이 시작되었다. 한편, 1895년 이탈리아의

굴리엘모 마르코니가 독일의 하인리히 루돌프 헤르츠가 발견한 전자기파와 프랑스의 브랑리가 발명한 검파기에 자신이 발견한 안테나와 어스를 결합하여 전파에 의한 무선통신방법을 발명하였으며, 그 이듬해에 영국에서 마르코니 무선전신회사를 설치하여 무선통신사업을 시작하였다.

오늘날 디지털 혁명의 시대를 가져오는 데 있어 가장 중요한 역할을 한 것은 바로 디지털 컴퓨터의 발명이다. 인류가 셈을 빨리하기 위해 약 3000년 전부터 주판을 사용하였다. 산업혁명 이후 상업이 발달하고 사회가 더욱더 복잡해짐에 따라 어떻게 하면 도구의 힘을 빌려 계산을 빨리 할 수 있을 것인가에 대한 고민은 일찍부터 시작되었다. 이에 1642년 프랑스의 수학자이자 철학자인 파스칼이 톱니바퀴를 이용한 수동계산기인 파스칼라인을 고안하였다. 그 이후 1671년 독일의 수학자 라이프니츠가 이를 개량하여 곱셈과 나눗셈도 가능한 계산기를 발명하였다. 또한 라이프니츠는 십진법보다 기계장치에 더 적합한 진법을 연구해서, 17세기 후반에 이진법을 창안했다. 이진법을 이용한 계산 방법은 오늘날 디지털 컴퓨터의 발전을 가져오는 데 있어 가장 중요한 역할을 하였다.

오늘날 컴퓨터와 같이 중앙처리장치와 입출력장치를 갖춘 컴퓨터의 원리를 최초로 고안한 사람은 영국의 수학자 찰스 바비지이다. 그가 1822년에 고안한 차분기관(Difference Engine)은 다항함수를 계산하기 위한 기계식 디지털 계산기이며, 1837년에 처음으로 발표한 해석기관(Analytical Engine)이 진정한 디지털 컴퓨터의 시초라 할 수 있다. 그러나 해석기관은 경제적, 정치적, 법적 문제로 인해 실제 만들어지지는 않았다. 그 이후 1946년 미국의 펜실베니아대학의 모클리와 에커트가 제작한 에니악(ENIAC: Electronic Numerical Integrator and Computer)이 실제로 작동되는 최초의 디지털 컴퓨터이다.

1950년대 들어와 IBM을 중심으로 컴퓨터의 상용화가 급속히 진행되면서 컴퓨터를 활용한 다양한 분야의 응용이 이루어지기 시작하였다. IBM 7000 메인프레임은 트랜지스터를 이용한 컴퓨터로 컴퓨팅 파워를 높이는데 크게 기여하였다. 또한 1957년 고급 프로그래밍 언어인 FORTRAN의 발표는 컴퓨터 프로그래밍의 생산성을 획기적으로 높이는 계기가 되었다. 1960년 들어오면서 IBM 360이 나오면서 컴퓨팅 파워는 보다 향상되었다. 그리고 벨연구소에서 Unix와 C언어가 개발되면서 컴퓨터의 응용영역을 급속히 넓혀주었다. 특히, 1960년대 들어서면서 컴퓨터 하드웨어의 성능과 메모리의 집적도는 기하급수적으로 증가하였다. 이러한 현상에 고무되어 인텔의 공동창업자 고든 무어는 반도체 회로의 성능이 24개월마다 2배로 증가한다는 무어의 법칙을 1965년 내놓았다.

컴퓨팅 기술의 발전은 인공지능(AI: Artificial Intelligence)의 실현가능성을 가져왔다. 인공지능 개념을 최초로 제안한 사람은 영국의 수학자 앨런 튜링이다. 그는 "계산 기계와 지능(Computing Machinery and Intelligence)"이라는 논문에서 기계가 생각할 수 있는지 테스트하는 방법, 지능적 기계의 개발 가능성, 학습하는 기계 등에 대해 제안하였다. 그가 제안한 튜링머신은 내장식 프로그래밍 개념을 제안한 존 폰 노이만 교수에게 큰 영향을 미쳐 오늘날의 컴퓨터 구조를 완성하는 데 크게 기여하였다.

오늘날의 기계학습이 가능하게 하는 인공지능의 개념을 최초로 제안한 사람은 미국의 신경외과 의사인 워렌 맥컬록과 논리학자 월터 피츠이다. 이들은 전기 스위치처럼 온 · 오프하는 기초기능의 인공신경을 그물망 형태로 연결하면 사람의 뇌 작동원리를 흉내낼 수 있다는 이론을 제시하였다. 이들의 연구는 코넬대학교의 프랭크 로센블리트의 연구에 큰 영향을 주었다. 1958년 프랭크 로센블리트가 발표한 퍼셉트론(Perceptron)은 뇌신경을 모사한 인공신경 뉴런의 탄생을 가져왔다. 이로써 1960년대 들어서면서 신경망 기반 인공지능에 대한 연구가 활발히 진행되었으며, 컴퓨터를 이용하여 구현하려는 노력들이 시도되었다. 그러나 1969년 마빈 민스키와 세이무어 페퍼트가 퍼셉트론의 한계에 대하여 발표하면서 인공지능에 대한 연구비는 급격히 줄어들었다. 그리고 당시의 컴퓨팅 파워로는 인공지능의 구현이 한계에 봉착하였다.

1970년대 들어오면서 컴퓨팅 파워는 컴퓨터 하드웨어의 발전과 더불어 프로그래밍 기술의 발전에 힘입어 급속히 증가하였다. 이와 동시에 컴퓨터 네트워크의 발달이 급속히 진행되었다. 이로써 3차 산업혁명이라는 정보통신혁명이 시작되었다. 1950년대 영국의 크리스토퍼 스트라치가 컴퓨터끼리 네트워크를 구성해 시간을 동기화하는 프로젝트를 구상하여 특허를 신청하였는데 이것이 컴퓨터 네트워크, 더 나아가 인터넷의 근간이 되었다. 그리고 1960년대 초에 폴 바란이 메시지 블록 데이터를 기반으로 분산 네트워크를 제안한 이후 1960년대 말부터 1970년대 초에 다양한 프로토콜을 이용하여 패킷 교환망이 개발되었다. 1969년 미국 방부 산하에 ARPA(Advanced Research Projects Agency)가 설치되면서 패킷 방식을 이용한 최초의 패킷 스위칭 네트워크인 ARPANET이 탄생하였다. ARPANET은 1983년 TCP/IP 패킷 송출 방법으로 전환하면서 오늘날 인터넷의 탄생을 가져오게 하였다.

많은 사람들이 1970년대를 인공지능의 암흑기라고 규정하고 있다. 그러나 오늘날 인공지능의 기초 원리가 되는 여러 이론들이 이 시기에 정립되었다. 인공지능의 근간이 되는 이론 중의 하나가 퍼지이론(Fuzzy Theory)이다. 1965년 로프티 자데가 퍼지집합이론을 제창한 이래 1970년대 들어와 퍼지 의사결정 및 최적화 연구, 퍼지 측도, 퍼지 제어, 근사 추론 등 무수히 많은 이론적 연구가 이루어졌다. 특히, 1975년 영국 런던대학의 에브라함 람다니 교수가 퍼지전문가시스템(Fuzzy Expert System)을 이용하여 증기기관 제어에 성공하면서 퍼지이론이 인공지능의 중심이론으로 자리잡았다.

1970년대 후반부터 마이크로 컴퓨터와 PC가 일반인들에게 보급되면서 컴퓨팅 환경은 급속도로 변화하기 시작하였다. 이로써 1980년대 들어와 PC가 세상을 뒤바꾸게 되었다. 이러한 소형컴퓨터의 급속한 보급에 힘입어 애플, 마이크로소프트, HP 등이 급속한 성장을 이루었다. 소형컴퓨터의 급속한 확산은 인공지능 분야에 새로운 가능성을 가져왔다. 1970년대 잠잠했던 인공지능 연구가 1980년대 접어들면서 소형컴퓨터를 이용한 전문가시스템 개발이 활발히 진행되었다. 전문가시스템은 특정 문제영역에서 전문가의 지식을 지식베이스화하고 추론을 통해 간단한 질문에 답을 줄 수 있는 시스템이다. 전문가시스템은 의료, 공학, 비즈니스 등 다양한 분야에서 활발히 도입되기 시작하면서 지능형 시스템의 개발을 가속화시켰다. 특히, 1982년 존 홉필드가 기존의 인공지능의 이론적 한계를 극복할 수 있는 '역전파(Back Propagation)' 방식을 개발하면서 인공신경망에 대해 다시 새로운 가능성을 열었다. 이것은 인간과 같이 인공지능을 효율적인 방식으로 학습시켜서 스스로 연산하는 능력을 효과적으로 기르는 방식이다.

인공지능 기법이 실제로 비즈니스 환경에 적극적으로 접목되고 활용되게 된 것은 1980년대 데이터 마이닝 기법의 발전이 가장 큰 몫을 차지하고 있다. 데이터 마이닝 기법은 통계학 분야에서 발전한 탐색적 자료분석, 다변량 분석, 시계열 분석, 일반선형모형 등의 방법론과 데이터베이스 분야에서 발전한 OLAP(On-Line Analytic Processing), 인공지능 분야에서 발전한 SOM(Self-Organizing Map), 신경망, 전문가시스템 등의 기술적인 방법론이 융합적으로 사용되어 현실문제를 해결하는데 활용되어지면서 급속히 발전하였다.

1990년대 들어서면서 인터넷이 전 세계적으로 급속히 확산되면서 인터넷 혁명이 시작되었다. 인터넷의 확산에 가장 크게 기여한 것은 월드와이드웹(World Wide Web)이다. 1989년 유럽입자물리연구소(CERN)의 컴퓨터과학자 팀 버너스-리가 고안한 문서공유 방식인 웹은 일리노이대학교 학생인 마크 안데르센이 모자익(Mosaic)이라는 웹브라우저와 넷스케이프사가 네비게이터를 개발하면서 본격적으로 이용되기 시작하였다. 월드와이드웹은 인터넷을 통한 정보의 공유와 확산을 급속도로 이루게 하였을 뿐만 아니라 인터넷 쇼핑몰과 같은 새로운 전자상거래의 발전을 가져오게 하였다.

2000년 뉴밀레니엄의 시대로 접어들면서 고성능 컴퓨터의 대중적 보급과 웹 기술의 급속한 발전은 검색엔진의 발전을 가져오게 하였으며, 인터넷을 이용한 전자상거래 시장의 급속한 성장을 가져왔다. 이와 동시에 인공지능 분야에서도 급속한 기술의 발전이 이루어지고 있었다. 특히, 고프리 힌튼 교수가 개발한 Deep Belief Network 기반의 딥러닝 기술이 실용화되면서 인공지능에 대한 인식도가 급속히 증가하였다. 특히, 2014년 구글이 영국의 DeepMind Technology사를 4억달러에 인수하고, 2016년 알파고를 출시하여 이세돌이라는 세계적인 바둑기사를 이기면서 인공지능에 대한 대중적 관심도는 최고조에 달하였다. 동시에 2016년 세계경제포럼인 다보스포럼에서 클라우드 슈밥 의장이 4차 산업혁명을 선언하면서 인공지능은 산업계의 가장 큰 화두가 되었다.

인공지능기술은 빅데이터 분석기술 이외에도 블록체인기술, 가상현실기술인 VR/AR 기술 등과 결합되면서 그 산업적 응용영역을 급속도로 확산시키고 있다. 특히, 인공지능과 가상현실기술의 만남은 디지털 트윈, 메타버스기술의 발전을 가져와 스마트 팩토리, 스마트 시티, 스마트 관광 등의 급속한 발전을 가져왔다. 또한 인공지능과 빅데이터 분석기술, 그리고 블록체인기술의 결합은 스마트 유통, 스마트 금융, 스마트 헬스케어, 스마트 농업 등의 발전 속도를 가속화시키고 있다. 이로써 인공지능으로 구현되는 세상은 미래 인류의 생활을 획기적으로 바꿀 것이다.

실제로 오늘날 인공지능기술이 접목되지 않는 부분은 거의 없다. 인공지능기술이 실제로 우리 실생활에 가장 먼저 온 것을 인식한 것은 1990년 선보인 인공지능 퍼지세탁기이다. 우리나라에서 퍼지세탁기는 1990년 9월 대우전자에서 제일 먼저 개발을 발표하였으나 시판은 금성사(현, LG전자)가 먼저 시장에 출시하였다. 곧이어 11월 중순 삼성전자가 잇따라 출시하면서 국내 가전 3사들은 퍼지세탁기 시장을 뜨겁게 달구었다. 그 이후 전 세계 가전사들은 인공지능 냉장고, 인공지능 TV, 인공지능 청소기 등을 출시하면서 가전제품의 지능화를 통해 시장을 선점하려고 하였다. 이렇듯 인공지능기술은 우리가 알게 모르게 이미 우리의 삶 속에 깊이 들어와 있다. 이러한 추세는 미래에도 계속되어 인공지능이나 스마트라는 말이 굳이 사용되지 않더라도 모든 생활용품이나 인류의 생활중심에 인공지능이 자연스럽게 자리잡을 것이다.

본 저서에서는 정보통신기술과 인공지능기술이 만든 디지털 혁명, 데이터 혁명, 지능 혁명의 역사와 다양한 양상들에 대하여 먼저 살펴본다. 그리고 이러한 3대 혁명이 가져온 다양한 형태의 기술이 구현되어 산업적 응용을 통해 우리 실생활에 가까이 와 있는 스마트 세상에 대하여 체계적으로 살펴본다. 본서에서는 인공지능으로 구현되는 스마트 세상 중에서 스마트 금융, 스마트 유통과 물류, 스마트 관광에 대하여 먼저 살펴본다. 다음으로 스마트 시티, 스마트 농수산업, 그리고 스마트 헬스케어 분야에 대하여 차례대로 살펴본다.

본서를 집필한 저자들은 한국정보시스템학회에서 각기 다양한 영역에서 인공지능기술의 활용에 대한 연구를 주로 해온 분들이다. 특히, 경영정보학, 정보시스템, 전자상거래와 e-Business, 의사결정과학 등 분야에서 인공지능의 활용을 중점적으로 연구해 왔다. 본서에서는 인공지능기술이 구현되어 활용될 수 있는 분야를 몇 개의 그룹으로 나누어 여러 명의 교수들이 집필하였다. 그러므로 내용의 구성이나 문장의 서술방식에 있어 각 장마다 다소 다를 수 있다. 그렇지만 전체적으로 내용 구성의 통일성을 기하기 위하여 인공지능 활용에 대한 기초 개념과 그 속에 적용된 다양한 인공지능기술들을 중점적으로 살펴본다. 그리고 실제로 우리 생활 속에서 적용된 다양한 사례들을 찾아봄으로써 독자들에게 인공지능기술 응용에 대한 이해도를 높이고자 한다.

본서는 실제로 인공지능의 복잡한 기술들을 나열하는 것보다는 다양한 사례를 통하여 인공지능기술이 어떤 분야에 적용되고 있는가를 살펴보는데 초점을 두고 있다. 따라서 본서는 인공지능의 기술을 다루는 기술 도서가 아니라 대학생이나 일반인들이 읽기에 적합한 교양 도서이다. 4차 산업혁명의 시대에 인공지능은 이제 특정 전문가들만이 다루는 기술이 아니라 누구나 인공지능기술을 이용하여 다양한 상품이나 서비스를 만들어낼 수 있다. 본서를 읽은 독자들은 인공지능기술의 활용에 대한 이해를 바탕으로 인공지능기술을 활용한 사업화 아이디어를 얻을 수 있다. 더 나아가 인공지능 기반의 비즈니스 모델의 개발에 필요한 통찰력을 얻을 수 있다. 따라서 본서를 읽은 독자들 중에서 인공지능기술의 활용에 대한 통찰력을 얻어 미래에 훌륭한 기업인이나 연구자가 나오기를 저자들은 간절히 바랍니다.

2021년 9월 중추절 전야에

저자를 대표해서 정대율 교수가 씀

| 차례 |

01

CHAPTER

인공지능으로 구현되는 세상

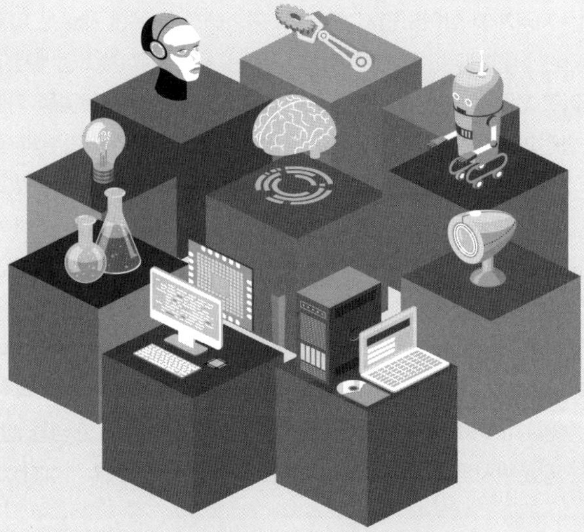

디지털 혁명과 4차 산업혁명

01 CHAPTER 디지털 혁명과 4차 산업혁명

우리 인류는 지금까지 살아오면서 한 번도 경험해보지 못한 새로운 디지털 혁명의 시대를 맞이하였다. 17세기 산업혁명이 일어난 이후 농업은 물론이고 제조업에서 급격한 생산성의 향상을 가져왔다. 이로 인하여 인간은 의식주에 있어 물질적인 풍요로움을 가져왔다. 그러나 자본주의의 급속한 발전과 정보의 비대칭성으로 인하여 부의 불균형과 빈부의 격차가 더 증가하였다. 컴퓨터와 인터넷의 발명은 실로 우리 인류에게 새로운 시대를 열어주었으며, 다양한 문제를 효과적으로 해결할 수 있게 되었다. 현재 우리 인류는 스마트폰을 이용하여 언제 어디서나 지식과 정보의 접근이 가능하다. 물론 여전히 소수의 집단에게는 정보의 접근성에 있어 장애요인은 있다. 그러나 인류의 대다수가 디지털 혁명으로 촉발된 정보통신혁명에 이어 인공지능에 기반한 4차 산업혁명의 혜택을 누릴 수 있게 되었다. 본 장에서는 디지털 혁명을 쉽게 이해하는 것이 목적이다. 이를 위하여 디지털 혁명의 역사적 배경과 그 역사적 과정을 먼저 살펴본다. 그리고 디지털 혁명, 더 나아가서는 4차 산업혁명에 대한 간단한 개념을 살펴본다. 또한, 디지털 혁명이 가져온 지금까지의 모습과 향후 펼쳐질 미래의 모습들을 정리하였다.

제 1 절 디지털 혁명의 진화

1.1 인류사회의 변화 과정

지금까지 인류는 [그림 1-1]에서 보는 바와 같이, 원시사회, 농업사회, 근대산업사회를 거치면서 오늘날 지식정보화사회로 발전해 왔다. 원시사회는 수렵과 사냥을 중심으로 하였으며, 소유의 개념이 없었다. 그러나 인류가 한곳에 정착하면서 농경사회가 형성되었으며, 농경사회에서는 토지가 가장 중요한 생산의 수단이었으므로 끊임없이 땅을 확보하기 위한 전쟁이 계속되었다.

▮그림 1-1▮ 인류사회의 변천 과정

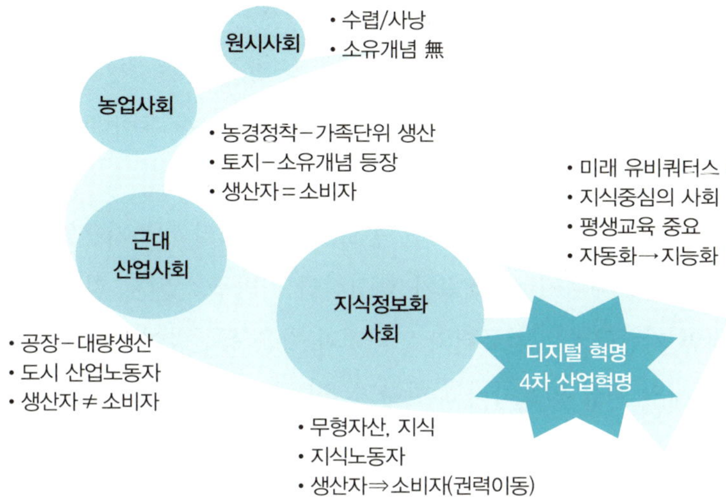

17세기 제임스 와트는 증기기관을 개발하면서 새로운 근대산업사회가 형성되었다. 산업혁명(Industrial Revolution)은 18세기 중반부터 19세기 초반까지 약 1760년에서 1820년 사이에 영국에서 시작된 기술의 혁신과 새로운 제조 공정으로의 전환과 함께 이로 인해 일어난 사회 · 경제 등의 큰 변화를 일컫는다. 산업혁명은 후에 전 세계로 확산되어 인류사회를 크게 바꾸어 놓게 된다. 산업혁명이란 용어는 1844년 프리드리히 엥겔스가 《The Condition of the Working Class in England》에서 처음 사용하였고, 이후 아놀드 토인비가 1884년 《Lectures on the Industrial Revolution of the Eighteenth Century in England》에서 이를 보다 구체화하였다.

산업혁명 이후 일어나 중요한 변화가 바로 정보통신 또는 디지털 혁명이다. 디지털 혁명으로 인한 정보화 사회는 현대사회의 특징을 나타내는 중요한 개념 중 하나로, 매우 많은 내용을 포함하며 그 정의도 다양하다. 1946년 최초의 디지털 컴퓨터인 에니악(ENIAC)이 발명되면서 인류에게 완전히 새로운 장이 열렸다. 지식정보화사회에서는 정보통신기술을 기반으로 하여 지식의 완전한 공유가 가능한 열린 사회이다. 지식정보화사회의 중요한 특징은 다음 3가지로 정리할 수 있다.

- 질과 양 모두 풍부한 정보가 생산되어 유통되는 사회

- 이들 풍부한 정보의 생산 · 처리 · 전달 · 축적에 일정한 경제적 가치를 인정하고, 직접 또는 간접으로 그 비용을 부담하는 구조를 이룬 사회
- 정보의 생산 · 처리 · 전달 · 축적을 원활하고도 효율적으로 행하기 위한 정보기기나 정보 네트워크가 급격히 발달하여 보급되는 사회 등이다.

농업사회에서 가장 중요한 기반구조는 농토, 가축, 그리고 농기구였다. 산업사회에서는 기계엔진과 에너지 및 연료가 핵심적인 기반구조였다. 지식정보화사회에서의 핵심적인 기반구조는 컴퓨터와 인터넷과 같은 통신망이다. 컴퓨터와 통신망이 디지털 경제의 핵심 인프라라고 한다면, 정보와 지식은 디지털 경제의 핵심 콘텐츠라고 할 수 있다. 이러한 컴퓨터와 통신망과 같은 기반구조에 의거하여 현재 세계 각국은 산업 경제에서 디지털 경제로 빠르게 전환하고 있다.

각 시대별 특징을 정리하면 [표 1-1]과 같다. 농업사회는 토지를 기반으로 가족 단위의 농산물 생산과 자급자족의 사회였다. 그리고 근대 산업사회는 공장의 노동자를 이용한 대량생산과 소비를 위한 조직화된 사회이다. 반면, 현대 지식정보사회는 개인의 개성이 존중되는 보다 더 다원화된 사회로서 무형의 지식과 정보가 중요한 자본이며, 지식노동자들이 상호 네트워크를 통해 이루어진 새로운 개념의 협동 사회이다.

표 1-1 인류문명의 시대별 특징

구분	농업사회	근대산업사회	지식정보화 사회
자본	토지	공장, 돈(자본)	무형자산, 지식자산
노동력	가족 단위	도시 산업노동자	지식노동자
조직	소규모, 가부장적	종적 위계조직 관료제, 역할 중심	횡적 네트워크 상호협동, 프로세스 중심
제품특성	五穀豊盛	重厚長大	短小輕薄
시장	자가용도	대량생산과 소비	소비의 다양화, 다품종소량생산
관계	생산자 = 소비자	생산과 소비의 분리	소비자로의 권력이동

1.2 디지털 혁명과 유비쿼터스 컴퓨팅 시대의 도래

정보통신사회에서는 고도로 발달된 정보통신시스템의 보급으로 가치있는 정보의 입수가 보다 쉬워져 사회개혁이 자연적으로 이루어지고 있다. 그리고 통신 위성이나 광섬유 케이블 등에 접속된 통신망에 의해 세계 어디서나 정보를 공유하기가 쉬워지고 있다. 또한 컴퓨터가 각 산업 분야에 이용됨에 따라 노동 형태가 크게 변했으며, 기업의 소자본화는 물론 노동자들의 단순 작업화의 탈피로 정보산업의 비약적인 발전을 가져왔다. 특히, 인터넷의 폭발적인 보급에 따라 넘쳐흐르는 정보를 소화할 방안을 찾아야 할 시기가 도래하여 우리 인류는 디지털 정보통신혁명의 절정기를 맞고 있다.

1990년 후반부터 급속하게 진행된 인터넷과 정보통신기술의 발전은 디지털 경제의 확산에 핵심적인 동인(enabler)으로 작용하고 있다. 정보통신과 관련된 다른 발명품과 비교하였을 때 인터넷의 확산은 혁명적이라고 할 수 있다. 6,000만 명의 사용자를 확보하는데 라디오는 35년, 텔레비전은 15년이 걸린 반면에 인터넷은 나온지 3년 만에 9,000만 명의 이용자들에 이르렀다. 이와 같은 인터넷의 폭발적인 이용에 비례하여 디지털 경제도 빠르게 성장을 지속하고 있다.

▮그림 1-2▮디지털 혁명의 3요소

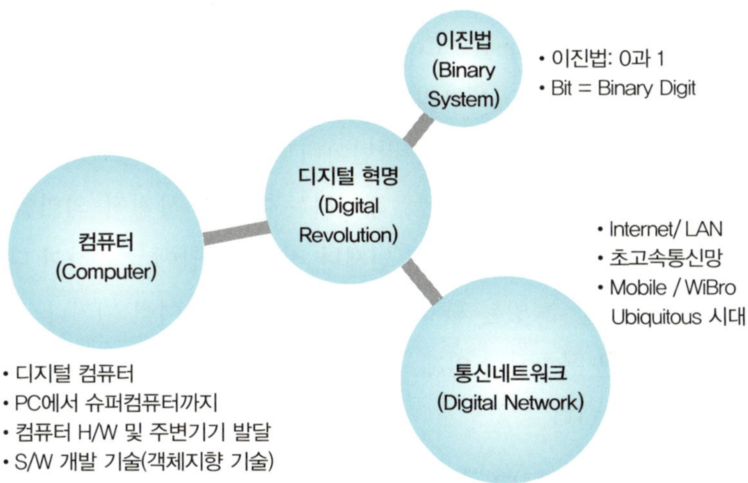

디지털 혁명에서의 주요한 기술적 영향 요인 중의 하나가 디지털 네트워크 전송(Digital Network Transmission)이다. 디지털 경제의 성공적인 트랜잭션을 수행하기 위해서는 방대한 용량의 데이터가 인터넷과 같은 네트워크를 통하여 전달되어야 한다. 브로드밴드 케이블과 같은 매우 빠른 전송기술의 활용으로 인해 대기업, 중소기업, 그리고 심지어 가정에까지 데이터 전송에 있어 경제적인 혜택을 받을 수 있게 되었다. 또한 2000년대 접어들어서 네트워크 액세스 디바이스 기술이 괄목하게 진보를 했다. 그 이전에는 네트워크 액세스 디바이스가 주로 컴퓨터와 터미널에 국한되었지만, 현재는 스마트폰을 중심으로 한 모바일 디바이스가 매우 광범위하게 이용되고 있다.

또한, 2000년대 이후부터 유비쿼터스 컴퓨팅과 같이 새로운 기술들이 계속적으로 출현하고 있으며 기존의 기술들도 빠르게 향상되고 있다. 이와 더불어 컴퓨터와 정보통신기술의 결합 이후 비즈니스와 고객 측면에서 수많은 변화가 전개되고 있다. 이러한 1970년대 이후 정보통신기술의 빠른 진화에 기반하여 디지털 경제가 태동하였으며, 1990년대 인터넷의 보급과 2000년대 스마트폰의 보급에 힘입어 지식정보화사회는 매우 빠르게 성장하고 있다.

유비쿼터스 컴퓨팅이란 '(신은) 어디에나 널리 존재한다'는 라틴어 Ubiquitarius의 영어식 변형 'Ubiquitous'와 컴퓨팅이 결합된 단어로 '언제 어디서든 어떤 기기를 통해서도 컴퓨팅할 수 있는 것'을 의미한다(위키백과). 이 패러다임은 퍼베이시브 컴퓨팅(편재 컴퓨팅, Pervasive Computing), 앰비언트 인텔리전스(생활환경지능, Ambient Intelligence), 에브리웨어(Everywhere)로 기술되기도 한다. 각 용어는 조금씩 다른 관점을 강조한다. 라틴어 'Ubique'를 어원으로 하는 영어의 형용사로 '동시에 어디에나 존재하는, 편재하는'이라는 사전적 의미를 가지고 있다. 즉, 시간과 장소에 구애받지 않고 언제나 정보통신망에 접속하여 다양한 정보통신 서비스를 활용할 수 있는 환경을 의미한다. 또한, 여러 기기나 사물에 컴퓨터와 정보통신기술을 통합하여 언제, 어디서나 사용자와 커뮤니케이션 할 수 있도록 해주는 환경을 말한다.

미국의 마크 와이저(Mark Weiser)가 유비쿼터스라는 용어를 처음 사용한 사람으로 여겨지기도 하지만, 앞서 1974년에 네덜란드의 한 세미나에서 MIT대학의 니

콜라스 네그로폰테 교수는 “우리는 유비쿼터스적인(어디든 존재하는) 분산된 형태의 컴퓨터를 보게 될 것입니다. 아마 컴퓨터라는 것이 장난감, 아이스박스, 자전거 등 가정 내 모든 물건과 공간에 존재하게 될 것입니다”라고 언급하면서 지금의 유비쿼터스 컴퓨팅 철학에 대한 초석을 제안하였다. ‘유비쿼터스’라는 철학적인 용어는 원래 신학적인 용어, ‘옴니프레젠스(Omnipresence)’에서 유래하였다. 옴니프레젠스는 ‘편재’라는 뜻을 지니고 있으며, 언제든지 그리고 어디서든지 모든 곳에 계신다는 뜻을 지니고 있다. 그리고 순 한국어로는 ‘두루누리’로 정하였다.

1988년에 마크 와이저는 이 개념을 컴퓨팅과 연결시켜 연구하고 적용하였다. 당시 그는 제록스의 팔로알토 연구소에서 일하면서 이전의 유비쿼터스 개념을 새로운 패러다임 이상의 수준으로 발전시켰다. 그는 유비쿼터스 컴퓨팅이란 컴퓨터 패러다임의 제3의 물결로서 네트워크 기반의 확장형 컴퓨팅 환경을 뜻하며, 머지않아 수백 대의 컴퓨터가 한 명의 사람을 위해서 존재하는 유비쿼터스 시대 즉, 언제 어디서나 컴퓨터에 접속할 수 있는 세계가 도래할 것이라고 말했다.

1.3 4차 산업혁명과 미래 사회 변화

4차 산업혁명은 현시대의 자동화, 데이터 교류 및 제조 기술을 포함하는 용어로, 사이버물리시스템(CPS: Cyber Physics System), 사물인터넷, 인터넷 서비스들을 함께 포괄하는 ‘기술과 가치사슬 개념에 대한 총칭’으로 정의된다. 4차 산업혁명이라는 용어는 본래 2010년 발표된 독일의 ‘High-tech Strategy 2020’의 10대 프로젝트 중 하나인 ‘Industry 4.0’에서 제조업과 정보통신이 융합되는 단계를 의미했다. ‘Industry 4.0’은 독일의 강점인 제조업에 ICT 기술을 융합하여 생산성과 효율성을 극대화하는 스마트 팩토리(Smart Factory) 중심의 산업혁신과 이를 통한 새로운 성장동력을 만들기 위한 국가전략이었다.

클라우스 슈밥(Klaus Schwab)은 4차 산업혁명은 이전 혁명과 달리 발전 속도, 영향 범위, 사회 전체 시스템에 커다란 충격을 준다는 점에서 개인과 사회 전반에 걸쳐 광범위한 영향이 나타날 것임을 예상하였다. 그리고 경제의 경우 노동력의

▌그림 1-3▐ 산업혁명의 변화

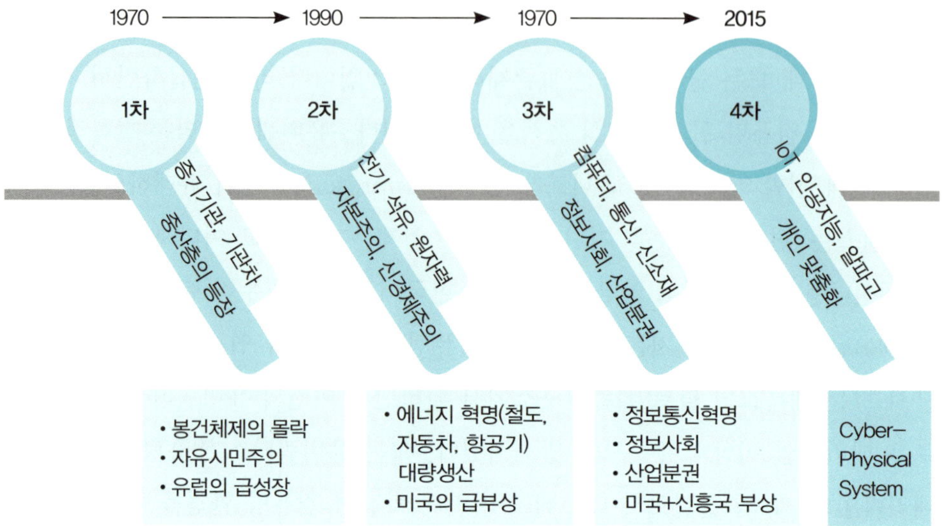

위기, 일자리의 성격 변화가 초래될 것이고, 기업의 경우 고객 기대의 변화, 빅데이터를 활용한 품질 향상, 협력을 통한 혁신이 예상된다고 지적한다.

첫 번째 산업혁명은 기계의 발명으로 인한 자동화의 탄생과 증기기관의 발명을 통한 국가 내의 연결성 강화가 중요한 특징이다. 두 번째 산업혁명은 전기 등의 에너지자원(Energy Sources)의 활용과 작업의 표준화를 통해 기업 간, 국가 간 노동부문의 연결성을 강화하고 대량생산체제를 수립한 것이 그 특징이다. 3차 산업혁명은 전자장치와 ICT를 통하여 급진적인 정보처리 능력의 발전, 이를 바탕으로 사람, 환경, 기계를 아우르는 연결성이 강화되는 변화를 의미하며, 4차 산업혁명은 인공지능에 의해 자동화와 연결성이 극대화되는 단계를 의미한다.

4차 산업혁명의 기본 체계는 초연결, 초지능, 대융합으로 특징지을 수 있다. 산업생태계는 IoT(Internet of Things),[01] IoP(Internet of People),[02] IoS(Internet of Service)[03]를 통해 방대한 빅데이터를 생성하고, 인공지능(AI)에 의한 빅데이터의 해석(Deep Learning)을 토대로 적절한 판단과 자율제어를 수행함으로써 초지

01 Internet of Things = 천만~10억 개

02 Internet of People = 사람과의 연결: 1억 명

03 Internet of Service = 1만~100만 개

능적인 제품생산 또는 서비스를 제공하며 산업혁명을 견인한다.

1) 초연결화

4차 산업혁명은 초연결화(Hyper-Connetivity)에 기초한 초지능화(Hyper-Intelligence)라는 기술적 진전이 가져올 정치 · 경제 · 사회 · 문화적 변화의 모습을 산업적 혁신 및 그 대응의 관점에서 구체화한 것이다. 초연결화란 전면적 디지털화에 기초한 초-연결화(전면적 온라인화)에 따른 현실-가상 경계의 소멸 및 데이터베이스화를 의미한다.

상대적으로 디지털/온라인화의 영향이 적었던 관광산업의 경우 초연결화의 강화에 따른 산업의 구조 변화(플랫폼화 등) 가능성이 높은 편이며, 초지능화에 따른 사회문화적 변화의 영향은 콘텐츠 산업과 연계하여 나타날 가능성이 높다. 예를 들어 O2O(Online to Offline)는 상점 등 물리적 실체를 갖는 현실의 거점과 기존에 온라인에 연결되지 않았던 현실상의 서비스들이 온라인 플랫폼을 통해 연결 및 제어, 이를 통한 소비자 행동 데이터의 체계적 수집이 진행되는 변화를 의미한다. 사물인터넷(IoT)은 인간-사물 연결 및 데이터화로 비인간 행위 주체의 디지털-온라인화에 따른 연결 강화를 의미한다.

웨어러블(생체정보 및 행동정보의 데이터화) 기술 역시 중요한 축을 차지한다. 인간 생체정보(심박수, 산소포화도 등)의 전면적 수집을 가능하게 하는 웨어러블 장비가 일상화(기존에는 의료를 통해 제한적 수집)된다. 이렇게 수집된 데이터는 결과적으로 방대한 양의 빅데이터로 축적되어진다. 기존의 디지털 데이터 수집은 온라인상의 사용자 활동정보, 즉 중요한 거래정보(예, 은행 입출금)를 중심으로 이루어졌다. 전면적 디지털화에 따른 초연결의 강화는 온라인 · 오프라인의 구분 없이 인간활동 전 영역에 걸친 활동정보의 데이터베이스화를 가능하게 한다. 이렇게 확보된 빅데이터는 인공지능기술인 딥러닝/기계학습 등을 통한 '초지능화'의 기반이 된다.

2) 초지능화

데이터 분석 및 기계학습을 통한 인공지능의 발전, 이를 통한 전면적 기계-자율의 확대가 초지능화의 핵심이라 할 수 있다. 인공지능의 핵심은 개인화(Personalization)와 기계-자율화(Machine-Automation)이다. 이때 개인화는 개인 활동의 전면적 데이터화에 따른 개인 맞춤형 추천의 확대와 e-커머스(e-Commerce)와의 연결을 의미한다. 기계-자율화는 로봇 기술의 발전과 연계된 물리적 노동 행위의 대체(블루컬러 노동자 대체), 그리고 딥러닝 기술 발전에 따른 지적 노동의 대체(화이트컬러 노동자 대체)를 의미한다.

이러한 초지능화의 결과는 결국 개인화 경제의 탄생과 인간 노동의 대체를 가져올 것이다. 이에 따라 업무 환경의 변화는 물론이며, 인간의 노동기회 감소 등을 가져올 수 있을 것이다. 다음으로 인간-기계 협력시대의 시작을 들 수 있다. 기계가 인간의 육체노동뿐 아니라 지식노동을 대체할 능력을 갖게 되면서 인공지능(AI)이 인간 의사결정 과정의 조력자로서 인간과 협력하는 시대가 되는 것이다. 인공지능은 컴퓨터의 신속 · 정확한 분류 · 계산 · 검색 능력에 더하여 의사결정의 오류를 방지하고 대안을 제시하는 지식을 제공하고 인간은 최종적으로 판단하고 결정하는 방식으로 역할 분담이 이루어진다. 반면, 구조화되고 절차화되어 지식학습이 용이한 분야는 AI 및 로봇이 인간 역할을 상당수 대체할 전망이다. 그 대표적인 분야로 회계 · 재무 · 금융 · 제조 · 접객 · 방범 · 운수 · 교통 · 물류 · 가사 · 간병 · 콜센터 · 통역 등이 이에 해당된다.

3) 융복합화

초연결과 초지능의 확대는 결과적으로 기존에 분리되어 있던 다양한 영역들의 융복합으로 이어지게 된다. '오프라인' 활동과 다양한 에이전트들(상점, 서비스, 사물, 생체정보)의 정보가 온라인화되고 이를 통한 융복합화가 이루어질 뿐만 아니라 증강현실(AR: Augmented Reality)과 혼합현실(MR: Mixed Reality)화가 전개되게 된다. 또한 산업 간 융합 역시 촉진될 것이다. 초연결 환경은 독자적인 발전 동인에 의하여 진보해 온 바이오 · 나노 · 에너지 · 신소재 등 산업 및 기술 간 직접적인 융복합 확산의 기폭제가 될 전망이다.

특히, 문화관광 영역에서는 현실-가상의 경계 소멸이 핵심적인 융복합의 영역일 것이다. 오프라인 영역으로서의 현실과 온라인 영역으로서의 가상이라는 이분법이 전면적 디지털화에 따라 해체될 것이다. 이때의 핵심기술은 증강/실감기술(VR/AR)이며, 실감기술에 기초한 디지털 정보와 오프라인 현실의 연계 및 대체가 확대될 것이다.

유엔의 '세계미래보고서 2045'에서는 2045년 인간사회에서 아주 큰 변화가 일어난다고 했다. 인공지능의 지능이 사람을 추월하며 그 이후는 그 다음 세상을 예측하는 것이 불가능하다고 했다. 4차 산업혁명, 지능정보사회 도래 등 미래 사회의 불확실성이 증가되고 있다. 기존 성장산업의 침체로 인해 성장잠재력 둔화가 예견되어 새로운 미래 성장 동력의 확보가 절실한 상황이다.

제2절 디지털 혁명과 디지털 경영

2.1 디지털 경제의 확산

디지털 경제(Digital Economy)는 디지털 통신 네트워크, 컴퓨터, 소프트웨어, 그리고 기타 정보기술에 기반한 경제이다. 디지털 경제에서 디지털 네트워킹과 통신 인프라는 사람과 조직이 상호 교류하고 통신하며, 협력 및 정보를 찾기 위한 글로벌 플랫폼을 제공한다. 이러한 플랫폼에 기반하여 뉴스, 정보, 책, 잡지, TV, 영화, 컴퓨터게임, 애니메이션, 음악, 그리고 소프트웨어와 같은 디지털 제품을 언제 어디서나 전달할 수 있게 되었다. 디지털 경제는 정보통신기술, 전자상거래, 디지털 전달 서비스, 소프트웨어, 하드웨어, 그리고 정보 등을 포함한다. 이러한 제품과 서비스는 새로운 시장구조와 경쟁상황을 요구한다.

디지털 경제는 e-비즈니스를 촉진하거나 광범위한 조직의 변화를 동반하는 인터넷과 같은 정보통신기술의 수렴을 의미하기도 한다. 이러한 정보통신기술의 수

렴은 문자, 음성, 화상 등과 같은 모든 유형의 데이터를 네트워크를 통하여 저장, 처리, 그리고 전달되게끔 한다. 또한 인류가 생산하는 정보와 지식에 기반한 디지털 경제의 일부분이라고 할 수 있다. 디지털 경제는 새로운 경제적인 체계, 사회적 변혁, 그리고 새로운 비즈니스 모델 등을 요구한다. 이러한 디지털 경제의 특징을 경제적, 사회적, 문화적, 비즈니스적 측면으로 구분하여 보다 더 구체적인 특징을 살펴보면 다음과 같다.

첫 번째, 산업혁명이 농업경제의 생산성을 급속히 향상시킨 것처럼, 디지털 경제에서는 디지털화되고 네트워크화된 정보와 지식이라는 새로운 생산요소가 변화를 주도하고 있다. 즉, 디지털 경제의 동인으로 정보의 디지털화와 인터넷을 통한 디지털 정보의 네트워크화를 들 수 있다. 그러므로 경제적인 측면에서 정보는 디지털 경제에서 주요한 경제적인 가치를 창출하고 있다. 이에 따라 전통적인 생산자, 유통업자, 소비자 간의 관계가 파괴되고 있으며, 제품거래에 있어 거래비용과 탐색비용이 감소되면서 새로운 부가가치 창출과 생산성 증대에 의한 경제적 측면의 변혁이 촉진되고 있다. 예를 들면, 기존에 인쇄된 뉴스 서비스만 제공하던 기업이 인터넷상에서 웹기반 뉴스와 광고, 그리고 디지털 제품 등을 판매함으로써 새로운 비즈니스 기회와 가치를 창출하게 되었다.

또한, 대량생산의 전통적 물적자원에 기초한 산업경제가 수확체감의 법칙에 따라 운영되는 경제라면, 지식과 정보의 디지털화를 통해서 제품을 생산해 내는 디지털 경제는 수확체증의 법칙이 지배되는 경제이다. 수확체증의 법칙이란 기업의 규모 및 사업 범위, 그리고 고객의 수가 증가함에 따라 수익이 점점 커지는 현상이다. 이러한 현상의 원인으로 거대한 초기 개발비용, 네트워크효과, 학습효과 등을 들 수 있으며, 경영의 중심이 생산지향적이라기보다는 미션(Mission)과 목표지향적으로 바뀌고, 조직구조도 수평화로 바뀌고 있다.

두 번째, 사회적 측면에서 디지털 경제에서는 정보통신기술과 인터넷, 그리고 웹의 기술적 발전으로 인해 개인과 사회가 밀접하게 연계되어진다. 그러므로 국가의 경계나 지리적인 거리는 디지털 경제에서는 별로 중요한 요인이 되지 못한다. 즉, 인터넷과 정보통신기술에 기반하여 지역이나 시간에 상관없이 자유롭게 정보에 접근, 처리, 전달, 그리고 저장하게 되었으며, 조직들은 좀 더 쉽고 저렴하게 그들의 행위를 조정하고 협력하게 되었다. 이러한 사회적 연계는 기존 경제활동과 구분할 수 있는 디지털 경제의 특징이라고 할 수 있다. 이것을 소위 연계된 사회(Connected Society)라고 하는데 어떤 유형의 데이터이든지 특정 지역에서 다른 지역으로 전달이 가능하다. 이것으로 인해 작업 방식, 비즈니스 프로세스, 일상생활, 레저, 기타 인류의 모든 생활에 일대 혁신을 불러일으키고 있다.

세 번째, 문화적인 측면에서 정보와 정보통신기술에 의해 개인들의 삶이 영향을 받고 있다. 예를 들면, 필요한 정보를 입수하거나, 영화를 보거나, 책을 읽고, 음악을 듣는 등의 일들이 가정을 벗어나지 않고도 가능하게 되었다. 이러한 모든 것들은 정보통신기술의 발전에 의해 가능하게 되었다. 최근에는 유비쿼터스 컴퓨팅의 도래로 인해 홈네트워킹, 원격제어 등을 통해 단순히 정보를 가공해 전달해 주는 단계에서 창조적으로 만들어 보다 인간의 삶을 편안하게 해주는 단계로 나아가고 있다. 또한 직업적인 측면에서 지식정보화 분야에 근무하는 지식근로자들의 숫자가 공장이나 농장 그리고 건설현장 등에서 일하는 육체적인 근로자들의 숫자보다 능가하게 되었다. 이러한 변화에 수반하여 직업적인 영역에서 많은 변화가 일어났다. 즉, 인터넷에 기반하여 지식근로자들은 그들의 대부분 작업을 온라인으로 처리하고 있으며, 디지털 비즈니스와 관련되어 새롭게 출현하는 기업들의 제품과 서비스도 전자적으로 제공되고 있다. 그러므로 정보통신기술 기반구조와 인터넷에 기반한 새로운 유형의 신종 직업군이 계속 등장하고 있다.

마지막으로 비즈니스 측면에서 디지털 경제의 주요한 특징으로 무형의 제품을 들 수 있다. 디지털 경제에서는 무형의 디지털 제품이 빠르게 국가 간 경계를 넘나들며 판매와 구매가 이루어지고 있다. 예를 들어, 소프트웨어와 같은 무형 제품의 본질은 아이디어이다. 비록 소프트웨어는 정신적인 노력과 창의성의 산물이지만, 어떠한 물리적인 형태도 취하지 않는다. 그러므로 소프트웨어, 영화, 음악, 애니메이션 등과 같은 디지털 제품의 거래가 이루어질 때 판매자의 서버에서 구매자의 컴퓨터로 디지털 상품을 전자적으로 판매 및 전송하는데 있어 어떠한 방해도 받지 않고 수행된다. 예를 들어, 뮤직(음원)과 비디오와 같은 디지털 상품은 인터넷에 기반하여 전 세계에 산재한 소비자들과 별도의 비용을 들이지 않고 제품 판매를 할 수 있다. 이와 같이 디지털 경제에서는 개인과 조직들이 인터넷과 정보통신기술에 기반하여 정보와 지식의 생성과 판매, 그리고 구매와 교환이 가능하게 함으로서 새로운 부와 가치를 창출하는 글로벌 변혁을 촉진하고 있다.

2.2 디지털 경영시대의 도래

디지털 경영(Digital Management)은 컴퓨터, 반도체, 센서, 통신 등의 기술적 기반과 인터넷이라는 전 세계적인 네트워크 기반하에서 빠르게 확산되고 있다. 인터넷과 정보통신기술의 발전은 정보와 지식의 체계적인 분류와 축적, 공유, 관리를 손쉽게 해줌으로써 디지털 경영을 가속화시키고 있기 때문이다. 즉, 대량의 정보를 신속하게 처리할 수 있는 마이크로 프로세스의 발달, 디지털화된 정보의 전달을 가능하게 하는 네트워크의 구축, 그리고 컴퓨터와 정보통신의 발달로 경영 주체들이 쉽게 정보에 접근하고 이용할 수 있게 되었다.

인터넷에 기반한 디지털 경영은 조직에게 다음과 같은 영향을 미치고 있다. 먼저, 디지털 경영에 따른 조직 측면의 가장 큰 영향은 운영적인 효율성이다. 예를 들면, 거래 기업들과 상호작용하기 위한 디지털 경영기반을 구축할 때 비효율적인 프로세스의 단축을 통하여 조직 운영을 효과적으로 할 수 있다. 이를 통해 기업 경영의 내 · 외부에서 실시간 정보교환을 통한 경영계층 간 업무지연 요소의 최소화, 의사결정의 극대화, 그리고 계획과 실적의 차이 최소화 등을 통한 경영 효율과 경쟁력을 제고하는 실시간 경영이 가능하다.

두 번째, 시장적인 측면에서 공급사슬의 체계적 관리를 통한 통합 배송체계(Integated Delivery System)의 구축이다. 즉, 제품의 생산 후 입출고관리, 재고관리, 배송관리, 고객관리, 배송추적관리(GPS와 인터넷 활용) 등을 통한 효율적인 통합 배송체계의 구현이 가능하다. 디지털 경영의 확대는 많은 기업들에게 인터넷에 기반한 새로운 비즈니스 기회 등의 혜택이 있는 반면에 새로운 시장에서 경쟁자들과 새로운 경쟁에 직면하게 한다.

세 번째, 인터넷에 기반한 디지털 경영은 조직들이 이전의 거리나 비용 등과 같은 장애물들을 제거하고 새로운 시장을 개척하거나 신제품 개발 등을 통한 고객측면의 변화를 촉진시킬 수 있다. 즉, 조직은 글로벌하게 산재되어 있는 고객, 기업, 경쟁업자 등과 글로벌 고객관계 강화, 고객요구에 신속한 대응, 그리고 다양한 고객접점관리를 효과적으로 수행하기 위한 고객관계관리를 인터넷에 기반하여 수행할 수 있다.

기존의 경영 패러다임하에서는 정보의 윤택성과 도달성 간에 상반관계(Trade-off)가 성립한다는 전제하에서 기업은 포지셔닝 전략(Positioning Strategy)을 수립하여 왔다. 정보의 윤택성이란 원하는 정보를 얼마나 제공하는가의 문제, 즉 정보의 질(정확성, 포괄성, 신속성, 맞춤화, 호환성, 관련성, 보안성 등)과 정보의 깊이와 폭을 의미한다. 정보의 도달성이란 얼마나 많은 사람들에게 정보를 제공할 수 있는가의 문제, 즉 정보를 공유할 수 있는 대상의 수를 의미한다. 기존 패러다임에서는 적시에 풍부한 정보를 전달하기 위해서는 근접한 거리에 있어야 한다. 그러나 정보통신기술의 발전은 이를 완전히 바꾸었다.

가치사슬(Value Chain)이란 공급과 수요를 연결하는 일련의 부가가치 활동의 집합을 설명하는 모델이다. 마이클 포터(M. E. Porter)의 가치사슬 모델은 공급자, 기업, 유통업자, 소비자로 이어지는 선형적 관계로 구성되어 있다. 전통적인 가치사슬에서는 정보활동은 지원활동으로 분류하였다. 그러나 가상사회, 디지털 경영환경에서 가치사슬을 바라다보면 정보 그 자체는 지원활동이 아닌 가치창출의 본원적 활동이 되었다. 즉, 빅데이터 분석을 통해 다양한 서비스를 가능하게 하고 있다.

디지털 경제와 경영환경의 가장 두드러진 특성은 수확체증의 법칙이 적용된다는 점이다. 수확체증이란 생산량 증가에 필요한 생산요소의 투입량이 점점 적어지게 되는 현상이다. 지식이 핵심 경제자원으로 대두되는 지식경제에서는 지식이라는 생산요소를 투입하면 할수록 추가된 생산요소 단위당 산출량이 증가한다. 이러한 경제 현상은 아무리 사용해도 고갈되지 않으며, 오히려 공유하고 활용할수록 가치가 배가 되는 지식과 정보의 특성에서 비롯된다. 수확체증의 패러다임 하에서는 수확체감의 법칙이 지배하는 세상에서와는 다른 경영전략이 요구된다.

디지털 경영은 단순히 디지털 기술을 생산 · 활용하는 기업만 해당되는 것이 아니라, 디지털 기술과 인터넷의 확산에 의해 촉발되어 구체화되기 시작한 새로운 경영 패러다임을 일컫는다. 즉, 디지털 경영은 인터넷과 같은 정보통신기술에 기반하여 전통적인 비즈니스의 제약 요인이었던 시간과 공간의 제한을 뛰어넘어 거래 기업과 고객들에게 새로운 부가가치의 제공을 통한 조직 전반의 업무처리 시간 단축, 생산성 향상, 공급사슬관리, 고객지향적 서비스 제공 등 경영활동의 효율성을 추구하는 경영활동이라고 할 수 있다.

디지털 경영은 정보, 통신, 컴퓨터가 융합되는 인터넷의 등장과 보급으로 네트워크화가 진전되면서 개인과 기업, 정부가 전자적으로 연결되어 상거래, 기업구조 및 경영구조의 변화를 초래하고 있다. 그러므로 디지털 경영에서는 업무에 대한 전문성을 심화 · 발전시키기 위하여 계속적인 학습을 통해 새로운 지식과 기술을 연마해야 할 필요성이 있다. 왜냐하면, 부단히 학습하는 조직구성원만이 자기 분야의 전문가로 성장할 수 있으며, 지속적인 경쟁우위를 확보할 수 있기 때문이다.

이러한 디지털 경영의 주요 특징을 정리하면 다음과 같다.

첫째, 글로벌 경영의 확산이다. 기존 경영에서의 글로벌화는 재화 · 노동력 및 자본의 이동 등 물리적 · 유형적 차원에 머물러 진행 속도가 느리고 지리적으로 제한적이었다. 그러나 20세기 말부터 시작된 디지털 경영은 지식과 정보와 같은 무형적 자원이 확대됨에 따라 기업의 업무 영역이 전 세계로 확대되는 글로벌 경영이 더욱 심화되고 있다.

둘째, 핵심 생산요소의 변화이다. 디지털 경영에서는 지식, 정보 등이 경영활동에 필수적이며 핵심적인 요소가 된다. 기존의 경영에서는 부가가치를 창출하는 데 물리적 생산활동이 가장 의미가 있었기 때문에 주요 생산요소인 토지, 노동, 자본이 기업 경쟁력 유지의 중요한 역할을 담당하였다. 반면에 디지털 경영에서는 지식, 정보 등이 생산과정뿐만 아니라 유통, 소비 등 모든 경영활동에서 부가가치를 높이는 데 중요한 역할을 수행한다.

셋째, 경영환경의 변화, 인터넷과 같은 새로운 정보기술 등의 신속한 확산에 기반하여 시간과 공간의 구분이 없는 실시간 경영(RTM: Real-Time Management)이 디지털 경영에서 새롭게 대두되고 있다. 즉, 전사적자원관리(ERP: Enterprise Resource Planning), 공급사슬관리(SCM: Supply Chain Management), 고객관계관리(CRM: Customer Relationship Management), 지식관리(KM: Knowledge

Management) 등 부문별 전산화에서 한발 더 나아가 회사 전 부문의 정보를 하나로 통합함으로써 경영자의 빠른 의사결정과 업무 프로세스의 실시간 모니터링, 그리고 지식경영과 업무 프로세스의 연계 활용 등의 효과를 이끌어내려는 게 실시간 경영의 목적이다. 예를 들면, RFID를 이용하여 제품생산, 물류, 재고 등의 과정을 한눈에 추적하거나, 화상회의시스템을 활용하여 국내외 지사나 해외 거래선들과 화상회의를 통한 의사결정의 신속화 등을 들 수 있다.

넷째, 경영활동이 네트워크 구조로 전환되고 있다. 디지털 기술의 발달과 더불어 기업 조직은 상호 연결된 네트워크 구조를 형성하게 되었다. 기존 경영에서의 조직은 부분별로 독립적인 계층구조를 형성하였다. 반면에 디지털 경영조직은 인터넷과 같은 네트워크에 기반하여 모든 부문이 상호 통합된 네트워크 구조를 띠게 된다. 서로 다른 기술과 제품, 서비스를 낮은 거래비용으로 상호 결합하는 것이 가능함에 따라 수평적으로 분화된 조직구조가 효율적이다. 따라서 기업 간 효율적인 네트워크의 구축은 기업 성장뿐만 아니라 산업발전에도 중요한 의미를 갖게 된다.

다섯째, 디지털 경영의 확산으로 새로운 고부가가치 산업이 핵심 산업으로 등장하고 있다. 즉, 기존의 철강, 석유화학, 자동차, 조선 등의 산업에서 컴퓨터 · 정보통신 · 디지털 콘텐츠 산업 등의 지식정보화 지향적인 산업이 새로운 핵심 산업으로 대두되고 있다. 또한 생산자들의 생산성 제고를 위한 서비스 부문과의 연계 강화, 정보 네트워크를 이용한 새로운 서비스 산업의 출현, 그리고 물류 · 유통 · 정보통신 등의 산업이 새로운 정보통신서비스와 결합하여 그 영역을 더욱 확대시켜 나가고 있다. 그리고 인터넷 및 전자상거래, 통신과 방송의 융합 및 디지털화 등을 통해 기존에는 존재하지 않았던 새로운 산업 분야가 계속 출현하고 있다.

마지막으로 디지털 경영에서는 새로운 인재상을 요구한다. 과거에는 한번 습득한 지식과 기술만으로도 조직에서 안정적인 생활을 영위할 수 있었으며, 비교적 오랜 기간 유용하게 활용할 수 있었다. 즉, 오랜 기간 동일 직종에 근무하면서 학교 교육을 통해서 습득한 지식과 기술을 별다른 문제가 없는 한 반복해서 사용할 수 있었다. 그러나 디지털 경영의 특성에 기반하여 기업들은 핵심역량 위주로 전문화가 촉진되고 있다. 그러므로 조직구성원 개개인이 자기 분야의 전문성을 신장시키기 위하여 자기 가치를 스스로 높이는 시대가 도래하였다. 디지털 경영조직이 필요로 하는 인재상은 자기 분야에서 남이 쉽게 모방할 수 없는 차별화된 독특한 핵심역량을 보유하면서 인접분야에 대한 해박한 지식과 식견을 폭넓게 보유하고 있어야 한다.

2.3 디지털 경영의 파급 양상

인터넷과 새로운 정보통신기술의 활용에 기반한 디지털 경영의 확산은 조직구조, 비즈니스 환경, 그리고 기존의 사업구조를 극적으로 변화시키고 있다. 즉, 인터넷과 같은 정보기술의 발달에 따라 지리적으로 떨어진 기업활동을 정보기술을 통해 상호 조정이 이루어지도록 함으로써 공간적 거리가 극복되었다. 또한 수많은 조직에 의해 수행되는 다양한 작업 간의 조정과 통합이 유기적이고 신속하게 이루어지게 되었다. 이러한 배경하에 정보기술에 대한 인식과 활용에 대한 새로운 이해와 적용이 요구된다.

첫째, 개인용 컴퓨터(PC)는 조직 내 모든 작업 영역에서 개별 조직구성원들의 업무 생산성 향상을 위해 활용되고 있다. 그러나 PC가 조직 내의 다른 컴퓨터들과 네트워크로 연결되지 않을 경우에는 작업그룹 내 구성원들과의 커뮤니케이션에 상당한 어려움에 직면하게 된다. 그러므로 네트워크에 기반한 작업그룹 컴퓨팅은 개별 조직구성원이나 그룹 간에 자료나 정보, 기타 지식을 용이하게 교환하고 공유할 수 있게 지원한다. 따라서 조직 내에 구현된 작업그룹 컴퓨팅은 조직의 생산성에 직접적인 영향을 미치며, 비즈니스 처리 절차 재설계에 핵심적인 역할을 한다. 인터넷과 최신의 정보통신기술을 활용하여 조직의 비효율적인 프로세스의 재설계와 혁신(BPR: Business Process Reengineering)은 시간 절감, 품질 향상, 서비스 질 증대 등을 통하여 조직의 성과를 증대시킬 수 있다.

둘째, 전통적으로 조직에서는 정보기술을 활용하여 경영정보시스템을 구축하여 물리적인 자산, 재무적인 자원, 그리고 조직구성원과 같은 조직의 중요한 자원을 관리하고 통제하기 위해 사용되었다. 그 예로는 광범위한 영역의 제품생산과 프로세스를 통제하는 실시간 생산시스템, 원료의 효과적인 저장과 이동을 지원하는 통제시스템, 그리고 생산, 판매, 유통, 사무적인 부문의 장비와 기기를 관리하고 운영하는 시스템, 자금의 흐름을 예측하고 조달하기 위한 재무정보 및 회계관리시스템, 효율적인 작업관리와 최적의 인사배치 등을 위한 인적자원관리시스템 등이다.

셋째, 정보기술을 활용함에 있어 정보시스템 초기에는 기업의 내부업무에 치중하였던 반면에, 조직의 정보기술 활용 능력이 향상됨에 따라서 기업의 통합된 정보시스템 구현단계를 거쳐 외부 조직과의 연계를 통한 확장된 기업 간 정보시스템(IOS: Inter-Organization System)으로 발전한다. 즉, 조직 외부의 공급업자, 유통업자, 그리고 소비자와의 연계를 위해 정보시스템의 지원 영역도 확대되고 있다. 예를 들면, 관광회사, 항공회사, 호텔, 금융기관 간의 연계 시스템, 생산업자와 유통업자, 그리고 판매업자 간의 연계된 시스템, 세계 각국에 산재한 다국적 조직의 정보시스템 연계 등을 들 수 있다. 이렇게 확장된 기업 간 정보시스템은 고객의 충성도 향상, 기업 경쟁력 강화, 제품 유통의 신속화, 양질의 고객서비스 제공, 그리고 비용 절감 등의 효과에 영향을 미친다. 더 나아가 정보기술의 전략적 활용은 기업의 경쟁우위뿐만 아니라 생존에 직접적인 영향을 미치고 있다.

넷째, 정보기술과 디지털 네트워크의 발달은 경제의 글로벌화를 더욱 가속화시키고 있다. 미국을 비롯한 선진 각국들은 디지털 경제에서 주도권을 잡기 위하여 이미 치열한 경쟁을 벌이고 있으며, 글로벌 경제에 맞는 전자상거래 및 디지털 플랫폼 정책을 제시하고 있다.

마지막으로 디지털 경제체제의 발전은 인터넷 기반의 가상기업(Virtual Eenterprise)의 고도화와 기업 간의 실시간 상호협력 체제의 구축을 가져올 것이다. 가상기업은 무한경쟁의 시대에서 특정 기업이 지닌 핵심역량을 디지털 네트워크를 통하여 연결함으로써 최고의 비즈니스를 수행하는 실체로 볼 수 있다. 이를 위해서는 가상기업에 참여하는 기업 간의 전략적 제휴와 긴밀한 상호협력이 무엇보다도 중요하다. 이러한 가상기업이 목표를 효과적으로 달성하기 위해 미래의 전자상거래는 단순한 기업 간의 전자상거래(Electronic Commerce: e-Commerce)에서 벗어나 기업 간의 협력적 상거래(Collaborative Commerce: c-Commerce)를 거쳐 기업-소비자가 서로 협력하는 플랫폼 비즈니스(Platform Business)로 계속해서 발전해 갈 것이다.

제3절 e-비즈니스 발달과 플랫폼 비즈니스로의 진화

3.1 전자상거래와 e-비즈니스의 발달

1980년대 후반부터 1990년대 초반에 걸친 인터넷 기술의 급격한 발전, 특히 웹(WWW: World Wide Web)의 발전에 힘입어 1994년 이후 기업들이 인터넷을 상업적인 목적으로 활용하기 시작하였다. 이를 계기로 기업마다 인터넷을 통한 전자상거래에 대한 인식이 일어나기 시작하였다. 1990년대 중반 이후부터 인터넷에 관련된 중요한 기술들의 개발이 가속화되고, 지속적으로 성능이 향상되었으며, 선진 각국들은 초고속통신망 확충에 총력을 기울였다. 이러한 기술적 · 사회적 변화는 전자상거래를 기업의 필수적인 활동으로 자리잡게 만들었다.

전자상거래(EC: Electronic Commerce)라는 용어는 1989년 미국의 LLNL(Lawrence Livermore National Laboratory)이 미 국방성의 프로젝트를 수행하는 과정에서 처음으로 사용되었다. 그 후, 1993년 미 연방정부의 구매/조달 프로그램에서 이 용어가 채택되면서 확산되기 시작되었다. 그 후 전자상거래는 e-비즈니스(e-Business)의 개념으로 발전되었다. 초기 EC는 인터넷과 무관하게 EFT(Electronic Fund Transfer), EDI(Electronic Data Interchange), CALS(Computer Aided Logistic Support) 등과 같은 정보기술에 의한 종이 서류 없는 환경을 달성하기 위해 제안되어졌다.

EDI는 1960년대 국제운송회사들이 운송서류를 신속히 전달할 목적으로 전자문서를 표준화하여 사용한 것이 시초이다. EDI는 기업거래에서 표준화된 전자형식으로 컴퓨터와 컴퓨터 간에 상호정보를 처리하는 절차라고 정의할 수 있다. 한편, CALS는 제품설계와 개발, 생산, 판매, 유지보수, 폐기 등 제품의 전 수명주기에 걸친 기업활동을 전자화하고, 더 나아가 관련 기업과 산업 간에 관련 활동을 전자화하자는 것이다.

CALS 개념은 1985년 미 국방부에서 군수지원업무의 디지털화에 중점을 둔 Computer Aided Logistics Support의 개념에서 출발하여, 1988년 무기 및 각종 물자의 조달을 디지털화하려는 CALS(Computer Aided Acquisition and Logistics Support) 개념으로 발전하였다. 그리고 이 개념은 1993년에는 제조업 분야의 산업정보화에 적용되어 CALS(Continuous Acquisition and Life-cycle Support) 개념으로 발전하였으며, 1994년에는 전산업 부문에 걸친 초고속 상거래를 구현하려는 CALS(Commerce At Light Speed)의 개념으로 발전하였다. 현재 Commerce At Light Speed 개념은 EC와 동일한 수준의 개념으로 받아들여지고 있으며, 이를 묶어 CALS/EC라는 용어가 사용되고 있다.

오늘날 정보기술의 발달로 이룩된 디지털 혁명은 신경제를 불러오고 있다. 이러한 신경제를 주도하는 것이 바로 e-비즈니스이다. e-비즈니스는 매우 짧은 시간에 엄청난 속도로 발전하고 있으며, 그 파급효과는 매우 크다. 빠른 속도로 발전하고 있는 e-비즈니스에 대한 개념을 명확히 정의하기란 쉽지 않다. 그러나 지금까지 논의된 e-비즈니스에 대한 이슈와 개념 정의들을 통하여 잠정적으로 그 개념을 정의할 수 있을 것이다.

e-비즈니스는 그 발달 과정에서 보듯이 여러 분야에서 여러 가지의 개념들이 복합되어 발전해 왔다. Kalakota & Whinston(1996)은 전자상거래를 '네트워크를 통한 상품의 구매와 판매'로 정의하고 있다. 그러나 e-비즈니스의 정의는 보는 관점에 따라 여러 가지로 정의할 수 있다. 지금까지 제시된 e-비즈니스에 대한 정의는 매우 다양하다([표 1-2] 참조). 이러한 다양한 정의로 인하여 e-비즈니스에 대한 개념, 범위, 유형 등에 대한 파악이 어려워짐에 따라 OECD(1998)에서는 다음과 같이 두 가지 관점(광의와 협의)에서 e-비즈니스를 정의하고 있다.

광의의 관점에서 e-비즈니스란 "전자인프라(컴퓨터 및 통신망)를 통해 경제주체들 간(기업과 소비자 간, 기업 간, 기업과 정부 간, 소비자와 정부 간)에 발생하는 모든 형태의 사업거래 및 정보교환 활동"으로 정의한다. 따라서 광의의 관점에서 e-비즈니스는 컴퓨터 네트워크를 통한 제품과 서비스의 광고 및 판매촉진, 거래자 간의 계약, 판매 전후 서비스 지원, 비즈니스 프로세스 간의 조달 및 지원 등을 모두 포함하는 개념이다.

협의의 관점에서 e-비즈니스는 "경제주체들 간에 다양한 전자적 매체를 이용하여 상품이나 용역을 교환하는 것"으로 정의한다. 따라서 협의의 관점에서 e-비즈니스는 상거래 수행을 위하여 거래의 전체 또는 부분에서 전자적인 매체를 이용하는 모든 경우가 e-비즈니스로 분류될 수 있다.

지금까지 e-비즈니스와 관련하여 유사한 개념 또는 동일한 개념으로 취급되어져 오고 있는 개념들로는 e-비즈니스(e-Business), 인터넷 비즈니스(Internet Business), 사이버 비즈니스(Cyber Business) 등이 있다. 이들 개념에 대한 정의와 e-비즈니스와의 관계를 정리하면 다음과 같다.

1) e-비즈니스

e-비즈니스는 1997년 IBM에서 제시한 개념으로 고객, 종업원, 공급업자 등과의 핵심적인 비즈니스 수행과정을 인트라넷(Intranet), 엑스트라넷(Extranet), 그리고 웹(Web) 등을 통해서 수행하는 것이다. 이를 위해서는 전통적인 정보시스템 자원, 즉 전화, 팩스는 물론이고 전자적 정보통신 장치를 모두 결합시켜 비즈니스 활동을 수행하는 것을 말한다. 따라서 e-비즈니스는 본서의 광의의 전자상거래 개념과 거의 유사하며, 가장 폭넓은 개념이다.

인트라넷은 기업 내 통신망을 인터넷의 방대한 정보망에 연결하여 조직 내부 간 통신망에 활용하는 시스템으로 업무 연락, 공지 사항, 공문 전달 등에 이용된다. 엑스트라넷은 인터넷 환경을 기업 내 정보망으로 활용하는 인트라넷의 정보 대상을 외부 지사 및 협력 업체까지 확장하는 개념의 정보망으로 인트라넷이 인터넷을 폐쇄적으로 이용, 기업 내부인들이 웹브라우저 하나로 사내 정보를 찾아볼 수 있도록 하는 데 비해 엑스트라넷은 인트라넷을 외부 사용자들에게도 부분적으로 개방함으로써 거래 업체들과의 통신과 문서 교환 및 제품의 공동 개발 등을 가능케 한다.

2) 인터넷 비즈니스

e-비즈니스와 유사한 개념으로 인터넷 비즈니스란 개념이 있다. 이들 개념은 거의 대동소이한 개념으로 사용되어지고 있다. 주재훈(2000)은 "인터넷 비즈니스란 인터넷 가상공간 또는 가상사회에서 수행되는 사업"이라고 정의하고 있다. 여

기서 사업수행은 독립된 기업이 인터넷 비즈니스를 수행할 수도 있고, 기업 내의 어떤 사업 단위가 인터넷 비즈니스를 수행할 수도 있으며, 여러 기업이 연합 또는 제휴하여 인터넷 비즈니스를 수행할 수도 있다.

한편, 삼성경제연구소의 박상일 · 장영(1999)은 "인터넷 비즈니스란 독립된 거래 주체들이 인터넷을 활용하여 수행하는 사업 활동이다"라고 정의하고 있다. 즉, 제공되는 제품이나 서비스의 용도나 특성에 관계없이 공급자와 수요자가 인터넷을 통해 접촉하는 경우에는 모두 인터넷 비즈니스로 볼 수 있다. 그러나 동일 기업 내에서 인터넷을 기반으로 수행되는 경영활동은 인터넷 비즈니스로 볼 수 없다.

3) 사이버 비즈니스

사이버 비즈니스란 사이버스 공간(Cyberspace)에서의 비즈니스를 말한다. 사이버 공간이란 정보 네트워크로 구성된 가상세계를 일컫는 말로 깁슨(W. Gibson)이 고안한 용어이다. 엄격히 말하자면 사이버 비즈니스는 전용망, 부가가치통신망, 인터넷 등을 통한 가상공간에서 이루어지는 비즈니스란 점에서 인터넷 비즈니스를 포괄하는 개념이라 할 수 있다. 그러나 오늘날 글로벌 네트워크로서의 인터넷은 다양한 부가가치통신망과 연결되기도 하고, 초고속 통신망과도 연동되어 있으므로 사이버 비즈니스 개념의 대부분이 인터넷 비즈니스 개념과 동의어 내지는 유사어로 사용될 수 있다.

이상에서 제시된 e-비즈니스 관련 용어들을 그 대상과 개방의 정도, 사업의 유형에 따라 정리하면 [표 1-2]와 같다.

표 1-2 전자상거래와 관련 개념

구분	전자상거래	인터넷 비즈니스	e-비즈니스
대상	제품, 서비스, 정보	제품, 서비스, 정보	비즈니스 프로세스
개방성	개방형 + 폐쇄형	개방형	개방형 + 폐쇄형
사업 유형	기업과 소비자 간 기업과 기업 간 기업과 정부 간 소비자와 소비자 간	기업과 소비자 간 기업과 기업 간	기업 내 기업과 기업 간 기업과 소비자 간 기업과 정부 간

3.2 e-비즈니스의 특징과 구조

앞의 e-비즈니스에 대한 정의에서 보듯이 e-비즈니스는 아직도 발전단계에 있다. 따라서 e-비즈니스는 보는 관점에 따라 다양한 형태로 분류될 수 있으며, 그 특성 또한 다양하다. 본절에서는 e-비즈니스를 거래 주체의 관점에서 분류하고, e-비즈니스의 특성을 전통적인 상거래와 비교하여 제시한다. 그리고 e-비즈니스가 갖는 효과를 국가경제적인 관점, 기업의 관점, 그리고 소비자의 관점에서 고찰하고자 한다.

e-비즈니스의 종류는 여러 가지 방식으로 분류될 수 있다. 일반적으로 많이 사용되는 분류법으로는 거래에 참여하는 주체 간의 관계를 중심으로 분류한 ESPRIT(1996)의 분류 방법이 많이 사용된다. e-비즈니스는 참여하는 주체에 따라 ① 기업과 소비자 간(B2C: Business-to-Consumer), ② 기업 간(B2B: Business-to-Business), ③ 소비자와 소비자 간(C2C: Consumer-to-Consumer), ④ 기업과 정부 간(B2G: Business-to-Government), ⑤ 정부와 국민 간(G2C: Government-to-Citizen) 등으로 분류된다.

e-비즈니스에서는 기업이 도매상이나 소매상을 거치지 않고도 소비자와 직접 접촉할 수 있다. e-비즈니스시스템에서는 전자적 커뮤니케이션 및 중개로 기업과 소비자 간에 직접 교환이 이루어지는 직접 경로가 지배적이 되어 경로가 축소되고 비용이 감소된다. 이로 인해 기업의 입장에서는 중간상 기능의 통합, 즉 전방 통합이 가능하게 된다. e-비즈니스의 전통적인 상거래와 비교해봄으로써 그 특징을 쉽게 설명할 수 있다.

1) 생산과 소비주체의 측면

e-비즈니스는 전통적 상거래와 마찬가지로 판매 및 구매 기능은 존재하나, 각 참가자가 판매자와 구매자로서 고정되는 것이 아니라 오히려 그 구분이 없어지는 생산소비자(Prosumer)가 등장하게 된다.

2) 거래의 시 · 공간적 측면

전통적 상거래시스템에서는 제한된 지역을 중심으로 폐쇄적으로 거래 활동이 이루어지나, e-비즈니스시스템에서는 전자 네트워크상에서 거래 활동이 이루어지기 때문에 시간과 공간을 초월할 수 있으며 이로 인해 거래대상 지역이 세계화된다. 또한 전통적 상거래에서는 영업시간이 특정한 시간에 제한되어 운영되고 있으나, e-비즈니스에서는 온라인과 실시간으로 24시간 거래 활동을 할 수 있기 때문에 시간의 제약을 받지 않는다.

3) 시장의 접근성 측면

전통적 상거래시스템에서의 시간적 · 공간적 제약은 시장의 세분화를 제한하며 일정한 시간적 · 공간적 경계 내에서의 시장의 밀도는 e-비즈니스시스템에서의 그것에 비해 낮다. e-비즈니스시스템에서는 시장에의 도달이 쉽고 보다 빈번한 커뮤니케이션이 가능해지며 정보교환에 요구되는 비용도 매우 작다. 따라서 일정한 시간적 · 공간적 경계 내에서 도달가능한 고객의 수는 크게 증가하여 시장밀도는 매우 높아진다.

4) 마케팅 활동 측면

전통적 상거래가 구매자의 의사와 관계없는 일방적인 방식이 중심을 이루고 있으나, e-비즈니스에서는 쌍방향 통신을 통한 '상호작용적인 마케팅(Interactive Marketing)'이 가능하게 된다. 전통적 상거래시스템에서 거래 활동은 대중 시장을 대상으로 하나 e-비즈니스시스템에서는 개인화된 시장개념이 가능해진다. 이는 e-비즈니스의 주요 특성인 상호작용성에서 비롯되는데, 소비자는 기업의 마케팅 메시지 유입의 속도를 통제할 수 있으므로 자신에게 적절한 개인화된 시장을 구성할 수 있다.

5) 중개자 역할 측면

전자시장의 발달은 중개자의 역할에 커다란 변화를 가져오고 있다. 즉, 소비자와 기업 또는 기업 간에 직접 거래를 함으로 인하여 기존의 전통적 시장에 존재하는 중간채널 또는 중개자(Intermediary)가 없어지는 중개자 축소 현상(Disintermediation)이 나타나고 있다. 또 한편으로는 고도의 정보 중심의 거래가 이루어짐에 따라 정보에 기반한 중개자(Informediary)에 의한 새로운 유통채널이 형성되는 신종 중개자 출현 현상(Reintermediation)이 나타나고 있다.

인터넷 기술과 정보통신기술의 급속한 발전과 컴퓨팅 파워의 급속한 증가는 e-비즈니스를 급속히 발전시키는 견인차 역할을 하였다. 그리고 e-비즈니스의 구조도 매우 다양하게 나타나고 있다. Kalakota & Whinston(1996)는 기술적 측면에서에서 인터넷 및 정보통신과 컴퓨팅 기술에 기초하여 e-비즈니스의 구조를 제안하고 있다. 그들은 e-비즈니스의 기본적인 구조를 개인적 · 법률적 · 공공정책적인 문제와 기술표준(문서, 보안, 네트워크 프로토콜 등)의 두 축을 바탕으로 4가지 인프라 구조를 제안하였다.

이들 4가지 인프라 구조로는 ① 물리적 정보통신 네트워크 인프라, ② 네트워크를 통한 메시지 전달과 멀티미디어 인프라, ③ 상용비즈니스 서비스 인프라, ④ e-비즈니스 응용기술 인프라를 제안하였다. 이러한 4가지 인프라를 기반으로 구축되는 대표적인 e-비즈니스로는 홈쇼핑(Home Shopping), 인터넷 쇼핑몰, 온라인 마케팅 및 광고, 구매 및 조달, VOD(Video On Demand), 공급망관리(SCM) 등이 있다.

한편, 이재규 등(2002)은 종합적인 관점에서 e-비즈니스 기본구조를 제안하고 있다. 즉, e-비즈니스 구조를 ① 인프라(Infrastructure) 부문, ② 사회적 · 제도적 부문, ③ 기반 소프트웨어 부문, ④ 응용(Applications) 부문의 4개 부문으로 구분하고 있다. 여기서 인프라 부문은 네트워크, 멀티미디어 기술, 정보고속도로 등을 모두 포함하는 개념으로 네트워크와 그에 관련된 기술들로 구성된다고 할 수 있다. 사회적 · 제도적 부문은 개인의 정보 유출, 기술적 표준 등에 관한 내용들을 포함하며, 기반 소프트웨어 부문은 e-비즈니스를 지탱하게 해주는 보편적이고 핵심적인 요소 기술들을 포함하고 있다.

3.3 e-비즈니스의 효과

일반적으로 e-비즈니스는 기업뿐만 아니라 소비자 및 산업 구조 등에도 다양한 영향을 미치고, 궁극적으로는 경제의 활성화에 기여할 것이라는 데에는 이견이 없다. e-비즈니스의 효과를 거시적 측면, 기업 측면, 소비자 측면으로 나누어 살펴보면 다음과 같다.

1) 거시적 측면

산업구조 측면에서 볼 때, e-비즈니스가 활성화될수록 업종별로 부상되거나 침체되는 현상이 심화될 수 있다. 주된 타격 분야로는 무역 · 여행 · 보험 · 부동산 대리점, 제품 대리점, 중간도소매상 등 중간 유통업 혹은 대리점형 업종과 단순 영업직종 등을 들 수 있다. 반면 성장이 예상되는 분야로는 정보통신, 콘텐츠(음반, 영상물, 전자출판, 소프트웨어, 사업지원 서비스, 오락물 등), 신물류 · 유통 분야 등을 들 수 있다.

미국의 경우 인터넷의 확산과 더불어 정보기술산업이 미국 경제성장을 지속시키는 견인차 역할을 수행하였다고 평가되고 있다. 정보기술산업은 1995~1997년 간의 GDP 성장의 1/3 이상(34.6%)에 기여하였고, 정보기술 분야의 기업설비투자는 1960년대의 총 설비 투자액의 3%에서 1997년에는 45% 이상을 차지하게 되었으며, 정보기술산업 분야에서 7백만 개 이상의 고용을 창출하는 동시에 인플레이션을 하락시키는 효과를 가져왔다.

또한, e-비즈니스는 기업의 저비용 상거래 실현에 의한 가격 인하, 유통단계의 단계적 축소로 인한 사회적 비용의 감소, 지속적인 설비투자로 인한 관련 산업의 발전 및 고용 창출의 직접적인 원인이 되었다. 국가 간에는 국제상거래 측면에서 실질적인 국경의 해체로 인해 국가 간의 관세 문제가 발생하게 되었으며, 국제 유통업체의 역할 변화가 요구되며, 산업구조정책 등의 조정이 필요해진다.

2) 기업 측면

e-비즈니스는 비즈니스 프로세스를 보다 간단하고 효율적으로 하며 고객서비스를 개선할 수 있게 한다. e-비즈니스에 참여하는 주체들은 이전에는 검토되지 않았던 방법을 고려함으로써 제품과 서비스 비용의 절감을 유도하여 경쟁력 향상을 도모하고 새로운 시장의 고객을 위하여 다양한 대안을 제시한다.

기업의 측면에서 볼 때, e-비즈니스는 거래비용을 절감시키고, 시간적 · 공간적 제약을 극복한 새로운 시장과 사업기회를 제공함으로써 경제 전반의 효율성과 투명성을 제고한다. 즉, 재고 · 유통비용 등 거래비용을 획기적으로 절감시켜 공급자와 소비자 모두에게 이익이 되며, 거래 과정의 투명성 제고로 공급자 간 완전경쟁시장의 형성을 가능케 한다.

따라서 e-비즈니스가 기업에 미치는 영향은 구매, 생산, 유통, 마케팅, 고객서비스 등 기업의 모든 경영활동에 e-비즈니스가 적용됨으로써 업무 프로세스의 혁신에 기여하게 된다는 점이다. e-비즈니스는 구매 프로세스를 효율화하고 생산사이클을 단축하며 원거리의 거래선과 비즈니스를 할 수 있도록 하고, 새로운 서비스와 비즈니스를 생성하며, 거래에 참여하는 참여자의 범위를 확대하여 전체적인 비용을 절감할 수 있도록 한다.

e-비즈니스는 전통적인 상거래가 갖는 시간적 · 공간적 한계를 극복할 수 있는 수단을 제공하여, 전 세계를 대상으로 가상공간을 통한 24시간 거래가 가능하므로 공급자와 소비자가 누리는 혜택은 다양하다. Margaret & Thompson(1998)은 인터넷을 이용한 e-비즈니스는 세계적으로 수백만 개의 컴퓨터로 연결된 글로벌 네트워크를 기반으로 하므로 e-비즈니스의 도입은 다음과 같은 일곱 가지의 효과를 줄 수 있다고 한다.

- 세계적으로 널리 분포되어 있는 정보에 접근을 용이하게 하여 기업은 고객들에게 자사의 제품과 서비스의 정보를 제공할 수 있다.
- 기업은 시장에서 고객에게 자사에 대한 폭넓은 시야와 인식을 제공할 수 있기 때문에 자사의 이미지와 명성을 향상시킬 수 있다.
- e-비즈니스를 하는 기업은 지리적 · 시간적 장애를 줄임으로써 고객과의 의

사소통을 위한 많은 장벽을 제거해준다.

- e-비즈니스는 이전의 사업모형에서는 시도할 수 없었던 새로운 사업기회를 창출함에 있어 물리적 위치나 경계에 의한 제약을 회피할 수 있다.
- 고객서비스를 개선할 수 있다.
- 고객에게 직접적으로 제품과 서비스를 판매할 수 있다.
- 사무실, 유통경로, 광고비 등 운영비용이 적게 든다.

3) 소비자 측면

오늘날 소비자 욕구는 급속하게 변하고 있으며, 또한 다양해지고 있다. 기업은 고객의 욕구를 신속히 파악하고 짧은 시간 내에 제품을 효율적으로 전달할 수 있어야만 경쟁에서 우위를 점할 수 있다. e-비즈니스는 기업이 소비자의 욕구를 효과적으로 파악하고 소비자의 욕구에 가장 잘 부합할 수 있도록 하는 데 있어 적극적으로 활용될 수 있다. 따라서 소비자는 e-비즈니스가 발전할수록 보다 적극적으로 자신의 욕구를 기업에 전달할 수 있다.

Hoffman 등(1995)은 소비자와 공급자의 양 측면에서 e-비즈니스 도입으로 인한 혜택을 제시하였다. 이 중에서 소비자 측면의 e-비즈니스 도입으로 인한 이점으로 ① 정보의 신속하고 정확한 검색 및 대조, ② 상대적으로 저렴한 탐색비용, ③ 원스톱 쇼핑, ④ 지리적 한계를 뛰어넘는 정보 가용성과 상품구매를 글로벌화할 수 있는 기회를 제공, ⑤ 보다 더 풍부하고 좋은 정보에 의한 서비스 질의 향상, ⑥ 다양한 선호가 반영된 제품 및 서비스로 선택의 다양성이 증가, ⑦ 가격의 인하 등을 들고 있다.

3.4 e-비즈니스에서 플랫폼 비즈니스로의 발달

정보기술과 인터넷의 발달로 인하여 기존의 상거래에서 구현할 수 없었던 상거래의 많은 기능들을 손쉽게 구현할 수 있게 되었다. 이로 인하여 사이버 쇼핑몰뿐만 아니라, 사이버 금융, 사이버 무역, 사이버 교육 등 새로운 e-비즈니스 응용들이 빠른 속도로 발전하고 있다. 또한 기존의 경제체제 역시 글로벌 e-비즈니스 체제에 맞게 상거래 관행과 제도 역시 재편성되고 있다. 그러나 e-비즈니스의 발달이 여러 가지 새로운 사회적 · 문화적 문제를 수반하고 있다. 이러한 e-비즈니스에서 발생할 수 있는 여러 가지 문제들이 e-비즈니스의 구조를 단순한 기술적 구조로만 보게 하는 차원을 넘어서 사회적 · 제도적 · 법률적 차원과 같은 다원적 측면으로 확대되게 한다.

비즈니스가 인터넷을 기반으로 급속히 전환되고 새로운 형태의 비즈니스 모델이 창출되고 있다. 기업마다 가상공간에서 e-비즈니스를 수행하는 목적은 매우 다양할 수 있다. 그렇지만 대부분의 기업들이 e-비즈니스를 통해 업무효율과 혁신을 통해 이윤을 추구하게 된다. 더 나아가 기업은 e-비즈니스를 통해 고객서비스를 향상시켜 경쟁의 우위를 확보하고자 한다. 이러한 e-비즈니스 목적을 효과적으로 달성하기 위해서는 다른 기업과는 차별화된 e-비즈니스 모델의 개발이 있어야 한다.

각 기업은 자신의 취향에 맞는 e-비즈니스 모델을 개발함으로써 차별화된 고객가치와 서비스를 통하여 자신의 고객 범위를 확정하고 수익의 원천을 확보할 수 있다. e-비즈니스 모델이 개발될 수 있는 분야는 무수히 많다. 현재 실물 세계에서 이루어지는 많은 분야들이 가상공간에서 가능하다. 그 예로서 전자금융(e-Financing) 또는 인터넷 뱅킹(Internet Banking), 사이버 증권거래(Cyber Stock Market), 인터넷 쇼핑몰(Internet Shopping Mall), e-마켓플레이스(e-Marketplace), 사이버 학습(e-Learning) 등이다.

e-비즈니스 모델이 정의되면, 이를 위한 비즈니스 활동이 가상공간에서 이루어지게 할 수 있는 응용시스템의 개발과 운영이 중요하다. 전자상거래 응용시스템 개발을 위해서는 기술적 기반의 적용과 표준의 도입에 대한 고려가 있어야 한다. 전자상거래 응용시스템의 주요 하위시스템(모듈)으로는 주문처리시스템, 전자결제시스템, 물류 및 배송관리시스템, 마케팅관리시스템, 판매 · 구매지원시스템, 상품추천과 선택을 위한 지능형 시스템, 전자보안시스템 등이다.

4차 산업혁명의 촉발은 인공지능기술을 기반으로 IoT, Cloud, Big Data, Mobile 기술과 접목하여 새로운 e-비즈니스 모델의 출현을 가속화시키고 있다.

4차 산업혁명이 선언되고 난 후부터 가장 두드러진 변화는 인공지능 기반의 e-비즈니스가 플랫폼 비즈니스(Platform Business)로 급속히 진화되고 있다는 것이다.

플랫폼 비즈니스란 사업자가 네트워크를 통해 마켓스페이스(Market Space)를 구축하여 소비자들이 시간과 공간의 제약을 받지 않고 제품과 서비스를 거래할 수 있는 비즈니스 형태를 일컫는다. 즉, 제조업체들이 자신들이 구축한 웹이나 앱을 통해 소비자들에게 다양한 제품과 서비스를 제공할 수 있는 인터넷 장터이다. 나아가 제3자가 운영하는 쇼핑몰 형태로 국적을 불문하고 다양한 인터넷 상점의 입점을 유도하여 소비자들에게 원스톱으로 제품이나 서비스를 쇼핑할 수 있는 플랫폼을 말한다.

이러한 플랫폼 비즈니스가 활성화되기 위해서는 ① 상품, 서비스 그리고 정보의 흐름에 대한 이해, ② 여러 사업 참여자들의 역할에 대한 이해, ③ 사업 참여자들이 누리게 될 잠재적 이익에 대한 이해, ④ 수입의 생성 그리고 분배에 대한 명확한 이해가 선행되어야 한다. 즉, 어떤 상품을 어떤 방식으로 누구에게 판매할 것인지를, 사업을 통해 이익을 창출하는 방식, 그리고 이익을 어떻게 공유할 것인지에 대한 생태계를 명확히 이해해야 할 것이다.

대표적인 플랫폼 비즈니스로 아마존(amazon.com)의 '원클릭 서비스'와 구글의 '검색' 그리고 프라이스라인(priceline.com)의 '역경매'를 들 수 있다. 그러나 플랫폼 비즈니스 모델은 무엇보다 모방이 쉽다는 치명적인 단점을 지니고 있다. 일례로 아마존이 온라인 중고책 전자상거래 사이트를 개설한 후, 오프라인의 강자인 반스앤노블은 bn.com을 열었다. 그 후 half.com이나 buy.com과 같은 후발주자들이 우후죽순처럼 생겨났다. 뿐만 아니라 온라인 여행 사이트는 travelocity.com, expedia.com, 그리고 orbitz.com 등 수많은 사이트가 출현하여 춘추전국시대를 맞이하였다. 역경매 방식의 프라이스라인 역시도 서비스 개시 후 얼마 있지 않아 hotwire.com과 같은 모방업체의 등장으로 창업자인 Jay Walker는 2000년 말 경영실적 악화로 회사를 떠나게 되었다.

향후 몇 년 내에 디지털 경제는 빠른 속도로 변화를 거듭할 것이다. 앞으로 예견되는 또는 이미 진행 중인 e-비즈니스의 새로운 변화를 몇 가지로 요약하면 다음과 같다.

첫째, 전통적인 오프라인 기반의 기업들의 온라인화, 즉 e-트랜스포메이션(e-Transformation)의 가속화이다. 정보기술과 인터넷의 급격한 발전으로 인한 디지털 경제의 급속한 전진은 전통적인 Brick-and-Mortar 기업에 대한 발상의 전환을 요구하고 있다. 최근 인터넷의 무한한 잠재력을 실감한 이들 기업은 기존의 비즈니스 프로세스와 인터넷의 접목을 활발히 시도하고 있다. 특히, 2002년을 기점으로 닷컴 기업의 거품이 빠지면서 온라인과 오프라인의 통합을 통한 e-트랜스포메이션을 시도한 기업들이 그 성과를 드러내면서부터 대기업을 중심으로 e-트랜스포메이션이 활발히 진행되고 있으며, 이러한 여파는 곧 중소기업으로 퍼져나갈 것이다. 모 대기업의 경우 생산라인 공장장은 자사의 협력업체들을 모아놓고 생산진행과 자재확보 현황을 2시간 단위로 보내달라고 공식적으로 요청했다고 한다. 이는 공급관계에 있는 모든 중소기업들에게 실시간으로 거래와 통제가 일어날 수 있도록 e-트랜스포메이션을 강력하게 주문하는 것이며, 이러한 조건을 맞추지 못하면 거래를 할 수 없다는 것을 하청업체에게 강력하게 요구하는 것이다.

둘째, 네트워크 기반의 새로운 중간 매개자의 등장과 가치사슬 구조의 변화이다. 거래비용이론 관점에서 보면 정보기술의 발전과 인터넷과 같은 경제적, 기술적 측면에서 개방적인 글로벌 네트워크의 상업적인 활용은 검색비용, 조정비용 등과 같은 거래비용을 절감시킬 수 있다. 따라서 디지털화된 시장에서는 생산자에서 소비자에 이르는 가치사슬에서 전통적인 중간 매개자가 생략되는 탈 매개화와 시장의 전자화에 따른 네트워크 기반의 새로운 중간 매개자가 개입되는 현상이 발생된다. 이러한 가치사슬상의 구조 변화와 함께 전자상점, 가상공동체, 인터넷 경매, 인터넷 광고, 구인구직, 부동산 중계 등과 같은 분야에서 다양한 형태의 비즈니스 모델이 대두되고 있다. 이들은 곧 시장에서 사업적인 타당성을 검증받을 것이다.

셋째, 디지털 콘텐츠 제품과 신기술의 융합이다. 향후에는 사용자의 증가보다 사용량의 폭발적 증대와 사용 환경의 다변화에 주목할 필요가 있으며, 이를 바탕으로 다양한 기술과 산업이 융합된 새로운 개념의 제품 및 서비스의 등장으로 인해 야기되는 여러 가지 사업기회가 창출될 것이다. 이에 따라 그동안의 정형화된 유형 제품(Tangible Product) 위주의 e-비즈니스에서 무형 콘텐츠(Intangible Product)의 e-비즈니스 비중이 보다 확대될 것이고, 이를 위한 유무선의 통합적인 서비스 제공이 중요하게 대두될 전망이다. 특히, 이는 오프라인 기반이 없는 인터넷 전문 업체에게 보다 더 중요한 문제라 할 수 있다. e-비즈니스를 계획하고 있는 기업의 입장에서 중요한 것은 단순히 유선의 서비스를 무선 인터넷에서 가능하게 하는 것이 아니라 무선 인터넷의 상황에 맞는 새로운 전략을 수립해야 한다는 것이다.

넷째, 개인화된 서비스의 확대이다. 향후 디지털 경제 사회에서는 보다 개인지향적이라 할 수 있는 휴대용기기를 통한 인터넷이 일반화되고, 유무선의 통합적인 서비스가 지속적으로 제공됨에 따라 현재보다 더 개인화된 수단들이 일반화될 것이다. 이러한 수단들을 보다 효과적으로 활용하기 위해 사전에 구매정보 분석 등을 통해 높은 수익성을 보일 목표 고객을 선정하고 상호 간에 교차판매(Cross-Selling) 가능성이 높은 상품을 개발하는 것이 중요하다.

다섯째, B2B e-비즈니스 시장의 격돌과 슈퍼 e-마켓플레이스의 등장이다. 향후, B2B e-비즈니스 시장도 급속히 변할 것으로 예측된다. B2B는 내부적으로는 비용 절감이나 생산성 확대를 가져올 뿐만 아니라, 외부적으로는 신규시장 개척과 같은 장점을 바탕으로 전 세계적으로, 전 산업에 걸쳐 엄청난 잠재력과 시장성을 가지고 있다. 그러나 현재까지 B2B의 e-비즈니스의 대부분이 MRO(Maintenance, Repair, Operation) 제품과 같은 단순 구매에 초점이 맞추어져 있다. 특히, 기술적 문제보다는 기업 거래관행 등과 같은 사회적 인프라의 낙후가 더 큰 문제였다. 따라서 사회적 인프라의 낙후성으로 인한 격차를 극복할 때, B2B는 급속히 성장할 것으로 전망된다. 이러한 과정에서 산업별로 대표성을 띤 몇 개의 사이트만 살아남고 그렇지 못한 사이트들은 도태되고 이들 간의 합병을 통한 슈퍼 e-마켓플레이스(Super e-Marketplace)가 등장할 전망이다. 특히 동종 산업을 대상으로 하는 사이트와의 통합을 통해 보다 많은 구매력을 확보할 수 있고 규모의 경제에 따른 효율성도 생겨날 것이다.

여섯째, 부가가치통신망 통합을 통한 협력적 전자상거래(c-Commerce)의 추진이다. 또한 B2B는 향후 단순히 온라인을 통한 거래보다 참여기업 간 부가가치통신망 통합을 통해 상호 간의 충성도를 높이는 데 초점을 맞추게 될 것이다. 아직까지 많은 참여기업들이 높은 수준의 통합을 이룬 B2B 사이트는 거의 없다고 할 수 있다. 이는 많은 시간과 비용이 필요하기 때문이다. 그러나 단순히 진보된 기술을 기반으로 많은 투자와 시간만이 성공을 위한 요소가 아니라 무엇보다도 참여기업 간의 상호 신뢰가 가장 중요한 기본 요소라 할 수 있다. 인터넷 기술의 발달로 인해 과거에는 불가능했던 업체 간의 신속한 정보 공유가 가능해졌으나 아직까지 자사의 핵심 정보를 공유한다는 것은 쉬운 일이 아니다. 따라서 B2B e-비즈니스에서는 참여기업들 간의 신뢰를 통한 부가가치통신망 통합이 성공의 핵심요소가 될 전망이다.

이상에서 제시된 여섯 가지의 e-비즈니스 시장에서의 변화는 e-비즈니스 분야의 새로운 개념을 형성하게 하며, e-비즈니스의 구조를 더욱 복잡하게 만들 것이다. 따라서 e-비즈니스에 대한 이해의 폭을 넓히기 위해서는 현존하는 e-비즈니스 시장의 변화와 정보통신기술의 변화에 대한 통찰력을 갖추어야 한다. e-비즈니스 시장의 새로운 변화를 정리하면 다음과 같다.

첫째로, 플랫폼 비즈니스를 성공시키기 위해 아마존은 글로컬리제이션(Glocalization) 전략을 추구하고 있다. 아마존은 원스톱 서비스라는 일괄구매시스템을 구축하였으나 이후 후발업체들도 같은 서비스를 제공함으로써 경쟁력을 잃어갔지만 글로벌화를 통해 현재 독보적인 시장점유율을 차지하고 있다. 아마존의 경우 글로벌화는 두 가지 측면에서 평가할 수 있다. 미국 본사의 아마존닷컴에서는 각국의 언어로 구매할 수 있으며, 미국에서 직접 배송 서비스를 실행하고 있다. 그리고 amazon.jp, amazon.cn, 그리고 amazom.sg와 같은 각국의 아마존 자회사를 통해 로컬시장을 공략하는 글로컬리제이션으로 시장을 공략하고 있다.

둘째로, 본원적 글로벌리제이션(Born-Globalization) 방안으로 아마존은 제품의 다양화와 시장의 다각화를 세계시장에서 동시다발적으로 추구하고 있다. 초기와 달리, 플랫폼 비즈니스는 특정 제품이나 시장만을 고집해서는 안 된다. 아마존의 플랫폼 비즈니스의 시작은 틈새시장을 노려 동공효과(Eyeball Effect)를 생성하고, 밴드웨건효과(Bandwagon Effect)를 활용하여 중고책 거래 서비스를 시작으로 지금은 팔지 않는 물건이 없을 정도의 제품의 다양화를 추구하였다. 동시에 시장 다각화를 위해 온라인뿐만 아니라 오프라인 매점을 통해 고객들에게 우수한 고객접점 서비스를 제공하고 있다. 이는 소비자로 하여금 브랜드의 가치를 증대시키고 로열티를 획득할 기회를 제공하기 때문이다. 또한 오프라인 매점을 통해 고객만족도를 높이고 있다.

셋째로, 플랫폼 비즈니스는 잠금효과(Lock-in Effect)가 발현되기 어렵고 그네효과(Swing Effect)가 용이하게 일어난다. 즉, 플랫폼 비즈니스는 전환비용(Switching Cost)이 거의 제로에 가깝기 때문이 잠금효과가 강하지 않고, 소비자들이 보다 쉽게 다른 플랫폼으로 이동하는 그네효과가 강하게 나타난다. 이를 해결하기 위해서는 추천시스템과 리뷰시스템을 잘 갖추어야 할 것이다. 아마존은 인공지능(AI) 기술을 활용하여 상품 페이지에 구매자의 리뷰를 표시하여 소비자가 자신 있게 온라인으로 구매할 수 있도록 하고 있다. 온라인 소비자는 상품을 판매하는 브랜드보다 이용자의 경험을 더 신뢰하는 경향이 있다. 투명성 높은 상품의 평가나, 소비자로부터의 피드백은 플랫폼에 대한 신뢰와 충성도를 높여 지속적으로 소비자들을 재구매로 인도한다.

넷째로, 요즘 소비자들이 주로 이용하는 소셜미디어(Social Media)를 적극적으로 활용해야 할 것이다. 즉, 판매전략에 있어 롱테일 마케팅 전략(Long Tail Marketing Strategy)과 파레트(Pareto)의 법칙을 효과적으로 활용해야 할 것이다. 롱테일 마케팅 전략의 일환으로 인스타그램, 페이스북, 트위터를 통해 독특한 다양한 목소리를 수용하고, 브랜드에 대한 개성을 키워야 한다. 이미 많은 팔로워를 가진 인플루언서(Influencer)와 연결이 될 수도 있다. 특히, 시장에서 압도적인 지위를 가진 아마존과 달리 소규모 플랫폼사업자들은 적극적으로 소셜미디어를 활용하여 구전효과(WOM: Word-of-Mouth)를 창출해야 할 것이다.

다섯째로, 수익모델을 지속적으로 다양화 해야 할 것이다. 아마존의 경우, 현재 상품 판매수익(Transaction Fee)보다 배송 서비스(Delivery Service)를 통해 더 많은 수익을 올리고 있다. 아마존은 3가지 배송 옵션을 부여하고 있다 배송의 속도에 따른 차등 요금제를 적용하여 고객들에게 선택하도록 하고 있다. 고객의 상황에 따라 배송비를 달리 책정함으로써 배송지연에 따른 고객의 불만을 제거함과 동시에 쾌속배송 서비스를 통해 새로운 수익모델을 만들어내고 있다.

마지막으로 플랫폼 비즈니스는 모바일에 역량을 집중해야 한다. 요즘은 대부분의 소비자들이 스마트폰을 사용하고 있기 때문에 스마트폰을 통한 구매가 이루어지도록 해야 할 것이다. 현재 모바일 앱을 통한 매출액이 웹을 통한 매출액을 추월하고 있는 상황이다. 앞으로 이러한 추세는 가속화될 것이다. 따라서 사용자의 편의성을 강화시키는 터치기술과 정확한 음성인식에 대한 기술에 관심을 가져야 할 것이다.

이상의 현상들을 종합해보면, 플랫폼 비즈니스는 쏠림현상(Tipping Effect)과 승자독식현상(Winner Takes it all Situation)이 강하게 일어나고 있는 시장이다. 특히, 비즈니스 초기에 네트워크효과(Network Effect)가 강하게 발현된다. 그러므로 플랫폼 비즈니스는 무엇보다 창조적인 플랫폼을 생성하여 조기 정착이 무엇보다 중요하다. 이러한 플랫폼이 손쉽게 탄생할 있는 생태계 조성이 최우선시되고, 이를 위해서는 과감한 규제의 혁파가 선행되어야 할 것이다.

참고문헌

권병일 · 안동규 · 권서림, 4차 산업혁명의 실천 디지털 트랜스포메이션, 도서출판 청람, 2018.

김창수 · 김현수 · 박기남 · 서창교 · 정대율 · 주재훈, 경영정보시스템(제2판), 법문사, 2011.

남호기, 4차 산업혁명 디지털 전환이 우선이다, 해남, 2019.

박상일 · 장영, "국내외 인터넷 비즈니스 선도기업의 전략 및 시사점," 삼성경제연구소, 연구보고서, 1999.

안종배, 인공지능이 바꾸는 미래세상과 메타버스, 광문각, 2021.

오강석, 디지털 혁명 사용설명서 네트워크, 플랫폼, 이용자, 그리고 공생의 생태계, 클라우드나인, 2019.

이성열 · 양주성, 디지털 비즈니스의 미래 4차 산업혁명 시대의 플랫폼 혁신 전략, 리더스북, 2019.

이재규 등, 전자상거래 원론(제3판), 법영사, 2002.

이주선, AI 임팩트: 인공지능의 정체와 삶에 미치는 파장, 2021.

조원경, 한 권으로 읽는 디지털 혁명 4.0: 일의 미래, 블록체인, 플랫폼 경제, AI, 로크미디어, 2018.

정대율 · 주재훈 · 강병영 · 최정일 · 황종호, 디지털 경영과 경영정보론, 두양사, 2011.

주재훈, e-비즈니스: 전자상거래, 비봉출판사, 2000

채서일, 플랫폼 비즈니스: 플랫폼 비즈니스의 이해와 생태계 구축, 비앤엠북스, 2020.

클라우스 슈밥 저, 송경진 옮김, 클라우스 슈밥의 제4차 산업혁명, 메가스터디북스, 2016.

클라우스 슈밥 저, 김민주 · 이엽 옮김, 클라우스 슈밥의 제4차 산업혁명: 더 넥스트(The Next), 메가스터디북스, 2018.

KAIST 기술경영전문대학원, 4차 산업혁명과 디지털 트랜스포메이션 전략, 율곡출판사, 2019.

Drucker, P. F., Innovation and Entrepreneurship: Practice and Principles, London, Heinemen, 1995.

Kalakota, R. and A. B. Whinston, Frontiers of Electronic Commerce, Addison Wesley Pub., 1996.

Kalakota, R. and Robinson, M., E-Business: Roadmap for Success, Reading, MA, Addison-Wesley, 2001.

ESPRIT, A European Initiative in Electronic Commerce, 1996.

Friedman, T. L., The World is Flat: A Brief History of the Twenty-first Century, International Creative Management, Inc., 2005.

Hoffman, T. P. Novak, and P. Chatterjee, "Commercial Scenario for the Web: Opportunities and Challenges," *Journal of Computer-Mediated Communication*, Vol. 1, No. 3, 1995. https://onlinelibrary.wiley.com/doi/full/10.1111/j.1083-6101.1995.tb00165.x

Laudon, K. C. and J. P. Laudon, Management Information Systems: Managing the Digital Firm, 9th Ed., Prentice-Hall, 2006.

Manyika, J. and M. Chui, "Digital Era Brings Hyperscale Challenges," *The Financial Times*, 13 August 2014.

Margaret, T. and S.H. Thompson, "Factors Influencing the Adoption of the Internet," *International Journal of Electronic Commerce*, Vol. 2, No. 3, 1998, pp.5-18.

Porter, M. E., and V. E. Millar, "How Information Gives You Competitive Advantage," *Harvard Business Review*, Vol. 63, No. 4, 1985, pp.149-161.

Schwab, K., The Fourth Industrial Revolution, World Economic Forum, 2016.

Turban, E., D. Leidner, E. McLean, and J. Wetherbe, Information Technology for Management: Transforming Organizations in the Digital Economy, 5th Ed., John Wiley & Sons, 2006.

02

CHAPTER

인공지능으로 구현되는 세상

데이터 혁명

제1절 | 데이터에 대한 이해와 역사

제2절 | 경영정보시스템의 변천 과정 속 데이터

제3절 | 빅데이터에 대한 이해와 분석기술

CHAPTER 02 데이터 혁명

4차 산업혁명은 데이터 혁명이라 해도 과언이 아니다. 구글, 아마존, 애플, 우버 등의 공통점은 데이터를 매개로 한 새로운 산업이라는 것이다. 4차산업은 오프라인 제품과 서비스가 온라인의 데이터와 융합되는 것으로 구현된다. 예컨대, 웨어러블 제품에서 발생하는 인간의 생체 데이터는 클라우드에 저장되어 빅데이터가 되고, 인공지능이 이를 분석하여 개인별 맞춤 피트니스 서비스를 제공함으로써 개인의 삶을 건강하게 도와준다. 데이터가 없는 인공지능은 의미가 없다. 인공지능이 수십 년 동안 존재해 왔지만, 원재료인 데이터가 폭발적으로 증가하였기에 지금의 인공지능이 존재하는 것이다. 본장에서는 인공지능의 주된 재료인 데이터와 인공지능 기술을 활용한 데이터 혁명에 대해 살펴본다.

제 1 절 데이터에 대한 이해와 역사

1.1 데이터의 정의

데이터는 사전적으로 재료, 자료 근거를 말한다. 일반적으로 데이터를 분류할 때, 정성적 데이터(Qualitative Data)와 정량적 데이터(Quantitative Data)로 나눌 수 있다. 정성적 데이터는 데이터 자체가 하나의 텍스트(예: 소비자와의 인터뷰 내용 글)로 구성되어 있어, 데이터 하나하나 함축된 정보를 가지고 있다. 이에 반해, 정량적 데이터는 여러 속성(예: 이름, 나이, 성별, 주소 등)이 모여 하나의 객체를 형성하고 각 속성은 하나 혹은 여러 개의 속성이 결합해 측정이나 설명이 가능하도록 구성되어 있다.

표 2-1 정성적 데이터와 정량적 데이터의 비교

구분	정성적 데이터	정량적 데이터
형태	비정형 데이터	정형, 반정형 데이터
구성	언어, 문자로 구성	숫자, 기호 등으로 구성
저장형태	파일, 웹	데이터베이스, 스프레드시트
소스위치	소셜데이터 등의 외부 시스템	DBMS 등의 내부 시스템

한편, 데이터 형태에 따라서도 데이터를 구분하는데, 정성적 데이터를 비정형 데이터, 정량적 데이터를 정형 또는 반정형 데이터라고 한다.

그림 2-1 정형 데이터의 예

	A	B	C	D	E	F	G	H
1	일자	요일	시간대	업종	시도	시군구	읍면동	통화건수
2	20180601	금	0	음식점-족	서울특별시	강남구	논현동	5
3	20180601	금	0	음식점-족	서울특별시	강동구	길동	5
4	20180601	금	0	음식점-족	서울특별시	강서구	내발산동	5
5	20180601	금	0	음식점-족	서울특별시	동대문구	제기동	5
6	20180601	금	0	음식점-족	서울특별시	서대문구	창천동	7
7	20180601	금	0	음식점-족	서울특별시	서초구	양재동	5
8	20180601	금	0	음식점-족	서울특별시	성동구	성수동2가	5
9	20180601	금	0	음식점-족	서울특별시	성북구	동선동2가	5
10	20180601	금	0	음식점-족	서울특별시	송파구	송파동	5
11	20180601	금	0	음식점-족	서울특별시	영등포구	문래동3가	5

정형 데이터(Structured Data)는 [그림 2-1]과 같이, 데이터를 다루는 사람이라면 흔히 볼 수 있는 형태로, 속성이 구별되는 엑셀(Excel) 형태의 데이터로 보면 된다. 예컨대, '성별(Gender)'이라는 열(Column)이 있다면, 그 부분엔 Male, Female이라는 값이 들어간다. 누가 봐도 그 값이 '남자' 또는 '여자'라는 것을 쉽게 알 수 있다. '나이(Age)'라는 열에서는 25 혹은 30이라는 숫자가 들어있을 때, 사람들은 그 값이 25세, 30세임을 쉽게 인식할 수 있다. [그림 2-1]에서 통화건수 열에서 나타난 5라는 것이 무엇을 의미하는지를 쉽게 알 수 있는 것과 같다.

이에 반해, 반정형 데이터(Semi-Structured Data)는 연산이 불가능한 데이터를 말한다. 예컨대, XML, HTML, JSON, 로그 형태 등이 있다. 비정형 데이터(Unstructured Data)는 정해진 규칙이 없어서 값의 의미를 쉽게 파악하기 힘든 데이터를 말한다. 주로, 텍스트, 음성, 영상 데이터, 트위터/페이스북 등의 소셜데이터가 비정형 데이터 범위에 속한다.

그림 2-2 반정형 데이터의 예(JSON 형태)(좌) / 비정형 데이터의 예(우)

```
[{ "Sepal.Length" : 6.8,
   "Sepal.Width" : 3.2,
   "Petal.Length" : 5.9,
   "Petal.Width" : 2.3,
   "Species" : "virginica" },
  { "Sepal.Length" : 6.7,
    "Sepal.Width" : 3.3,
    "Petal.Length" : 5.7,
    "Petal.Width" : 2.5,
    "Species" : "virginica" }]
```

예컨대 비정형 데이터의 경우, 트위터는 텍스트 데이터, 인스타그램은 이미지 데이터, 유튜브에는 영상 데이터를 매일 엄청나게 생성해내고 있다. 비정형 데이터는 빅데이터 탐색에 중요한 역할을 했는데, 그동안 의미를 분석하기 어려웠던 대용량에 속한 비정형 데이터를 분석하여 새로운 통찰력(Insight)을 얻을 수 있기 때문이었다.

1.2 데이터의 출현과 계산기의 발전

1) 데이터의 출현

데이터를 분석하고 현재는 물론 미래까지 예측하려는 시도는 고대부터 이미 존재해 왔다. 이러한 시도는 20세기 후반 디지털 혁명을 통해 가속화되었을 뿐이다. 데이터를 수집하고 저장하고 분석하는 일은 인류의 삶을 바꾼 컴퓨터의 출현으로 급가속화된다. 인류는 이미 4만 년 전에 '수'를 발견했다. 개념적으로 존재하지 않았던 수를 상상했다는 것은 인류사에 있어 가장 위대한 업적 중 하나일 것이다. 수를 발견한 것은 데이터를 생성할 기회를 발견했다는 것과 같은 것이다.

과거 인류학자들은 원시 인류가 숫자 체계를 문자화하기 이전에 손가락 표시 체계를 발전시켜 수를 세기 시작했다고 추측한다. 예컨대, 손가락 1개를 펴시 가축 1마리를 가지고 있다거나 1마리를 갖고 싶다는 등의 뜻을 표시했을 것이다. 이런 표시는 기록을 남길 수도 있는데, 나무나 동물 뼈 혹은 돌로 만든 엄대(Tally Stick)가 있다. 엄대는 물건값을 표시하는 길고 짧은 빗금을 새기는 막대기로, 반찬가게나 푸줏간에서 외상거래를 할 때 많이 사용된 물건이다. 한 손가락을 펴는 대신에 엄대에다 가축 한 마리를 빗금으로 새기는 식이다. 막대기에 빗금으로 거래내역을 표시하는 것은 지금으로 보면 일종의 거래데이터(Transaction Data)라 할 수 있겠다.

그림 2-3 물건의 숫자를 기록한 엄대

출처: https://m.post.naver.com/viewer/postView.nhn?volumeNo=15776663&memberNo=37991573

2) 데이터 산술 도구의 출현

기원전 2400년경에 개발된 주판은 인류 최초의 계산기이다. 인류 역사상 최초의 컴퓨터라 할 수 있는 주판은 원시적인 형태에서 벗어나 기원전 200년경에 중국에서 개량되어 거의 2000년 이상 쓰였다. 하지만, 주판은 사용방법을 배우는데 시간이 걸리고, 계산과정에서 상당부분을 사람의 머리에 의존해야 하는 한계는 있었다.

▌그림 2-4 ▌주판

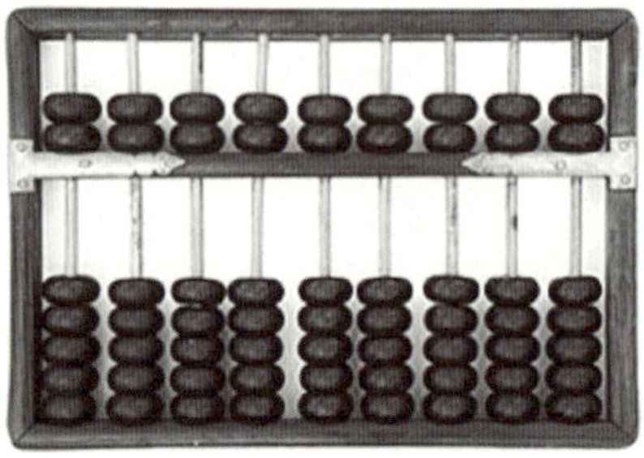

3) 데이터 계산기의 출현

오랫동안 주판이 계산기로 인식되었던 시기를 넘어 1642년 프랑스의 파스칼(B. Pascal)이 덧셈, 뺄셈, 곱셈이 가능한 기어작동 방식의 계산기를 발명하게 된다. 1822년 영국의 수학자 베비지(C. Babbage)는 계산 절차의 기억기능을 지닌 일명 분석엔진이라는 계산기를 발명하였다. 기존의 기계식 계산기와는 달리 로그함수와 삼각함수의 계산이 가능했다. 1880년 미국의 홀러리스(H. Hollerith)가 천공카드 방식의 데이터 기록기를 발명하게 된다. 일정한 패턴의 구멍을 뚫어 데이터를 기록하는 종이 카드를 이용해 디지털 데이터 0과 1을 기록할 수 있다는 점은 오늘날의 컴퓨터와 유사한 점이 있다.

▌그림 2-5 ▌베비지의 분석엔진(좌) / 파스칼의 기어작동 방식의 계산기(우)

출처: https://www.greelane.com/ko

4) 데이터 처리를 위한 컴퓨터의 등장

1948년 미국 펜실베니아대학의 전기공학자 모클리(J. Mauchly)와 에커트(P. Eckert)가 진공관 방식에 의한 최초의 디지털 컴퓨터인 에니악(ENIAC: Electronic Numerical Integrator and Calculator)을 발명하게 된다. 30톤짜리 괴물 컴퓨터인 에니악은 1초당 5,000번 이상의 계산을 하는 등의 이전까지 사용하던 컴퓨터보다 1,000배 이상 높은 성능을 발휘했다. 당시 미국 국방부는 에니악의 높은 성능에 주목하여 탄도 계산, 날씨 예측, 원자폭탄 개발 등 다양한 용도로 활용했다.

그림 2-6 에니악(ENIAC)

에니악을 포함한 당시 컴퓨터는 새로운 작업을 수행할 때마다 회로 및 기억장치를 바꿔 끼워야 하는 한계가 있었다. 헝가리 출신 수학자 노이만(J. Neumann)은 컴퓨터 내부의 기억장치에 소프트웨어 방식의 프로그램을 내장하여 스프트웨어만 바꾸면 여러 작업에 대응할 수 있는 프로그램 내장 방식의 컴퓨터의 개념을 발표하게 된다. 이 개념은 이후 현재 사용되는 대부분 컴퓨터에 적용되게 된다. 바야흐로 데이터를 수집 · 저장 · 계산하기 위한 노력이 본격적으로 시동이 걸린 것이다.

5) 음성인식 기기의 등장

20세기 전자공학의 발전은 데이터 발전의 밑거름이 된다. 1963년 IBM은 음성으로 영단어를 인식하는 것은 물론 간단한 숫자 계산까지 해주는 '슈박스(Shoebox)'라는 음성인식 기기를 공개했다. 슈박스는 사람이 영어로 말하는 숫자와 16개 단어를 디지털 정보로 바꿀 수 있는 음성인식 기기이다. 슈박스의 출현은 음성 데이터와 같은 비정형 데이터 전산화의 첫걸음이었다.

▮그림 2-7▮ IBM 슈박스

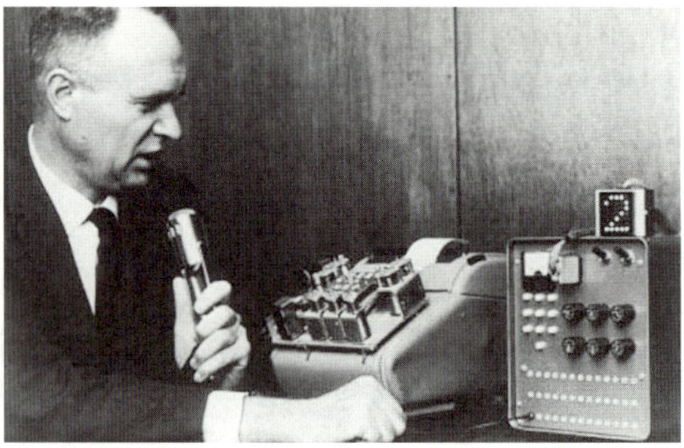

출처: https://www.thegear.kr/news/articleView.html?idxno=10502

당시에는 음성 데이터를 확보하고 방대한 양의 데이터 처리를 할 수 있는 프로세서가 없었다. 그로 인해 음성인식 연구가 일찍 시작됐음에도 불구하고 관련기술은 2000년대 중반까지도 상용화되지 못했다. 최근 들어서야 대용량의 데이터 처리가 가능한 고성능 프로세서와 인공지능과 같은 첨단 ICT 기술이 발전하면서 누구(NUGU), 시리(Siri), 빅스비(Bixby) 등의 음성인식 및 처리 서비스가 상용화되었다.

1.3 데이터 가공 및 분석기술의 발전

1) 데이터 분석을 위한 학문의 등장

한편, 17세기 중반 무렵 통계학이라는 학문이 대두된다. 대학에서 독자적인 전공으로 통계학이 자리잡는 것은 20세기 이후부터였다. 19세기 전반에 미국과 유럽의 여러 국가에서 각종 통계조사가 활발해졌고, 데이터가 많은 사람이 주목을 받기 시작했다. 이 시기를 통계학에서는 '통계에 대한 열광의 시대(Age of Enthusiasm)'라고 불릴 정도로 통계가 활발하게 사용된 시기였다. 그러나 아무리 많아도 데이터만으로는 과학이 되기 어려웠고, 그 데이터를 분석하기 위한 체계적인 이론과 방법은 19세기가 거의 끝나갈 무렵에서야 나타났다.

비록 아직 데이터가 정밀한 분석방법을 만나지는 못한 시기였지만, 19세기는 통계를 둘러싼 다양한 의견이 등장했던 흥미진진한 시기였다. 데이터가 풍성하게 만들어지면서 사회 속에서 그 데이터의 역할을 둘러싼 논쟁도 많아졌기 때문이다. 당시가 영국을 시작으로 산업혁명이 진행되던 시기였으며, 19세기가 시작되기 직전인 1789년에 프랑스대혁명이 있었던 것을 떠올려보면 통계 데이터는 혁명의 시대가 낳은 산물 가운데 하나였음을 알 수 있다. 당시 데이터가 맡은 역할은 변화와 혼란의 와중에서 시대를 파악하는데 도움이 되는 과학적인 자료를 제공하는 것이었다. 당시 사람들이 주목했던 통계는 자살, 범죄, 빈곤, 공중보건 등 사회의 어두운 모습을 드러내는 통계들이었다.

19세기 전반기 데이터의 역사를 보면, 그 당시의 열광적인 분위기가 마치 '빅데이터 시대'라고도 불리는 오늘날의 분위기와 흡사하다. 산업혁명과 정치혁명이라는 시대에 데이터가 맡았던 역할과 흔히 '4차 산업혁명' 시대라고 불리는 오늘날의 데이터가 하는 역할을 서로 비교해보는 것은 흥미로운 일이다.

2) 데이터관리의 표준의 등장: 관계형 데이터베이스

1970년에 에드거 커드(E. F. Codd)는 관계형 데이터베이스 이론에 중요한 공헌을 하게 된다. 커드는 IBM에서 일하는 동안 데이터베이스 관리를 위한 관계형 모델을 제시하게 된다. 현재 사용되는 대부분의 데이터베이스는 관계형 데이터베이스 모델을 기반으로 하고 있다. 이 모델은 데이터의 기반 구조나 데이터가 물리적으로 어디에 저장되어 있는지를 사용자가 모르더라도 미리 정의된 질의(Query)만으로 쉽게 데이터를 추출할 수 있도록 하였다.

▮그림 2-8▮ 관계형 데이터베이스 모델의 예

student_Id	name	age
1	Akon	17
2	Bkon	18
3	Ckon	17
4	Dkon	18

student_Id	name	age
1	Java	Mr.J
2	C++	Miss C
3	C#	Mr. C Hash
4	Php	Mr.PHP

student_Id	subject_Id	marks
1	1	98
1	2	78
2	1	76
3	2	88

관계형 데이터베이스는 사례 한 건마다 한 행에, 속성 하나마다 한 열에 배열하는 형식의 테이블에 데이터를 저장한다. 이런 형식은 데이터를 저장하는데 이상적인데, 왜냐하면 대상을 속성별로 분해해서 저장하기 때문이다. 특히 기업에서 재무, 제조 및 물류정보, 인사 데이터 등 많은 데이터를 저장하는 데 유용하다. 관계형 데이터베이스는 데이터의 분류, 정렬, 탐색 속도가 빠르고, 어떤 상황에서도 데이터의 무결성을 보장해준다는 장점이 있다. 관계형 데이터베이스의 출현은 데이터를 체계적으로 저장하고 쉽게 데이터를 찾을 수 있다는 것을 의미한다.

3) 웹과 데이터 공유

1989년 영국의 컴퓨터공학자 팀 버너스리(Tim Berners-Lee)는 월드와이드웹

(World Wide Web)을 개발하였다. 인터넷에 연결된 컴퓨터를 통해 사람들이 정보를 공유할 수 있는 전 세계적인 정보공간을 발명한 것이다. 간단히 웹(Web)이라고도 하는데, 인터넷에서 HTTP 프로토콜, 하이퍼텍스트, HTML 형식 등을 사용하여 그림과 문자를 교환하는 전송방식을 말한다. 웹을 이용하여 다른 서버에 있는 데이터와 정보를 어디서나 손쉽게 가져올 수 있도록 했다. 이제 어디에 있는 누구나 서로 연결된 데이터망에 접속해 원하는 데이터를 얻을 수 있게 되었다. 사람들이 무엇을 공유하고 어디에 가며, 무슨 이야기를 하고 있고 어디에 관심이 있는지 등에 대한 정보를 구성할 데이터를 쉽게 확인할 수 있게 된 것이다. 이와 더불어, 데이터의 양이 늘어나면서 데이터를 저장할 매체의 가격이 하락하게 된 것도 데이터 역사에 있어 중요한 부분이다. 디지털 매체를 활용한 데이터의 저장은 반영구적이며, 기술발전에 따라 단위 면적당 데이터 저장량을 얼마든지 늘릴 수 있는 장점이 있다. 디지털 매체가 종이보다 가격이 저렴해진 것은 디지털 데이터의 폭발을 의미한다.

1999~2003년 사이의 인터넷을 우리는 웹1.0 시대라고 일컫는다. 웹1.0 시대에서 웹사이트는 사용자에게 자신이 보유한 콘텐츠를 일방적으로 전달하는 모습을 띠고 있다. 이후 2005년부터 대두된 웹2.0 시대는 협업, 공유, 무료라는 가치로 특징지어진 플랫폼의 모습을 가지고 있었다. 웹2.0은 콘텐츠 대부분이 사용자가 제작 · 공급되는 웹을 의미한다. 이것은 사용자의 참여와 콘텐츠에 기여하는 커뮤니티의 형성을 촉진시켰다. 웹사이트만이 아닌 수많은 사람이 스스로 데이터를 만들고, 이것을 공유할 수 있는 여건이 만들어진 것이다. 예를 들어, 세계인구 3명당 한 명이 이용한다는 페이스북은 지금도 사람들이 스스로 이런저런 데이터를 업로드하고 공유하고 있다.

4) 빅데이터의 등장

2006년에 빅데이터 세트를 저장하고 분석할 수 있는 오픈소스 프레임워크인 '하둡(Hadoop)'이 만들어졌다. 빅데이터 분석이 쉬워진 것은 이 하둡이 개발되면서부터이다. 하둡은 여러 대의 컴퓨터로 대용량 데이터를 적은 비용으로 더 빠르게 분석할 수 있는 소프트웨어이다. 하둡은 높은 유연성을 가지고 있어, 음성, 동영상, 텍스트 등의 비정형 데이터관리도 가능하다. 실제 페이스북은 데이터 일부를 하둡에 저장하는데, 대용량 사진 데이터를 약 2천여 개의 서버가 처리하고 있으며, 사용자가 이미지를 업로드하거나 검색할 수 있게 지원한다. 하둡의 출현은 분석에 소요되는 많은 비용과 시간을 단축할 수 있게 되어, 진정한 빅데이터 시대를 맞이하게 된 계기가 되었다.

우리가 늘 가지고 있는 스마트폰은 인터넷을 통해 빅데이터와 연결해 주는 단말기인 동시에 그 자체로 데이터를 만들고 수집하는 도구이기도 하다. 스마트폰을 비롯한 스마트기기의 대량 보급은 디지털 데이터 접속 가능성을 높였다. 스마트폰이 출현한 시점을 기준으로 우리가 사용하는 전자기기가 모바일화되고 네트워크로 연결되었다. 사람들은 매일 수많은 시간을 소셜미디어 서비스, 컴퓨터 게임, 미디어 플랫폼, 웹 검색엔진 등을 이용하며 보낸다. 이런 기술과 삶의 변화는 수집된 데이터의 양에도 엄청난 변화를 가져왔다. 경험이나 사건을 글로 기록하던 시절부터 현재까지 만들어진 데이터의 양은 어마어마하다. 특히, 인터넷에서 한 해 동안에 생성 · 복제 · 유통되는 디지털 데이터의 양은 전 세계 해변에 있는 모래알의 수에 비유될 것이다.

데이터의 양만 단순히 늘어난 것이 아니라 그 종류도 정말 다양해졌다. 이메일, 블로그, 사진, 트윗, '좋아요', 공유, 웹 검색, 비디오 업로드, 온라인 구매 목록,

▮그림 2-9▮ 정형 데이터와 비정형 데이터의 예

팟캐스트 등 너무 다양하다. 이와 같은 비정형 데이터 이외에 각각의 데이터에 대한 메타데이터(Meta Data: 원데이터의 속성과 구조를 설명하는 데이터)까지를 고려하면 빅데이터라는 말이 왜 유행하게 되는지를 알 수 있게 된다.

빅데이터는 어느 날까지 출현한 새로운 개념이 아니다. 인류 문명이 생겨나면서부터 이루어졌던 데이터 수집과 분석 행위가 그 규모와 속도, 다양성 면에서 차원을 달리하는 발전을 이룬 것일 뿐이다. 데이터 취급 방법의 오랜 노하우 축적과 진화는 물론, 데이터 저장, 처리, 인터넷 등의 기술적 발전에 힘입어 본격화된 빅데이터 시대는 개인, 조직, 사회 운영을 바꾸고 있는 것은 분명하다.

제2절 경영정보시스템의 변천 과정 속 데이터

데이터의 역할을 이해하기 위해서는 경영정보시스템(MIS: Management Information Systems)의 탄생 배경을 먼저 살펴보는 것이 필요하다. 역사적으로 MIS는 데이터를 관리하는 역할을 담당했기 때문이다. MIS는 기업에서 사용하는 정보시스템을 말한다. 데이터 처리목적에 따라 MIS는 ① 데이터 처리 중심의 정보시스템과 ② 데이터 분석 중심의 정보시스템으로 구분할 수 있다.

2.1 데이터 처리 중심의 정보시스템

데이터 처리 중심의 정보시스템은 주로 실무자 관점에서 업무를 처리하기 위한 경영정보시스템을 말한다. 대표적으로 전자정보처리시스템(EDPS: Electronic Data Processing Systems)과 거래처리시스템(TPS: Transation Processing System)이 있다.

EDPS는 일반적으로 컴퓨터를 이용하여 기업의 행정 및 경영기능을 보조하기 위해 데이터를 전달 · 처리 · 저장하는 시스템이다. MIS의 시초이며, 가장 태초의 컴퓨터를 경영에 사용한 형태이다. 경영이라는 개념을 배제하면 일반적인 '컴퓨터'의 초기형태로 볼 수 있다. 이 시스템은 1960년대 활용되었는데, 당시 MIS는 수작업으로 하던 거래데이터를 처리하는 단순 반복적인 일들을 컴퓨터로 자동화하는 수준이었다. EDPS는 향후 TPS로 발전하게 된다.

TPS는 말 그대로 거래데이터를 기록하고 처리하는 시스템이다. 기업에서 자재구입, 상품판매, 영수증 발행, ATM기기에서의 현금입출금, 상품의 주문 및 발송 등 거래와 관련된 데이터가 발생할 때마다 거래데이터를 신속하고 정확하게 처리하는 일종의 회계처리시스템이다.

TPS는 현장업무 및 사무를 컴퓨터를 이용해서 처리하기 때문에, 단순하고 명백한 업무에 적용되며 상대적으로 쉽게 분석하도록 설계되어 있다. TPS의 처리대상 데이터는 고객 주문사항의 처리, 원자재의 구매, 상품재고의 관리, 고객대금 고지서의 발송, 공급업체에 대한 물품대금 지급 등과 같은 일상적인 거래업무로부터 발생하는 데이터이다. TPS의 주된 역할은 날마다 생성되는 많은 양의 상세하고 정형화된 데이터를 처리하는 것이었다.

데이터 처리 중심의 정보시스템은 훗날 전사적 자원관리(ERP: Enterprise Resource Planning)로 이어지게 된다. ERP의 핵심에는 기업 전체 운영시스템들로부터 거래데이터를 수집하는 중앙 데이터베이스를 활용하여 매번 데이터나 정보가 변경될 때마다 해당 데이터 및 정보를 전체 시스템에 걸쳐서 갱신하는 것이었다.

2.2 데이터 분석 중심의 정보시스템

1970년대 들어, 데이터 분석 중심의 정보시스템이 출현하게 된다. 이 시기에 정보시스템의 기능은 데이터 처리나 회계데이터 관리 등 수작업을 컴퓨터로 처리하는 수준에서 경영자들에 대한 정보지원 수준으로 전환하는 시기이다. 이 당시의 정보시스템들을 정보보고시스템(IRS: Information Reporting Systems)이라고 한다. IRS는 데이터베이스에서 저장된 데이터를 실시간으로 분석하여 제공하는 것이 특징이다.

과거 TPS가 많은 데이터를 자동으로 처리하고 저장하여 업무처리에 많은 도움을 주었지만, 데이터가 관리업무에는 크게 도움을 주지 못했던 한계를 극복하기 위한 것이었다. 하지만, IRS 역시 관리자들의 문제해결에 필요한 기능을 제공하기에 충분하지 않았다. 관리자가 필요로 하는 정보를 제공하는 기능 이외에도 의사결정을 위해 데이터를 정량적으로 분석하고 계산하는 기능이 필요했기 때문이었다. 이에 IRS를 보완하기 위해 등장한 것이 의사결정지원시스템(DSS: Decision Support Systems)이다.

DSS는 관리자들이 필요한 정보를 대화식 형태로 제공하고, 시스템에 저장된 계량모델을 데이터에 적용하여 경영관리자의 의사결정 분석을 지원할 수 있다. 관리자들은 DSS를 이용해서 정형데이터를 분석하여, 반정형적 또는 비정형적 성격을 갖는 의사결정 문제를 처리할 수 있게 되었다. DSS의 출현은 정보시스템이 과거 단순히 데이터를 수집 · 저장 · 분배하기 위한 시스템에서 사용자가 쉽게 의사결정을 할 수 있도록 데이터를 분석해주는 시스템까지 확장됨을 의미한다.

한편, 데이터 분석 중심의 정보시스템에 있어 인공지능 기술의 출현은 정보시스템의 역할에 중요한 의미로 쓰이게 된다. 인공지능 기술을 활용한 정보시스템의 대표적인 예로는 전문가시스템(ES: Expert System), 신경망(Neural Network), 퍼지이론(Fuzzy Logic), 유전자 알고리즘(Generic Algorithm) 등이 있다.

ES는 일종의 컴퓨터 상담 프로그램으로, 전문가의 추론과정을 모방하여 어려운 문제를 해결하는 데 사용된다. 다양한 경험을 축적해 놓은 지식베이스와 이를 적절한 상황에 적용할 수 있게 하는 규칙들을 포함하고 있다. 경영분야의 ES는 금융, 재무 및 세무업무, 판매 및 구매업무, 공정관리 등에서 활용되었다.

신경망은 인간의 뇌가 작동하는 방식을 흉내를 내려는 인공지능의 한 유형으로, 많은 양의 데이터를 처리하고 논리나 규칙이 아직은 존재하지 않는 상황에서 패턴이나 특성을 찾아낸다. 스스로 새로운 상황을 데이터를 통해 학습하고 적응한다는 특징이 있다. 신경망 기술을 활용하여 금융산업에서는 대출 여부를 결정하기도 한다.

퍼지이론은 모호하거나 주관적인 정보를 수학적으로 다루는 기법이다. 가령, 세탁기에 퍼지이론이 적용되면, 퍼지 센서가 세탁물의 양이나 오염 정도에 따라 물의 양과 세제량을 결정하고 세탁기의 물이 깨끗해질 때까지 세탁 시간을 스스로 결정할 수 있다.

유전자 알고리즘은 진화와 적자생존과정을 모방하여 주어진 문제에 대해 보다 나은 해결방법을 만들어가는 인공지능시스템을 말한다. 유전자 알고리즘은 일종의 최적화 시스템으로, 최상의 결과를 산출하는 투입요소들의 조합을 찾아내는 것이 특징이다. 인간보다 빠르고 정확하게 다양한 해법을 탐색하고 평가하는 것이다. 예를 들어, 유전자 알고리즘을 통해 기업의 최적투자조합을 찾아낼 수 있다. 이동통신회사의 경우, 유전자 알고리즘을 이용하여 연결점이 수만 개 이상인 광케이블 망의 최적 조합을 결정할 수도 있다.

제3절 빅데이터에 대한 이해와 분석기술

3.1 빅데이터의 개념과 특징

디지털 기술이 일상화된 스마트 시대는 소셜, 사물, 라이프로그(Life-log) 데이터 등이 결합되면서 '빅데이터'의 영향력이 증대되고 있다. 실시간의 연결과 소통의 '스마트 혁명'으로 데이터는 폭증하고, 기존의 데이터 저장 · 관리 · 분석 기법은 한계에 직면하게 되었다. 데이터는 정보사회를 움직이는 핵심 연료인 만큼 '빅데이터'로의 환경 변화는 지능 정보사회의 패러다임을 견인할 정도의 큰 힘을 발휘하게 되었다. 앞서 데이터의 역사와 흐름에서 설명한 바와 같이, 빅데이터는 단순히 데이터의 양만을 의미하지 않고, 새롭게 생성되는 데이터의 특징들이 함께 포함된 개념으로 발전되고 있다.

빅데이터(Big Data)란 거대한 데이터의 집합을 지칭한다. 기존의 관리 및 분석 체계로는 감당할 수 없을 수준의 데이터 집합으로 볼 수도 있다. 빅데이터는 '데이터 추출→데이터 저장→데이터 분석→분석 결과의 시각화→미래 행동의 예측

→결과의 적용'으로 이루어진 순환 과정을 거치며 지속적인 향상을 모색하게 된다.

빅데이터는 통상적으로 사용되는 데이터 수집, 관리 및 처리 소프트웨어의 수용 한계를 넘어서는 크기의 데이터를 말한다. 빅데이터의 특징을 설명할 때, 가트너(Gartner)사에서 제시한 규모(Volume), 다양성(Variety), 속도(Velocity)의 세 개 차원으로 설명한 3V 모델이 가장 널리 인용된다. 최근에는 진실성(Veracity)과 가변성(Variability)'의 추가되어 5V로 정의되고 있다.

1) 규모(Volume)

기본적으로 빅데이터는 매우 큰 양의 데이터를 의미한다. 어느 정도 양의 데이터를 빅데이터로 부를 것인가에 대한 의견은 분분하다. 워낙 빠르게 데이터의 양이 증가하고 있어, 기준 수치에 대한 의견 또한 지속해서 변화하고 있다. 과거에는 데이터 부족으로 인한 문제가 주목받았다면, 앞으로는 방대하게 구축된 자료를 어떻게 선별하고 분석하는가에 대한 어려움을 겪게 되는 일이 더 많아질 것으로 전망된다.

2) 다양성(Variety)

과거에는 데이터 분석을 할 수 없어서 어쩔 수 없이 버려졌던 혹은 데이터로 인식되지 않았던 것들이 데이터로서 가치를 가지게 되었다는 사실에 주목해야 한다. 즉, 숫자로 통용되는 정형 데이터에서 텍스트, 이미지, 오디오, 비디오 등의 비정형 또는 반정형 데이터까지 분석의 대상이 확대되었다는 것이다. 새로 생성되는 데이터의 다수는 비정형 테이터이며, 이들에 대한 분석기법 및 활용방안에 대한 논의가 본격화되고 있다.

3) 속도(Velocity)

데이터가 생성되고 또 처리되어야 하는 속도가 점차 빨라지고 있다. 시간을 두고 분석하는 것이 의미 있는 데이터가 있지만, 시간이 지나면 가치가 낮아지거나 사라지는 데이터도 있다. 이에 따라 대용량 데이터를 처리하는 능력뿐만 아니라 스트리밍 데이터를 효율적으로 운영할 수 있는 분석기술에 대한 요구가 늘어나고 있으며, 분석 결과를 실시간으로 활용하는 실시간성 업무와 서비스도 증가하고 있다.

4) 진실성(Veracity)

아무리 데이터의 양이 많고 속도가 빠르고 다양하더라도 진실성을 가지지 못하는 데이터는 의미가 없다. 진정한 데이터 자원이 가능하기 위해서는 단순히 데이터를 수집하고 쌓는 데 목적이 있는 것이 아니라, 데이터를 통해 궁극적으로 원하는 바를 분석하고 이해할 수 있어야 하며, 개인이 권리를 침해하지 않는 등의 신뢰 가능한 진실성을 가져야 한다. 기존 3V에서 새롭게 진실성이라는 특징이 추가되었다는 점은 결국 기존 빅데이터의 한계와 향후 나아가야 할 방향에 시사하는 바가 크다. 한 사람이 거짓으로 올린 정보가 무한 확산되기 쉬운 현대 사회에서 어떤 데이터가 진실이고, 가치 있는 데이터인지를 판별해낼 수 있는 능력과 활용방안에 대한 검토가 필수적이다.

5) 가변성(Variability)

가변성은 동일한 데이터가 서로 다른 맥락(Context)에서 다른 의미를 가질 수 있다는 의미이다. 가변성은 빅데이터의 특징이라고 하기엔 어렵지만, 데이터를 활용하는 데 있어 주의해야 할 중요한 요소이다. 예컨대, 텍스트, 이미지, 오디오, 비디오 등의 비정형 테이터들은 맥락과 함께 분석되는 것이 중요하다. 동일한 단어, 동일한 이미지가 가지는 의미가 상황에 따라 다르다는 것이 전제되어야 하기 때문이다. 긍정적인 의미로 사용된 것인지 아니면 부정적인 의미로 사용된 것인지, 또는 어떤 분위기에서 어떤 문구와 함께 사용된 것인지 등을 고려해야 한다. 맥락에 대한 이해없이 단순히 분석하고 내리는 결론은 위험하다.

3.2 빅데이터와 인공지능의 관계

빅데이터와 인공지능은 어떤 관계에 있을까? 인공지능은 데이터를 분석하는 핵심 방법론이다. 요리에 비유하면, 데이터는 식재료가 되고, 인공지능은 일종의 요리법이 된다. 데이터 측면에서 인공지능은 데이터 자신을 의미있는 결과를 만들어주는 행동이면서 절차이다. 반면에, 인공지능 측면에서 데이터는 학습 재료이다. 데이터의 확보가 안 되면 인공지능의 구현은 사실상 어렵다.

한편, 인공지능에서 데이터 학습이 중요하다고 말한다. 이것은 인공지능의 구현 방식과도 관계가 있다. 인공지능의 구현방식은 두 가지이다.

첫째, 지식기반 인공지능이다. 모든 지식을 'A이면 B이다'와 같은 형태의 명제로 만들고, 이 명제들 간의 연역적 추론을 하여 새로운 지식이나 사실을 만들어내는 방식이다. 예컨대, '고양이는 생선을 좋아한다'는 지식을 가지고 있다. 또한 묘묘라는 고양이가 있다고 한다면, 이들을 '고양이는 생선을 좋아한다'와 '묘묘는 고양이다'라는 두 개의 명제로 변환한다. 이 두 명제를 인공지능에게 보내면 인공지능은 이 둘을 연역적 추론으로 조합하여 '묘묘는 생선을 좋아한다'라는 새로운 명제를 만들어낸다. 만약 자율주행을 위한 인공지능을 만든다면, 자율주행에 관련된 명제의 수는 수십만에서 수백만 개가 될 것이다. 이들을 잘 조합하면 컴퓨터를 활용해서 새로운 명제들을 수없이 만들어낼 수 있다.

인공지능의 두 번째 구현 방법은 귀납적 추론이다. 귀납적 추론의 예로 개와 고양이의 모습이 어떻게 다른지를 설명하는 것이다. 인간은 개와 고양이 모습이 어떻게 다른지 배운 적이 없다. 대신에 다양한 종류의 개와 고양이를 보았다. 시간이 지나 언제부터 개와 고양이의 생김새가 어떻게 다른지 쉽게 인지하게 되었다. 귀납적 추론 기반의 인공지능을 머신러닝(Machine Learning) 또는 기계학습이라고 한다. 머신러닝은 귀납적 추론방법을 컴퓨터에게 시켜서 인공지능을 구현하는 것이다.

앞서 언급한 지식기반처럼 컴퓨터에게 명제를 주지 않고, 사진같은 데이터를 계속 보여줌으로써 컴퓨터가 자연스럽게 개와 고양이를 구분할 수 있게 하는 것이다. 그런데 이 방식이 작동하려면 충분히 많은 데이터와 반복적으로 보여주고 수정할 수 있는 빠른 컴퓨터가 필요하다. 과거에는 연역적 추론의 지식기반 방식이 주류였으나, 오늘날은 귀납적 추론의 머신러닝이 그 자리를 대체했다. 1980~90년대에 머신러닝 대부분의 핵심이론이 완성되었다. 그러나 당시에는 좋은 아이디어 수준에 그쳤다. 그 이유는 학습할 데이터가 없었기 때문이었다. 2007년 애플의 아이폰 출시 이후, 스마트폰을 통해 많은 데이터가 생산되기 시작했다.

또한 지속적인 컴퓨터의 계산능력 발전도 주목할 부분이다. 컴퓨터 속도가 중요한 이유는 머신러닝에서 많은 데이터를 반복적으로 학습시키기 때문이다. 당연하지만, 컴퓨터의 계산능력 속도가 느리면 학습에 소요되는 시간이 길어진다. 1990년대 컴퓨터의 계산속도가 100이라고 할 때, 2010년 중반에는 10만이 되었다. 약 1,000배 이상 향상된 것인데, 1,000배 빨라지면 16분 소요되던 계산이 단 1초 만에 가능해진다.

요컨대, 인공지능은 거의 모든 시스템에 적용되어 있다고 해도 과언이 아니다. 과거 AI에는 사람이 규칙을 만들어 시스템을 구현했다. 일종의 공식을 만들어 컴퓨터에 주입했었다. 그러나 현재 인공지능은 데이터를 통해 공식을 스스로 만들게 하고 있다. 현재 인공지능은 주어진 데이터의 특성을 여러 요인으로 나누어서 분석해 학습한다. 사물인식과 같은 비정형 데이터도 분석할 수 있다. 사물의 특성을 여러 요인으로 쪼개어 학습해 사물을 인지할 수 있는 것이다. 빅데이터는 인공지능이 대규모 데이터를 빠르게 처리할 수 있도록 지원하고 있다.

3.3 빅데이터의 주요 기술 구성

빅데이터의 주요 기술은 데이터를 수집하고, 정보를 찾아내고, 이를 효과적으로 표현하는 것으로 구분된다. 빅데이터의 기술은 크게 보면, '기반 인프라', '분석', 그리고 '표현'으로 구성된다.

1) 기반 인프라

빅데이터의 기반 인프라는 데이터를 수집 · 처리 · 관리하는 역할을 담당한다.

규모 자체가 방대하고, 유형이 다양한 빅데이터를 어떻게 효율적으로 신속하게 처리하는가가 핵심이다. 이를 위해서는 여러 대의 컴퓨터를 병렬로 연결하여 처리하는 것이 필요하다. 따라서 이를 가능하게 해주는 분산 데이터베이스, 분산병렬처리, 분산파일시스템 등의 기술이 핵심이 된다. 더불어, 이들 기술을 지원하는 클라우드 컴퓨팅과 데이터웨어하우스 환경이 필요하다.

빅데이터를 처리하는 기반 인프라는 여러 종류가 있다. 그중 가장 많이 사용되는 것은 아파치의 오픈소스 프로젝트인 하둡(Hadoop)이 있다. 하둡 소프트웨어 라이브러리는 간단한 프로그래밍 모델을 이용하여 여러 대의 컴퓨터에서 대규모 데이터 세트를 분산처리할 수 있게 해주는 프레임워크이다. 단일 서버에서 수천 대의 머신으로 확장할 수 있도록 설계되어 있다. 하둡은 분산파일시스템인 HDFS(Hadoop Distributed File System)에 데이터를 저장하고, 분산처리시스템인 맵리듀스를 이용해 데이터를 처리한다. 하둡을 사용하는 대표적인 회사들로는 페이스북, 트위터, 이베이, 야후, 링크드인, 네이버, 삼성 SDS 등이 있다.

2) 분석기법

빅데이터의 핵심은 데이터 분석을 통해 숨겨진 정보와 지식을 탐색하는데 있다. 분석기법 대부분은 이미 통계학, 전산학 분야 등에서 사용되던 기법들이다. 이들 기법의 알고리즘을 대규모 데이터 처리에 맞도록 개선하여 빅데이터 처리에 적용하고 있다. 최근에는 소셜미디어 등 비정형 데이터의 증가로 텍스트마이닝(Text Mining), 평판분석(Opinion Mining), 군집분석(Cluster Analysis), 소셜네트워크 분석(Social Network Analytics) 등이 주목을 받고 있다.

(1) 텍스트마이닝

텍스트마이닝(Text Mining)은 비정형 텍스트 데이터에서 가치와 의미를 찾아내는 기법이다. 기존의 데이터마이닝(Data Mining)이 미래상황에 대한 결과의 예측에 목적이 있다면, 텍스트마이닝은 적합한 정보를 획득하고 의미를 정제하여 범주화하는 데 목적이 있다. 이로 인해, 텍스트마이닝은 대용량 언어자원과 통계적 ·

규칙적 알고리즘을 사용하여 인간이 사용하는 자연어(텍스트)를 구조화시켜 처리하는 자연어전처리(Natural Language Processing)가 핵심이다. 주요 응용기법으로는 단어들 간의 동시 발생하는 빈도수를 바탕으로 연관성을 찾아내는 연관분석(Associate), 유사한 객체들끼리 모아 동일한 그룹으로 묶는 군집분석(Cluster), 텍스트에서 중요한 개념을 요약한 것으로 일반적으로 빈도수가 높은 단어들을 반환하는 요약(Summarize), 사전에 정의된 범주로 텍스트를 분류하는 범주화(Categorize) 등이 있다.

(2) 평판분석

평판분석(Opinion Mining)은 텍스트마이닝에서 발전된 분석기법이다. 오피니언마이닝이라고도 한다. 오피니언은 단어 자체에서 알 수 있듯이, 특정 주제나 대상에서 보인 사람들의 주관적이고 감정적인 의견을 말한다. 평판분석은 오피니언이 포함된 빅데이터에서 사용자가 게재한 의견과 감정을 나타내는 패턴을 이용하여 특정 주제에 보인 사람들의 주관적이고 감정적인 의견을 분석하여 긍정(Positive), 중립(Neutral), 부정(Negative)의 선호를 판별한다. 이들 선호를 판별하는 기술이 오피니언마이닝, 즉 평판분석이다. 특정 주제에 대한 의견이나 평가,

그림 2-10 카카오톡의 감성분석 앱(텍스트앳)

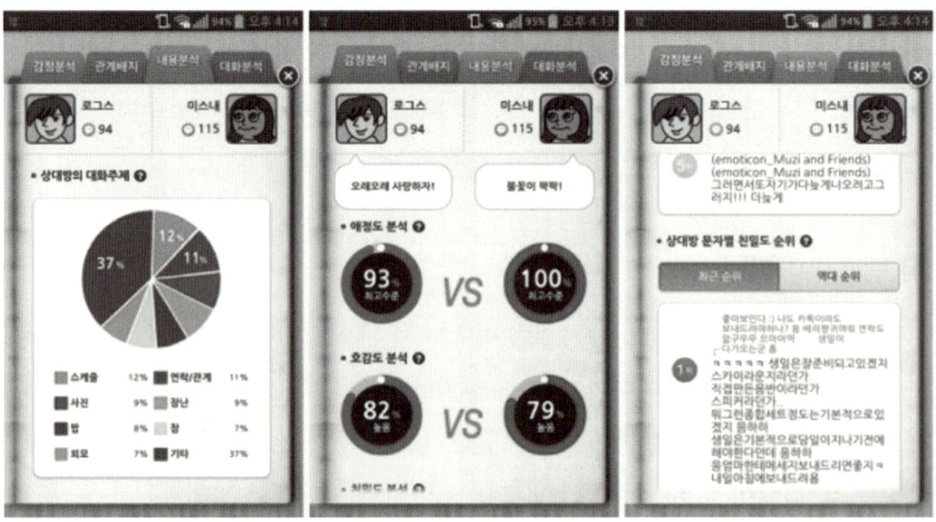

태도, 감정과 같은 주관적인 정보를 식별하고 추출하기 때문에 감성분석(Sentiment)이라고도 한다. 감성분석을 효과적으로 수행하기 위해서는 선호를 나타내는 표현/단어자원의 축적이 필요하다. 감성분석 결과는 특정 서비스 및 상품에 대한 시장 규모를 예측하고 소비자의 반응을 살피며, 입소문에 대한 분석 등에 활용된다.

(3) 군집분석

군집분석(Cluster Analysis)은 주어진 데이터를 특성에 따라 유사한 것끼리 합쳐가면서, 최종적으로 유사 특성 집단을 발굴할 목적으로 사용된다. 예컨대, 군집분석을 활용하여 SNS에서 쇼핑이나 패션에 대해 말하는 사용자 집단, 스마트폰이나 태블릿 등 모바일 기기에 대해 관심이 많은 사용자 집단 등 관심사나 취미에 따른 사용자 집단을 추출할 수 있다. 군집분석은 맞춤형 추천 서비스를 활용해야 하는 곳에서 필요하다. 예를 들어, 신한카드는 2014년부터 고객정보와 카드 결제내역을 군집분석하여 남녀 고객을 총 18가지로 분류하고 각 분류별로 루키(Rookie), 스마트세이버(Smart Saver) 등과 같은 명칭을 지었다. 18가지 유형의 고객들로 군집화한 것은 고객마다 원하는 카드 혜택이 다르기 때문이다.

(4) 소셜네트워크분석

소셜네트워크분석(Social Network Analytics)은 사용자들의 인맥과 이들 간의 서로 주고받는 메시지 데이터를 토대로 소셜네트워크의 연결구조 및 연결강도 등을 분석하여 사용자의 영향력, 관심사, 성향 및 행동패턴 등을 파악해내는 분석기법이다.

▮그림 2-11▮ 소셜네트워크 분석 결과의 예

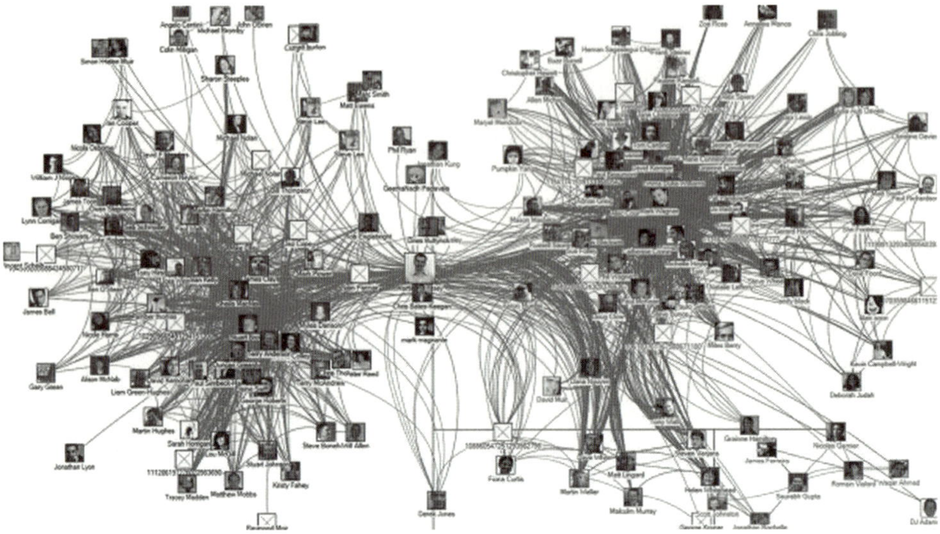

3) 데이터의 표현과 시각화

표현은 데이터 분석결과의 시각화와 관련된 것이다. 많은 양의 데이터를 가공하여 집약된 한 장의 결과물을 만들어낼 때 빅데이터의 가치를 인정받게 된다. 이것을 가장 효과적으로 제시할 방법이 바로 데이터 시각화(Data Visualization)이다.

빅데이터를 말할 때 개별 데이터 하나하나의 정확성은 중요하지 않다. "SNS의 팔로워수가 10,000명인 것과 10,100명 것이 어떤 의미가 있는가?", "웹페이지 기사를 30,000명이 "좋아요"라고 한 것과 29,990명이 "좋아요"라고 한 것이 어떤 차이가 있을까?"

빅데이터를 통해 알고자 하는 것은 10,000명 가까운 많은 사람이 유명인의 SNS를 팔로우하고 있다는 사실이고, 30,000명에 가까운 많은 사람이 웹페이지 기사를 좋아한다는 큰 그림이다. 빅데이터의 분석결과는 세세한 데이터의 차이를 정리한 복잡한 표가 아닌 큰 사실을 알리는 효과적인 그림으로 보여주는 것이 필요하다. 빅데이터를 시각화하는 도구나 방법은 매우 다양하다. [그림 2-12]는 현재 가장 많이 사용되는 데이터 시각화 표현 도구들이다.

▌그림 2-12▐ 데이터 시각화 표현 도구의 예

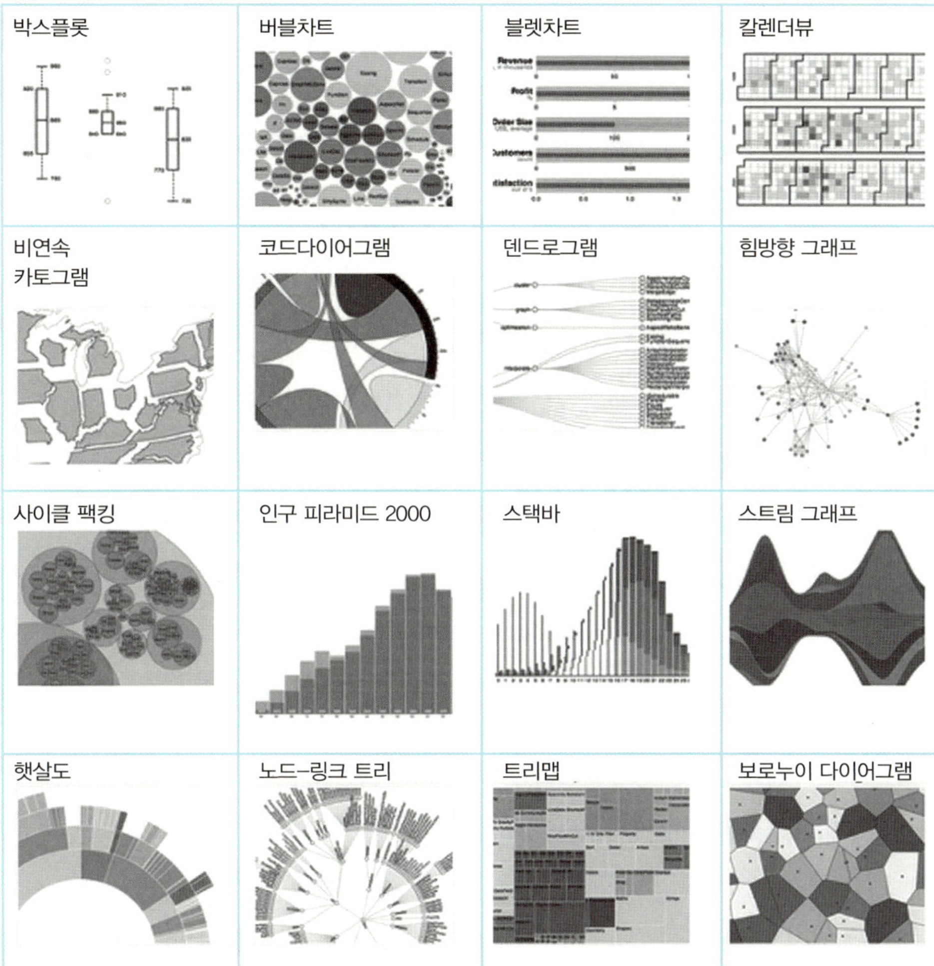

출처: https://keyassist.tistory.com/261

예컨대, 태그 클라우드의 경우 사용자들이 남긴 태그정보를 시각화해서 보여주고 있다. 아래 [그림 2-13]에서는 코로나 바이러스에 대해 사용자들이 남긴 키워드, 즉 태그들을 그 빈도에 따라 크기를 달리해서 보여준다. 키워드별 리스트와 빈도를 숫자로 표시하여 보여주기보다는 아래와 같은 시각화를 통해 얼마나 효율적으로 정보를 이해할 수 있는지에 대한 좋은 예가 된다.

▮그림 2-13▮태그 클라우드의 예

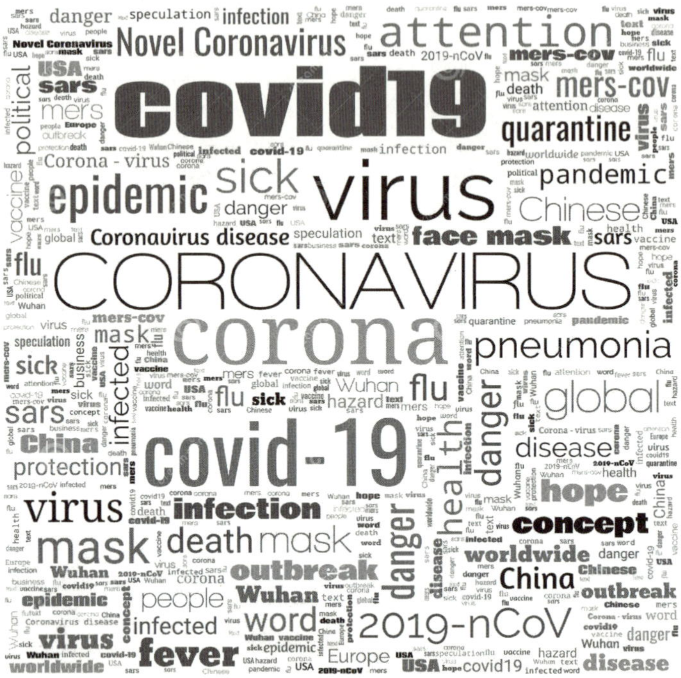

출처: https://www.dreamstime.com/

3.4 빅데이터의 활용 사례

빅데이터가 아니더라도 주변에서 데이터 분석의 사례는 쉽게 찾아볼 수 있다. 본절에서는 한국지능정보사회진흥원(www.nia.or.kr)의 데이터플래그십(Data Flagship) 지원 사업을 통해 발굴된 몇 가지 인공지능/빅데이터 기반 서비스 사례를 제시하고자 한다.

1) 서울시 심야버스 노선

서울시에 운영하는 심야버스는 빅데이터를 활용한 우수 사례로 평가받고 있다. 대중교통 노선을 결정할 때 관건은 사람들이 얼마나 이용할지 수요를 파악하는 것이다. 과거 서울시는 시민 설문조사, 버스사업자의 의견을 토대로 버스 경유지를 결정하였으나, 심야버스 노선 설계에 빅데이터인 휴대전화 위치정보를 활용하였다. 이를 위해 자정부터 새벽 5시까지 심야 시간대에 사용한 약 30억 건의 휴대폰 콜 데이터와 심야 택시 승하차 데이터 500만 건의 데이터, 그리고 시간, 요일별 유동인구 패턴 등의 데이터 분석을 통해 심야버스에 최적화된 노선과 배차간격을 파악하였다. 그 결과 사람들의 라이프 패턴에 맞는 버스노선과 시간을 조정할 수 있게 되었다.

▌그림 2-14▌서울시 심야버스 노선수립 지원시스템

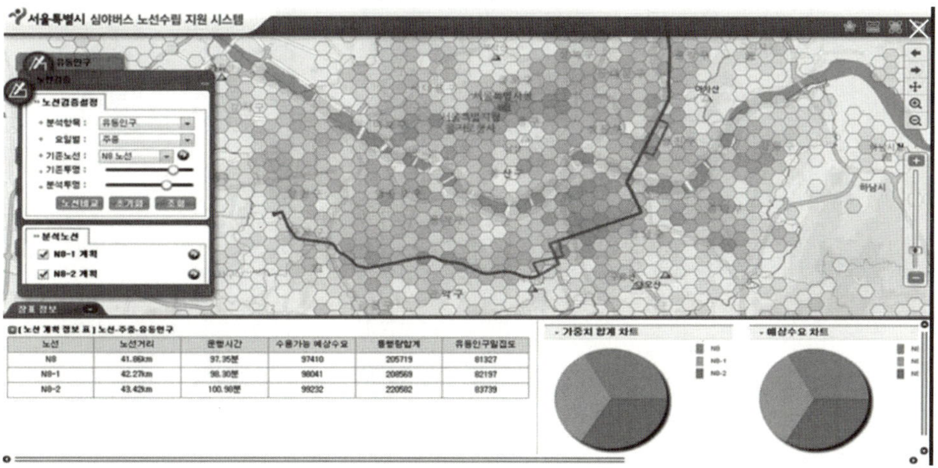

출처: http://www.ohmynews.com/NWS_Web/View/at_pg.aspx?CNTN_CD=A0002020510

2) 빅데이터 기반 실시간 보이스 피싱과 스미싱 탐지 서비스

후후앤컴퍼니(www.whoshocorp.com)는 스마트폰 사용자가 금융사기 용의자에게 설득당하기 전에 스마트폰에서 미리 학습한 보이스 피싱 사기 패턴을 기반으로 사용자에 위험을 알려주는 서비스를 개발하였다.

이 서비스는 보이스피싱 탐지 스마트폰 앱을 설치하고 이용동의를 한 사용자가 보이스 피싱 전화를 수신할 경우, 통화내용을 STT(Speech to Text) 기술과 딥러닝 기술을 통해 분석한다. 분석결과를 토대로 수신전화가 보이스피싱일 확률이 80%가 넘을 경우, 보이스피싱이 의심됨을 경고 음성으로 제공한다.

이 서비스의 핵심은 보이스피싱 탐지를 위해 성문분석(즉, 목소리분석)을 적용한 것이다. 성문분석의 핵심은 목소리를 분리하는 기술(화자분리기술)과 목소리를 인식하는 기술(화자인식기술)로 구분된다. 통화 중 서로 간의 통화 목소리를 분리하여 두 사람 중 어느 목소리가 금융사기 범인인지를 탐지한다. 더불어 보이스 피싱범과 통화시작 20초 이내 보이스피싱 탐지 경고 팝업을 노출하고 사용자가 쉽게 신고를 할 수 있는 기능이 탑재되어 있다.

▌그림 2-15▐ 후후앤컴퍼니의 보이스피싱 탐지 기능 예

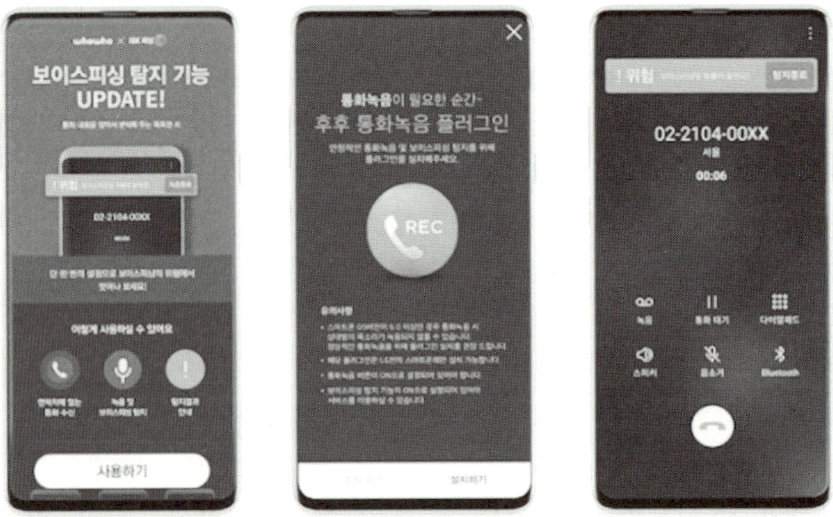

출처: https://www.asiae.co.kr/article/IT/2019080709513893357

이런 서비스가 가능하게 된 것은 실제 피해 사례와 750만 서비스 이용자의 피해 탐지 이종데이터의 결합을 통해 보이스피싱, 스미싱 위험 예측평가모델을 구축하였기 때문이다. 위험예측평가모델에 사용되는 데이터는 통화내역기록 데이터를 통해 집계된 각종 데이터, 위험전화, 스팸기록전화, 보이스피싱 신고 사례 등의 과거 위험요소 데이터 등 다양하다.

3) 출소자의 재범방지를 위한 빅데이터 플랫폼 구축

한국법무보호복지공단이 구축한 빅데이터 플랫폼으로, 이 플랫폼에서는 출소자의 모든 개인정보를 분석하고 이를 토대로 출소자의 사회적응을 지원한다. 출소자들이 출소 후 1년 이내에 재범을 저지르는 확률이 가장 높다는 분석결과를 토대로 출소자가 재범으로 하기 전에 공단이 개입하여 연결고리를 끊어 이들이 자연스럽게 사회에 적응할 수 있도록 지원하는 것을 목표로 하고 있다.

▌그림 2-16▐ 한국법무보호복지공단의 빅데이터 기반 AI 플랫폼 이용 시나리오

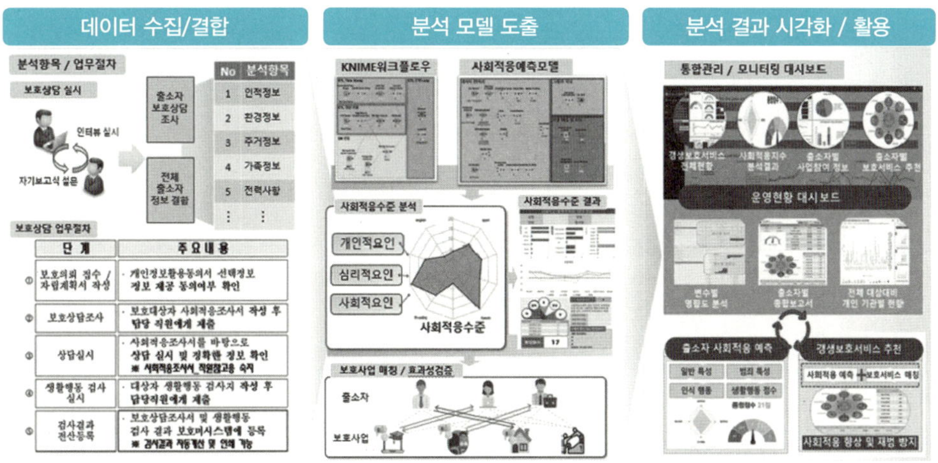

이 플랫폼은 2011년부터 약 9만 여명의 출소자의 특성 데이터를 수집 · 분석하였다. 이 데이터에는 일반특성, 범죄특성, 인식행동, 생활행동의 주요 차원에 나이, 학력, 전과, 음주습관 등의 28가지 세부지표가 포함되어 있다.

AI 플랫폼은 랜덤 포레스트(Random Forest)란 알고리즘을 활용하여 데이터를 분석하고, 이를 토대로 사회적응 가능성을 산출한다. 이를 토대로 출소자의 개별 특성에 따라 숙식제공, 구직지원, 심리상담 등의 사회적응 방안을 추천해준다. 사회적응 방안은 법무보호복지공단의 지원프로그램을 활용한다. 빅데이터 분석 플랫폼을 활용하여 출소자의 재범방지 요인을 찾기에도 용이하고, 출소자에 대한 법무보호복지공단의 지원프로그램 서비스를 매칭하는 것도 더욱 효과적일 것으로 기대하고 있다.

기계학습을 통해서 인간의 사회적응학습을 새롭게 만들어내는 것은 대단히 어려운 일이다. 예측프로그램에서 나오는 결과가 의미 있으려면, 결국 데이터의 수집이 가장 중요한 일이 된다. 이 사례는 현장의 데이터 수집체계를 재정립하는 것이 왜 중요한지, 이것이 빅데이터 기반 AI 플랫폼 구축에 얼마나 중요한지를 보여주고 있다.

참고문헌

조성준, 세상을 읽는 새로운 언어: 빅데이터, 21세기북스, 2020.

차훈상 · 홍일유, 디지털기업을 위한 경영정보시스템, 법문사, 제4판, 2019.

한국디지털정책학회 빅데이터전략연구회, 경영빅데이터분석, 광문각, 2015.

한국지능정보화진흥원, 데이터플래그십 사례집, 2021.

[참고사이트]

한국데이터산업진흥원(www.datraonair.or.kr)

한국지능정보사회진흥원(www.nia.or.kr)

03

CHAPTER

인공지능으로 구현되는 세상

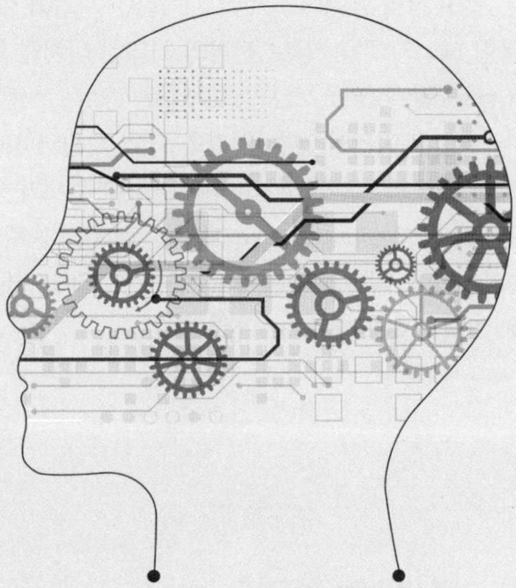

지능 혁명

03 CHAPTER 지능 혁명

지금 우리는 모든 것이 상호 연결되고 보다 지능화된 사회에 살고 있다. 과거 기계 혁명을 시작으로 전기를 이용한 에너지 혁명, 정보 전환의 시대인 디지털 혁명 그리고 공간의 경계가 희석되고 초연결성(Hyper-connected), 초지능화(Hyper-Intelligent)된 융합시대가 바로 4차 산업혁명 시대이다. 4차 산업혁명은 인간과 인간, 인간과 사물, 사물과 사물 간의 연결 그리고 빅데이터의 연계 및 인지자동화 시대를 의미하며, 이러한 변화의 주체가 바로 인공지능이다. 이 장에서는 우선 지능이 무엇인지 먼저 살펴본다. 그리고 인간의 지적 능력의 일부 또는 전체를 인공적으로 구현한 인공지능이 어떻게 발전해 왔는지 알아본다. 그리고 인공지능과 관련된 기술 및 사례를 통해 우리 사회에 미칠 영향에 대해서도 살펴본다.

제 1 절 지능에 대한 이해

1.1 지능의 정의

지능은 인간의 지적 능력을 말한다. 왜 지적 능력이 필요한가? 인간은 누구든지 변화된 환경에 적응하고 더 나은 삶을 위해 주어진 상황을 자신의 내적 표준에 의거하여 분석하고 판단하며 적절한 대응방식을 모색한다. 즉 이러한 과정을 통해 어떻게 행동해야 하는지, 어떤 결과가 나타나는지를 다양한 경험과 생각을 통해 지속적으로 올바른 판단을 하게 된다.

따라서 지능은 순간적인 생각이라든지 직감과 같이 갑자기 떠오르는 판단에서부터 오랫동안 학습하고 적용하고 개선하는 과정을 통해 더 고차원적인 지능활동을 모두 포함하고 있다. 따라서 인간의 지적 능력은 새로운 상황을 인지하고 이해하고 합리적인 적응방법을 알아내고 합리적인 의사결정을 하는 지적 활동의 능력으로 정의할 수 있다.

▮그림 3-1▮ 인간지능과 인공지능의 협력관계

출처: SK C&C, https://blog.skcc.com/2837

인간의 지능은 생명과 같이 진화하고 있으며 다양한 관점에서 확인할 수 있다. 지능은 주어진 과제의 목표를 달성하기 위해 이미 보유하고 있는 데이터, 정보, 지식 그리고 경험을 활용할 수 있다. 그리고 지능은 문제해결 과정에서 주어진 상황과 과제에 대해 반응하고 이미 보유하고 있는 지식을 기반으로 효과적으로 분석하고 이해하고 이를 바탕으로 새로운 상황에 적용하는데 사용된다. 또한 학습능력 관점에서 지능이 뛰어난 경우 더 신속하게 새로운 정보를 처리할 수 있어 적용하고 활용하는데 많은 도움이 된다. 마지막으로 다양한 정신적 처리과정에서 상호 복잡한 관계를 조절하는데 활용된다.

1.2 지능의 특징

인간의 지능에 대해 과거 많은 사람들은 논리적 · 수학적 영역에서의 문제해결

능력으로부터 정의되는 단순한 지적 능력이라고 생각했다. 그러나 하워드 가드너(Howard Gardner)는 지능을 "하나 이상의 문화나 공동체의 상황에서 가치가 있는 문제를 해결하거나 산출을 형성하는 능력(the ability to solve problems, or to fashion products, that are valued in one or more cultural or community settings)"이라고 하였다.

즉, 인간의 지능은 한 가지가 아니라 여러 가지라는 '다중지능이론(Multiple Intelligence Theory)'으로 설명할 수 있다. 다중지능은 서로 독립적인 기능을 유지하며 상황에 따라 상호작용한다. 또한 사람마다 강점 지능과 약점 지능이 각기 다르기 때문에 어떻게 효과적으로 계발하고 활용하느냐에 따라 결과는 달라진다. 인간의 지능은 언어적 지능, 논리 · 수학 지능, 신체 · 운동적 지능, 음악적 지능, 대인관계 지능, 자기이해 지능, 공간적 지능, 자연탐구 지능 등 8가지 지능으로 분류된다(Gardner, 1983).

그림 3-2 가드너의 다중지능이론

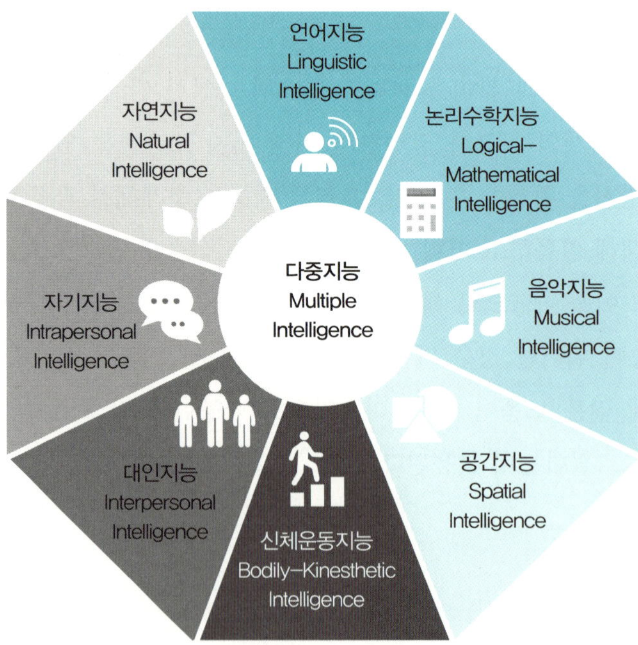

출처 : 정보통신기획평가원(IITP), 인공지능 기술청사진 2030, 2020.12.

- 언어지능(Linguistic Intelligence)이다. 말이나 글을 통해 언어를 효과적으로 구사하는 것이다. 언어의 구조(구문론), 소리(음성학), 의미, 그리고 언어의 실용적 및 실제 활용 등을 포함한다. 언어적 지능은 다른 지능영역과 분리된 특별한 획득 과정을 갖고 있다. 독서, 작문 등의 이해등과 관련되는 능력이다.
- 논리수학지능(Logical-Mathematical Intelligence)이다. 즉, 문제를 논리적으로 분석하고 숫자를 효과적으로 사용하고 추론하는 과학적인 방법으로 문제를 탐구할 수 있는 능력이다. 논리적 유형과 논리적 관계, 귀납적 사고, 명제, 숫자의 효율적 사용과 이를 범주화, 분류, 가설 검증 등 추상적 사고능력이 포함된다.
- 공간지능(Spatial Intelligence)이다. 공간적 · 시각적 세계를 정확하게 지각하고 반응하는 능력이다. 색, 선, 모양, 형태, 공간과 이런 요소들 간에 존재하는 관계에 대한 감수성이 포함된다. 추상적 개체를 구체적으로 시각화하거나 생각을 기하학적으로 표현하고 공간에 대한 감각의 민감성이 포함된다.
- 신체운동지능(Bodily-Kinesthetic Intelligence)이다. 자신의 생각이나 감정, 주어진 문제를 해결하기 위해 자신의 신체를 이용하거나 사물을 만들거나 변형시키는 능력이다. 감수성, 촉각, 균형, 유연성 등과 같은 특정한 신체적 기술이 포함된다. 몸동작을 이용한 표현력과 정교한 운동조절 능력에 관련되며, 사물을 직접 만지고 만드는 과정에 있어 중요하게 기여한다.
- 음악지능(Musical Intelligence)이다. 음악적 표현양식을 지각, 변별, 변형, 표현하는 능력이다. 음악지능은 모든 문화권에서 볼 수 있는 보편적인 능력이지만 집중적인 훈련을 필요로 한다. 또한 음을 정확하게 구별하고 이해하고 악기를 연주하고, 창조하고, 타인과 소통할 수 있는 점에서 언어지능과 유사하다.
- 자기지능(Intrapersonal Intelligence)이다. 자기 자신을 이해하는데 관련된 지식과 그 지식의 기초 안에서 잘 행동할 수 있는 능력이다. 자신에 대한 정확하고 객관적인 판단과 이해, 자신 내면의 기분, 의도, 동기, 기질, 욕구 등에 대한 이해능력, 자기통제 및 관리능력과 자존감을 유지하려는 의지와 능력

까지도 포함된다.

- 대인지능(Interpersonal Intelligence)이다. 다른 사람의 기분, 행동의도, 동기, 감정을 빠르게 지각하고 구분할 수 있는 능력이다. 얼굴표정과 목소리, 몸짓 등에 대한 주의력과 민감성뿐만 아니라 타인의 기분, 감정, 의도를 읽을 수 있는 단서들을 구분할 수 있는 능력이다. 그리고 그런 단서들에 대해 효과적으로 잘 대응할 수 있는 능력 등이 포함된다.
- 자연지능(Naturalistic Intelligence)이다. 자연과 사물을 구분하고 분류하고 자연 특징을 잘 활용할 수 있는 능력이다. 자연세계를 이해할 수 있고 인간과 자연의 관계를 인식하며 교감하는 능력이다. 주변 환경을 자세히 관찰하여 공통점이나 차이점을 찾고 분석하고 자연환경을 보호하는 능력도 포함된다.

1.3 인간지능의 처리 과정

인간의 지능은 언어지능, 논리수학지능, 공간지능 등과 같은 다중지능을 가지고 있다. 그리고 자신의 감정을 정확히 표현하고 인식하고 생성하거나 이용하여 사고를 촉진시키는 감성지능을 가지고 있다. 인공지능은 인지, 학습 등 인간이 지닌 지적 능력(지능)의 일부 또는 전체를 인공적으로 구현한 지능으로 만들어진 지능이다. 2016년 알파고(AlphaGo)와 이세돌 9단의 대결은 21세기 인공지능이 어떤 존재인지를 상징적으로 보여줬다.

인공지능은 인지, 학습, 추론, 행동과 같은 인간지능 영역의 전 과정에 걸쳐 진화하고 있다. 인간의 인지과정과 기억 및 학습과정 원리가 어떻게 이루어지는지 알아볼 필요가 있다. 우선 인지과정 측면이다. 인간의 오감으로부터 들어온 정보가 중추신경계로 전달되어 느끼는 것을 감각이라고 한다. 그리고 전달된 정보를 통해 사물을 인식하는 것을 지각이라고 한다. 마지막으로 지각한 사물에 기억이나 추론등과 같은 사고 과정이 포함된 것을 인지라고 한다.

▌그림 3-3▌인간의 감각, 지각, 인지과정

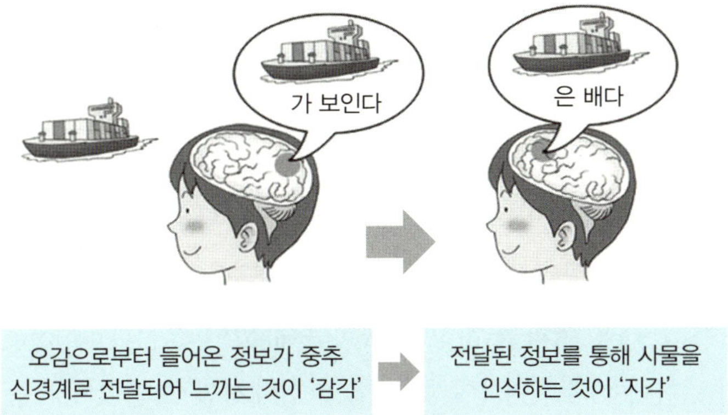

출처: 안전세계, http://www.safetygo.com/xe/15715

둘째, 인간의 기억 및 학습 처리과정은 다음과 같다. 인간은 환경으로부터 자극을 받으면 감각기억(Sensory Memory) 장치에 일부 저장되고 정보가 처리되지 않으면 바로 망각된다. 그리고 단기기억(Short-Term Memory)은 감각기억으로부터 입력된 정보가 단시간 저장되는 것으로 개인의 인지양식에 영향을 받으며, 정보가 반복, 정교화 되는 과정을 통해 영구적으로 저장되는 것을 장기기억(Long-Term Memory)이라고 한다.

예를 들어, 새로운 자동차를 보면 우리 뇌의 뇌세포들이 서로 분담하여 분산 처리하는 방식으로 사물을 인식하고 상호작용함으로써 궁극적으로 서로 협상하고 통합하여 하나의 완성된 데이터를 만들어낸다.

▌그림 3-4▌인간의 기억 및 학습처리과정

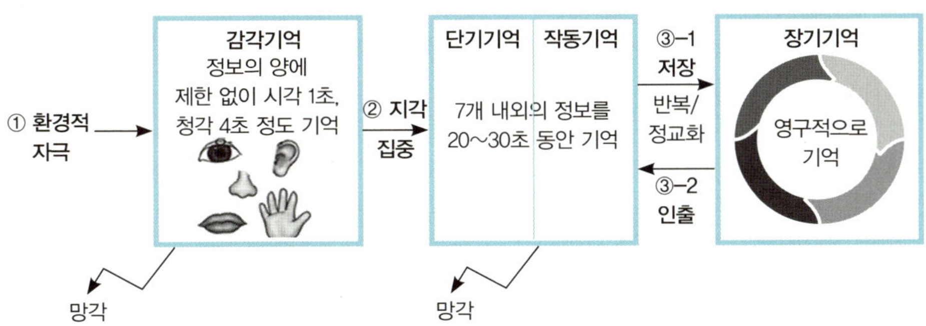

제 2 절 인공지능

2.1 인공지능의 개념

스타워즈, 터미네이터, 아이로봇, 트랜스포머 이 영화의 공통점은 무엇인가? 바로 지능을 가진 로봇이 등장하고 사람의 능력을 모방하여 대체할 수 있다는 것이다. 즉 로봇이 인간과 대화를 하고 행동하는데 있어 생각(Thinking)하고 이해(Understanding)한다는 것이다. 이제 영화, 소설에서만 보던 인공지능 로봇이 우리 생활에 점점 가까이 다가오고 있다.

인공지능(AI: Artificial Intelligence)은 1956년 존 맥카시(John McCarthy, 1927~2011) 교수가 다트머스 회의(Dartmouth Conference)에서 인지적 과정을 연구하는 컴퓨터 과학의 한 분야를 설명하면서 시작되었다. 인공지능이란 "원칙적으로 학습의 모든 측면이나 지능의 어떤 속성이 정확히 묘사될 수 있어 기계가 이를 흉내낼 수 있다는 추정에 근거하여 추진된다"고 하였다. 과학기술정보통신부 4차산업혁명위원회(2018)는 인공지능이란 "인지, 학습 등 인간의 지적능력(지능)의 일부 또는 전체를 컴퓨터를 이용해 구현하는 지능"이라고 하였다. 다시 말해, 인간이 생각하고 활동하는 것, 예를 들면 문제해결, 의사결정, 학습과 같은 활동을 자동화하고 인간의 지능적 행위를 합리적으로 행동하는 인간-기계시스템으로 이해될 수 있다.

인공지능은 인간 중심의 접근법이고 경험적 과학이며, 수학과 공학과 같이 이론적이고 합리적인 형식적 과학을 의미한다. 인공지능은 정의하는 방식에 따라 다양하게 해석되고 있다. 스튜어트 러셀(Stuart Russell)과 피터 노르비그(Peter Norvig)는 인공지능을 판단의 대상이 되는 요소와 판단의 기준에 따라 '인간적 사고', '인간적 행동', '합리적 사고', '합리적 행동'이라는 4가지 범주로 구분하였다.

첫째, 인간적 사고는 인지과학(Cognitive Science)적 접근방식으로 인공지능은 완전한 의미에서 마음을 가진 기계라고 보는 것이다. 둘째, 인간적 행동은 튜링(Turing) 검사 접근방식으로 인공지능을 사람이 지능적으로 수행해야 하는 기능을 제작하기 위한 기술이다. 셋째, 합리적 사고는 사고의 법칙적 접근방식으로 인지, 추론, 행위를 가능하게 하는 것이다. 마지막으로 합리적 행동은 합리적 에이전트 접근방식으로 지능적 에이전트의 설계나 지능적 행동에 관련된 것이다.

표 3-1 인공지능 정의 분류

인간적 사고(Thinking Humanly)	합리적 사고(Thinking Rationally)
• 컴퓨터가 의식을 가지고 생각할 수 있도록 만드는 새롭고 흥미로운 노력 • 의사결정, 문제해결, 학습 등과 같은 인간의 사고 및 활동과 관련 있는 행위의 자동화	• 컴퓨터 모델을 이용한 지능 연구 • 지각, 추론 및 행동을 가능하게 하는 컴퓨터 활용에 대한 연구
인간적 행동(Acting Humanly)	**합리적 행동(Acting Rationally)**
• 인간의 지능이 필요한 기능을 수행할 수 있는 기계를 만드는 기술 • 사람들이 잘하는 일을 컴퓨터가 할 수 있게 만드는 연구	• 지능형 에이전트를 디자인하기 위한 컴퓨터 지능 • 인공지능은 인공물의 지적활동

출처: 황명화 외(2018), 스마트 국토 · 도시관리를 위한 인공지능기술 도입방안 연구, 국토연구원

2.2 인공지능의 특징

인공지능은 인간의 지능을 완벽하게 이해하고 구현하는 것을 목적으로 하고 있다. 그리고 사람의 지능과 마찬가지로 '문제해결능력', '학습능력', '범용성'의 세 가지 특징을 가지고 있다.

첫째, 문제해결능력이다. 문제가 발생하면 문제를 단계별로 분석하고 수식 계산, 이미지 속 대상 판단, 규칙을 찾아 규칙기반 인공지능 적용이 가능한지 판단하게 된다. 예를 들어 알파고는 바둑판을 이해하고 다음 수를 결정하는 것 등 문제를 해결하기 위한 지능적인 행동을 하면서 단계별로 문제를 해결하였다.

둘째, 학습능력이다. 과거에는 지능을 구현하기 위해 사람이 직접 모든 프로그램을 작성하였다. 만일 문제가 복잡할 경우 사람이 설계하는 것이 거의 불가능했다. 이를 해결하기 위해 입력과 출력의 데이터가 주어지면 규칙을 자동으로 파악하는 학습기반 인공지능이 만들어졌다.

셋째, 범용성이다. 특유의 범용성을 바탕으로 산업별로 사용하고자 하는 대상과 목적, 제공하고자 하는 서비스에 따라서 융합 적용이 가능하다. 또한 디지털화가 가속화되면서 그 적용 범위가 확대되고 있다. 예를 들어 음성인식 기술은 다양한 분야에 가상 소통 인공지능 인터페이스에 주로 사용되고 있다.

인공지능은 관점 정도에 따라 약한 인공지능과 강한 인공지능으로 구분할 수 있다. 즉 컴퓨터가 인간지능에 육박할 만한 지식과 자의식을 가지고 있는지에 대한 유무에 따라 약한 인공지능(Weak AI)과 강한 인공지능(Strong AI)으로 구분된다. 이에 대한 개념은 1980년 존 설(John Searle) 교수가 제안한 '중국어 방 사고실험'을 통해 알 수 있다.

[그림 3-5]는 중국어 방 사고실험을 위한 환경이다. 우선 외부와 차단된 방에 사람이 있고, 두 개의 구멍이 있다. 한쪽 구멍은 밖에서 어떤 문장을 적은 종이를 안으로 넣는 구멍이다. 그리고 다른 구멍은 안에서 적은 문장을 밖으로 내놓은 구멍이다.

그림 3-5 중국어 방 사고실험(Chinese Room thought experiment)

출처: https://samstory.coolschool.co.kr/zone/story/modi/streams/75955

중국어 방 사고실험의 절차는 다음과 같다. ① 이제 중국어로 쓴 질문지를 방안으로 전달한다. ② 방 안의 사람은 중국어를 전혀 모르는 사람이다. 방안에 중국어 문법과 관련 많은 양의 자료와 글자 모양에 따른 중국어 단어 조합 방법 매뉴얼을 제공한다. 이 사람은 자료를 참조하여 답변에 대한 단어를 조합하여 문 밖으로 내보낸다. ③ 문 밖에 있는 사람은 문 안에 있는 사람이 중국어를 이해하는 사람이라고 생각하게 된다.

결론적으로 실험을 통해 이 사람은 중국어를 구사할 수 있다고 판단할 수 있을까? 방안의 사람은 단지 흉내만 내고 이해하고 유창하게 구사하기 어렵다고 판단할 수 있다. 즉, 이 실험의 의미는 중국어를 전혀 이해하지 못하고 흉내만 내어도 지능적인 행동으로 보일 수 있다. 이것을 약한 인공지능이라고 한다.

약한 인공지능은 인간지능의 특정 영역을 표현하는 것으로 특정 과업에 한정되어 문제를 해결할 수 있는 수준의 인공지능이다. 즉, 약한 인공지능을 만들기 위해서는 목적이 필요하고, 목적에 최적화된 알고리즘, 정당한 규칙(Rule) 등이 설정되면 된다. 예를 들면 IBM의 왓슨(Watson), 구글의 알파고, 카네기멜론대학 딥블루, 자율주행차, 무인항공기, 전문가시스템 등과 같이 특정 목적에 맞게 최적화된 인공지능이다.

또한 강한 인공지능은 약한 인공지능과 대비되는 개념으로 지능을 보유하고 있으면서 지능적으로 행동하는 인간의 지성 전체를 구현하는 것이다. 인간과 같은 감각, 지각, 사고, 문제해결, 자아의식, 감정 등 모든 지능적 요소를 포함하고 지능적으로 행동하는 것을 말한다. 강한 인공지능을 만들기 위해서는 인공신경망 기술, 빅데이터, 딥러닝 등이 활용된다. 인공지능의 궁극적인 목적은 인간지능을 완벽하게 이해하고 행동할 수 있는 강한 인공지능을 구현하는 것이다. 현재까지 약한 인공지능은 많이 개발되어 활용되고 있으나 강한 인공지능은 아직 도달하지 못한 실정이다.

표 3-2 약한 인공지능과 강한 인공지능 특징

구분	약한 인공지능	강한 인공지능
개념	인간의 인지기능을 프로그래밍한 것으로 규칙에 따라 행동하고 제한된 상황에서 스스로 특징을 찾는 컴퓨터 기반의 인공적인 지능	어떤 문제를 인간과 같이 사고하고 이해하고 해결할 수 있는 컴퓨터 기반의 인공적인 지능을 만들어내는 것
특징	• 인간 뇌의 일부 기능을 모방하여 특정 분야에서만 활용 가능 • 알고리즘은 물론 기초 데이터 규칙을 입력해야 이를 바탕으로 학습 가능 • 정해진 규칙을 벗어난 창조가 어려움 • 해당 목적에 최적화된 알고리즘, 데이터 패턴의 인식 수행 • 인간의 마음을 가질 필요 없이 한정된 문제 해결 수준	• 인간 뇌를 대체 가능한 수준으로 다양한 분야에서 범용적으로 활용 • 알고리즘을 설계하면 인공지능이 스스로 데이터를 찾아 학습 • 정해진 규칙을 벗어나 능동적으로 학습하고 창조가 가능함 • 빅데이터 기반의 분석 및 자체적 딥러닝 수행 • 인간과 같은 마음을 가지는 수준
예	음성인식 서비스(Siri), 챗봇 서비스, 세탁기 퍼지기능, 로봇청소기, 전력관리 등 매우 한정되고 미리 정의된 범위 내에서 운영	환경과 상호작용할 수 있는 능력(학습, 추리, 적응, 논증 등)과 상호작용 속에서 배울 수 있는 능력이 있는 인공지능

2.3 인공지능의 진화

최근 인공지능은 빠른 속도로 진화하고 있다. 과거 이론, 특정 분야에만 적용되거나 제한된 기능만 수행하던 인공지능은 최근 가상세계나 현실세계는 물론 융합세계로 적용범위가 확대되고 있다. 초기 인공지능의 기술은 기존 데이터가 사전 정의된 방식을 통해 실행되도록 구성되었다. 그리고 2006년 컴퓨터가 스스로 학습하도록 훈련시키는 기술인 딥러닝(Deep Learning)이 적용되면서 과거와 비교 시 획기적인 변화가 이루어졌다.

▮그림 3-6▮ 인공지능의 진화

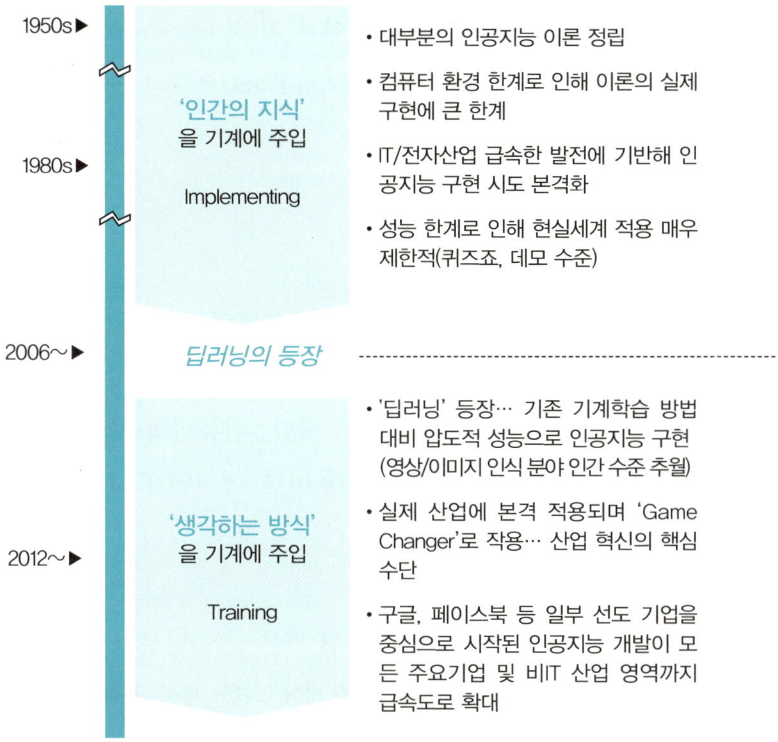

출처: 이승훈(2017), 최근 인공지능 개발 트렌드와 미래의 진화 방향, LG경제연구원

인공지능은 1950년부터 2000년 초기까지만 하더라도 인간이 만들어놓은 지식을 기계에 주입하여 학습시키는 방법, 즉 머신러닝(Machine Learning) 기술로 인공지능을 구현했다. 이 시기에 대부분의 인공지능 이론이 정립되었으나 컴퓨터, 네트워크 등과 같은 기술 및 성능의 한계로 인해 실제로 구현되는데 많은 어려움이 있었다. 또한 인간의 언어 적용 및 표현의 한계, 데이터 관리 및 처리 능력의 한계로 인해 특정 분야에만 적용되었으며 다양한 분야로 환산되는데 제한적이었다.

2012년 딥러닝(Deep Learning)이 개발되고 2016년 3월 알파고가 등장하면서 급속도로 발전하였다. 딥러닝은 과거 증기기관, 전기와 마찬가지로 세상을 변화시킬 혁신 기술로 지목되기 시작했다. 딥러닝은 인간처럼 데이터, 정보 그리고 지식을 축적하고 경험을 기반으로 스스로 학습(Training)하여 새로운 일을 수행하는 방식을 의미한다. 즉 인공지능 개발방법이 인간 지식(Rules and Contingencies)을 주입하는 것에서 데이터 학습(Learning from Data)으로의 변화를 의미한다.

2.4 인공지능의 역사

인공지능의 역사는 인터넷보다 오래되었고 컴퓨터와 비슷한 시기에 나타났다. 인터넷은 1969년 미 국방성(DOD: Department of Defense)에서 군사적 목적으로 추진한 알파넷(ARPANET)에 기원을 두고 있다. 컴퓨터의 시작은 초기의 계산장치인 주판에서부터 시작했다. 그리고 1946년 에니악(ENIAC: Electronic Numerical Integrator And Computer)이라는 다용도 디지털 컴퓨터가 개발되었다.

인공지능에 대한 연구가 본격적으로 시작된 것은 1956년부터이다. 1950년대를 인공지능 태동기라고 한다. 이 시기에는 기계에 의한 계산이 가능해지고 컴퓨터가 개발됨에 따라 철학, 수학, 논리학, 심리학 등의 분야에서 인간의 지적 활동을 행하는 기계에 대한 논의가 시작되었다. 1960년대를 인공지능 활성화기라고 한다. 인공지능 기법을 이용하여 실세계 문제에 적용하는 전문가시스템에 관한 연구가 활발히 진행되었다.

1970년대는 인공지능 과도기이다. 인공지능의 현실화 가능성에 대한 의구심이 강했던 시기이다. 대규모 문제나 복잡한 문제에 있어서 인공지능 적용이 어렵다는 의견이 많았다. 1980년대는 인공지능 발전기이다. 상업적 데이터베이스시스템 개발이 시작되었고 각국에서 인공지능 연구에 대한 보조 및 투자가 활발해지기 시작하였다. 1990년부터 현재까지는 인공지능 혁신기로 직관이 아닌 엄밀한 이론과 견고한 실험을 통해 현실세계의 문제를 대상으로 인공지능 연구가 추진되었다.

▌그림 3-7▐ 인공지능의 진화

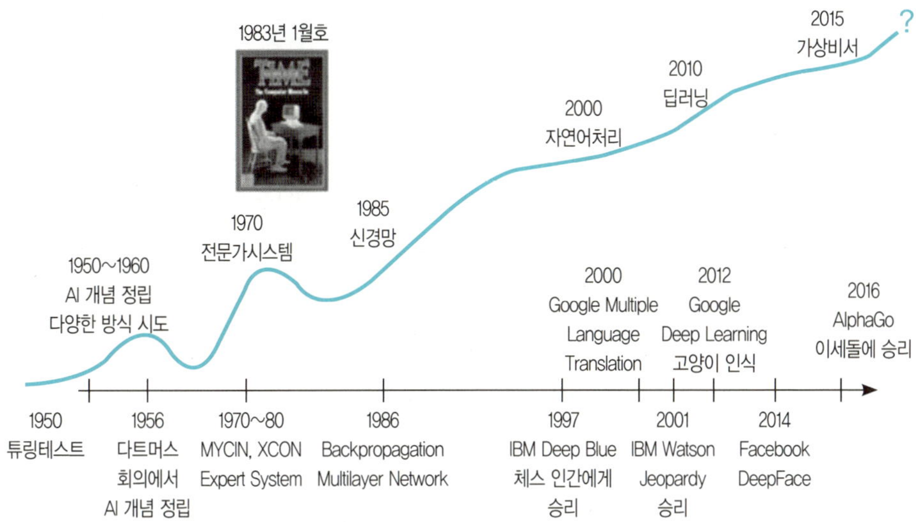

출처: 박승규(2018), 인공지능기술 동향, 정보통신기술진흥센터(IITP)

1956년 미국 다트머스대학에서 열린 인공지능 학회에서 처음으로 학문적 연구의 대상이 되면서 발전과 침체를 반복하면서 지금에 이르기까지 성장하였다. 1970~1980년대 초반에는 특정 영역의 문제를 효과적으로 해결하는 방법에 관한 연구가 주를 이루었다. 예를 들면 전문가시스템(Expert System)이다. 1980년대 중반에서 1990년 중반까지 신경회로망이 등장하면서 기계학습 분야의 연구가 활발히 진행되었으나 여러 가지 문제로 인해 한동안 정체기를 맞이하였다. 2000년대 이후 인터넷 기반의 다양한 서비스가 시도되면서 에이전트(Agent)기술, 시맨틱웹(Semantic Web), 데이터마이닝(Data Mining), 빅데이터(Big Data), 딥러닝(Deep Learning) 등과 같은 기술이 적용되고 컴퓨팅 성능이 발전하면서 인공지능 생태계가 강화되었다. 특히 딥러닝은 음성인식, 자연어 처리 등 놀라운 결과를 만들어내는데 크게 기여했다.

표 3-3 인공지능의 역사 및 발전과정

구분	주요내용
1956년	미국 다트머스대학 학술대회에서 인공지능 용어가 처음 등장
1960년대	컴퓨터기술의 발전과 간단한 and/or 문제 해결로 낙관론 전개
1970년대(제1암흑기)	메모리 · 처리속도 문제 등으로 AI 연구지원이 중단됨
1980년대	전문가시스템 및 규칙기반 알고리즘으로 재부흥기
1990년대(제2암흑기)	전문가시스템 유지비용과 업데이트 한계 등으로 AI 회의론 확산
1997년	IBM의 '딥블루'가 세계 체스 챔피언 가스파로프 대결에서 승리
2006년	제프리 힌튼이 딥러닝 알고리즘 발표
2011년	IBM의 '왓슨'이 제퍼디 퀴즈쇼에서 인간 챔피언 대결에서 승리
2011년	애플에서 음성인식비서 '시리' 발표
2012년	구글이 유튜브 영상속 고양이를 구분해냄
2014년	러시아의 채팅 프로그램 '유진 구스트만'이 최초로 튜링 테스트 합격
2014년	얼굴을 97.25% 정확도로 인식하는 '딥페이스' 기술 발표
2015년	이미지넷(ImageNet) 경진대회에서 MS가 96.43%로 사람인식률(94.90%) 추월
2015년	AI 기자 '워드스미스'(매주 500만 개의 기사 작성)
2016년	구글 딥마인드(DeepMind)사의 알파고가 이세돌 9단과 바둑 대국에서 승리
2016년	구글 스스로 통신을 암호화하는 '앨리스', '밥' 개발
2017년	자율주행자동차와 AI 비서 활약 (IBM의 자율주행 버스 올리, 아마존의 알렉사, KT의 기가지니 등)
2018년	AI 닥터(IBM 왓슨), AI 금융시스템(에퀴봇), AI 채용시스템 도입
2019년	AI legal tech 도입(AI 변호사 유렉스 활용)

출처: 김성민 외(2018), 세상을 바꾸는 AI 미디어, 한국전자정보통신연구원(ETRI), 수정 보완

제3절 인공지능기술

3.1 인공지능기술의 발전

인공지능에 대한 기술은 지속적으로 발전하고 있으며 강한 인공지능을 구현하기 위해서는 다양한 요소의 기술이 필요하다. 인공지능기술에 대한 발전은 인지,

학습, 추론, 행동과 같은 인간의 지능 영역 전 과정에 걸쳐 진화하고 있다. 시각, 청각 등과 같은 인지영역에서부터 스스로 학습하는 학습영역, 새로운 환경으로부터 추론, 그리고 문제를 발견하고 해결하는 행동영역까지 다양하게 연구되고 있다.

첫째, 인지영역에는 시각, 음성인식과 이해지능과 관련 기술이 활용된다. 시각지능은 기계가 물체를 지각하는 것이고 음성인식 및 이해지능은 컴퓨터와 대화하는 것을 가능하게 한다. 최근 AI 스피커, 챗봇 등에 활용되고 있다. 둘째, 학습지능은 새로운 환경에 적응하고 패턴들을 감지하고 추정하는 것이다. 즉 스스로 지식을 키워가는 인공지능 기술로 인간의 뇌를 단순화하여 구현한 신경회로망과 딥러닝(Deep Learning) 기술이다. 셋째, 추론은 어떤 가정이나 전제로부터 결론을 도출하는 것이다. 학습된 지능에 기반하여 인지된 결과를 도출하는 것으로 질문에 답하거나 새로운 결론을 유도하기 위해 학습된 정보를 사용한다. 마지막으로 행동은 인간처럼 생각하고 합리적으로 행동하는 것으로 지능, 추론능력에 기반하여 자율적으로 판단하고 행동하는 것이다. 인공지능 구현을 위한 주요 요소 기술은 인지, 학습, 추론 등과 같다.

그림 3-8 인공지능 요소 기술 및 발전 분야

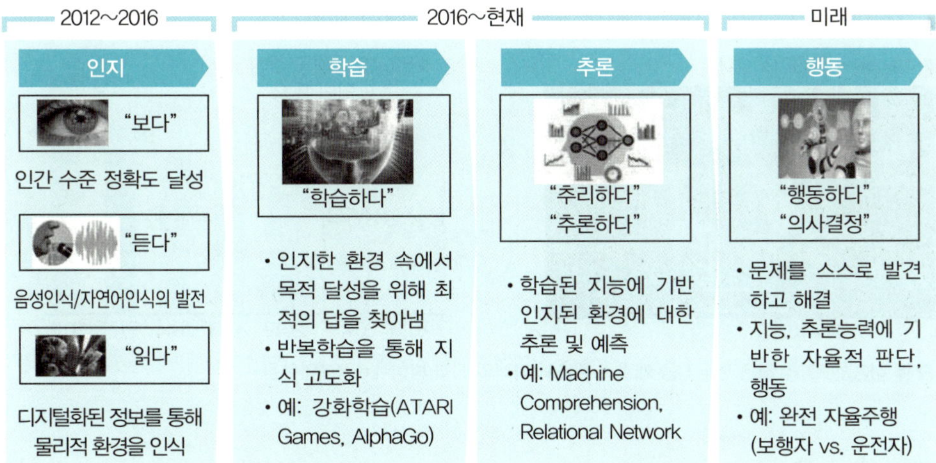

출처: 이승훈(2017), 최근 인공지능 개발 트렌드와 미래의 진화 방향, LG경제연구원

3.2 인지하는 인공지능

컴퓨터가 인간과 같이 정보를 보고(시각지능), 듣고(음성인식/이해지능), 언어를 통해 습득하고 인지하여 그 정보를 이용해 의사결정을 하는 것을 말한다. 인공지능 인식분야 중 시각 분야는 이미 인간의 수준을 넘어 구현되고 있다.

시각인식지능은 사물을 인지하고 시공간적으로 상황을 파악할 수 있는 능력이다. 이미지 속의 사물의 종류를 인식하는 단순한 단계를 넘어 영상 및 이미지 속의 상황을 이해하는 단계까지 발전했다. 시각인식지능은 직관으로 사물을 인식하는 능력과 심층적 사고를 통해 사물을 인지하는 능력으로 구분된다. 직관인식은 학습에 의해 사물의 특징과 내용을 정확히 이해하는 것이다. 심층적 사고는 낯선 장면이나 감춰진 사물을 인식하기 위해 주변 상황으로 유추하는 능력을 의미한다.

2012년 구글은 '자동영상사물인식'이라는 기술을 특허로 등록했다. 그 특허의 핵심 기술이 '특징 벡터(The Feature Vectors)' 기술인데 이를 통해 유튜브 영상 속의 고양이를 스스로 구분하였다. 이미지넷(ImageNet) 경진대회에서 마이크로소프트(MS)사는 2015년 96.43%, 2017년은 97.85%의 정확도를 보여 인간의 인식률인 94.9%를 넘었다.

그림 3-9 시각인식지능의 발전, ImageNet 경진대회 결과

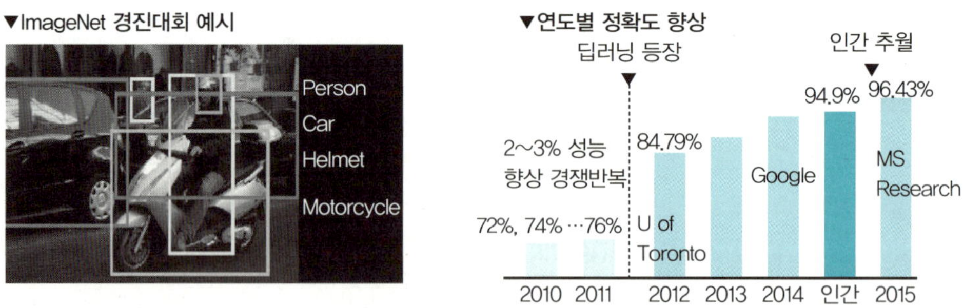

출처: 이승훈(2017), 최근 인공지능 개발 트렌드와 미래의 진화 방향, LG경제연구원

음성인식지능은 인간의 발성하는 음성을 이해하여 컴퓨터가 다룰 수 있는 문자 정보로 변화하여 대화하는 능력이다. 오래전부터 대기업을 중심으로 연구가 되어 오고 있으나 아직까지 기계가 인간의 언어를 정확하게 인식하지 못하고 있다. 야후(Yahoo)는 1990년부터 음성인식기술을 구현하기 위해 노력하였으나 정확도 측면에서 인간의 수준에 미치지 못하였다.

그림 3-10 언어인식지능의 발전

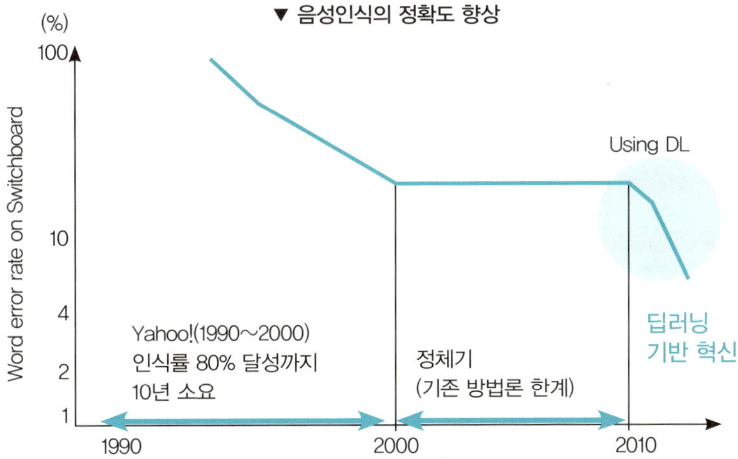

출처: 이승훈(2017), 최근 인공지능 개발 트렌드와 미래의 진화 방향, LG경제연구원

최근 딥러닝이 적용되면서 데이터 기반의 학습을 통해 스스로 언어를 이해하는 방식으로 전환되면서 인식률이 높아지고 있다. 인공지능 음성인식은 사용자가 말한 자연어(Natural Language)를 해석하고 음성인식시스템이 연동하고 있는 빅데이터로부터 가장 적합한 반응을 제공하는 대화형 시스템이다. 음성인식 기술 기반의 인공지능 서비스는 스마트폰, 자동차, 인공지능 스피커 등 다양하게 적용되고 있다.

2011년 애플 '시리(Siri)를 시작으로 마이크로소프트 '코타나(Cortana)', 구글 '어시스턴트(Assistant)' 등 스마트폰 기반 대화형 개인 비서와 2014년 아마존 에코(Echo)를 시작으로 구글 홈(Home), 애플 '홈팟(HomePod) 등 음성인식 기반의 인공지능 스피커들이 출시되고 있다. 이와 같이 음성 대화 서비스를 대표하는 인공지능 스피커와 음성 대화 로봇, 챗봇(Chatbot) 등에 대한 관심이 높아지고 있다.

그림 3-11 딥러닝 기반 음성인식기술

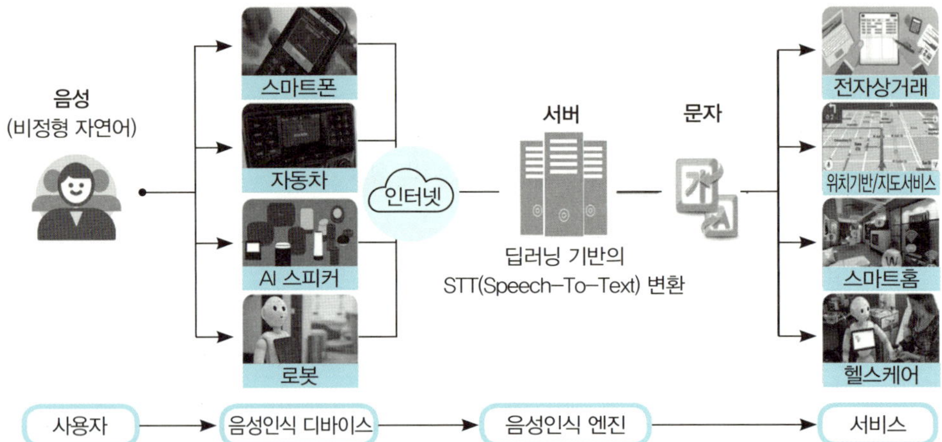

출처: 한국전자통신연구원(2019), 딥러닝 기반의 서버형 음성인식 기술

표 3-4 국내 인공지능 스피커 특징

구분	SKT	KT	카카오	네이버
디바이스	누구, 누구 미니	기가지니	카카오 미니	웨이브, 프렌즈
출시일	2016년 8월	2017년 1월	2017년 11월	2017년 9월
인공지능 플랫폼	누구	기가지니	카카오 i	클로바
음성 호출	아리아, 팅커벨, 레베카, 크리스털	기가지니, 지니야, 친구야, 자기야	헤이 카카오	클로바, 샐리야, 제시카, 짱구야, 피노키오
주요기능	음악감상, 일정관리, 날씨, 주문배달, IPTV, 교통정보	홈 IoT 제어, 홈 캠, 음악감상, 웹 검색, IPTV	음성 명령으로 카카오톡 이용, 검색, 날씨, 음악추천, 뉴스 확인	음악추천, 음성메모, 일정관리, 알림/타이머, 뉴스, 음성검색
연동서비스	T맵, Btv	올레 TV, 지니뮤직	카카오톡, 멜론, 기타 부가 서비스	네이버 뮤직, TV/세톱박스

출처: 이경님(2017), 음성언어 처리 기술, 어디까지 왔나, 새국어생활

국내 NH농협은행은 여러 디지털 채널을 통한 인공지능 상담 서비스를 지원하고 있다. NH농협은행 고객행복센터는 상담사와 고객, 온라인과 오프라인 등 인공지능 상담 서비스가 필요한 모든 환경을 수용하여 서비스 채널을 확대해 나갈 수 있도록 인공지능 인프라를 구축하였다.

▌그림 3-12▐ NH농협은행: 인공지능 상담시스템

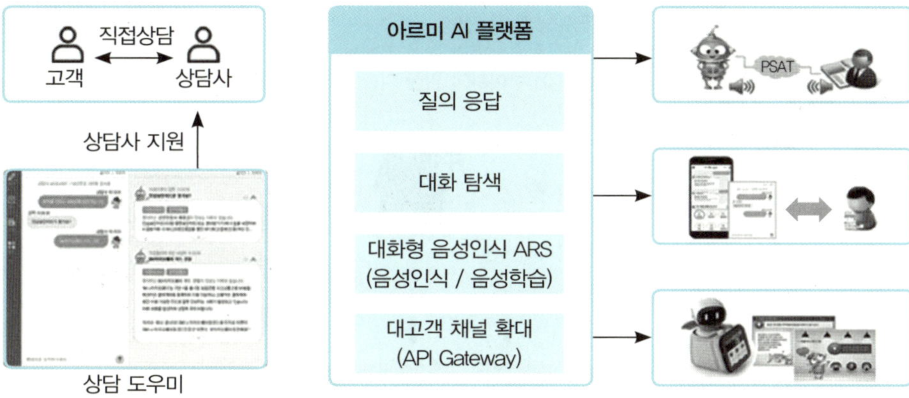

출처: 솔트룩스(Saltlux)

3.3 학습하는 인공지능

인공지능 학습이란 다양한 경험을 통해 패턴을 얻어내고 다음 행동에 영향을 주는 것이다. 단순한 연산능력을 가진 컴퓨터는 이미지에 있는 사물을 구분하지 못한다. 사람은 유아기만 지나도 직관적으로 분별할 수 있지만 컴퓨터는 복잡한 연산 과정을 거쳐야만 이해할 수 있다. 이와 같이 정확도를 높이기 위해 만들어진 것이 머신러닝(Machine Learning)이다. 머신러닝은 컴퓨터가 스스로 학습하여 인공지능의 성능을 향상시키는 기술방법이다.

그리고 딥러닝(Deep Learning)이 있다. 딥러닝은 머신러닝의 특정한 분야로 인공신경망에서 발전한 지능으로 연속된 층에서 점진적으로 의미를 배우고 표현하는 새로운 방식이다. 인간 뇌의 뉴런과 유사한 정보 입출력 계층을 활용해 데이터를 학습한다. 이와 같이 머신러닝과 딥러닝의 가장 큰 차이점은 머신러닝은 학습

데이터를 수동으로 제공해야 하는 것이고 딥러닝은 분류에 사용할 데이터를 스스로 학습할 수 있다는 것이다.

▌그림 3-13▐ 인공지능, 머신러닝, 딥러닝 관계

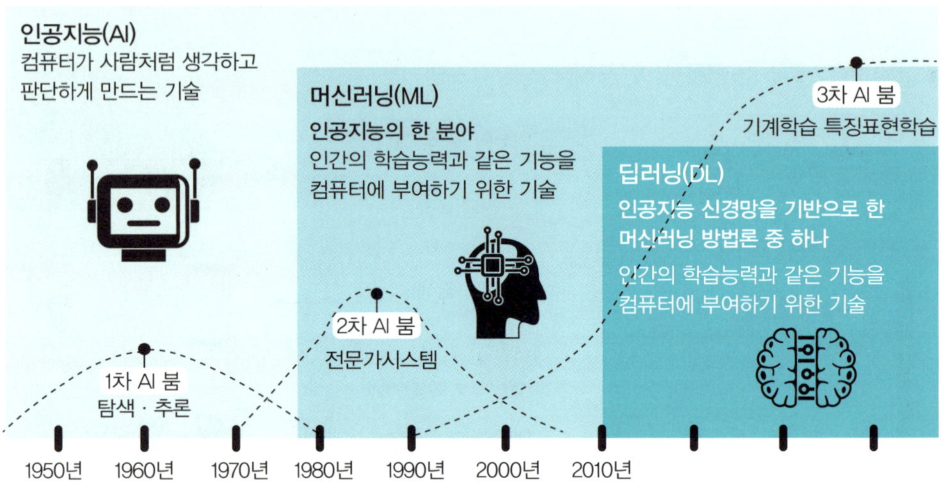

출처: ISU, https://blog.isusystem.com/blog/keyword-ai/

1) 머신러닝

머신러닝은 기계가 인간처럼 학습한다는 것으로 정확한 결정을 내리기 위해 제공된 데이터를 통하여 스스로 학습할 수 있다는 것이다. 즉, 많은 양의 데이터를 컴퓨터에 입력한 뒤 이를 토대로 상관관계와 특성을 찾아내어 이미지를 판독하도록 훈련하는 방식이다. 최근 학습에 대한 효과를 높이기 위해 빅데이터를 통한 학습방법으로 머신러닝을 이용하고 있다.

머신러닝의 학습방법은 [그림 3-14]에서 보는 바와 같이 지도학습(Supervised Learning), 비지도학습(Unsupervised Learning), 강화학습(Reinforcement Learning)과 같이 세 가지로 구분할 수 있다.

▌그림 3-14▐ 지도학습, 비지도학습, 강화학습

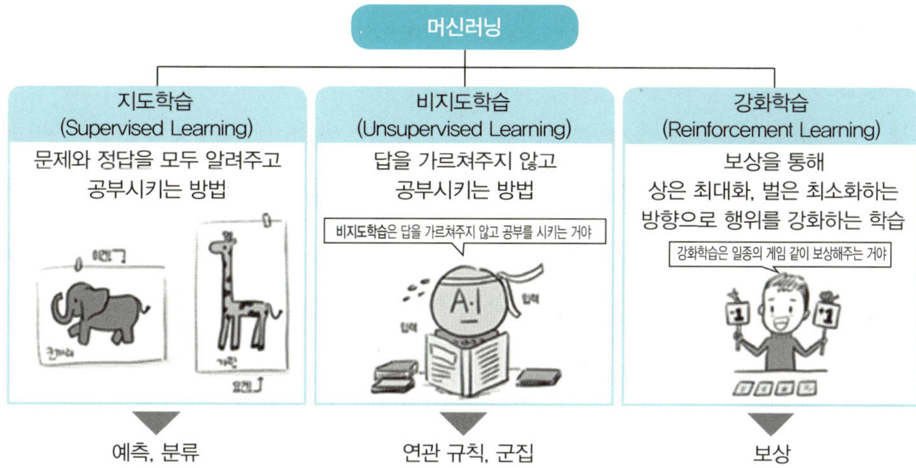

출처: https://m.blog.naver.com/k0sm0s1/221863569856

(1) 지도학습

지도학습은 정답이 있는 데이터를 활용해 학습시키는 것이다. 예를 들면, 코끼리 사진을 X를 주고(Input Data), 이 사진은 코끼리라고 분류해주어 Y값(정답 Label)을 알려준다. 따라서 기계가 정답을 맞혔는지 아닌지를 쉽게 알 수 있다. 지도학습은 정확한 Input과 Output이 존재하며 이러한 지도학습에는 분류(Classification)와 회기(Regression)로 나누어진다.

분류는 주어진 데이터를 정해진 카테고리에 따라 이진 분류(Binary Classification), 다중 분류(Multi-Label Classification)로 구분된다. 예를 들어 메일 중에서 일반 메일인지 스팸메일인지 분류하는 것이다. 이것은 이진 분류의 예이다. 또 다른 예는 "이 동물은 무엇일까요?"라는 답을 얻기 위해서는 'Yes', 'No'로 구분되지 않을 수 있다. 여러 값 중에서 하나를 예측하는 것으로 이것을 다중 분류라고 한다.

회귀는 어떤 데이터들의 특징을 기준으로 연속된 값을 예측하는 것이다. 주로 패턴, 트렌드, 경향 등을 예측할 때 사용된다. 예를 들면, "경주에 40평대 아파트면 집값이 어느 정도니?"라고 물으면 "경주에 40평은 ○○○정도 할 거야"라고 말하는 것이다.

(2) 비지도학습

비지도학습은 지도학습과 달리 정답을 알려주지 않고 비슷한 데이터를 군집화(Clustering)하여 미래를 예측하는 것이다. 데이터에 대한 학습데이터가 없기 때문에 입력데이터만 이용해서 컴퓨터를 학습시키는 방법이다. 비지도학습은 입력된 데이터를 비슷한 그룹으로 묶어 예측하는 모델로 적절한 특징을 찾아내기 위한 전처리 방법으로 사용된다. 예를 들면, 뉴스기사 분류, SNS 관계 분류 등에 활용되고 있다.

그림 3-15 비지도학습

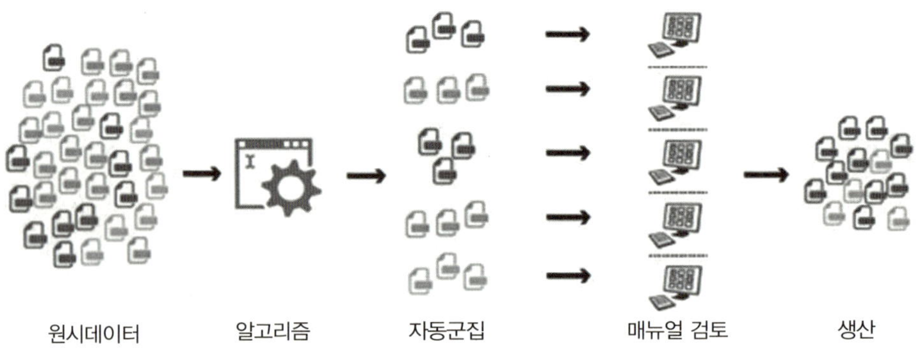

출처: https://m.blog.naver.com/k0sm0s1/221863569856

(3) 강화학습

강화학습은 보상과 벌칙과 함께 여러 번의 시행착오를 거쳐 스스로 학습하는 방법이다. 아이가 스스로 일어서거나, 스스로 걷는 방법 등이 예가 될 수 있다. 이와 같이 여러 번의 시행착오 끝에 자기에게 맞는 방법을 찾고 습득하는 것이다.

강화학습은 어떤 환경에서 선택 가능한 행동들 중 보상을 최대화하는 행동을 선택하는 방법으로 에이전트(Agent)를 훈련시킨다. 에이전트는 특정 환경에 최적화된 행동을 수행하고 수행에 대한 보상을 받는다. 즉 강화학습은 보상과 벌칙이 반영된 데이터가 필요하기 때문에 반복 시행을 통해 데이터를 스스로 만들어가면서 학습한다. 배송 서비스를 하는 드론, 게임에서 주인공과 같이 실세계에서는 바로 자기 자신을 의미한다. 대표적으로 딥마인드(DeepMind)사의 알파고(Alphago)가 있다. 바둑 진행과정에서 승리한 쪽의 학습 결과를 복사해서 다시 바둑을 두는 과정을 반복함으로써 인간보다 훨씬 더 많은 경험을 통해 실력을 높여나가는 방법이다.

▌그림 3-16▐ 가상 환경과 현실 환경의 적용 사례

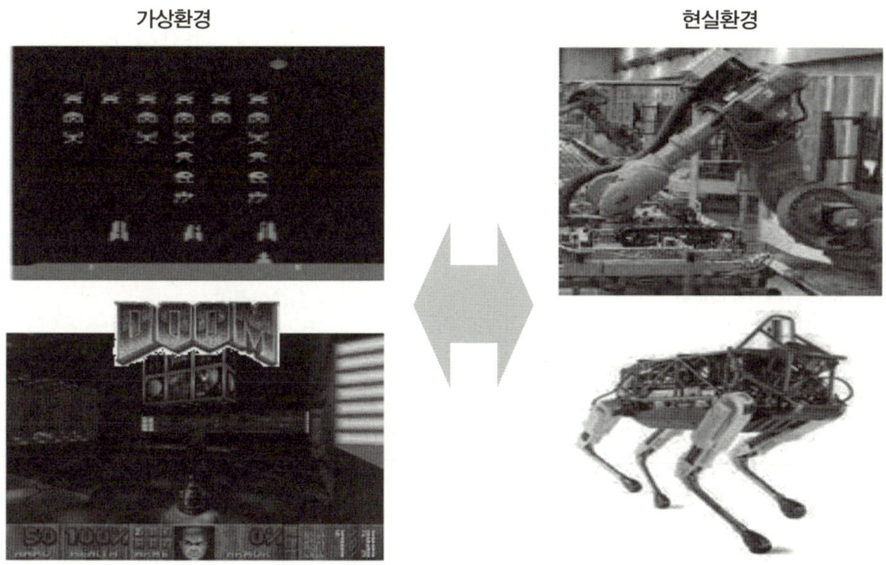

출처: 이승훈(2017), 최근 인공지능 개발 트렌드와 미래의 진화 방향, LG경제연구원

2) 딥러닝

최근 인공지능 학습에 딥러닝이 많이 활용되고 있다. 그 이유는 기존 신경망의 한계를 극복할 수 있는 알고리즘의 개발과 신경망 학습에 필요한 풍부한 학습데이터의 축적이다. 그리고 신경망을 이용한 학습과 계산에 적합한 컴퓨팅 성능의 발전이다. 이와 같이 딥러닝은 과거 알고리즘, 컴퓨팅, 데이터의 한계를 극복하면서 2012년을 시작으로 2016년 알파고의 출현을 기점으로 전환점을 맞이하였다.

딥러닝은 복잡한 문제를 해결하기 위해 인간의 신경망을 모델링한 인공뉴런을 연속된 층(Layer)에서 점진적으로 학습한다는 것이다. 전반적으로 머신러닝과 비슷하지만 학습데이터에서 스스로 특징을 추출하여 무엇인지를 인지하는 기술이다.

딥러닝은 인간의 뇌 신경망을 모방한 인공신경망의 한 종류이다. 인공신경망은 수학적으로 모델링된 인공뉴런들을 여러 개 쌓아서 만들 수 있다. 신경망은 입력층(Input Layer)과 출력층(Output Layer)과 그 사이의 은닉층(Hidden Layer)으로 구성된다. 딥(Deep)은 숨겨진 레이어, 즉 은닉층(Hidden Layer)의 수를 의미한다. 은닉층은 다층으로 구성될 수 있으며, 각 층은 그 전층의 입력신호로부터 나온 새로운 출력을 사용한다. 기존 신경망에서는 숨겨진 레이어가 2~3개에 불과하지만 최근 딥러닝 모델은 수십 개에서 수백 개의 연속된 층을 가지고 있다. 딥러닝에 활용되고 있는 인공신경망의 종류는 [표 3-5]와 같다.

그림 3-17 인공신경망과 딥러닝 비교

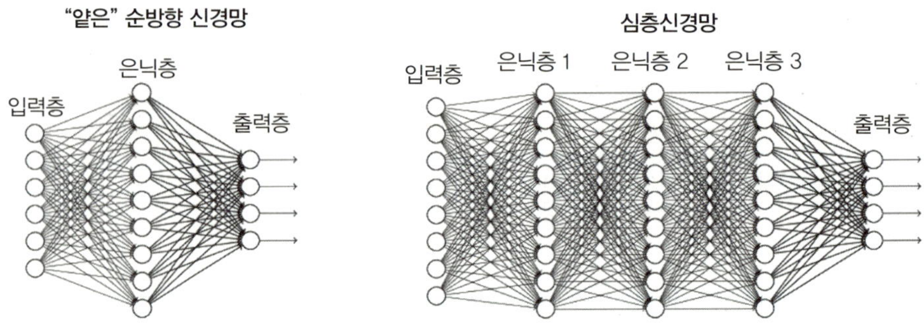

표 3-5 딥러닝에 활용되는 인공신경망의 종류

신경망 분류	내용
DNN (Deep Neural Network)	DNN은 입력층(Input Layer)과 출력층(Output Layer) 사이에 여러 개의 은닉층(Hidden Layer)들로 이루어진 인공신경망으로 비선형 관계를 모델링할 수 있으나 과적합과 높은 시간 복잡도가 발생할 수 있음
CNN (Convolutional Neural Network)	CNN은 최소한의 전처리를 사용하도록 설계된 다계층 퍼셉트론으로 쉽게 훈련되고 적은 수의 매개변수를 사용한다는 이점이 있는 신경망으로 영상, 음성 분야에서 우수한 성능을 보임
RNN (Recurrent Neural Network)	인공신경망을 구성하는 뉴런의 연결이 Directed Cycle을 구성하는 신경망으로 필기체 인식에 활용도가 높으나 다량의 뉴런이 필요한 경우에는 적합하지 않음

RBM (Restricted Boltzmann Machine)	가시적 유닛(Visible Unit)과 은닉 유닛(Hidden Unit)으로 이루어진 무방향 이분 그래프 형태로서 은닉 유닛을 추론(Inference)하는 MCMC 과정이 한번만 이루어지며 DBN의 기반이 됨
DBN (Deep Belief Network)	기계학습에서 사용되는 그래프 생성 모형(Generative Graphical Model)으로 딥러닝에서 잠재변수(Latent Variable)가 다중계층으로 이루어진 심층신경망
Deep Q-Networks	딥마인드사가 2013년에 발표한 인공신경망의 종류로써 인공지능 에이전트가 게임을 배우는 방법을 보여준 심층학습과 강화학습을 혼합한 심층강화학습

출처: 황명화 등(2018), 스마트 국토 · 도시관리를 위한 인공지능기술 도입방안 연구, 국토연구원

딥러닝은 머신러닝 개념에 포함되어 있다. 하지만 정확한 이해를 위해서는 딥러닝과 머신러닝이 어떤 점에서 차이가 있는지를 알아보는 것은 중요하다.

첫째, 학습방법이다. 딥러닝은 분류에 사용할 데이터를 스스로 학습할 수 있는 반면 머신 러닝은 학습데이터를 수동으로 제공해야 한다. 그리고 딥러닝의 학습시간은 상대적으로 길다.

둘째, 데이터 양이다. 딥러닝은 데이터로만 배우고 데이터의 규칙을 찾아 구현되기 때문에 수많은 데이터가 필요하다. 따라서 수많은 데이터 세트가 뒷받침되지 않으면 아무리 좋은 딥러닝 모델을 구현하더라도 무용지물이다.

셋째, 데이터 구조이다. 머신러닝은 정형 데이터(Structured Data)에 주로 사용되고, 딥러닝은 주로 비정형 데이터(Semi-Structured Data)에 활용된다. 비정형 데이터란 지정된 방식이 정리되지 않은 정보로 이미지, 영상, 음성, 텍스트 문장이나 문서 등과 같은 것이다. 그리고 정형 데이터란 관계형 데이터베이스(Relational Database), 엑셀 표 등과 같은 테이블 데이터를 말한다.

▌그림 3-18▐ 정형, 비정형 데이터

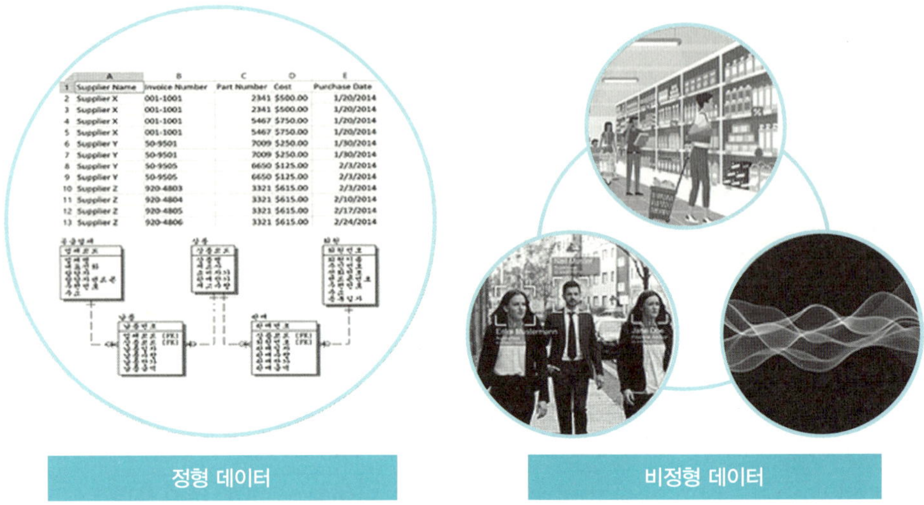

출처: LG CNS(2020), 딥러닝, 데이터로 세상을 파악하다, 2020.3.23.

3.4 추론하는 인공지능

추론(Inference)은 기존 지식에서 새로운 지식을 유도하여 목표 상태에 도달하기 위한 방법을 찾는 것이다. 추론은 인식된 객체에 대해 가정, 전제로부터 서로 간의 상대적인 관계를 이끌어내는 것이다. 인간은 다양한 지식과 정보 그리고 경험을 머리에 축적하는 학습과 그 지식을 기반으로 새로운 정보에 대한 답을 스스로 도출하는 추론과정을 통해 합리적 의사결정을 한다.

추론은 인간의 고유한 영역으로 기계적으로 구현하는데 한계가 있었다. 하지만 최근 딥러닝 학습 알고리즘의 진화로 인해 점점 현실화되고 있다. 과거 추론 방식은 구조화된 데이터에서 인간의 개입이 상대적으로 많이 필요했고 성능 면에서도 한계가 있었다. 그러나 딥러닝 기반의 추론 방식은 인간의 개입을 최소화하면서 스스로 규칙을 만들고 의미 해석을 통해 결과를 도출한다는 것이다. 즉 인지능력, 다양한 알고리즘 개발과 컴퓨팅 성능의 향상은 인공지능의 추론 과정을 현실화시키는데 큰 역할을 했다.

최근 딥마인드는 단순히 개별적인 정보만을 인식하고 이해하는 단순한 추론 관계에서 벗어나 관계 추론이 가능한 인공지능 관계 네트워크(Relational Network)를 개발하였다. 즉, 인간처럼 여러 가지 상황을 종합적으로 판단해 다음 상황을 예측할 수 있다는 것이다. 관계 추론이란 물리적인 사물, 문장, 추상적인 아이디어들 사이에서 관계를 파악해 어떤 논리적인 결론에 도달하게 하는 방식이다. 예를 들어 [그림 3-19]와 같이 관계형 질문에 대한 답을 위해서는 나무 각 객체들 간의 관계가 명확히 인지되어야 정확한 답을 할 수 있다.

그림 3-19 관계형, 비관계형 추론

비관계형 질문
"나무의 개수는?", "나무의 색깔은?"

관계형 질문
"나무 간의 높이 차이가 가장 크게 나는 두 나무 중 오른쪽 나무의 모양은?"

출처: 이승훈(2017), 최근 인공지능 개발 트렌드와 미래의 진화 방향, LG경제연구원

IBM은 추론 기술 기반 인공지능 왓슨을 다양한 분야에 활용하고 있다. 왓슨의 추론 기술은 사람이 더 나은 결정을 내리도록 돕는 '의사결정 지원'에 중점을 두고 있다. 의료산업에서는 암 진단 및 최적의 치료법을 제안하고 있고, 금융산업에서는 개인 자산관리 및 투자종목 추천, 그리고 산업계에서는 사물인터넷과 연계해 생산기기나 장비의 관리에 활용하고 있다. 국내에서 인공지능 추론 기술을 보유한 솔트룩스는 디지털 휴먼, 챗봇, 콜봇 등의 질의응답 기반의 대화형 인공지능에 중점을 두고 있다. 인공지능 추론 기술은 대화처리 기술과 접목하여 인사, 총무, 채용, 상담 등 기업의 다양한 업무를 지원하고 있다.

▌그림 3-20▐ 인공두뇌 '아담'

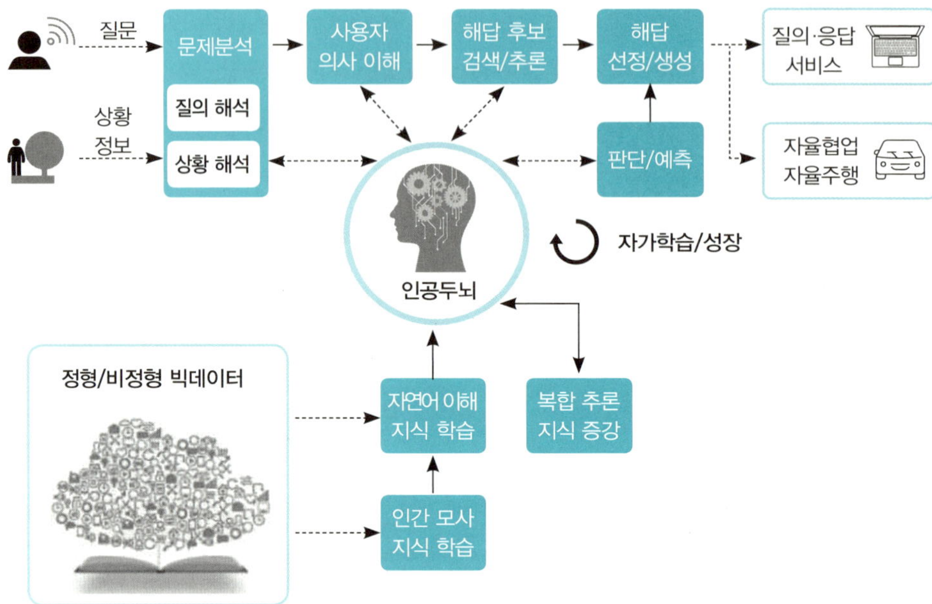

출처: 솔트룩스(Saltlux)

3.5 인공지능기술 발전 전망

인공지능기술은 1970년 메모리 · 처리속도 등의 문제, 1980년 전문가시스템의 고유지비용 등 두 번의 암흑기를 지나, 데이터 축적 컴퓨팅 파워, 딥러닝 진화 등으로 최근 엄청난 발전을 이루었다. 인공지능은 상황을 인지하고 이성적 · 논리적으로 판단하고 행동하며, 감성적이면서 창의적인 기능을 수행하고 있다. 과거 산업화에서는 기계가 인간의 육체노동을 대체했다면 인공지능은 인간의 지적노동을 대체할 것이다.

미래 인공지능은 단순한 기술적인 차원을 넘어 인문 · 사회 · 문화 등 모든 영역에 걸쳐 패러다임의 변화를 초래할 것이다. 컴퓨터의 대량의 데이터 학습을 통해 규칙을 발견하여 판단 · 추론하는 딥러닝의 등장은 인공지능기술 발전을 더욱 가속화할 것이다. 인공지능산업은 부가가치를 창출하는 신산업이자 타 산업과 융합을 통해 새로운 가치를 만들 것이다. 그리고 단순 반복적인 업무에서 벗어나 창의성이 필요한 업무를 중심으로 직무변화가 이루어질 것이다. 그리고 일상생활에서 보다 편리한 서비스가 제공되고 삶의 편의를 높여 삶의 방식을 변화시킬 것으로 예상된다.

향후 고도화된 뇌 연구를 바탕으로 비지도학습 인공지능, 분야별 상호 학습이 가능한 전이학습 인공지능 등 인간지능을 넘어 차세대 인공지능으로 제2의 인공지능 부흥기가 도래될 것이다. 언어분석, 음성대화처리, 자동통번역에 딥러닝 기술이 적용되면서 언어지능 활용이 더욱 확산될 것이다. 그리고 인간과 유사한 추론이 더욱 가속화되면서 관계 추론 영역에 대한 연구가 지속적으로 진행될 것이며, 인공지능과 로봇 기술의 융합을 통해 복합지능형 로봇에 대한 연구와 상용 서비스가 급속히 확산될 것이다. 마지막으로 제조업에서부터 금융, 유통 · 물류, 관광, 스마트시티, 농 · 수산업, 바이오 · 의료 등 산업 전반에 인공지능기술이 적용되면서 산업의 핵심요소로서 4차 산업혁명의 진화를 더욱 가속할 것이다.

그림 3-21 인공지능 발전 전망

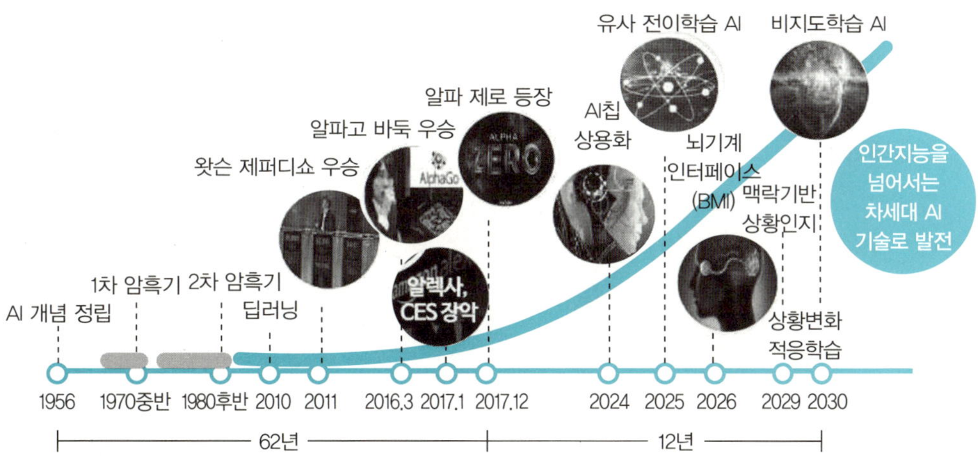

출처: 과학기술정보통신부, I-Korea4.0 실현을 위한 인공지능(AI) R&D 전략, 2018.5.

참고문헌

계승균 · 강명수 · 김현호, 인공지능 분야 산업재산권 이슈 발굴 및 연구, 특허청, 2016.

과학기술정보통신부, I-Korea4.0 실현을 위한 인공지능(AI) R&D 전략, 2018.5.

김성민 · 정선화 · 정성영, 세상을 바꾸는 AI미디어, 한국전자정보통신연구원(ETRI), 2018.

리옌훙, 지능혁명: 인공지능 시대의 생존 전략, 조재구(역), 엠씨앤미디어, 2017.

박승규, 인공지능기술 동향, 정보통신기술진흥센터(IITP), 2018.

이건명, 인공지능: 튜링 테스트에서 딥러닝까지, 생능출판, 2019.

이경님, 음성언어 처리 기술, 어디까지 왔나, 새국어생활, 2017.

이상진, 교양으로서의 인공지능, 시크릿하우스, 2020.

이승훈, Artificial Intelligence 최근 인공지능 개발 트렌드와 미래의 진화 방향, LG경제연구원, 2017.10.

정보통신기획평가원(IITP), 인공지능 기술청사진 2030, 2020.12.

조영임, 4차 산업혁명 시대 핵심 인공지능 기술, 홍릉, 2020.

하워드 가드너, 지능이란 무엇인가, 김동일(역), 사회평론, 2019.

한국전자통신연구원(ETRI), 딥러닝 기반의 서버형 음성인식 기술, 2019.

황명화 · 김대종 · 임용호, 스마트 국토 · 도시관리를 위한 인공지능기술 도입방안 연구, 국토연구원, 2018.

LG CNS, 딥러닝, 데이터로 세상을 파악하다, 2020.3.23.

04

CHAPTER

인 공 지 능 으 로 구 현 되 는 세 상

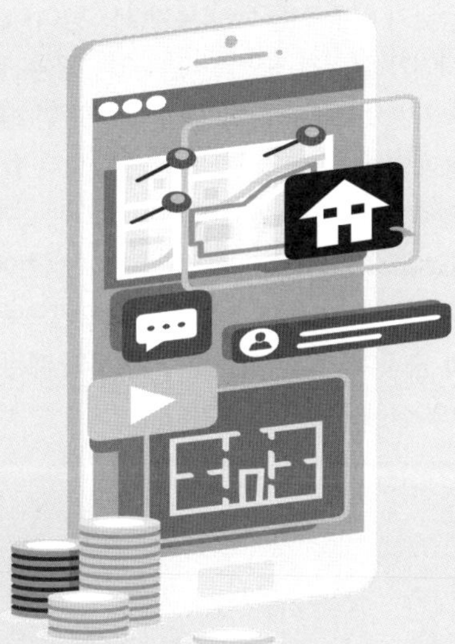

스마트 금융

04 CHAPTER 스마트 금융

2008년 글로벌 금융위기 이후 전통적인 은행 시스템이 개편되면서 금융 혁신과 핀테크가 출현하고 스마트 금융 시대가 열리게 되었다. 핀테크는 금융(Finance)과 기술(Technology)의 합성어로 첨단 ICT 기술을 기반으로 금융서비스 및 산업의 변화를 통칭한다. 현재 기존의 금융회사들은 핀테크를 기존 체계의 보호 수단이자 성장 전략으로 활용하고 있으며, 거대 ICT 기업은 새로운 시장 영역으로 간주되고 있다. 특히, 코로나 사태는 스마트 디지털 금융 서비스의 중요성이 대두되는 계기가 되었다. 기업경영 및 경제활동을 수행함에 있어 핀테크 기술의 채택이 뉴 노멀(New Normal)로 부상하는 등 핀테크 기업에 기회요인으로 작용하고 있다. 이 장에서는 경제 구조의 변화, 핀테크와 금융 패러다임의 변화 속에서의 패권 전쟁, 향후 핀테크의 발전 전략과 대표적인 핀테크 기업의 성공 사례를 살펴본다.

제 1 절 핀테크의 개념과 역사

1.1 핀테크의 개념

핀테크(FinTech)라는 용어는 1972년 베팅거(A. Bettinger)가 Interface 저널에 “FINTECH: A Series of 40 Times Shared Models Used at Manufacturers Hanover Trust Company” 연구에서 금융과 기술의 협업이라는 개념을 도입하면서 처음으로 사용되었다.

핀테크(FinTech 또는 Financial Technology)는 금융(Finance)과 기술(Technology)의 합성어로, 클라우드, 블록체인, 모바일, 빅데이터, SNS 등의 첨단 정보기술을 기반으로 한 금융 서비스 및 산업의 변화를 통칭한다(위키백과, 2020). 즉, 새로운 IT기술을 활용하여 기존 금융기법과 차별화된 금융 서비스를 제공하는 기술기반 금융 서비스 혁신이다. 이러한 금융 혁명은 ICT(정보통신기술)를 기반으로 한 모든 금융 서비스를 포괄하면서 폭넓게 발전하고 있다. 대표적인 분야는 지급결제, 외환송금, 크라우드 펀딩, P2P 대출, P2B 대출, 자산운용, 인터넷은행, 비트코인 등 그 분야가 다양하다.

핀테크와 혼동되는 개념으로 전자금융이 있는데, 전자금융까지 핀테크로 보는 경우 '전통적 핀테크'라고 부른다. 전자금융은 기존 금융사의 가치사슬 내에서 IT를 통해 효율적으로 금융 서비스를 제공하는 방식으로, 스마트폰 뱅킹을 비롯한 금융사의 직접 제공 서비스는 전자금융의 영역이다.

1.2 금융업의 역사

우리나라 금융업의 컴퓨터 활용의 역사는 ICT 발전의 역사와 맥을 같이한다. 1969년 외환은행에서 보통예금에 대한 온라인화를 시작으로 1970년 들어오면서 농협, 국민, 한국, 기업, 주택은행 등에서 수신 업무의 온라인화가 되었으며, 1980년대 지방 은행들 모두 온라인화를 달성하였다. 또한 1984년에 조흥은행에서 최초로 ATM 기기가 도입되면서 키오스크의 새로운 장을 열었다. 1987년에는 은행 간 네트워크가 구축됨으로써 은행 간(Inter Bank) 거래가 가능해짐으로써 B2B 온라인 비즈니스의 가장 초기 형태를 구축하였다. 1989년에는 ARS 공동망을 개발함으로써 ICT 기술을 활용한 무인 서비스 시대를 열었다.

이후 1990년대에 들어오면서 모든 은행들의 본점 관리 업무와 여수신 업무 등에 대한 전산화를 완료함으로써 조직 내 ERP 시스템이 구축되었다. 1991년에는 기업 호스트 컴퓨터와 금융기관의 서버를 전용회선으로 연결한 펌뱅킹(Firm Banking) 금융 서비스를 시작하였다. 이를 통해 기업의 구매, 생산, 판매, 인사 및 재무 등을 총괄한 내부 ERP 시스템의 모든 거래 프로세스를 은행의 시스템과 상호 연동하여 지급결제 업무까지 자동화함으로써 기업의 자원관리 효율성을 극대화하였다. 같은 해 홈뱅킹(Home Banking)을 시작함으로써 재택 근무의 새로운 지평을 열었다.

2000년대에 들어오면서 신한은행에서 국내 최초로 온라인 뱅킹을 선보였고, 외환은행에서 인터넷TV 뱅킹 서비스를 출시하였다. 인터넷 망에서 작동되는 금융 정보시스템은 일반적인 홈페이지나 인터넷 쇼핑몰 구축보다 훨씬 고도화된 기술을 요한다. 2007년 애플이 아이폰이 출시하고, 국내에 도입된 2009년도에 기업은행에서 아이폰 스마트폰 뱅킹 서비스를 출시함으로써 스마트폰 뱅킹 시대를 열었다. 이후 2010년도에 하나은행에서 안드로이드 기반 스마트폰 뱅킹 서비스가 출시되고, 우리은행에서 우리 오픈 뱅킹이 시작되면서 본격적인 스마트폰을 활용한 다양한 금융 서비스가 시작되었다. 2011년도에 기업은행에서 모바일 머니를 출시하면서 사이버 머니 시대를 열었다.

이후 2017년도에 BNK 금융그룹에서 금융-유통-통신 융합 서비스를 제안함으로써 금융 플랫폼 모델을 출시하였다. 2018년도에 우리은행에서 인공지능 SORi를 선보이면서 AI 뱅킹 시대를 열었다. 2019년도에는 국내 주요 금융사에서 AI를 활용해서 공채 면접을 보기 시작했으며, 2020년도에는 KB국민은행에서 인사이동

▮그림 4-1▮ 우리나라 금융업 전산화의 역사

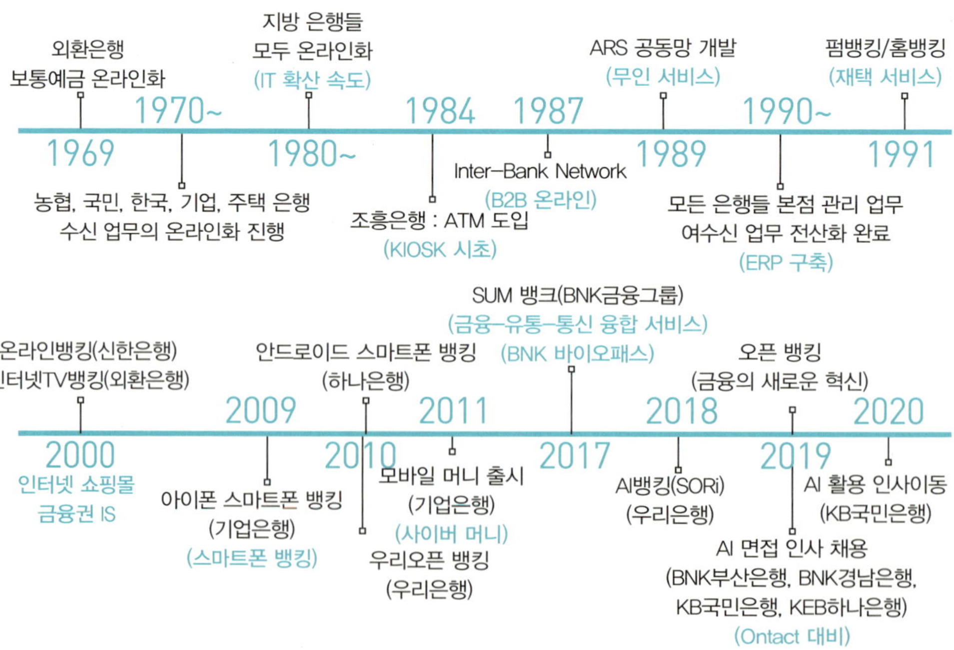

에 AI를 활용하는 등 4차 산업혁명 기술들이 금융권에 실제적으로 적용되고 있다. 이러한 역사적 사실들을 살펴볼 때, 국내 금융업의 역사는 ICT 발전의 역사와 궤를 같이 하고 있다. ICT와 금융의 결합인 핀테크 역시 ICT 영역이 금융업으로의 확장과 함께 이미 금융업이 ICT를 기반으로 발전해 왔다.

1.3 경제구조의 변화

1) 탈경계

산업혁명은 위치, 즉 이동의 자유화를 가져왔다. 1차 산업혁명으로부터 개인의 이동을, 2차 산업혁명으로부터 물건 혹은 재화의 이동을, 3차 산업혁명은 데이터나 정보의 이동을 가져왔으며, 4차 산업혁명은 가치, 지식, 지혜의 이동을 촉발한다. 이로써 물리적 세계에서 가상 세계로 이동이 4차 산업혁명 시대 온 · 오프라인이 혼합이 되면서 탈경계가 나타난다. 이는 결국 경제구조적 측면에서의 변화를 초래한다.

지난 수백 년간 인류가 규정해 온 제품, 기술, 산업 간의 경계를 모호하게 만들며, 경계가 모호해진 영역 간의 융복합이나 대체가 발생된다. 이는 주도권을 새로운 영역으로 이동하게 만든다. 예를 들어, 자동차 기업과 IT 기업의 경계가 모호해진다. 즉, 전기자동차라는 세션은 자동차 영역이라면, 자율주행 부분은 인지, 판단, 제어라는 AI 시스템이며, 공유 서비스는 IT 활용 측면에 해당된다.

2) 초연결

만물인터넷(IoE: Internet of Everything)이라는 초연결 세상이 등장한다. 즉, 사람, 프로세스, 데이터, 사물 등이 인터넷에 연결되어 서로 소통하며, 가치와 경험을 창출하고 있다. 따라서 모든 공간이 인터넷 플랫폼 역할을 수행하는 지능형 환경(Ambient Intelligence)으로 변화될 것이다.

3) 구독경제

구독경제는 정기적으로 구독료를 내고 일정기간 상품이나 서비스를 제공받는 개념이다. 가장 전통적인 방식은 신문이나 잡지의 구독이었다면, 지금은 무형의 미디어 콘텐츠, 공간 사용, 서비스 이용까지 다양하다. 특히 전통적인 의미의 구독은 눈에 보이는 무엇인가를 주기적으로 사서 소유하는 방식이었다면 현재는 무형의 서비스를 구독하는 경우가 더 일반적이다.

코로나 이후 언택트(비대면) 문화가 확산하면서 구독경제 시장이 폭풍 성장하면서 소비 패러다임의 변화를 반영하고 있다. 최근 국내에서는 구독경제 기업에 투자하는 펀드도 등장했다. 이러한 구독경제의 확산에는 새로운 소비 패러다임과 IT 기술 발달이 작용을 했다. 예를 들면, 장기적인 저성장, 비정규 프리랜서 근로 형태인 긱 이코노미(Gig Economy), 최근 소유보다 경험을 중시하는 소비성향, ICT 플랫폼을 기반으로 한 생태계 확장, 코로나로 인한 비대면 소비 선호도 상승 등이 원인이 될 수 있다.

대표적으로 어도비(Adobe)의 포토샵 등과 같은 S/W 구독 모델, 마이크로소프트의 MS 오피스 365와 같은 클라우드 서비스, 넷플릭스(Netflix)의 동영상 스트리밍 서비스, 아마존(Amazon)의 전자책, 과자, 커피, 화장품, 꽃 등 생활용품, 기린(Kirin)의 월정액으로 맥주 배송 등이 있으며, 카카오(KaKao)의 음원 스트리밍 서비스와 티몬이나 쿠팡의 월정액 회원제 할인 등도 포함될 수 있다.

4) 생활 밀착형 경제

보험, 하우스 푸어, 에듀 푸어, 연금, 재테크, 부동산, 일자리 등 최근 들어 실물 경제 구조가 생활 밀착형 경제활동들로 이루어져 있다. 특히, ICT가 발전함에 따라 생활 밀착형 경제활동을 지원하는 다양한 서비스들이 존재하고 있다.

대표적으로 퍼크박스(Perkbox)는 영국의 직원 복지 플랫폼이다. 먼저 기업이 퍼크박스에 가입하고 직원 수만큼 비용을 지불하면 마켓이나 백화점, 영화관, 피트니스 센터와 같은 자기계발 프로그램이나 여행자 보험 등 직원들은 바로 퍼크박스에 접속해서 서비스를 이용할 수 있다. 일반적으로 대기업만큼 복지를 제공하기 힘든 스타트업이나 중소기업의 경우 퍼크박스를 통해 직원들의 복지 향상을 꾀할 수 있다.

교통카드 적립 서비스인 스마트 컨테이너(Smart Container)도 있다. 이는 재활용품 크기별로 가격을 책정하고 교통카드에 해당 금액만큼 적립을 한다. 사람들은 경제적 유인에 반응한다는 시장 원리를 공공정책에 성공적으로 적용한 사례가 될 수 있다.

어닌(Earnin)은 근로자들에게 급여를 가불해 주는 서비스이다. 겉으로 보면 모바일 대출 서비스와 비슷해 보이지만 저혀 다른 구조를 가지고 있다. 사용자는 앱을 다운로드받고 직장정보와 근무시간표를 입력한 이후 급여통장을 연결한다. 그러면, 어닌은 근무시간표대로 출근해서 일하는지 스마트폰으로 위치를 확인하고 성실도에 따라 신용을 평가한다. 특히 이자 대신 팁을 냄으로써 돈을 빌리고도 빚진 기분을 느끼지 않도록 만들어준다.

레모네이드(Lemonade)라는 P2P 보험이 있다. 보험금 심사는 챗봇 마야가 수행한다. 사고가 났을 때 피해 내용, 사진, 동영상 등을 전송하면 개인정보와 빅데이터 분석을 통해 심사를 하고 수 분 안에 지급까지 완료된다. 보험에 P2P 모델을 적용함으로써 그룹의 사람들이 낸 보험금에서 보험자들끼리 그룹을 지어주면 20%의 레모네이드의 수수료와 40%의 고객 보험금을 제외하고 40%는 재보험에 가입한다.

제 2 절 금융 패권 전쟁과 핀테크 기업

2.1 핀테크와 금융 패러다임의 변화

1) 금융사와 핀테크 기업의 패권 전쟁

[그림 4-2]는 2019년도에 조사된 2030세대 금융사 직원들이 실제 사용하는 앱의 순위이다(중앙일보, 2019년 12월 7일자). 이렇듯 일반인뿐만 아니라 금융사 직

원들까지 널리 알려진 핀테크 관련 서비스를 광범위하게 활용하고 있다.

그림 4-2 대표적인 핀테크 관련 서비스

banksalad
- 모든 은행, 보험사, 카드사 계좌 정보 연동
- 실시간 자금 관리 및 금융 상품 제안 등

KakaoPay
- 생활 금융 서비스(결제, 송금, 멤버십, 청구서, 인증 등) + 뱅킹, 택시, 증권, 골프, TV 등
- 글로벌 크로스보더 결제 서비스 제공

toss
- 결제 대행 출발 → 생활 밀착형 금융 서비스
- 내 폰 시세 조회, 통합 카드 조회, 보험 조회, 자동차 시세 조회, 아파트 관리비 조회 등

LEMON Clip
- 보험 통합 조회 서비스

마이뱅크
- 일상적 생활 금융
- Door to Door 환전 서비스

2) 핀테크 기업들의 빅데이터 활용

빅데이터(Big Data) 분석은 대용량 데이터를 신속하게 처리하고 분석해서 의사결정이나 업무 자동화를 가능하게 해준다. 이때, 금융업에서 적용되는 빅데이터 분석의 가장 큰 특징은 비정형적 데이터 활용과 분산 처리 기술을 통한 신용평가 모델 혁신을 가져올 수 있다.

우선 렌도(Lenddo)는 SNS 데이터 기반의 SaaS (Software as a Service) 기업이다. 대출자의 평판에 대한 비정형 데이터 추출을 통한 신용평가 알고리즘을 적용하고 있다. 예를 들어, 개인 고객의 경우 SNS 친구 중 연체자가 있거나 동료나 친구의 평판, 혹은 자동차 사고와 같은 부정적 단어가 포함되어 있으면 신용점수가 낮아진다. 소상공인의 경우에도 SNS 상에 남긴 고객의 기업 평판이나 영업 활성화 정도에 따라 대출 금액이 확정된다.

크레디테크(Kreditech)는 독일의 온라인 대출 전문 기업으로서 개인의 페이스북, 이베이, 아마존에서 행동 패턴을 분석한다. 이를 통해 맞춤법 틀리는 정도나 대출 약관 읽는 정도를 분석해서 신청 서류를 상세히 보는 정도를 통해 신용평가 모델을 수립한다. 아울러 주기적으로 택배 기사가 방문하고 있다는 것은 정기적인 온라인 쇼핑이 이루어지고 있는 것으로 파악하여 일정 소득에 대한 담보 증거로 삼고 있다.

렌딧(Lendit)은 한국 P2P 대출 플랫폼 기업으로써 개인의 페이스북 정보 및 투자 설명서를 읽는 동작 패턴을 분석해서 신용평가 점수를 계산한다. 예를 들어 대기업에 재직하고 있다가 벤처 기업으로 이직할 경우 일반적으로 신용점수는 내려간다. 하지만, 해당 고객의 SNS를 분석한 결과 부인이 전문직을 유지하고 있다면 되려 신용점수는 상향 조정된다.

2009년 설립된 독일의 피도르 은행(Fidor)은 'Banking with Friends'를 모토로 한 최초의 고객 커뮤니티 중심 은행이다. 피도르는 은행이 빅데이터 분석 기술을 기반으로 플랫폼 사업자로 진화할 수 있다는 가능성을 보여준 기업이다. 오픈 API 피도르 OS를 외부업체에 제공함으로써 외부업체는 이와 연계된 금융 서비스를 개발할 수 있다. 이와 같은 방식을 통해 금융 데이터 분석, 예측 모델, 결제 솔루션, P2P 대출 등의 다양한 모바일 금융 서비스를 선보이고 있다.

2.2 금융업의 패권 전쟁

1) 금융사와 비금융사의 패권 전쟁

일반적으로 핀테크 기업의 경우 금융업을 기반으로 출발하고 있다. 이러한 금융업은 본질적으로 신뢰를 바탕으로 유지되는 비즈니스 모델이다. 신뢰는 무형의 자산으로서 제조업과 같은 기술적인 진입 장벽을 요구하지 않는다. 이는 신뢰를 기반으로 형성된 기업들은 ICT 기술이 확보되기만 하면 얼마든지 온라인 금융권 산업으로 진입하는 것이 용이해지고 있다.

이런 측면에서 살펴보았을 때 GAFAM으로 불리우는 구글, 애플, 페이스북, 아마존, 마이크로소프트 등과 같은 기업은 충분히 기존 핀테크 산업의 신규 진입자의 가능성이 있다. 예를 들어, 구글은 2011년 Google Wallet, 2015년 Andorid Pay, 2018년 Google Pay를 개발하였고, 애플은 2011년 PassBook, 2014년 Apple Pay를 개발하였다. 아마존은 2014년 Amazon Payment를 개발하여 이용하고 있고, 2002년도에 PayPal을 인수한 이베이는 스웨덴의 기술 경쟁력을 보유한 핀테크 업체인 iZettle을 인수하였다.

국내 대표적인 기업으로 신뢰를 기반으로 시장을 넓혀가고 있는 네이버나 카카오 등도 충분한 비금융사로서 핀테크에 진출할 가능성이 높다. 이미 네이버는 파이낸셜을 출범하여 하루 3천만 명 이상의 검색 정보를 토대로 클라우드 P2P 펀딩이나 네이버 대출을 진행하고 있다. 카카오의 경우 국내 4천만 사용자의 뱅킹 정보를 토대로 온라인 보험사를 직접 설립할 준비를 하고 있다.

중국의 허마센셩(盒馬鮮生)은 O2O 비즈니스, AI, IoT, BT(바이오 테크놀로지)가 결합된 알리바바에서 직접 운영하는 신선식품 슈퍼이다. 매장을 방문한 고객은 원하는 제품을 QR 촬영한 이후 빈손으로 집에 가면 된다. 그러면 매장 반경 3Km 이내에 거주하면 30분 이내에 배송이 된다. 국내의 역세권, 슬세권, 스세권이라는 신조어가 있듯이 허세권(盒區房)이라는 신조어를 만들 정도로 이슈가 되고 있다. 결제는 AliPay로만 결제할 수 있다. 이렇듯, 알리바바나 텐센트, 바이두 등과 같이 중국 내에서 신뢰를 기반으로 성장한 기업들은 언제든 본격적으로 핀테크 산업으로 뛰어들더라도 전혀 이상하지 않다.

2) 금융사와 잠재 금융사와의 패권 전쟁

항상 그렇듯 보이지 않는 적이 더욱 두려운 법이다. 기존 금융권에서 탁월한 ICT 기술을 보유하고 있거나, 신뢰를 기반으로 성장한 ICT 기업들은 눈에 보이는 경쟁업체가 될 수 있다. 하지만, 국내 금융시장이나 상황에서 기존 금융업계의 판도를 흔들 가능성이 있는 위협적인 존재를 소개하고자 한다.

첫째, 한국의 알리바바와 같은 기업이다. 즉, 핀테크를 중심으로 온 · 오프라인 '유통 시장'을 모두 장악할 기업이 대두된다면 이는 기존 핀테크 시장의 재편자로서의 역할을 수행할 수 있다.

둘째, 한국의 애플과 같은 기업이다. 애플은 미국의 국민들로부터 기술력의 토대 위에 사랑과 신뢰를 받고 있는 기업이다. 즉, 과거 20세기 초반 헨리 포드가 T형 포드 자동차를 대량생산 체제하에서 생산 효율성의 극대화를 꾀하는 과정에서 포디즘(Fordism)이라는 신조어를 만들어냈다. 21세기 애플은 안전성 및 보안성을 가진 소프트웨어 운영체제 플랫폼을 토대로 혁신성과 편의성을 제공하는 기업으로서 스티브 잡스의 창조적 혁신 경영 이미지를 토대로 잡시즘(Jobsism) 경영 스타일을 창출했다. 국내도 향후 애플과 같이 국민들의 사랑과 신뢰를 받는 기업은 핀테크 시장의 신흥 강자가 될 것이다.

이러한 기업들이 우선적으로 펼칠 전략은 서로 상이한 금융 서비스의 대통합이다. 예를 들어, 카카오페이, 네이버페이, 쿠팡페이, 엘페이, 스마일페이 등과 같은 지급결제 분야, 토스와 같은 송금 분야, 테라펀딩 · 8퍼센트 · 랜딧 등과 같은 대출 분야 모두를 망라한 대통합 서비스의 제공이다.

셋째, 인터넷 은행들의 은행(Bank of Internet Banks)으로서 인터넷 중앙은행(Central Internet Bank)의 대두이다. 기존의 케이뱅크, 카카오뱅크, 토스뱅크 중에서 인터넷 중앙은행의 역할을 할 수도 있고, 완전히 새로운 형태의 인터넷 중앙은행이 나타날 수도 있다. 다만, 이러한 인터넷 중앙은행이 기존 중앙은행인 한국은행과 협상의 파트너로서 어떠한 역할과 힘의 분배를 가져올지는 지켜봐야 할 문제이다.

넷째, 완전히 예상치 못한 하이브리드 뱅크(Hybrid Bank)의 등장 가능성 또한 존재한다. 즉, 기존의 은행과 통신사, 그리고 ICT 기업이 결합되어 기존 금융사를 압박할 새로운 형태의 은행이 대두될 가능성이다. 예를 들어, 이미 신한은행, 신한DS, SKT, LGU+ 등이 컨소시움을 구축하고 있다. 이를 상대로 KEB하나은행, 우리은행, KT, 삼성전자 등도 연합 전선을 만들었다. 이외에도 빗썸과 코인원은

NH농협과 업비트는 IBK기업은행과, 코빗은 신한은행과 실명 계좌 계약을 맺음으로써 향후 암호화폐 거래소가 기존 은행과의 연합을 통해 하이브리드 뱅크로서의 역할이 예상된다.

2.3 기존 금융업의 파워 변화

1) 리브라(Libra) 프로젝트

테슬라가 전기자동차 시장을 선도하고 있지만, 전통적인 내연자동차의 강자인 벤츠 역시 고성능 전기자동차 시장을 선도적으로 이끌고 있다. 즉, 핀테크 산업 영역에서도 테크핀의 공격이 있음에도 불구하고, 기존 금융업이 가지고 있는 전통적인 파워 또한 매우 강력하다.

2019년도에 페이스북이 폐쇄형 블록체인 형태의 디지털 화폐인 리브라(Libra) 프로젝트를 주도하였다. 대외적인 목적은 금융 소외계층을 포용하고, 국제결제의 과제를 해결하는 글로벌 금융 프로젝트였다. 페이스북은 전 세계 25억 명 이상의 이용자를 가지고 있으며, 그 중에 미국 내 사용자가 1억 8천만 명 밖에 되지 않기에 막강한 글로벌 사용자(Heavy Global Users)를 보유한 네트워크 플랫폼이다. 리브라 프로젝트는 이를 바탕으로 기존 금융시스템에 미치는 엄청난 영향력으로 각국의 중앙은행과 금융 당국에 압박을 가했다.

▌그림 4-3▐ 페이스북 리브라

하지만, 2020년 4월에 백서(White Paper) 2.0을 발표하면서 새로운 단일 법정 통화를 담보로 하는 스테이블 코인을 지원하겠다고 한발 물러섰다. 스테이블 코인은 현재 2,000개 이상의 가상화폐가 거래되고 있는 현 시점에 투기 목적을 막고, 가격 변동성을 최소화하기 위한 방편으로 1코인이 1달러의 가치를 갖도록 설계된 암호화폐이다. 이러한 결정은 페이스북이 각 나라별 중앙은행과 감독당국의 우려를 고려하여 회피함으로써 국가별 금융당국의 기존 파워를 보여준 사례가 될 수 있다.

2) CBDC(Central Bank Digital Currency) 활성화

CBDC(Central Bank Digital Currency)는 중앙은행이 전자적 형태로 발행하는 디지털 화폐를 말한다. 우리가 흔히 사용하는 돈(화폐)인 법정통화와 일대일 교환이 보장된다는 점에서 내재가치를 규정하기 어려운 민간 암호화폐와 구분된다.

즉, 우리가 흔히 알고 있는 카카오페이나 알리페이는 단순히 모바일 결제 수단일뿐 디지털 화폐로 간주되지 않는다. 또한, 널리 알려진 암호화폐 중의 한 가지

그림 4-4 디지털 시대 화폐의 구성

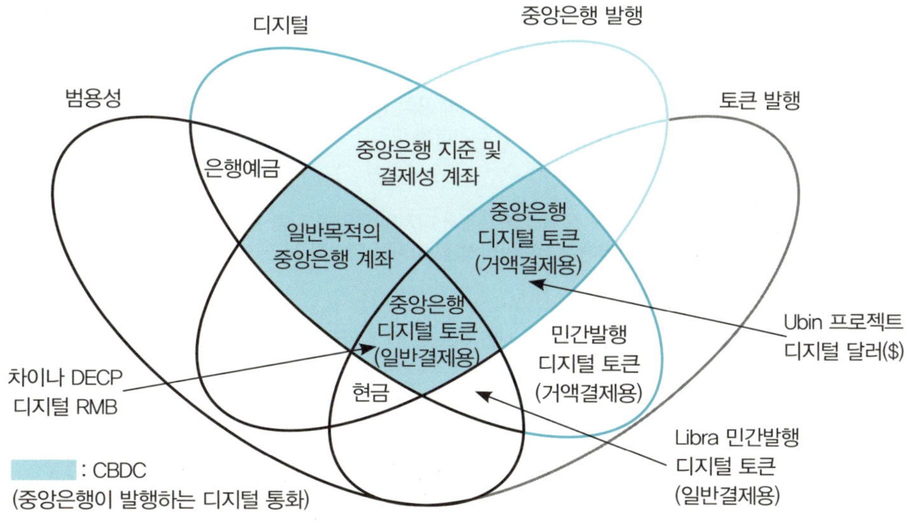

출처: BIS Quarterly, Committee on Payments and Market Infrastructures(Mar. 2018)

인 비트코인의 경우 디지털 화폐이기는 하지만 중앙은행이 발행하지 않는다. 하지만, CBCD의 경우 중앙은행이 발행하는 디지털 통화로서의 가치를 가진다. 아래 [그림 4-4]는 디지털 시대 화폐의 구성을 그림으로 나타내었다.

3) 디지털 위안(DCEP)

주요국 CBDC 관련 움직임을 아래 [그림 4-5]와 같이 요약하였다. 그 중에서도 가장 대표적인 나라가 디지털 위안(DCEP: Digital Currency Electronic Payment)으로서 중국 위안화 발권은행인 인민은행이 추진하고 있다. 지난 2020년 4월 19일에 선전, 쑤저우, 슝안, 청두 등 일부 장소 테스트를 완료하였다. 2020년 10월 12일에는 선전시 5만 명을 대상으로 1,000만 위안 지급(200위안(≒35,000원)/1명)해서 실제 거래를 수행하였다. 향후 시진핑 도시라고 불리우는 슝안지구(雄安新區)의 맥도날드와 스타벅스 등에서 DCEP 결제를 지원할 예정이다. 이러한 현상은 알리페이, 위챗페이 등 기존 결제 방식에 변화와 충격을 가져올 것으로 예상된다.

그림 4-5 주요국의 CBDC 관련 움직임

유럽(ECB)
- 9월 22일 디지털 유로 상표 등록 출원
- 10월 2일 디지털 유로 발행에 대한 공개 논의 시작 공식 선언
- 10월 12일 리가르드 총재 "디지털 유로 매우 진지하게 고려"

중국(인민은행)
- 5월 쑤저우, 선전, 청두, 슝안신구 등 4개 지구에서 디지털 위안화 시범 운용
- 10월 광등성 선전시, 시민 5만명에 200위안식 법정 디지털 위안화 지급

스웨덴(릭스방크)
- 2월 세계 최초로 디지털 화폐 'e-코로나' 시범 테스트, 연내 완료 후 내년 중 도입 여부 결정

일본(BOJ)
- 7월 "2020년도 경제제정 운영 개혁 기본방향"에 CBDC 실증실험 검토, 실시 문구 추가
- 10월 개념증명(PoC) 1단계 시행을 목표로 개념적 연구를 넘어선 범용 CBDC 실험 수행 계획 발표

출처: 서울경제, 2020.10.13.

그림 4-6 중국의 DCEP

DCEP의 가장 큰 장점은 현금의 가장 큰 장점인 익명성이 보장된다는 것이다. 일반적인 핀테크를 활용한 결제의 경우 거래의 익명성이 보장되지 않지만, 디지털 화폐의 경우 화폐로서의 익명성을 보장받을 수 있다. 또한 반드시 온라인에 연결될 필요가 없다. 그렇기 때문에 네트워크 사각지대에도 사용 가능하며, 유심(USIM) 칩을 통한 위변조를 방지할 수 있다.

제3절 핀테크의 발전 전략과 4차 산업혁명 대응전략

3.1 핀테크의 발전 전략

1) 은행 업무의 글로벌화

전 세계 성인의 언뱅크드(Unbanked) 인구는 17억 명 정도이다.[01] 그 중에서 중국이 2억 2천만, 인도가 1억 9천만, 파키스탄이 1억, 인도네시아가 9천 5백만 명 이상이다(Global Findex, 2019). 동남아시아의 경우 인구의 53% 정도가 언뱅크드 인구이며, 필리핀의 경우 70% 정도가 은행계좌가 없기에 실제로는 더 많을 가능성이 존재한다(EDB, 2019). 미국 인구의 25% 정도가 언뱅크드이거나 언더뱅크

01 Yan Li, 2020 한국경영학회 융합학술대회

드이다(CNBC, 2019). 일반적으로 언뱅크드(Unbanked)는 은행 및 타 금융기관, 혹은 모바일 머니 계좌를 보유하고 있지 않아 금융 서비스를 제공받지 못하는 계층을 의미한다. 언더뱅크드는 금융계좌는 보유하고 있으나 금융기관으로부터 충분한 금융 서비스를 제공받지 못하는 계층을 의미한다.

이에 따라 전 세계적으로 금융 비즈니스의 글로컬(Globalization+Localization)화가 진행될 전망이다. 예를 들어, 14억 명 인구에 달하는 인도의 경우 전 세계 스마트폰 시장에서 1억 5천만대 이상의 두 번째로 큰 규모를 자랑하고 있다. 그럼에도 불구하고 금융 서비스는 상대적으로 낙후되어 있는 반면, 2013년에서 2018년 기간 동안 2,000여 개의 핀테크 업체가 설립되어 디지털 지급결제와 대안 대출 측면에서 기술력과 잠재적 시장은 매우 크다.[02]

2) 은행 업무의 세부 기능화

앞으로 금융업의 발전 방향의 한 축은 은행 고유 업무의 축소화일 것이다. 금융업은 복합 플랫폼 생태계의 한 구성요소로서 망 산업으로서의 뱅킹(Banking)과 플랫폼으로서의 뱅크(Bank)로 나누어질 전망이다.

몇 가지 세부 기능을 제안하면 다음과 같다. 첫째, 온택트 서비스의 강화로서 고접촉(High Context) 고객을 위한 영상 기반의 금융 ICT 서비스를 제공함으로써 새로운 디지털 뱅킹 문화를 형성할 수 있다. 둘째, 중신용자 대출 서비스의 확대이다. 일반적으로 고신용자의 경우 이미 과다경쟁 속에 있으며, 저신용자의 경우 관리가 힘들다. 따라서 중신용자를 발굴하는 것이 관건이 될 것이다. 셋째, 개인정보 매개산업이 등장하게 될 것이다. 금융권은 양질의 고객 개인정보를 확보하고 있다. 특히 혁신성과 편의성은 안전성과 보안성과의 트레이드 오프(Trade-off) 관계를 생각할 때, 금융권의 정보는 향후 매우 큰 거래자산이 될 것이다. 향후 금융사, 핀테크, ICT 기업의 블랙리스트 및 사고 내용을 공유하고 관리할 수 있다.

02 경기우, "기회의 나라 인도, 활황하는 핀테크(Fintech) 시장," 코트라해외시장뉴스, 2020.

3) 고객가치 창출화

Gummerus(2013)은 탁월한 고객가치를 창출하는 것이 경쟁우위를 가장 효과적으로 달성하는 방법이며 기업의 궁극적인 목표가 될 수 있다고 주장하였다. 특히 고객관계관리(CRM: Customer Relationship Management)에 있어 고객과의 관계를 확보하고 유지하며 강화화는 프로세스는 고객가치를 창출하는 방향으로 나아가야 한다. 고객가치를 창출한다는 것은 고객에게 제공되는 가치와 가치를 제공하는 방식의 함수로 결정된다. 이때, 기본적으로 기존 서비스가 제공하는 가치를 넘어야 하며, 고객이 경험하지 못했거나 상상도 못할 정도로 새롭다면 그 고객들은 열광하게 될 것이다.

고객에게 제공되는 가치는 ① 새로운 가치의 제공, ② 탈집중화(Dis-integration), ③ 융복합화(Convergence) 등으로 나눌 수 있다. 본 절에서는 각각의 가치제공 방식을 통해서 시장에서 성공한 핀테크 사례를 소개하고자 한다.

(1) 새로운 가치의 제공

유상으로 제공되는 기능이 무상으로 제공되거나, 기존에 서비스를 누리지 못했던 계층이 서비스를 받게 된다면 가치가 새롭게 제공됨을 의미한다. 대표적으로 크레디트 카르마(Credit Karma)의 경우 개인의 신상정보를 입력하면 신용정보가 무상으로 제공된다. 이는 금융정보의 비대칭성을 극복함으로써 미국에서 획기적인 무료 서비스로 각광을 받고 있으며, 대표적인 자산관리 플랫폼으로 성장하고 있다.

로빈훗(Robinhood)는 수수료 없이 주식 매매를 할 수 있는 핀테크 기업이다. 해당 업체는 주식거래에 대한 수수료를 없애는 대신 대출거래 중개를 통해 수익을 창출하는 비즈니스 모델을 소유하고 있다. 최근 국내에서도 동

학개미 현상으로 불리울만큼 해외 주식에 대한 국내 투자자의 관심이 증대하고 있음은 눈여겨 볼 필요가 있다.

어펌(Affirm)은 현금 혹은 신용카드 없이 온라인 쇼핑몰을 이용할 수 있는 온라인 서비스 업체이다. 회원 정보를 입력하면 신용도 평가를 통해서 인공지능이 신용도를 평가한다. 이를 통해서 할부 수수료가 산정되고, 이후에 해당 고객의 상환 과정을 면밀하게 모니터링함으로써 신용 기록을 업데이트한다.

(2) 탈집중화(Dis-integration)

탈집중화라는 것은 가치를 제공하는 기능의 출현 방식이 탈집중됨을 의미한다. 즉, 기존 금융업에서 통합적인 방식으로 제공되던 기능들로부터 탈집중을 통해서 성공적인 비즈니스 모델을 구축한 기업들을 소개하고자 한다.

트럼프 사위인 제러드 쿠슈너(Jared Kushner)가 공동창업자인 캐드리(CADRE)는 개인과 기관이 대규모 상업 부동산을 직접 투자할 수 있도록 해준다. 이를 통해서 고가 부동산 시장을 개인이 주식시장처럼 이용함으로써 부동산 업계에 테크핀 돌풍을 일으킨 기업이다.

펀드박스(FUNDBOX)는 빅데이터 분석과 예측 모델링을 통해 소상공인 대출 서비스를 제공하는 기업으로서 미국에서 가장 유망한 AI 기업에 포함될 정도로 기술력 있는 테크핀 업체이다. 특히 AI를 통한 매출채권 평가를 통

해 정확한 가치 교환이 이루어지도록 하고 있으며, 향후 어음 할인에도 적용할 예정이다.

피드자이(Feedzai)는 최근 각광을 받고 있는 옴니 채널(Omni Channel) 상거래에서 사기를 탐지하는 서비스를 제공하고 있다. 특히 최근 온 · 오프라인 채널이 복잡해짐에 따라 상당히 많은 사기 혹은 위변조 거래가 발생되고 있다. 이에 해당 업체에서는 AI와 비정형 데이터에 대한 실시간 빅데이터 분석 결과를 토대로 사기성 지불 거래를 식별하고 있다.

(3) 융복합화(Convergence)

다른 기업들에 의해서 기존에 사용되던 기능들이 새롭게 융복합되는 것을 의미한다. 즉, 기존의 기능들이기는 하지만 이러한 기능들의 융복합을 통해 부가가치를 제공함으로써 성공적인 수익 모델을 창출할 수 있다.

에이콘스(Acorns)의 경우 해당 앱을 통해서 물건을 결제하면, 실제 물건 값에 관계 없이 1달러 단위로만 결제가 된다. 예를 들어, 물건 가격이 24.3달러라면 25달러가 결제가 되고 나머지 차액은 고객이 지정한 주식 포트폴리오에 자동적으로 투자하도록 만든다. 이를 통해서 자연스럽게 소액 주식거래를 할 수 있도록 유도하고 있다.

자포(Xapo)는 비트코인을 보관하는 전자지갑 서비스를 제공하는 테크핀 업체이다. 비트코인의 가장 큰 장점은 송금이다. 하지만, 비

트코인을 가지고 동네 편의점에서 도시락을 구매할 수는 없다. 이에 자표는 VISA 사와 협업으로 비트코인을 통해서도 물건을 구매할 수 있는 획기적인 서비스를 제공하고 있다.

뉴머레이(NUMERAI)는 헤지 펀드의 수익률을 높이기 위한 예측 모델을 만드는 데이터 사이언티스트 네트워크이자 크라우드 소싱 헤지 펀드이다. 주식시장의 움직임을 가장 잘 예측한 모델 개발자에게 비트코인을 지급하는 비즈니스 모델로 헤지 펀드를 운용하고 있다. 이를 통해 전 세계 머신러닝 전문가를 크라우드 소싱해서 수익을 창출하고 있다.

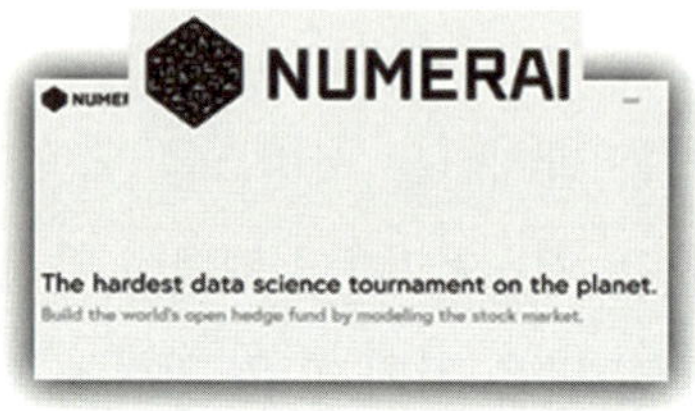

3.2 IoT와 테크핀

IoT(Internet of Things, 사물인터넷)는 인간과 사물, 서비스 세 가지 분산된 환경 요소에 대해 인간의 명시적 '개입' 없이 상호 협력적으로 센싱, 네트워킹, 정보처리 등과 같은 지능적 관계를 형성하는 사물공간 연결망이다. 이러한 IoT가 궁극적으로 발전하게 될 형태는 IoE(Internet of Everything, 만물인터넷)로서 이 세상의 모든 공간이 인터넷 플랫폼의 역할을 수행하는 지능 환경화(AmI: Ambient Intelligence)를 지향한다.

IoT 구축을 위한 3대 주요 기술은 ① 센싱 기술, ② 유무선 통신 및 네트워크 인프라 기술, ③ IoT 서비스 인터페이스 기술 등이다. 이러한 기술들이 금융업에 접목되고, 새로운 금융 서비스로 거듭나게 된다.

본절에서는 딜로이트 컨설팅의 분석 자료인 'Bank of Things'를 토대로 IoT가 금융 서비스에 접목되는 미래의 금융 서비스 영역을 다음과 같이 예상해본다.

▮그림 4-7▮ IoE로의 진화

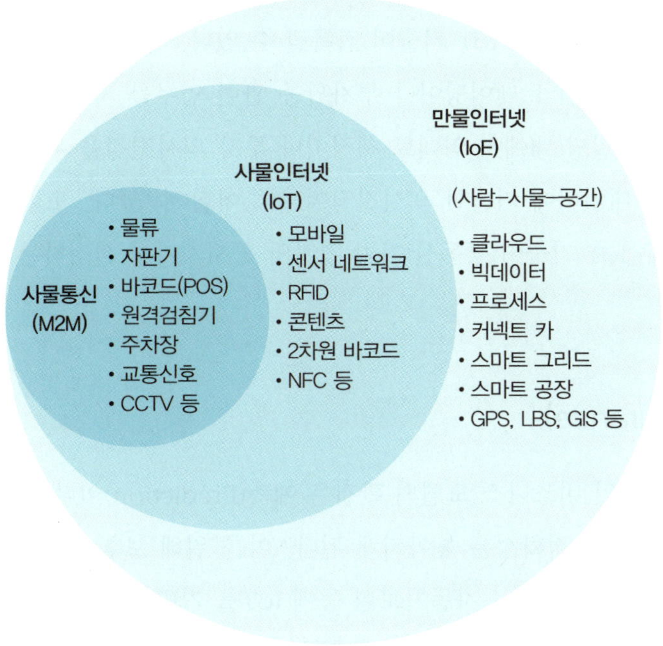

출처: 산업연구원, 2014.

1) 은행권(Banking)

우선 가장 기본적으로 뱅킹 서비스에 IoT가 접목될 경우다. 바이오 및 위치 센서가 수집한 개인의 신체적 · 행동적 정보에서 출발해서 기업의 제조, 운송정보 등이 분석되고 이를 토대로 보다 정확한 개인과 기업의 신용평가가 가능해진다.

예를 들어, 기존의 렌탈 서비스의 경우 시간에 기반한 제품의 노후화 정도에 따라 렌탈 서비스료가 책정이 되었다. 하지만, IoT 기술이 접목될 경우 실시간 물품 상태를 모니터링함으로써 사용자의 사용성 기반의 자산 잔여 가치 분석이 가능해진다. 이를 토대로 할인이나 위약금이 적용된다면 보다 제품의 자산가치 연장에 도움을 줄 수 있을 것이다.

2) 부동산(Commercial Real Estate)

부동산 관련 금융거래에 IoT 기술이 접목될 수 있다. 다양한 IoT 센서로부터 수집된 정보를 분석해서 트레이딩이나 투자활동 관련 업무를 자동화할 수 있다. 예를 들어, 동일한 빌딩 내에서 임대료 책정이나 투자 의사결정을 위해서 빌딩의 에너지를 평가한 데이터에 기반한 의사결정이 이루어질 수 있다. 또한 스마트 시티와 연동될 경우 IoT 기술이 부동산 가치 평가와 공시지가를 설정하는데 적용될 수 있다.

3) 보험(Insurance)

보험의 성공적인 비즈니스 모델의 관건은 예측(Prediction)이다. 데이터의 양과 질이 클수록 예측의 정확성은 높아지게 된다. 이를 위해 보험에 IoT 기술이 접목되어 왔다. 가장 대표적으로 자동차보험 등에 IoT를 기반으로 상시 차량진단 서비스가 접목됨으로써 운전자는 차량을 효율적으로 관리하고, 보험사는 출동횟수를 줄이고 있다. 아울러 IoT 센서로부터 수집된 정보를 토대로 운전습관 연계보험을 통해 맞춤형 보험상품을 개발할 수 있다. 또한, 자율주행차 이용자 등의 자율주행차 운행 중 사고시 보상관계를 명확히하기 위해 자율주행차 전용 보험상품이 출시되었다. 국제자동차기술자협회 자율주행 표준에 따를 때, 현재 자율주행차는 3단계까지 출시되었다. 하지만, 향후 고도화됨에 따라 자동차 제조사 책임에 기반한 자동차보험 설계가 요구될 것이다.

4) 투자 및 자산관리(Investment and Wealth Management)

개인의 투자 및 자산관리 관련 금융 영역에 IoT가 접목될 수 있다. 대표적으로 고객의 행동, 선호도, 위치 정보와 같은 POL(Pattern of Life) 기반의 리스크 수용도 평가를 통해 투자 결정과 자산 할당 서비스가 제공될 것이다.

5) 리스크관리(Risk Management)

IoT 기술의 적극적 활용을 통해 금융회사의 다양한 잠재적인 리스크를 탐색하고 이를 줄일 수 있을 것이다. 예를 들어, 직원의 스트레스 지수와 이동 패턴 등을 모니터링함으로써 내부의 부정행위를 예측할 수 있다. 또한 은행 강도 등과 같은 범죄 행위 등을 미리 예방하는데 적용될 수도 있다.

3.3 가상현실(VR)/증강현실(AR)과 테크핀

가상현실(Virtual Reality)은 컴퓨팅 기술 등 인공적인 기술을 토대로 만든 실제와 유사하지만 실제가 아닌 어떤 특정한 환경이나 상황 혹은 기술을 의미한다. 가상공간을 통해 사람이 가상현실 안의 주변 환경과 상호작용을 가능함으로써 인간의 오감을 확장하게 만든다. 반면, 증강현실(Augmented Reality)은 사용자의 실제 주변환경 위에 가상의 정보를 투영함으써 실제와 혼합된 가상의 인터페이스를 제공하는 기술이다. AR과 VR의 가장 큰 차이점은 VR은 가상현실 그 자체를 느끼지만 AR은 현실의 배경에 가상의 특정 이미지를 덧씌우는 기법으로 이용된다(Javornik, 2016).[03]

특히 최근 VR/AR 플랫폼이 구축됨과 동시에 다양한 디바이스, 콘텐츠, 가상 유통 플랫폼 구축 등이 활발해지고 있다. 이러한 VR/AR 기술이 금융업에 접목되어 활용되고 있는 사례를 요약하면 다음과 같다.

1) VR 뱅킹(Banking)

프랑스 최대 은행인 BNP 파리바 은행의 경우 가상현실 환경에서 계좌 현황 및 거래 내역을 확인할 수 있는 서비스를 제공하고 있다.

---

03 Javornik, A. "Augmented reality: Research agenda for studying the impact of its media characteristics on consumer behaviour," Journal of Retailing and Consumer Services, 30, 2016, pp. 252–261.

씨티그룹(Citigroup)에서도 지난 2016년도에 가상현실을 이용한 Virtual Trading 서비스를 제공하고 있다.

국내 신한은행의 경우 지난 2018년 모바일 뱅킹 통합 플랫폼인 쏠(SOL)을 출시하였다. 이는 국내 은행권에서 산재된 모바일 뱅킹앱 통합의 최초 사례가 된다. 해당 플랫폼 중에서 가상현실 웰스라운지 블루게이트를 제공하고 있다.

2) AR 뱅킹(Banking)

이미 다수의 은행들이 증강현실 앱을 통해 근처 영업점이나 ATM의 위치를 포함한 다양한 정보를 실시간으로 제공하고 있다. 대표적으로 미국의 PNC 파이낸셜 서비스 그룹, 캐나다의 RBC, 중국의 SC China, NBO 등을 포함한 많은 은행들이 증강현실 서비스를 제공하고 있다.

호주의 웨스트팩(Westpac) 은행은 신용카드나 직불카드를 본인의 스마트폰으로 비추면 각종 금융결제 및 거래내역을 제시하는 증강현실 서비스를 제공하고 있다.

국내의 경우 KEB하나은행에서는 국내 금융권 최초로 증강현실 서비스인 하나머니 고(GO)를 출시해서 평창 동계올림픽 기간에 평창 보물찾기 이벤트를 진행해서 올림픽 경기장을 방문하는 고객들에게 경품 쿠폰을 지급하였다.

참고문헌

경기우, "기회의 나라 인도, 활황하는 핀테크(Fintech) 시장," 코트라해외시장뉴스, 2020.

Gummerus, J., "Value Creation Processes and Value Outcomes in Marketing Theory: Strangers or Siblings?," *Marketing Theory*, 13(1), 2013, pp.19–46.

Javornik, A. "Augmented reality: Research Agenda for Studying the Impact of its Media Characteristics on Consumer Behaviour," *Journal of Retailing and Consumer Services*, 30, 2016, pp.252–261.

Yan Li, 2020 한국경영학회 융합학술대회

05

CHAPTER

인공지능으로 구현되는 세상

스마트 유통 · 물류

05 CHAPTER 스마트 유통 · 물류

미래 산업발전 관점에서 4차 산업혁명은 기존 산업혁명과 비교 시 변화의 양상이 전혀 다른 새로운 변화를 가져오고 있다. 4차 산업혁명의 핵심은 융합과 연결이다. 네트워크를 통해 다양한 분야 간 융합이 이루어지고 가상과 현실세계가 연결되는 기술 혁명이다. 4차 산업혁명 시대 유통과 물류 분야에도 큰 변화가 일어나고 있다. 지금까지 유통과 물류의 변화를 시대별로 나누어 보면 4단계로 나눌 수 있다. 4차 산업혁명 시대 유통과 물류는 그 어느 부문보다도 디지털 전환이 빠르게 진행되고 있다. 이 장에서는 4차 산업혁명 시대 유통 · 물류산업의 패러다임이 어떻게 바뀌는지 먼저 살펴본다. 그리고 유통 · 물류산업에 인공지능(AI), 빅데이터, 사물인터넷(IoT) 등 4차 산업혁명 기반 기술이 어떻게 적용되고 융합 · 확산되는지 사례를 통해 알아본다.

제 1 절 스마트 유통산업에 대한 이해

1.1 유통산업의 패러다임의 변화

최근 글로벌 시장의 통합과 4차 산업혁명의 기반 기술들을 활용한 기술혁신을 통해 유통산업의 생태계가 진화해 나가고 있다. 특히 신기술을 활용한 유통 플랫폼 구조가 진화하면서 생산과 소비에 대한 서비스가 더욱 고도화되는 유통 4.0 시대를 맞이하고 있다. 유통 4.0은 인공지능(AI), 사물인터넷, 로봇, AR/VR, 빅데이터 등 신기술들을 유통산업에 적용하여 단순한 상품 · 서비스의 거래 중개가 아닌 지식과 정보를 기반으로 생산자와 소비자를 연결하여 유통 서비스의 초지능 · 초실감 · 초연결화가 실현된 현상을 말한다.

산업통상자원부(2017)는 유통 4.0 시대의 특징을 다음과 같이 제시했다. 첫째,

유통산업 내(온 · 오프라인 등), 산업 간(유통 · 물류 등) 융합에 따른 업태 간 경계의 붕괴다. 둘째, 기술혁신에 따른 가치창출 원천의 근본적 전환이다. 기존 상품 · 서비스 거래 중개에서 생산과 소비에 대한 지식 · 정보 전달을 의미한다. 셋째, 국경 간 장벽의 완화로 인한 국내외 시장 통합의 가속화이다. 즉 유통산업은 타 산업 간 과감한 융합과 변화, 4차 산업혁명기술과 같은 기술혁신을 통한 플랫폼 사업자로의 변화 그리고 글로벌 시장 및 소비자를 대상으로 한 경쟁력 확보가 필요한 시점이다.

유통산업의 발전은 직거래 형태의 유통 1.0, 오프라인 유통이 시작되던 유통 2.0, 온라인과 모바일을 활용하여 상품거래의 시공간적 한계를 극복한 유통 3.0을 거쳐 신기술을 활용한 기술혁신을 통해 유통 4.0 시대로 전환되고 있다. 유통혁신 1.0은 화폐의 등장이다. 기존 현물을 교환하던 물물교환 시대에서 통화의 등장은 대혁신이었다. 유통 2.0은 시장의 형성과 유통업체의 등장이다. 물물교환을 위해 시장이 형성되었고 시장에서 사람이 모여 통화로 물건을 구매할 수 있었다. 이는 기존 거래방식과 비교 시 물건 구매를 위한 탐색 및 거래비용을 크게 줄일 수가 있었다. 유통 3.0은 인터넷의 등장으로 시공간을 극복한 거래가 가능해졌다. 마지막으로 유통 4.0은 인공지능, 사물인터넷, 빅데이터, 증강/가상현실 등 4차 산업혁명 기술에 기반을 둔 초지능, 초실감, 초연결이 실현된 개인 맞춤화와 지능화가 주요 특징이다. 인터넷, 개인컴퓨터(PC), 모바일 등 다양한 디바이스를 활용하여 온 · 오프라인이나 모바일 채널을 다양하게 운영하는 멀티채널(Multi-Channel)을 넘나드는 고객중심의 옴니 채널(Omni-Channel)로 점차 보편화되었다.

이와 같이 4차 산업혁명의 핵심 기술인 인공지능, 빅데이터, 사물인터넷 등이 유통산업에 활용되면서 유통산업의 산업구조는 생산자와 소비자를 연결해주는 플랫폼 산업으로 전환되었다. 그리고 고객을 위한 개인 맞춤화된 상품 추천부터 맞춤 배송까지 고도화된 개인 맞춤화 서비스가 현실화되고 있다.

▌그림 5-1▐ 유통산업의 발전 개념도

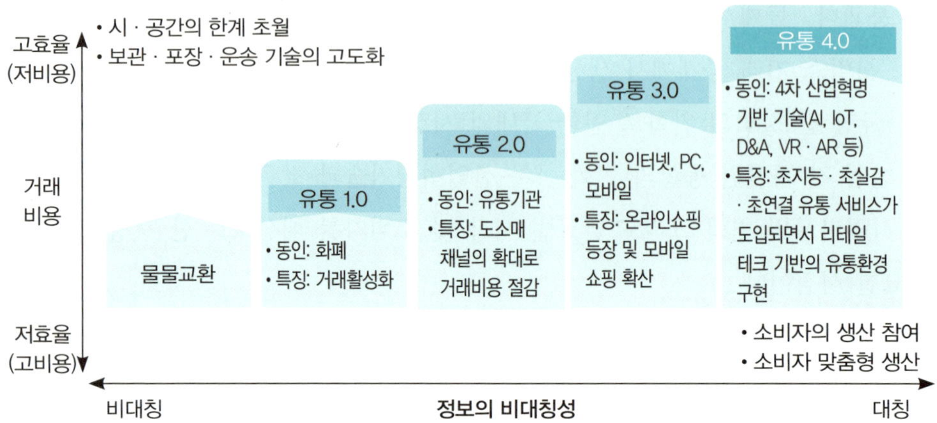

출처: 김광석 · 김수경 · 차윤지(2017), 유통 4.0시대, 리테일 패러다임의 전환, 삼정KPMG 경제연구원

1.2 스마트 유통(유통 4.0)

유통 4.0 시대, 스마트 유통이 본격화되는 이유는 4차 산업혁명과 다양한 환경 변화를 들 수 있다. 우선, 4차 산업혁명의 다양한 기술과 정보통신기술이 백화점, 대형, 중형, 소형마트, 홈 · 모바일 쇼핑, O2O(Online to Offline), 라이브 커머스(Live Commerce) 등의 유통업태에 접목되면서 유통환경 전반에 걸쳐 다양한 변화가 이루어지고 있다.

특히 직원 없이도 계산이 되던 아마존 고(Amazon Go)를 넘어 배송까지 원스톱으로 진행되고 있다. 2016년 12월 아마존 고의 등장으로 고객들은 더 이상 물건을 구매하기 위해 줄을 서거나 계산할 필요가 없어졌다. 아마존 고는 '노 라인즈, 노 체크아웃(No Lines, No Checkout)' 두 가지를 강조했다.

그리고 2019년 12월 코로나19(COVID-19)가 전 세계를 강타하면서 '언택트(Untact)'라는 신조어를 부상시키며 비대면 · 비접촉 소비 등 새로운 비즈니스 방식을 촉발하게 되었다. 기존 오프라인의 거래는 비대면, 무인화의 소비형태도 변화하고 있다. 이로 인해 기업들은 새로운 기회를 잡기 위해 스마트 인프라 구축 및 새로운 비즈니스 모델 개발을 위한 디지털 전환(Digital Transformation)을 빠르게 시도하고 있으며 신기술에 대한 투자를 확대해나가고 있다.

▮그림 5-2▮ 4차 산업혁명과 유통산업의 변화

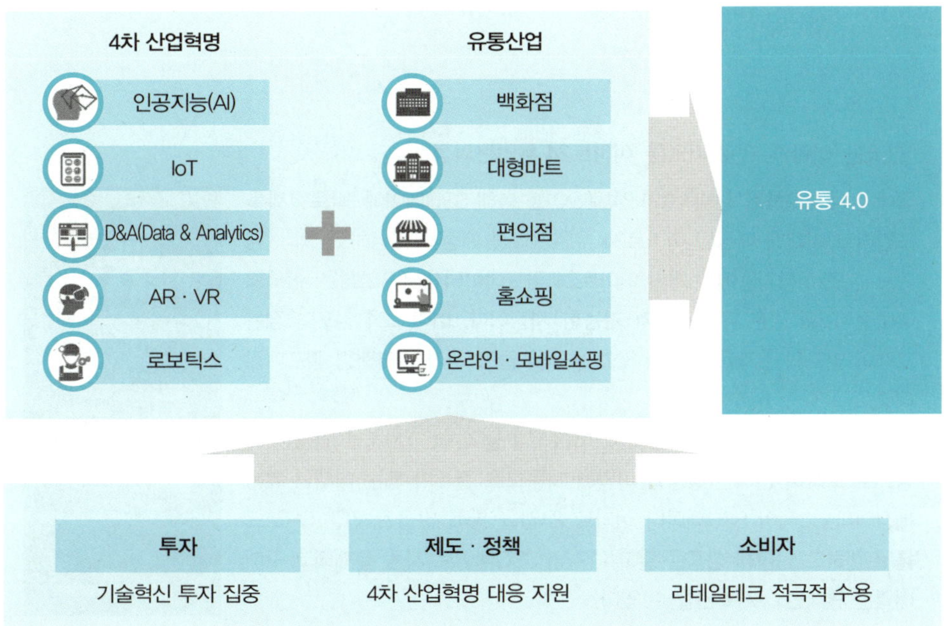

출처: 김광석 · 김수경 · 차윤지(2017), 유통 4.0 시대, 리테일 패러다임의 전환, 삼정KPMG 경제연구원

스마트 유통산업의 변화는 소매, 소매점을 뜻하는 리테일(Retail)과 기술(Technology)이 합쳐진 '리테일테크(RetailTech)'가 만든 세상으로 더욱 현실화되고 있다. 리테일테크는 백화점, 마트, 편의점 등 전통적인 오프라인 매장과 방문판매, 전자상거래, 모바일상거래, 소셜커머스 등 데이터, 디지털 기술을 접목한 것을 의미한다. 리테일테크는 고객 데이터 분석, 검색 및 가격 비교, 제품 추천, 결제 방식에서부터 물류, 택배, 마케팅 등 매장관리 및 운영에 이르기까지 유통의 모든 분야에 걸쳐 활용되고 있다.

예를 들어 아마존의 무인점포시스템 '아마존 고', 알리바바의 '허마' 등이 대표적 사례다. 최근 라이브 커머스, VR 스토어, 드라이브스루, 키오스크, 무인픽업, 로봇배송 등 리테일테크가 스마트한 유통산업으로 가속화시키고 있다. 리테일테크

는 4차 산업혁명이 주요 키워드로 떠오르는 변화, 혁신 그리고 사회가치에 부합하는 것으로 고객에게 새로운 경험을 제공해 브랜드 로열티를 높인다는 점에서 관심이 증가하고 있다.

이마트24 김포DC점

"한국판 '아마존 고'로 떠오른 '이마트24 무인편의점"

국내 신세계그룹은 신세계아이앤씨(I&C)를 통해 SSG페이에 '바로결제'를 도입하고 미래형 매장인 이마트24 무인편의점 매장을 운영하고 있다. 경기도 김포시 장기동에 위치한 이마트24 김포데이터센터(DC)점은 '한국형 아마존 고'와 같은 무인결제가 가능한 지점이다. 이마트24 김포DC점은 고객이 별도의 결제를 거치지 않고 물건을 들고 나가는 미래형 셀프매장이다.

컴퓨터 비전, 센서 퓨전, 인공지능, 머신러닝 등의 첨단 기술을 활용한 매장으로 고객이 선택한 상품을 파악해 자동으로 결제가 되는 미래형 유통 매장이다. 고객이 SSG페이나 이마트 24앱을 통해 발급된 입장 QR코드를 스캔하고 입장해 상품을 들고 나가면 SSG페이로 자동 결제되고 구매 내역은 휴대전화로 확인할 수 있다.

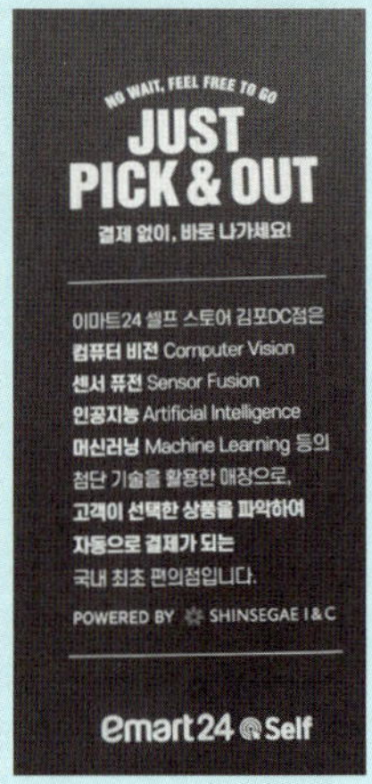

출처: emart24(https://www.emart24.co.kr)

1.3 유통산업과 디지털 전환

새로운 환경의 변화와 유통산업의 패러다임의 변화에 대응하기 위해 기업들은 클라우드, 빅데이터, 인공지능 등 새로운 기술에 대한 투자를 지속적으로 하고 있다. 즉 신기술에 대한 투자로 인해 기업의 디지털 전환은 더욱 가속화되고 있다. 이러한 변화와 더불어 유통산업은 고객 경험의 강화, 공급망관리(SCM) 최적화, 조직의 디지털화 등과 같은 새로운 과제가 나타나고 있다.

▮그림 5-3▮ 4차 산업혁명과 유통산업의 변화

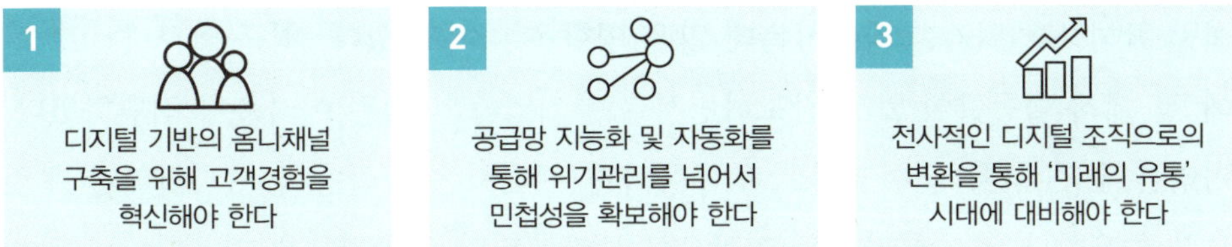

출처: IBM, 2021 소매유통 고객을 위한 IT 사업 전망, IBM Industry Insight 보고서, 2020.

첫째, 디지털 고객 경험의 강화다. 기업은 유통운영을 위한 재고, 주문관리, 협업소싱, 인력관리 그리고 커넥티드 매장 등과 관련된 오프라인 채널과의 유기적인 연대를 지원하는 옴니채널 혁신을 통해 유연하고 탄력적인 유통 인프라를 운영할 수 있을 것이다. 그리고 인공지능, 빅데이터, 챗봇 등 디지털 기술을 활용하여 유통 전 단계에서 발생하는 데이터를 분석하여 초개인화 서비스까지 접목되면 유통운영혁신과 함께 한층 더 진보된 고객 경험의 가치를 달성할 수 있다.

패션 디자인 기업 Fossil Group

"주문부터 재고관리 그리고 옴니채널 고객 경험까지 모든 것에 디지털 DNA 심어"

마음에 드는 시계를 잡지에서 보고 매장에 갔는데 상품이 없는 경우 오프라인 매장에서 흔히 있을 수 있는 일이다. 소비자는 온라인 쇼핑몰처럼 매장에도 모든 상품이 있기를 바란다. 달라진 소비자의 기대를 소매유통 기업은 어떻게 맞추어야 할까? 소비자는 제품 탐색, 구매, 반품, 교환 등 모든 여정에서 편리함을 추구한다. Fossil Group은 온라인과 오프라인 모두에서 동일한 고객 경험을 제공하기 위해 IBM Sterling Order Management와 IBM WebSphere Commerce(현 HCL Commerce)를 활용한다. Fossil Group은 북미, 영국 및 유럽 전역의 고객에게 매장에서 배송, 온라인 구매 매장 픽업(BOPIS: Buy Online Pickup In Store), 온라인 구매 매장 반품(BORIS: Buy Online Return In Store) 등 온 · 오프라인 경계 없는 포괄적인 쇼핑 경험을 통해 옴니채널 전략의 미래를 제시했다. 현재 Fossil Group은 인공지능을 활용한 운영 데이터마이닝을 통해 숨겨진 추세를 파악함으로써 수요 예측에 즉각적인 인사이트를 줄 수 있는 실시간 의사결정 체계를 구축하고자 계획 중이다.

출처 : IBM, 2021 소매유통 고객을 위한 IT 사업 전망, IBM Industry Insight 보고서, 2020.

둘째, 디지털화된 글로벌 공급망 관리는 비즈니스 운영뿐만 아니라 비즈니스 기회를 탐색하고 위기를 극복하는데 많은 영향을 미치고 있다. 최근 코로나19로 인해 전 세계 물동량이 20% 감소하면서 유통기업들은 많은 어려움에 직면하였다. 이러한 위기 상황에 선제적으로 대응하기 위해서는 공급망의 디지털화가 무엇보다 중요하다. 즉, 클라우드 기반으로 빅데이터와 인공지능을 활용한 공급망의 지능화와 자동화가 필수적이다. 또한 블록체인 기반 공급사슬관리(Block Chain-oriented SCM)는 실시간 추적을 가능하게 하고 구성원 간의 투명성 향상, 프로세스의 효율성 향상을 도모할 수 있다.

대형 식품 유통사 Golden State Food

"맥도날드가 신선한 재료 사용을 당당히 선전할 수 있는 이유"

적용 --------
- IoT와 블록체인 기술로 공급망 가시성 확보

성과 --------
- IBM의 IoT와 블록체인 기술을 이용해 쇠고기 공급망 혁신
- 목장, 사육장, 포장업자, 가공업자, 유통센터, 레스토랑 등 생산 및 운송 관련 공급망 최적화
- End to End 측면의 공급망 가시성 확보로 투명하게 신선한 쇠고기에 대한 신뢰성 제공

출처: IBM, 2021 소매유통 고객을 위한 IT 사업 전망, IBM Industry Insight 보고서, 2020.

셋째, 조직의 디지털화(Digital Organization)이다. 초개인화 서비스, 효율적인 유통관리, 선제적 위험예측과 대응을 위해서는 전체적 관점에서 조직 전반적인 디지털화가 필수적이다. 예를 들어, 월마트(Walmart)는 소매유통을 넘어 기술적 거인(Tech Giant)으로 진화 중에 있다. IBM 클라우드와 하이브리드 클라우드로 비즈니스 속도에 맞춰 갈 수 있는 소프트웨어 개발, 배포, 운영 플랫폼을 구축하여 비즈니스 민첩성을 강화하였다.

> **Coca-cola European Partners**
>
> **"콜라 맛은 오리지널 고수, 비즈니스 방식은 클라우드로 새로운 방식 수용"**
>
> 20세기를 상징하는 브랜드 중 하나인 코카콜라가 디지털 기업으로 변모한다. 오리지널 콜라 맛을 지키는 전통은 고수하고, 비즈니스 방식과 고객 경험 창출은 데이터와 AI라는 새로운 기술로 적극적으로 바꾼다는 것이 코카콜라의 전략이다. 이를 위한 첫 단추로 코카콜라는 IBM과 손잡고 Red Hat Enterprise Linux와 Red Hat OpenShift를 공통 기반으로 삼고 하이브리드, 멀티 클라우드로 기존 IT 환경과 운영 방식을 대대적으로 바꾸었다. 클라우드 우선 전략의 첫 주자는 Coca-Cola European Partners로 SAP 등 중요 워크로드를 IBM 퍼블릭 클라우드와 IBM 하이브리드 클라우드 플랫폼 환경으로 이전하였다.
>
> 출처 : IBM, 2021 소매유통 고객을 위한 IT 사업 전망, IBM Industry Insight 보고서, 2020.

제 2 절 스마트 물류산업에 대한 이해

2.1 물류산업의 패러다임 변화

4차 산업혁명으로 진화되는 과정에서 산업 간 경계를 허물고 융합되면서 물류산업의 역할 또한 많은 변화가 이루어지고 있다. 4차 산업혁명 기술인 인공지능, 빅데이터, 사물인터넷, 로봇 등은 과거 노동집약적인 인프라 중심의 물류를 지능화되고 스마트한 물류 생태계로 변화하는데 중심에 있다. 물류환경의 변화를 보면, 물류산업은 미래기술인 사물인터넷, 빅데이터 분석을 바탕으로 구현된 인공지능 로봇에게 이식하는 물류 서비스로 진화하고 있다. 그리고 인공지능 로봇은 외부환경 변화를 자율적으로 파악하고 상황에 적합하게 행동하여 비용절감 및 고객만족도 향상을 이끌어내고 있다. 이와 같이 지능화된 물류 생태계는 새로운 가치를 창출하는 물류 4.0 시대로 제조 및 유통산업과 융합된 서비스로 가속화되고 있다.

물류 1.0(Logistics 1.0)은 19세기 후반 트럭, 철도, 선박 등 다양한 운송수단이 등장하고 대량수송 시대가 개막된 시기로 수송의 기계화가 이루어진 시기이다. 특히 기존 선박을 이용한 해상무역에서 산업혁명으로 증기기관이 개발되면서 내륙 운송을 위한 철도망이 내륙 곳곳으로 확장되면서 철도의 등장은 물류환경에 큰 변화를 일으켰다.

물류 2.0(Logistics 2.0)은 1960년대 이후 자동창고, 자동분류와 같은 물류기기의 자동화 및 실용화와 컨테이너 보급에 의한 항만하역의 규격화(표준화)와 기계화가 구현된 시기이다. 또한 물류 보관을 위한 랙, 파렛트 장비가 도입되고 이송과 분류를 위한 지게차, 컨베이어 등이 등장하여 물류 운영에 대한 효율성과 일관된 수송을 현실화시켰다.

물류 3.0(Logistics 3.0)은 1980년대 이후 물류관리의 시스템화 시대를 의미한다. 대량운송을 위한 체계를 갖추었으나 대량화물의 보관과 효율적인 관리시스템이 필요한 시점이었다. 우선 기존 장부를 대신하고 재고수량을 관리하기 위한 창고관리시스템(WMS: Warehouse Management System)의 도입이다. 그리고 배차계획, 상 · 하차를 관리, 운행 상황 등을 관리하기 위한 운송관리시스템(TMS: Transport Management System) 등 정보시스템의 활용이 확대되었다.

그림 5-4 4차 산업혁명과 물류산업의 변화

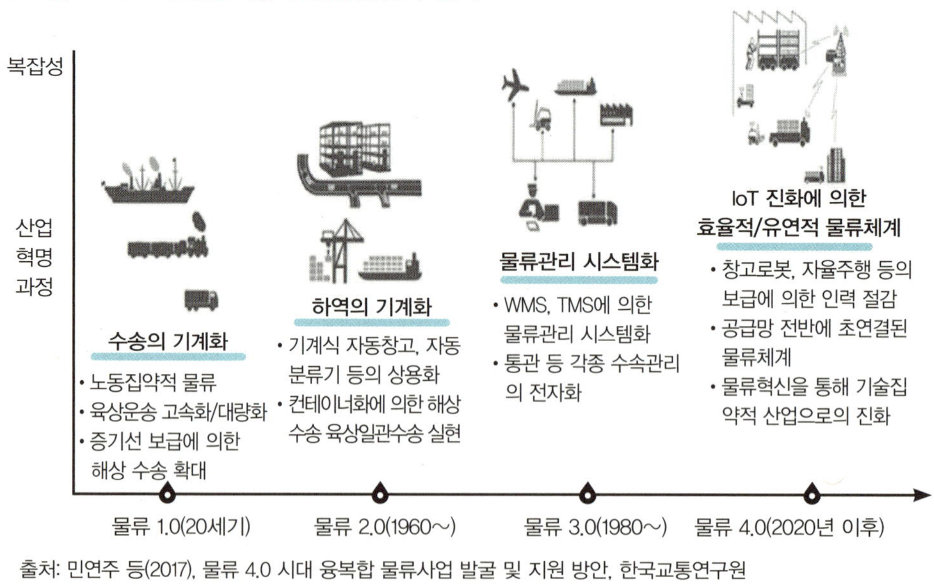

출처: 민연주 등(2017), 물류 4.0 시대 융복합 물류사업 발굴 및 지원 방안, 한국교통연구원

물류 4.0(Logistics 4.0)은 사물인터넷 진화에 따른 인력의 효율화와 표준화로 물류의 첨단화 시대를 의미한다. 인공지능, 사물인터넷, 로보틱스 등 차세대 기술이 발달하고 활용 범위가 확대되면서 소인화와 표준화를 통해 물류 산업화가 일어나고 있다. 소인화란 각 영역에서 인간이 조작하고 판단해야 하는 과정이 대폭 줄어드는 것을 말한다. 표준화는 다양한 기능과 정보가 연결되어 운송 경로나 수단을 유연하게 운영하는 것이다. 이와 같이 물류산업은 대량운송수단의 확보, 기계화, 자동화, 시스템화를 뛰어넘어 첨단 신기술이 적용된 4차 산업혁명 버전의 물류 표준화, 즉 디지털 전환이 세계 물류선진기업들을 중심으로 빠르게 확산되고 있다.

2.2 스마트 물류(물류 4.0)

스마트 물류(Smart Logistics)는 운송, 보관, 하역, 포장, 시설, 장비 및 물류시스템 등 물류의 전 분야에 걸쳐 차세대 기술을 접목하는 것이다. 이를 통해 물류운영의 효율화와 물류비용의 절감 그리고 개인 맞춤화된 고객 서비스 증진을 목표로 하고 있다. 물류 4.0 시대 물류 효율화 · 표준화, 물류로봇, 자율운행기기 등의 보급으로 인력 효율화를 가져오고 전 공급사슬의 물류 기능 표준화가 실현되고 있다. 이와 같은 물류 환경의 변화는 물류의 운용 주체가 사람에서 기계 · 시스템으로 전환되게 하고, 다양한 기기와 정보가 연결되어 운송 경로 및 수단을 유연하게 하고 운송 장비를 공유할 수 있게 되면서 물류 생태계의 효율화를 극대화할 수 있다. 스마트 물류는 4차 산업혁명 기술인 인공지능, 빅데이터, 사물인터넷, 증강현실 · 가상현실 · 혼합현실 등 다양한 신기술의 집합체로 고부가가치를 창출할 수 있는 산업생태계를 의미한다.

물류 4.0이 갖는 핵심적인 변화의 방향은 인력 효율화와 전 공급망(Supply Chain)의 표준화이다. 우선 정보통신기술(ICT) 적용으로 공급망 각 과정에 사람 개입이 불필요한 완전 물류 지능화의 실현이다. 첨단기술의 발달로 사람이 필요한 의사결정을 물류 로봇, 무인자율주행 운송 수단 등으로 대체되면서 비용절감 효과가 있다. 또한 장거리 운송에는 무인자율주행 트럭 · 선박이, 그리고 물류업체가

| 그림 5-5 | 4차 산업혁명과 물류산업의 변화

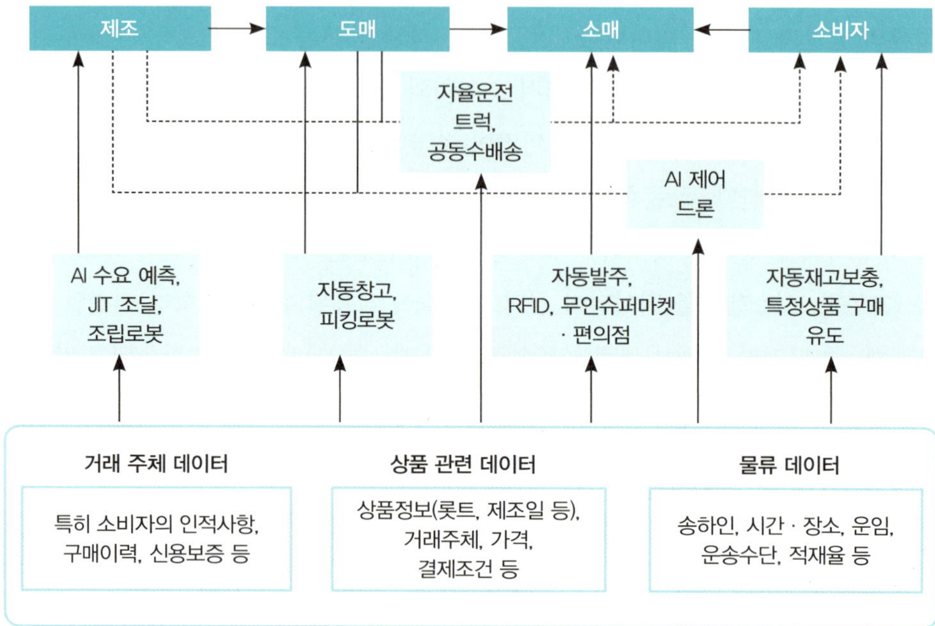

출처: 이장균(2020), Logistics 4.0 시대의 특징과 시사점, 현대경제연구원

상품을 소비자에게 직접 전달하기 위한 배송 마지막 구간인 라스트 마일 배송(Last Mile Delivery)은 드론이 더욱 활성화될 것이다. 그리고 하역과정에서 물류로봇, 무인자율주행지게차 등을 활용하여 사람 개입을 최소화 또는 대체할 것이다.

또한 표준화는 산업 표준화에 의해 조달부터 생산, 최종 소비자 배송까지 공급망 전체가 연결되면서 최적의 물류 프로세스가 구축되는 것으로 다양한 4차 산업혁명 기술이 접목된다. 물류산업의 표준화는 전 공급망에서 발생하는 정보, 자금, 제품의 흐름 등 공급망 가시성(Supply Chain Visibility)을 향상시킬 수 있다. 또한 공급망의 투명한 관리, 파트너와의 수월한 소통 및 협력, 고객들의 다양한 수요에 대응 등 모든 이해관계자의 효율성을 증가할 수 있다. 특히 구글, 아마존, 페덱스, DHL 등 물류기업들은 물류혁신을 위해 인공지능 로봇을 도입하고 있다. 물류로봇은 인공지능기술의 융합을 통한 물류 효율 향상을 목적으로 물류센터, 공장 물류 등 물품의 포장 · 분류 · 적재에 활용된다. 또한 물류이송을 위해 드론, 무인트럭 등이 적용되고 활용범위도 점점 확대되고 있다.

▮ 그림 5-6 ▮ 물류로봇의 유형

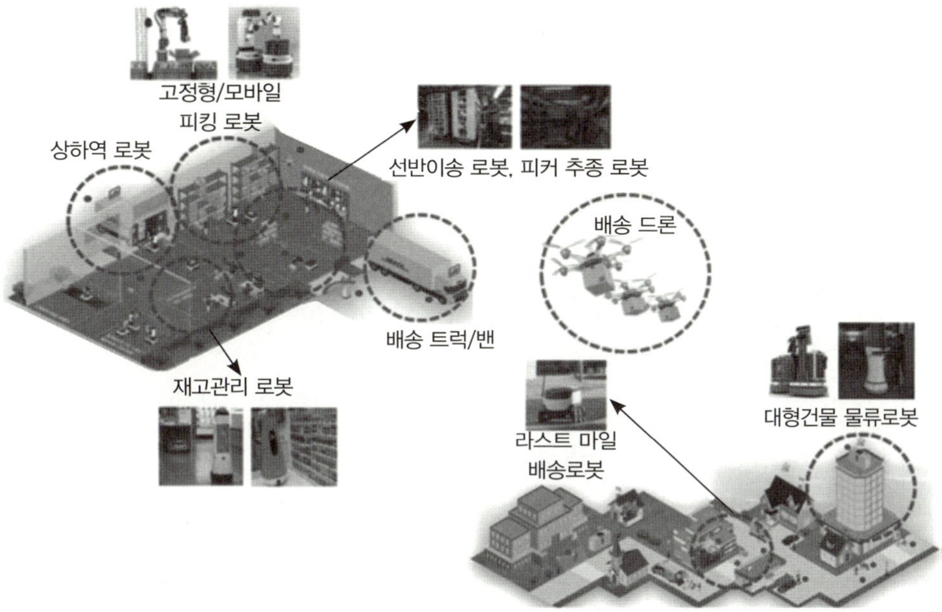

출처: 김경훈 · 김재홍 · 최영호(2017), "물류로봇 기술동향 및 향후전망", 한국산업기술평가관리원

2.3 물류산업과 디지털 전환

최근 코로나19 확산으로 비대면이 일상화됨에 따라 물류수요는 폭발적으로 증가하고 있다. 이러한 환경변화와 더불어 물류산업에서 인공지능, 빅데이터, 사물인터넷, 블록체인, 로봇 등 4차 산업혁명 첨단기술을 바탕으로 한 디지털 전환이 빠르게 이루어지고 있다. 물류산업에서 디지털 전환은 물류 네트워크를 근본적으로 대체하면서 산업, 기업 그리고 고객의 혁신 창출을 지원하고 시장의 파괴적 변화를 이끌고 있다.

물류 4.0 시대 기존 전통적 물류의 혁신과 새로운 물류산업을 실현시키기 위해서는 다음과 같은 단계적 변화가 필요하다. 우선 전통적 물류산업은 소비자의 구매정보 데이터 수집을 통해 니즈를 충족시키는 예측에서부터 소비자 맞춤 물류 서비스를 제공해야 한다. 첫째, 사물인터넷을 활용한 고객의 구매정보 데이터를 수집(데이터화)한다. 둘째, 클라우드, 빅데이터를 활용하여 소비자의 구매패턴을 분석(정보화)한다. 셋째, 인공지능을 활용하여 소비자의 니즈를 충족시키는 예측과정(지능화)을 통해 마지막으로 기술 융합을 통해 예측배송 및 추천을 통해 소비자 맞춤 물류 서비스를 제공한다.

그림 5-7 4차 산업혁명과 스마트 물류전략

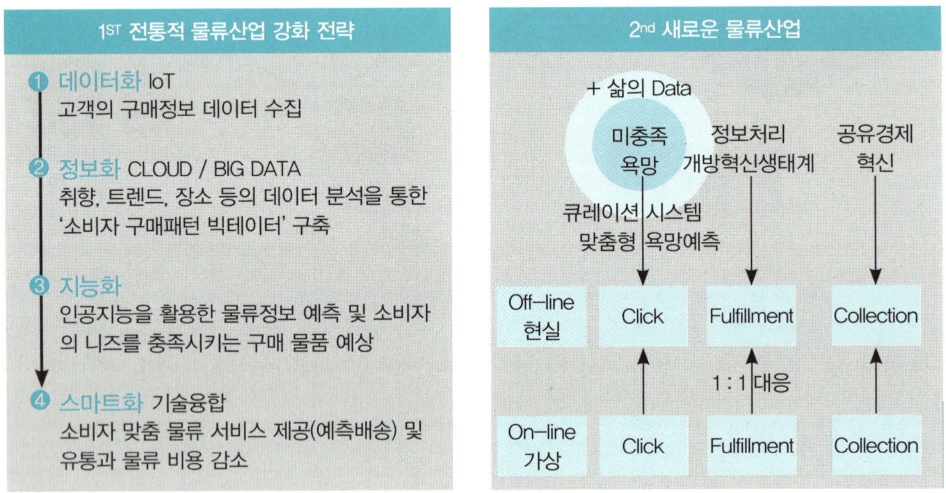

출처: KCERN(2020), 스마트 물류

새로운 물류산업, 즉 스마트 물류는 온 · 오프라인 시 · 공간의 벽을 넘어 개인 삶의 데이터를 활용하여 추천(Curation System)을 통해 과거 예상할 수 없었던 소비자 니즈의 실현이다. 또한 인공지능에 의한 예측주문과 챗봇 서비스를 통한 실시간 고객 대응이다. 그리고 제품에 대한 검수, 보관, 주문, 패킹, 조립 등 개방형 혁신 생태계로 활용 범위가 유연해지고 마지막 배송단계에서 자율자동차, 드론, 무인 보관함 등의 혁신이 지속될 것이다.

이와 같이 물류의 자동화 · 지능화, 공급사슬 표준화, 다양한 고객 니즈를 충족시키기 위해 스마트 물류시스템은 신기술을 적극 활용하고 있다. 스마트 물류를 위한 주요 기술에 대해 살펴보면 다음과 같다.

첫째, 수요예측, 투명성 및 불법행위 차단을 위한 인공지능과 블록체인 기술이다. 제품의 수요예측의 정확성은 재고를 관리하는데 매우 중요하다. 인공지능을 활용한 수요예측은 물류비용 절감뿐만 아니라 잠재수요를 파악할 수 있다. 또한 블록체인 기술은 물류 거래내역을 실시간으로 공유하고 확인할 수 있어 전 물류 공급망의 가시성을 확보할 수 있다. 특히 제품의 출처 및 출하 상태에 대한 조작되지 않은 정보를 제공할 수 있어 신뢰도 향상에 많은 기여를 하고 물류 효율 극대화로 이어질 수 있다.

▌그림 5-8▐ 블록체인 기술의 물류 적용

출처: 장경석(2020), "코로나19가 앞당긴 스마트 물류 시대", KB금융지주 경영연구소

둘째, 어렵고 힘든 노동에서 인간을 해방시키기 위한 로봇과 스마트 모빌리티이다. 기존 오프라인에서 온라인 상거래의 비중이 증가하면서 기존 제품개발뿐만 아니라 물품의 포장, 분류, 적재 및 이송과정 그리고 고객 서비스에 로봇의 활용이 증가하고 있다. 예를 들어 페덱스의 경우 자율주행이 가능한 로봇 트랙터를 이용해 물류센터의 복잡한 길도 사고 없이 이동 가능한 시스템을 구현하였다. 또한 중국 알리바바는 물류센터 입고부터 재고적치, 피킹, 포장에 이르는 전 과정에 로봇을 적용해 물류업무를 처리하고 있다. 아마존은 '키바 로봇' 25대를 활용해 기존 종업원 300명이 해야 할 일들을 로봇으로 대체하였다.

▮그림 5-9▮ 로봇 기술의 물류 적용

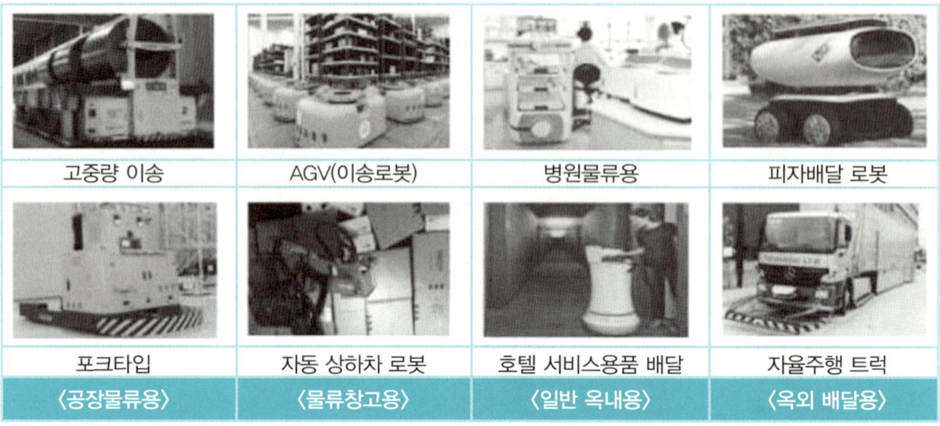

출처: 장경석(2020), "코로나19가 앞당긴 스마트 물류 시대", KB금융지주 경영연구소

셋째, 현실 속 물리적 사물과 환경을 가상의 디지털 세계에서 동일하게 시뮬레이션하도록 하는 디지털 트윈(Digital Twin) 기술이다. 디지털 트윈은 제품의 생산성 제고 · 품질 향상 · 운영비 절감 등 기업 경쟁력을 강화할 수 있다. 그리고 컨테이너 위치와 파손 여부 등에 대한 관리와 화물 추적, 허브 구축 등 창고를 비롯한 물류 전 과정에 적용 가능하다. 예를 들어 독일 DHL은 재활용 용기 생산기업인 스웨덴의 테트라팩(Tetra Pak)과 공동으로 아시아 최초의 디지털 트윈 기술이 적용된 테트라팩 물류창고를 싱가포르에 설립하여 운영하고 있다.

넷째, 공급망 관리를 위한 클라우드시스템이다. 클라우드 물류 플랫폼은 실시간 수집된 다량의 유효 데이터를 기반으로, 공급망 참여자 간 정보공유와 가공된 정보를 통해 상호 간 업무처리를 가능하게 한다는 강점을 가지고 있다. 예를 들어 프랑스 화장품 회사 로레알(L'Oreal)은 기존의 Point-to-Point EDI 메시지만으로 2,000개가 넘는 공급사들과 정보를 주고받는 것에 한계가 많았다. 그래서 SEASMe(Solution for eSupply Applications for Manufacturing) 클라우드 기반의 플랫폼을 도입하여 로레알의 주문 현황을 실시간으로 파악하고 유연하게 공급량을 조정할 수 있게 되었다.

▮그림 5-10▮ 디지털 트윈과 스마트 물류창고

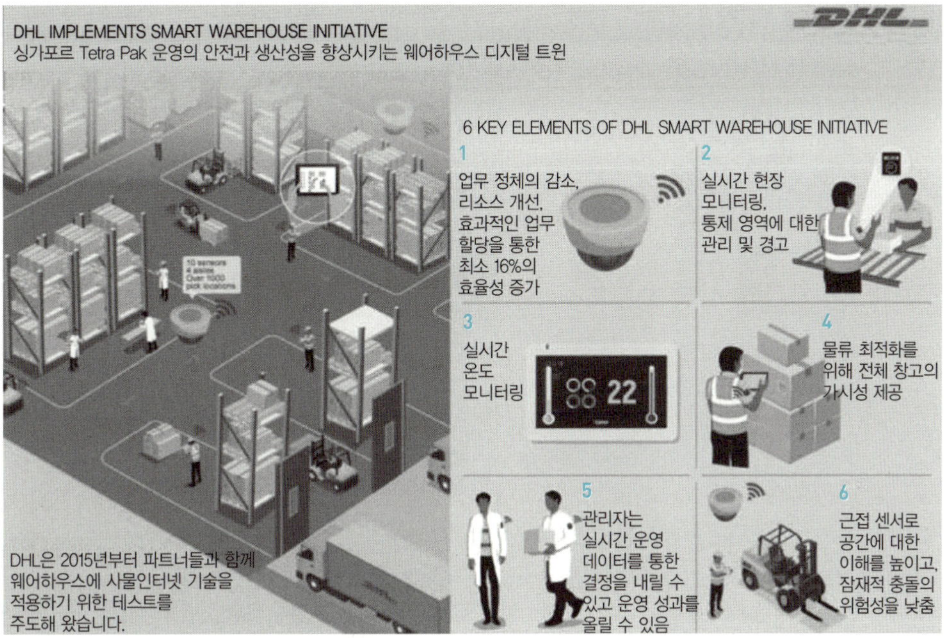

출처: DHL, 장경석(2020), "코로나19가 앞당긴 스마트 물류 시대", KB금융지주 경영연구소

제3절 스마트 유통 · 물류를 위한 주요 사례

3.1 가치사슬의 변화

앞서 논의된 4차 산업혁명의 신기술은 제품 공급에서부터 판매, 고객 서비스에 이르기까지 유통 · 물류 각 단계를 변화시키고 있다. 삼정KPMG보고서(2017)에 의하면 유통 가치사슬별 주요 변화를 'SSASR: Strategy–Supply–Attract–Sell–Relate' 단계로 구분하고 기업의 대응 전략을 제시하고 있다.

그림 5-11 유통 · 물류 가치사슬의 주요 변화

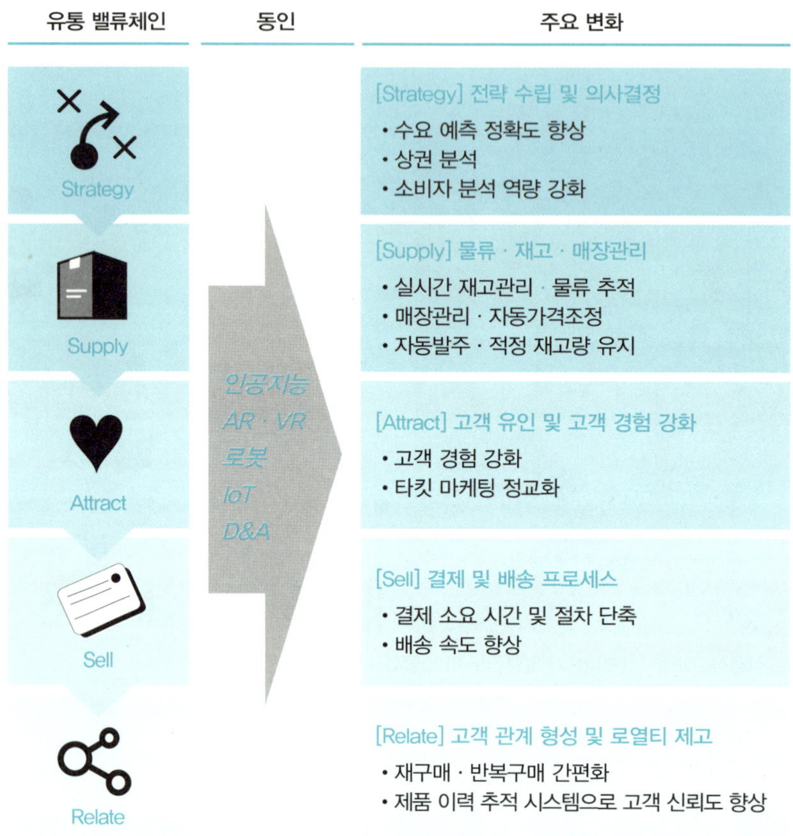

출처: 김광석 · 김수경 · 차윤지(2017), 유통 4.0 시대, 리테일 패러다임의 전환, 삼정KPMG 경제연구원

첫째, 전략수립 및 의사결정(Strategy) 단계이다. 인공지능은 다양한 산업에서 많은 영향을 주고 있다. 인간을 대신해 데이터를 분석하고 전략을 수립하여 기업의 경영자뿐만 아니라 다양한 의사결정자들에게 많은 도움을 준다. 수요예측부터 유통 · 물류현황 분석, 공급자 · 소비자 분석까지 기업경영 전략 및 전 공급망 전략을 수립하는데 활용될 수 있다.

둘째, 실시간화되는 물류 · 매장관리(Supply) 단계이다. 급변하는 환경에 빠르고 유연하게 대응하기 위해서는 공급망관리의 가시성, 효율성, 정확성을 높이는 노력이 필요하다. 무선전파인식(RFID) 가격의 하락과 사물인터넷 기술이 발달하면서 재고 및 창고관리, 매장관리 등의 영역에서 실시간 자동화가 가능해지고

있다. 특히 사물인터넷은 기업 내 · 외부의 재고를 쉽게 확인 가능하게 하고 정확성을 높일 수 있다. 그리고 모든 제품의 이동과 상태 정보가 실시간으로 공유되어 공급망의 효율성을 극대화할 수 있다.

그림 5-12 공급망관리의 기술 도입과 활용

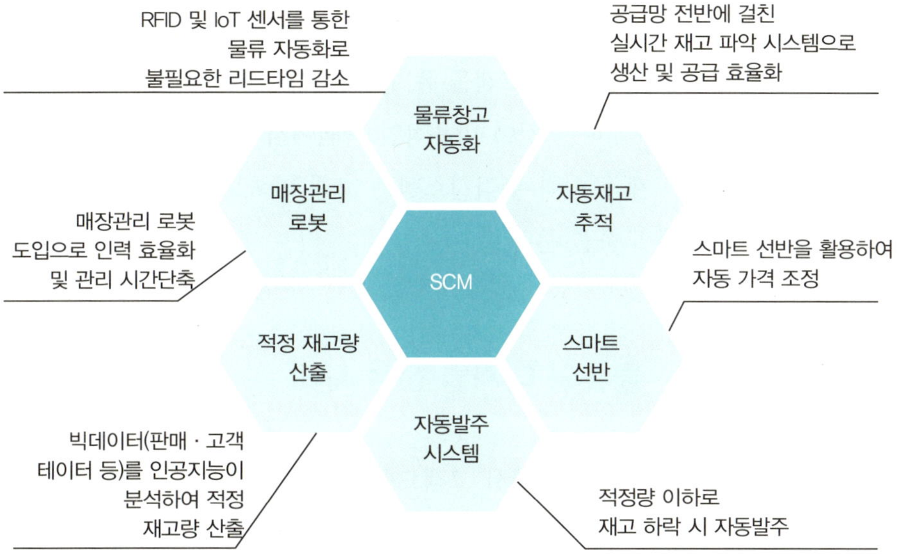

출처: 김광석 · 김수경 · 차윤지(2017), 유통 4.0 시대, 리테일 패러다임의 전환, 삼정KPMG 경제연구원

셋째, 글로벌 시장 환경에서 고객 유인 및 경험 강화(Attract)는 중요하다. 기업들은 다양한 신기술을 활용하여 소비자를 이해하기 위해 많은 노력을 하고 있다. 특히 가상현실(VR: Virtual Reality), 증강현실(AR: Augmented Reality), 혼합현실(MR: Mixed Reality)은 고객 몰입경험(Immersive Experience)을 강화하고 있다. 최근 온 · 오프라인 매장의 경계가 사라지고 오프라인 매장이 디지털화되며 피지털(Phygital)화되고 있다. 피지털이란 물리적(Physical)과 디지털(Digital)의 합성어로 물리적 매장을 디지털화한 것이다.

넷째, 간소화 결제 및 배송 프로세스(Sell) 단계이다. 모바일 결제를 넘어 VR 결제까지 소비자들의 편리성이 더욱 강화되고 있다. 또한 신기술이 배송시스템에 접목되면서 배송 효율화 수준을 높이고 있다. 예를 들어, 소비자가 구매 결정 후 제품을 결제하기까지 걸리는 시간을 최소화하기 위해 VR페이, 무인결제시스템 등이 빠르게 도입되고 있다. 특히 라스트 마일 배송에 드론이 적극적으로 활용되면서 기업의 인건비 절감 효과뿐만 아니라 배송 속도 향상 및 정확도를 높이고 있다.

마지막으로 지속적인 고객 만족 · 신뢰 형성 및 충성도 제고(Relate)이다. 과거 아마존의 '원클릭 서비스'를 넘어 아마존 대시(Amazon Dash)는 고객이 평상시 구매하고 사용하는 제품이 다 소진되었을 때 자사 사이트를 통해 자동으로 재구매를 지원하는 기기이다. 기업은 신규 고객을 유치하는 비용보다는 반복구매 및 재구매를 통해 기존 고객을 유지하는 것이 비용적인 측면에서 유리하다. 그리고 사물인터넷을 활용한 반품 · 제품 이력 추적시스템은 고객 만족도를 향상시키고 브랜드 이미지 신뢰도 제고에 도움을 준다.

3.2 스마트 유통 · 물류의 디지털 전환 사례

최근 물류수요 업체인 유통업에서 고객요구의 다변화와 다품종 소량생산 제품의 신속한 배송이 가능한 주문이행 프로세스의 효율성이 더욱 강조되면서 유통물류 산업의 융합현상이 더욱 가속화되고 있다.

1) 유통 · 물류 플랫폼 구축

공급망 특성상 다양한 업종과 다수의 기업들이 참여하고 있어 안정성과 신속한 거래가 이루어지는 것은 중요하다. 과거 공급사슬은 조달, 생산, 유통이 선형적으로 연결되어 있어 운영 통합 수준이 낮고 신속한 거래를 하는데 한계가 있었다. 하지만 공급망 통합 플랫폼을 활용한다면 기존의 제약요소를 줄이고 효율성을 극대화 할 수 있다.

표 5-1 유통 · 물류 플랫폼 구축 사례

구분	추진내용
머스크	• IBM과 협력해 블록체인을 활용한 국제무역 플랫폼 구축을 추진 • 블록체인을 활용해 무역 관련 행정기관과 수출입업체, 무역중개업체, 운송업체 등의 모든 절차가 자동화되고 실시간으로 추적 가능
DHL	• 독일 내, 독일~유럽구간 내 화물포워더 플랫폼 CILLOX 운영 • 송하인과 운송업자 간 운송계약 체결, 요금산정, 상품 추적이 가능한 플랫폼
FedEX	• 온라인 쇼핑의 중소업체용 SaaS(Software as a Service) 기반의 물류 서비스 플랫폼 FedEx Fulfillment 개시 • 다양한 온라인 채널로부터 주문을 받는 중소업체에게 고객 배송까지 필요한 보관, 포장, 운송, 반송까지의 주문이행 서비스를 제공
Flexport	• 온라인 플랫폼으로 고객 물건을 받아 운송회사로 이어주는 글로벌 포워더 스타트기업

출처: 이장균(2020), Logistics 4.0 시대의 특징과 시사점, 현대경제연구원

2) 무인매장

아마존은 다양한 신기술을 활용하여 무인매장인 아마존 고(Amazon Go)를 개발하였다. 아마존은 컴퓨터비전, 딥러닝, 센서퓨전 기술과 같은 자율주행차에 적용된 'Just Walk Out' 특허 기술을 사용한 무인매장으로 계산 프로세스를 없애고 소비자들에게 편리함과 효율성을 제공하고 있다. 매장 내 카메라와 센서를 통해 상세한 고객 구매 프로세스 데이터를 활용하여 결제과정 없이 쇼핑을 제공하고 있다.

예를 들어 고객이 쇼핑하는 동안 자율주행 센서가 부착된 원형 카메라가 쇼핑고객의 동선을 따라다니면서 구매목록을 확인한다. 고객이 제품을 진열대에 올리는 순간 가상의 장바구니에 등록이 되고 내려놓으면 다시 지워진다. 카메라와 센서를 통해 고객 행동을 인식하고 쇼핑을 마치고 매장을 나가면 앱에 등록된 결제수단으로 자동계산이 되고 고객 계정에 영수증을 보낸다.

▌그림 5-13▐ 무인매장 아마존 고 이용 과정

출처: 매일경제(2018.1.25), '무인점포' 美 시애틀 아마존 고 가보니…

▌표 5-2▐ 무인매장 대표 사례

구분	추진내용
아마존 (미국)	• 계산대와 계산원 대신 지하철역 개찰구와 같은 체크인/체크아웃 레인이 존재 • 자율주행차에 탑재되는 컴퓨터 비전 · 딥러닝 알고리즘 · 센서퓨전 등의 혁신적 기술을 융합한 'Just Walk Out technology'로 정산시스템을 자동화
Touch To Go (일본)	• JR 동일본과 사인포스트가 함께 개발 • AI 결제시스템 'TTG 센스'는 패밀리마트와 슈퍼마켓 업체 키노쿠니야가 도입
타오카페 (중국)	• 마켓과 카페 기능을 제공하는 무인매장 • 결제도어를 통과하면 자동시각 및 안면 감지기로 얼굴 인식을 하여 자동결제
이마트24 셀프매장 (한국)	• 신세계아이앤씨와 이마트24가 제휴해 공동으로 운영하는 미래형 무인매장 • 컴퓨터 비전(시각지능) 기술을 고도화해 아마존 고 매장보다 적은 30여 대의 카메라만으로 고객의 쇼핑 동작을 인식하는 기술을 개발

3) 라스트 마일 배송의 효율화

라스트 마일 배송은 주문한 물품이 배송지를 떠나 마지막 고객에게 직접 배송되기 바로 직전의 단계 내지 순간을 위한 배송을 말한다. 최근 온라인 상거래 시장이 급성장하면서 최종 고객 서비스와 직접 관련되는 라스트 마일 배송의 효율화 수단으로 드론, 자율주행, 로봇이 활용되고 있다.

그림 5-14 구글, 아마존의 드론 배송

출처: 최율리아나(2019), 구글의 혁신은 어디까지?, 신개념 드론 택배 시대 개발, 데일리포스터, 2019.4.

아마존은 2006년부터 유료 프라임 멤버십 제도를 도입해 무료 배송 서비스를 최초로 시작하였으며, 월마트는 인-홈 딜리버리(In-Home Delivery), 아마존은 인-카 딜리버리(In-Car Delivery) 서비스로 적용범위를 확대하고 있다. 최근 당일배송, 즉시배송, 새벽배송처럼 유통산업의 경쟁이 더욱 심해지고 다양한 고객 요구에 부응하기 위해 효율적이면서 신기술을 활용한 라스트 마일 배송 서비스가 나타날 것이다. 배송 옵션과 지역 밀도, 고객 선호도에 따라 여러 가지 배송 모델이 개발될 것이다. 그리고 산간지역, 섬과 같이 인구 밀도가 낮은 지역은 드론이, 인구 밀도가 높은 지역은 자율주행차와 로봇이 라스트 마일을 책임질 것이다.

표 5-3 라스트 마일 배송 사례

구분	추진내용
아마존	• 자율주행 배달 로봇 '스카우트', '포스트맨 로봇' 개발 – 스카우트: 인도 주행 로봇 – 포스트맨 로봇: 배송 트럭에서 고객 주택까지 물품 배송 로봇으로서 부재시에도 집안 배송이 가능하며, 공동 주택에서 공동 소유 로봇으로도 이용가능
구글	• 2014년 프로젝트 윙(Project Wing) • 배송 드론은 수직 이착륙과 수평 비행이 가능. 내비게이션 시스템을 통해 소형 택배를 몇 분 안에 고객의 거주지에 배송
알라바바	• 자율주행 배송 로봇으로서 얼굴인식 기능과 온도 조절과 보온 · 보냉 기능 등을 가진 보관함을 갖춘 'G 플러스' 개발 • 고객은 로봇 보관함에 설치된 잠금 장치를 얼굴인식이나 PIN 번호 입력을 통해 해제하여 주문 물품을 가져갈 수 있음
Nuro	• 2012년 12월 자율주행 배달 로봇 R1을 이용해 미국 최대 슈퍼마켓 체인 크로커와 함께 자율주행 배송 서비스를 시작
티센그룹	• 스타트 업체인 TeleRetail과 협업해 부품창고에서 예비부품을 신속하고 유연하게 현장으로 배송하는 엘리베이터 유지보수전용 배달 로봇 개발

출처: 이장균(2020), Logistics 4.0 시대의 특징과 시사점, 현대경제연구원

4) 인공지능기술을 활용한 스마트 유통 · 물류 서비스

4차 산업혁명 시대를 맞아 유통 · 물류산업에 다양한 신기술들이 적용되고 있다. 유통 · 물류산업의 복잡화와 고도화에 대응하기 위해서는 체계화된 데이터 및 정보관리 능력을 통한 효율화가 필수적이다. 이에 스마트 유통 · 물류시스템을 구축하기 위해 인공지능, 빅데이터, 사물인터넷, 블록체인기술 등을 활용하고 있다. 특히 인공지능기술은 물류 서비스, 스마트 운송 로봇, 고객관리와 마케팅, 스마트 챗봇, 택배기사의 비서, 불량품 판단, 데이터 변환, 가상 · 증강현실 지원 등 다양한 서비스에 적용되고 활용될 것이다.

이와 같이 인공지능은 유통 · 물류산업의 생산성 및 효율성 개선에 많은 도움을 제공할 것이며, 이러한 변화는 유통 · 물류정보를 활용한 고부가가치 서비스를 개발하는 기업에 새로운 성장 기회를 제공할 것이다.

▌그림 5-15▐ 스마트 유통 · 물류 서비스의 진화

출처: 기획재정부 경제e야기(https://m.blog.naver.com/mosfnet)

▌표 5-4▐ 인공지능기술을 활용한 스마트 유통 · 물류 서비스

구분	인공지능 서비스 예
실시간 경로 최적화	배송 순서, 교통상황, 수취인 상황을 기반으로 한 최적경로 설계
차량 간 정보 활용	차량들 사이의 수송, 재고, 이동경로 등의 정보 공유 최적화
유통물류 수요예측	중장기적 관점에서의 고객 수요 및 수송 물량의 수요예측
자원활용	인적 · 물적 자원의 최적 할당 계획 수립
고객관리	데이터 정보 분석을 통한 고객충성도 제고 계획 수립 및 고객관리
제품 및 서비스 혁신	고객의 의견을 반영한 제품 · 서비스 포트폴리오 수립
서비스 고도화	유통 · 물류 서비스 제공시 발생하는 유해 요소 사전 방지
시장정보 고도화	국내외 시장상황을 반영한 공급망 체계 모니터링
수요와 공급망관리	고객 수요와 유통 · 물류공급시스템 실시간 모니터링 및 개선
운송차량관리	센서를 이용한 친환경적 차량관리

출처: 장희선 등(2019), 스마트 유통 · 물류산업에서의 인공지능 서비스, 정보통신기획평가원

참고문헌

김광석 · 김수경 · 차윤지, 유통 4.0 시대, 리테일 패러다임의 전환, 삼정KPMG 경제연구원, 2017.

김경훈 · 김재홍 · 최영호, 물류로봇 기술동향 및 향후전망, 한국산업기술평가관리원, 2017.

금재은, 리테일테크 국내외 동향 및 시사점, 정보통신산업진흥원, 2018.

민연주 등, 물류 4.0 시대 융복합 물류사업 발굴 및 지원 방안, 한국교통연구원, 2017.

이장균, Logistics 4.0 시대의 특징과 시사점, 현대경제연구원, 2020.

장경석, 코로나19가 앞당긴 스마트 물류 시대, KB금융지주 경영연구소, 2020.

정성용, 정기현, "스마트 물류 IT 기술 및 사례", 전자공학학회지, 제39권, 제5호, 2012, pp.378-383.

장희선 · 최기석 · 하정미, 스마트 유통 · 물류 산업에서의 인공지능 서비스, 정보통신기획평가원, 2019.

최율리아나, "구글의 혁신은 어디까지?, 신개념 드론 택배 시대 개발," 데일리포스터, 2019.4.

IBM, 2021 소매유통 고객을 위한 IT 사업 전망, IBM Industry Insight 보고서, 2020.

KCERN, 스마트 물류, 2020.

06

CHAPTER

인 공 지 능 으 로 구 현 되 는 세 상

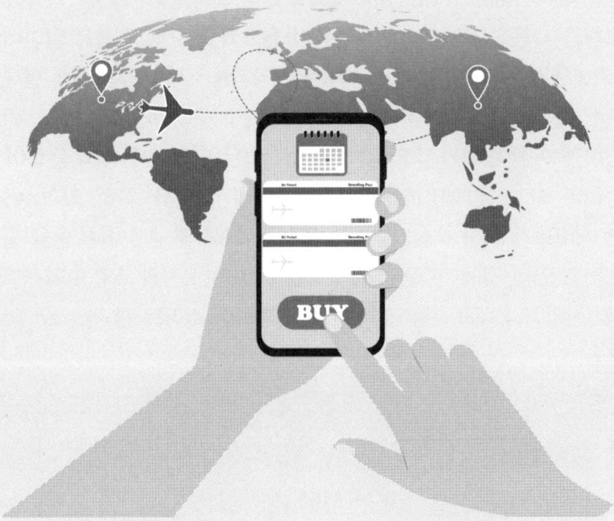

스마트 관광

06 CHAPTER 스마트 관광

4차 산업혁명 시대를 스마트 시대라고도 한다. 스마트(Smart)란 똑똑하다는 뜻을 내포한다. 왜 이런 표현을 사용할까? 아마도 사람들이 필요와 욕구를 스스로 알아내서 이들이 원하는 것을 제공하기 때문일 것이다. 스마트 시대는 인공지능, 로봇, 빅데이터, 블록체인 등 디지털 기술을 활용하여 사람들의 필요와 욕구를 충족시키는 시대라고 할 수 있다. 4차 산업혁명이 관광산업과 융합하면 어떤 변화가 나타날까? 관광산업은 다른 산업과의 융합이 쉽고, 기술적으로 접목이 가능하여, 4차 산업혁명과 좋은 시너지를 낼 수 있다. 특히, 과거 여행사가 주도했던 관광객을 위한 서비스가 최근 소셜미디어와 플랫폼, 가상 및 증강현실 등을 통해 새롭게 관광 서비스가 변화하고 있는 것에 주목할 필요가 있다. 이러한 관광 트렌드의 변화는 인공지능, 빅데이터 등의 4차 산업혁명 대표 기술과 '관광'이 결합하여 스마트 관광(Smart Tourism)이라는 개념을 탄생시켰다.

제 1 절 스마트 관광에 대한 이해

1.1 스마트 관광의 정의

스마트 관광(Smart Tourism)은 좁은 의미에서 보면, 여행객이 스마트기기를 매체로 여행에 필요한 정보를 획득하고 활용하여 여행을 쉽게 즐기는 것이다. 반면에 넓은 의미로 보면, 스마트 기술을 활용해 여행 서비스 공급자가 여행객에게 더욱 편리하고 즐거운 여행을 제공할 수 있는 인프라를 의미한다.

스마트 관광은 과거 e-투어리즘(e-Tourism)과 차이가 있다. 예를 들어, e-투어리즘이 웹사이트에 의존하여 여행정보를 습득한 것이라면, 스마트 관광은 스마트 기기와 위치센서 등을 통해 맞춤형 여행정보를 얻을 수 있다는 점에서 차이가 있다. 초기의 스마트 관광은 스마트폰을 이용해서 관광객이 자신의 위치를 확인하거나, 관광지 정보를 얻기 위해서 스마트기기를 이용하는 관광을 의미했다. 최근에는 스마트기기 사용자가 여행정보를 검색하고 SNS를 이용하는 일련의 과정 속에서 발생하는 위치, 소비패턴, 소비자의 감정 등 다양한 데이터를 자동으로 빅데이터로 구축하여 공공과 민간, 그리고 소비자가 다시 활용하는 추세이다. 이런 측면에서 보면, 스마트 관광은 관광객이 디지털 기술을 이용하여 사물 및 다른 사용자와 상호작용을 통해서 발생되는 다양한 정보를 자동으로 축적하여 다시 사용자에게 맞춤형 정보를 제공하는 것으로 볼 수 있다.

1.2 스마트 관광의 특징

관광객 입장에서 스마트 관광은 '스마트폰을 이용하여 자신의 여행을 보다 편하고 즐겁게 누리는 것'이다. 한편으로 공급자 입장에서 보면 스마트 관광은 '관광객이 보다 편리하고 즐거운 여행을 할 수 있는 스마트 기술 기반의 정보 서비스를 제공하는 것'이라 할 수 있다.

스마트 관광은 자발적이고 창의적인 개념에서 바라볼 필요가 있다. 관광객이 항공권 구매, 호텔 예약, 교통수단 선택, 맛집 검색, 주요 관광지 방문 등을 자유롭고 자발적으로 수행하기 때문이다. 예를 들어, 여행자는 트립어드바이저(Tripadvisor)를 통해 본인이 원하는 호텔과 숙박에 관한 정보를 수집한다. 타인의 리뷰(Review)를 포함한 이전 이용자들의 사전 경험을 토대로 구매와 결제를 진행한다. 또한 스마트폰 하나만을 가지고 자유롭게 여행의 모든 과정에서 장소와 경험을 즉흥적으로 그리고 실시간으로 결정하기도 한다.

한편, 스마트 관광은 스마트의 특징을 관광에 결합한 것이다. 이들 특징은 5가지로 요약되는데, 즉시성, 상황기반 제공, 개인화, 초연결성, 이동성이 그것이다. 이 특징들을 기반으로 스마트 관광은 자발적이며 자유롭게 스마트폰을 이용하는 관광으로 표현하기도 한다.

- 즉시성(Immediacy): 실시간으로 정보를 수집하여 여행자가 원하는 방식대

로 반응을 주고받는 것

- 상황기반 제공(Contextual Offer): 여행자의 위치정보를 파악하여 가능성 있는 상품과 장소를 추천하는 것
- 개인화(Personalization): 맥락에 맞는 정보와 개인의 니즈를 매칭시켜 맞춤화된 콘텐츠 및 서비스를 제공하는 것
- 초연결성(Hyper-Connectivity): 소셜미디어를 통해 상호 연결된 네트워크에서 의미있는 정보를 신속하게 확산하는 것
- 이동성(Mobility): 여행자가 원하는 방식과 수단으로 이동하면서 원하는 곳을 찾아갈 수 있게 하는 것

초기 스마트 관광은 정보통신기술을 토대로 관광객의 정보 접근성을 높이는 데 초점을 두었다면, 최근에는 여행자의 위치정보를 활용하여 이들에게 맞춤형 정보를 제공하고, 더 나아가 예약과 결제까지 지원하는 것으로 확대되고 있다.

한편, 스마트 관광 출현 이전에는 인터넷과 전자상거래를 기반으로 한 관광웹 서비스 개념인 e-투어리즘(e-Tourism)이 있었다. e-투어리즘이 여행자가 웹사이트를 이용하여 여행 전과 후의 정보를 얻는 것이라면, 스마트 관광은 여행 중에도 자신의 스마트기기와 위치센서를 이용하여 맞춤형 여행정보를 얻는다는 점에서 차이가 있다. 특히, 이들 정보를 다른 사람과 실시간으로 공유하는 경험도 포함된 점은 스마트 관광만이 지닌 특징이라 할 수 있다.

표 6-1 스마트 관광과 e-투어리즘

구분	스마트 관광	e-투어리즘
영역	디지털과 물리적 영역의 연결	디지털
핵심기술	센서, 스마트기기	웹사이트
여행단계	여행 중	여행 전/여행 후
핵심요소	빅데이터	정보
패러다임	기술이 매개된 공동가치창출	상호작용성
구조	생태계	가치사슬/중재자
거래/교환	민간 · 공공 · 소비자의 협업	B2B, B2C, C2C

최근에는 스마트기기 사용자가 여행정보를 검색하고 소셜미디어를 통한 위치, 소비패턴, 사용자의 감정 등 다양한 정보를 자동으로 빅데이터로 구축하여 다시 여행자가 활용하는 순환적 시스템의 모습을 보이고 있다. 이런 측면에서 볼 때, e-투어리즘과 스마트관광은 [표 6-1]에서 보는 바와 같이 다소 차이가 있다.

1.3 국내외 스마트 관광의 추진사례

1) 대한민국 구석구석 앱

스마트 관광의 대표 추진 사례로 한국관광공사에서 운영하고 있는 '대한민국 구석구석'이라는 관광정보 애플리케이션이 있다. 스마트폰을 활용하여 위치기반의 전국 관광정보 제공 및 지자체 협력을 통한 관광정보를 공유 · 유통하는 모바일 앱이다. 통상적으로 관광관련 앱의 서비스 유지 기간이 짧은 것에 비해, 대한민국 구석구석은 상당히 오랜기간 높은 질로 서비스해 주고 있는 앱으로, 2014년 말에 공공 서비스 분야 올해의 앱으로 선정된 바 있다.

'대한민국 구석구석'은 전국의 약 3만4천여 개 관광정보(여행기사, 관광지, 음식점, 숙박 등) 및 15만 개의 영상, 사진, 리뷰 콘텐츠를 제공하고 있으며, 지자체별

▌그림 6-1 ▌대한민국 구석구석

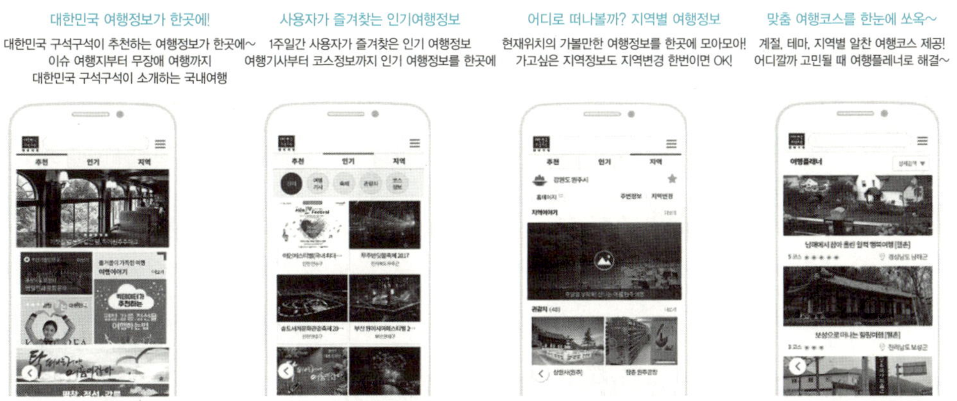

출처: 한국관광공사

로 각자 콘텐츠를 구성할 수 있는 플랫폼을 구축하고 있다.

이 앱을 통해서 사용자는 여러 분야의 관광지를 한눈에 살펴볼 수 있고, 자신이 원하는 여행 종류를 쉽게 찾을 수도 있다. 또한 사용자 위치를 기준으로 사용자의 니즈에 맞는 관광정보를 제공함으로써 여행객의 상황에 맞춘 메인메뉴를 제공한다. 특히, 마이페이지 기능에서 자신만의 여행일정을 만들고, 여행앨범을 제작할 수도 있다.

이외에, 외국인 대상 관광정보 애플리케이션으로 'VisitKorea 3.0'이 있다. 약 5,500여 개의 한국의 다양한 관광정보 콘텐츠를 제공하고 있고, 위치기반 서비스(LBS: Location Based Service) 및 주요 여행관련 유용한 앱을 링크하고 있다. 'VisitKorea 3.0'은 기존 버전의 나열식 관광정보 제공의 한계를 극복하고, 이용자가 원하는 도시를 선택해 거리 순으로 정보를 탐색하거나 현재 위치 주변 관광정보를 지도에 표시하기, 원하는 목표 관광지까지의 길찾기 기능(이동거리 및 소요시간 안내 등)이 고도화되었다. 이외에도 북마크 기능을 탑재하여 미리 원하는 관광정보를 '북마크' 하면 데이터 요금의 부담없이 자유롭게 이용할 수 있도록 개선하고, 검색에 있어서도 검색어 자동완성 기능이 탑재되어 있다.

그림 6-2 대한민국 구석구석(좌) / VisitKorea 3.0(우)

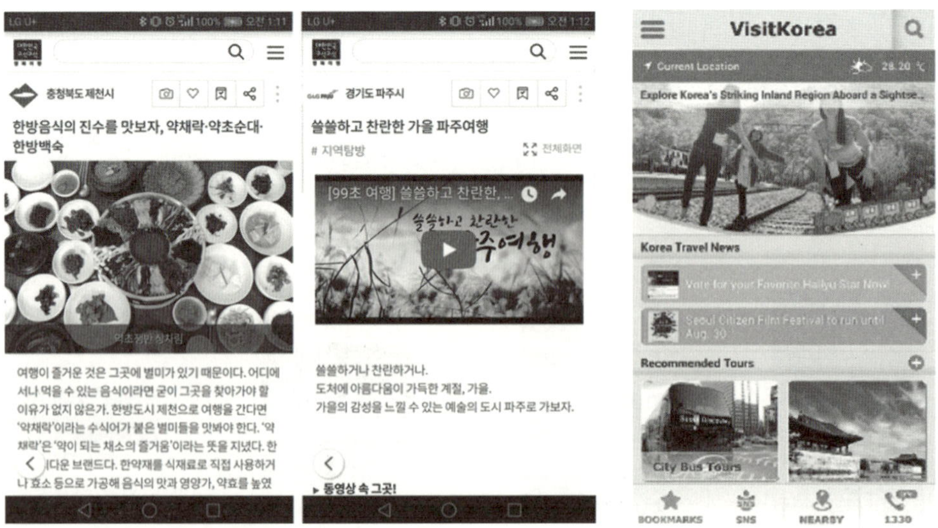

2) 스마트 관광 가이드: 내 손안의 궁

'스마트투어가이드'는 국내 관광객은 물론 외국인 관광객들 모두를 대상으로 한 무료 오디오가이드 맵이다. 스마트투어가이드는 한국의 대표 관광지 역사와 문화를 음성으로 소개해주는 앱 서비스로, 시티투어 코스, 유네스코 세계문화유산 등 약 5,000여 개가 넘는 문화유적과 관광지의 역사 및 문화 이야기를 영어, 일본어, 중국어 등의 언어로 제공하고 있다. 해당 앱 서비스는 2014년 세계관광기구(UNWTO: World Tourism Organization)로부터 율리시스상 연구&기술혁신 부문을 수상하여 우수성을 입증하였다.

▮그림 6-3▮ 스마트투어가이드 화면

출처: https://m.blog.naver.com/PostView.nhn?blogId=ishine75&logNo=220847892999&proxyReferer=https:%2F%2Fwww.google.com%2F

한편 '내 손안의 궁'은 경복궁, 창덕궁, 덕수궁, 종묘 등의 역사 및 문화유산에 대한 관람정보와 행사를 안내하는 애플리케이션이다. 다양한 관람모드를 선택할 수 있어, 관람자의 니즈에 맞는 해설과 정보를 얻을 수 있다. 또한 증강현실 서비스를 이용하여 훼손되어 존재하지 않는 건물들을 3D로 재현하고 미디어 파사드를 활용하여 문화재에 대한 재미를 더하고 있다.

그림 6-4 내 손안의 궁 실행화면

3) 한국관광공사의 Tour API

한국관광공사는 다양한 종류의 70여만 건의 방대한 양의 관광콘텐츠를 Open API(Tour API)를 통해 이를 활용할 관광사업자에게 다양한 IT 서비스 개발을 지원하고 있다. 특히, Tour API는 국내 최대 관광정보 포털사이트인 Visitkorea(www.visitkorea.or.kr) 홈페이지에서 제공하는 관광정보 중 저작권 등에 구애없이 자유롭게 이용할 수 있는 정보만을 선별하여 홈페이지와 동일한 최신정보를 제공하고 있다. 이러한 공공데이터를 활용하여 일반인이나 초보 개발자가 쉽게 애플리케이션을 개발할 수 있다. 선남선녀의 데이트코스를 알려주는 '서울데이트팝', 캠핑장 정보와 예약 서비스를 제공하는 '캠프촌' 등이 대표적인 Tour API 활용 성공 사례로 꼽히고 있다.

그림 6-5 Tour API 활용 사례

대표 활용 사례	
viaggio **등록일:** 2018-08-30 **개발유형:** 모바일 앱 ★★★★★ / 0.0 한국관광공사의 공공데이터를 기반으로 하는 우리나라 여행정보 안내앱입니다. 공공데이터를 기본으로 구글맵과 다음카카오 API를 연동하여 국내의…	러그스테이(lugstay) **등록일:** 2019-01-10 **개발유형:** 웹사이트 ★★★★★ / 0.0 상점들의 유휴 공간에 여행자들의 짐을 맡길 수 있게 하여 여행자들의 편한 여행과 상점주들의 추가 수익을 만들어주는 서비스입니다.
피플카 **등록일:** 2019-02-01 **개발유형:** 모바일 앱 ★★★★★ / 0.0 피플카 이용고객 들에게 축제 정보를 공유하여 고객들의 여행 동기를 유발	VisitKorea **등록일:** 2019-09-10 **개발유형:** 모바일 앱 ★★★★★ / 0.0 한국의 자유여행객을 위해 내주변 관광정보를 제공하는 서비스
가는김에(블록체인 기반의 관광포인트 개발) **등록일:** 2019-12-23 **개발유형:** 모바일 앱 ★★★★★ / 0.0 관광을 하면서 포인트도 버는 앱입니다.	visitKoreaforme **등록일:** 2020-01-02 **개발유형:** 웹사이트 ★★★★★ / 0.0 한국관광공사에서 운영하는 외국인대상 fit 상품 홍보사이트에서 관련관광정보를 제공하는 웹사이트입니다.

제 2 절 인공지능과 스마트 관광

스마트 관광에서 고려하고 있는 기술 중에는 인공지능과 빅데이터가 있다. 맛집이나 관광지를 다녀와서 또는 호텔 등의 숙소이용 후 남기게 되는 리뷰(Review)는 인공지능의 중요한 재료이다. 개인의 텍스트로부터 추출된 정보는 각자의 취향을 파악하게 도와주는 데이터가 된다. 예를 들어, 여행을 다녀온 후 누군가 자신의 SNS에 올리는 사진 속 사람들의 표정이나 사진과 붙어있는 글을 통해 여행지에 대한 만족도와 날씨, 정보 등을 종합적으로 파악할 수 있다.

대표적인 숙박 플랫폼 기업인 에어비앤비(Airbnb)의 경우, 숙박객의 질문에 자동으로 답변을 해주는 '호스트봇(Hostbot)'을 개발하여 운영 중이다. 호스트봇은 가장 자주하는 질문(FAQ: Frequently Asked Questions)에 대답하는 도구이다.

또한 관광지 주차장에서 센서를 장착해 실시간 주차가능 여부를 파악하고, 고객에게 알려주는 서비스를 사물인터넷 기술을 도입해 주차문제를 해결하기도 한다. 이외에도 빅데이터를 기반으로 한 관광패턴 분석도 있다. 신용카드 사용현황, 검색엔진 등을 통해 성별, 연령, 지역 등에 따라 관광지 선호도, 소비패턴 등을 분석해서 고객의 기대에 부응하기 위한 고객 맞춤형 서비스로 진화하고 있다.

2.1 네이버의 스마트 어라운드

'스마트 어라운드(SmartAround)'는 네이버(Naver)의 AI 장소추천 서비스를 네이버 지도에 탑재하여 소비자들을 대상으로 주변 맛집을 추천하는 서비스이다.

2018년에 출시한 스마트 어라운드는 인공지능이 사용자의 개인 상황(Context), 예컨대, 위치, 시간대, 성별, 연령대 등을 고려하여 맛집, 카페 등 가볼만한 곳들

▌그림 6-6 ▌스마트 어라운드로 업그레이드된 네이버 지도

을 알아서 추천해주는 서비스이다. 가령, '금요일 점심 가로수길'이라는 같은 장소, 같은 시간대일지라도 10대 사용자에게는 카페를, 20대 초반 여성에게는 분위기 좋은 레스토랑 또는 펍, 40대 이상 남성에게는 이자카야나 포장마차 등을 먼저 추천해준다.

그림 6-7 개인 상황을 고려한 스마트 어라운드의 추천 서비스

이 서비스는 네이버 지도앱의 스마트 어라운드를 통해 골목상점을 발견하고, 위치를 파악한 후 방문하는 사용 성과도 크게 늘어 골목상점의 디지털 전환과 매출 성장에도 기여하고 있다. 특히, 키워드 검색 대비 실제 경로를 찾는 '길찾기'와 '전화걸기' 기능의 사용횟수가 각각 35배, 8배가량 증가하는 성과를 내기도 하였다. 이 서비스는 수많은 오프라인 상점들과 사용자를 직접적으로 연결시키는 일종의 플랫폼 역할을 하고 있다.

▌그림 6-8▐ 스마트 어라운드 기능

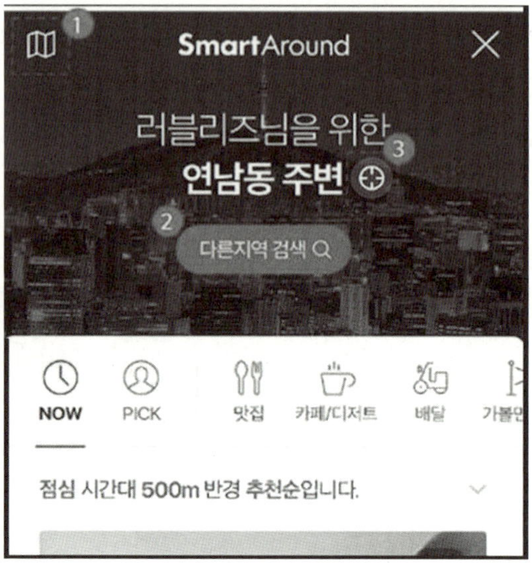

간단히 스마트 어라운드의 기능을 살펴보면 다음과 같다. [그림 6-8] 우측 상단의 ①은 '지도로 보기' 아이콘인데, 이것을 누르면 지도 페이지로 이동하게 된다. ②는 '위치검색' 기능으로, 지역명 입력 후 돋보기 아이콘을 누르면 입력한 지역과 연관된 검색결과가 노출된다. 최근 검색한 위치정보가 남아 있다면 20개까지 노출되며, 각 검색어 오른쪽의 X를 누르면 해당 검색어가 삭제된다. ③은 현 위치의 검색결과를 보여주는데, 위치정보 사용을 동의해야만 이용가능하다.

또한 [그림 6-8]에서 알 수 있듯이, 사용자의 위치인식 후 NOW, PICK, 맛집, 카페/디저트, 술집/바, 쇼핑, 가볼만한 곳, 강좌/문화, 테마까지 총 9개의 카테고리로 주변의 업체를 탐색할 수 있다. 이 중 NOW 카테고리는 이용자의 위치 · 시간을 고려하여 '지금 바로 가볼만한 곳'을 추천받을 수 있다. 이외에 네이버 예약이 연동되어 있는 업체나 공연/전시 등 즐길거리는 바로 예약(예매)하고 지도 뷰를 통해 해당 업체의 위치를 확인할 수도 있다.

한편, PICK 카테고리는 이용자가 네이버에 남긴 저장, 예약, 클릭 히스토리를 기반으로 이용자의 취향을 분석하여 매일 새로운 지역 콘텐츠를 추천한다. 취향에 맞는 장소부터, 새롭게 업데이트되는 혜택 소식, 그리고 지역 내 인기 리뷰와 새로 올라온 영상 등을 볼 수 있어 이용자의 다양한 관점에서 지역을 둘러볼 수 있다.

2.2 주요 스마트 관광 서비스 사례

1) 에어비앤비의 '온라인 체험' 서비스

에어비앤비(Airbnb)는 2008년 미국 샌프란시스코에서 최초로 숙박공유 플랫폼 서비스를 시작하였고, 2019년 호텔예약 앱인 '호텔투나잇'을 인수하는 등의 공격적인 전략을 통해 10여만 개 이상의 도시에 700여만 개 이상의 숙소와 5만 개의 체험활동을 제공하고 있다. 2020년에는 코로나 확산 속에서 비대면으로 소통하고 여행할 수 있는 '온라인 체험'을 제공하고 있다. 이 온라인 체험에서는 주요 운동선수, 뮤지컬배우, 스타 셰프, 틱톡 크리에이터 등과 커뮤니케이션이 가능하고, 다양한 온라인 콘텐츠를 통해 간접체험을 할 수 있다. 개성있는 호스트가 진행하는 특별한 활동에 참여하여 집에서도 안전하게 체험을 즐길 수 있게 한 것이 특징이다.

▌그림 6-9 ▌에어비앤비의 온라인 체험 서비스

출처: https://www.airbnb.co.kr/s/experiences/online

2) 알리바바의 'FlyZoo 호텔'

ICT 기술을 이용한 언택트 호텔 서비스 솔루션인 'FlyZoo 호텔'은 2018년 알리바바가 중국 항저우에 오픈한 무인호텔이다. 객실 규모는 290실이며, 로봇이 체크인과 체크아웃, 객실 내 서비스 등을 담당하고 스마트 스피커와 지능형 로봇과 같은 스마트 제품이 구비되어 있어 미래형 호텔 또는 스마트 호텔로 불린다. 'FlyZoo 호텔'은 알리바바의 온라인 여행 서비스 플랫폼 플리기(Fliggy), 다모 아카데미, 알리바바 클라우드 등이 참여하여 호텔 체험 프로세스 설계부터 호텔 혁신연구 개발에 이르는 각 단계에서 상호 협력하여 만들어진 결과물이다.

소비자는 호텔에 설치된 신분 식별 시스템과 로봇으로 전자신분증을 이용해 간편하게 체크인을 마칠 수 있다. 또한 알리바바의 인공지능 음성인식 서비스가 소비자의 호텔 서비스 이용을 지원하고 있다. 특히, 코로나 이후 알리바바의 로봇기술은 배송, 손님맞이와 안내, 소독 및 온도 측정, 마스크 착용 여부 감시 등 호텔 내 로봇 서비스의 범위를 확대해나가고 있다.

그림 6-10 알리바바의 'FlyZoo 호텔'

출처: http://chinaplus.cri.cn/news/china/9/20181218/224658.html

3) 노보텔 앰배서더 동대문 호텔: 기가지니 호텔

국내 호텔 중 인공지능을 도입한 호텔은 '노보텔 앰배서더 동대문'이다. 이 호텔은 KT의 인공지능기술이 적용된 '기가지니 호텔'로, 음성인식뿐 아니라 터치스크린까지 갖춰 객실에서 쉽고 빠르게 호텔의 다양한 서비스를 이용할 수 있는 인포테인먼트시스템(정보전달에 오락성을 가미한 미디어)을 갖추고 있다. 투숙객은 음성과 터치로 24시간 언제나 조명 및 냉 · 난방 제어 및 조절, 객실비품 신청, 객실에서 이용금액 확인 및 체크아웃, 호텔시설 정보 확인은 물론 TV 제어 및 음악감상도 가능하다.

예를 들어, 객실 이용자가 침대에 눕거나 다른 일을 하면서 인공지능 스피커를 통해 실내온도를 낮춰달라고 말하면, 바로 온도가 낮아진다. 객실에서 목소리만으로 미니바, 룸서비스 등을 편리하게 이용하고 바로 결제까지 할 수 있는 기능도 있다. 이외에도 이용자들에게 숙박기간 호텔 스마트 컨시어지폰인 '지니폰'을 제공하고 있다. 지니폰은 호텔 또는 공항에서 수령해 사용가능한 것으로, 숙박 중 국내외 통화 및 데이터 사용, 교통카드, 관광정보, 객실제어, 부가세 환급(Tax Refund) 등 서비스를 이용할 수 있어 외국인 투숙객들에게 적합하다.

그림 6-11 기가지니 호텔과 지니폰(좌) / 2세대 기가지니 호텔로봇 '엔봇'

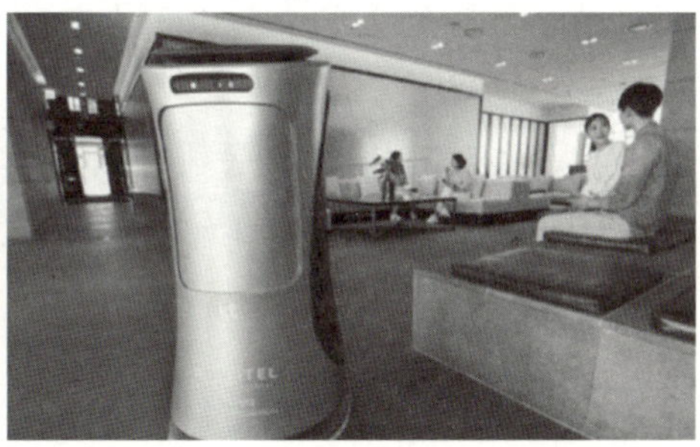

노보텔 앰배서더 동대문은 호텔관리에도 인공지능을 활용하고 있다. 지능형 영상분석 보안 서비스인 '기가아이즈(GiGAeyes)'를 활용하여, 호텔 내부는 물론 외부에도 적용돼 실시간으로 외부인의 침입과 배회를 감지, 실시간 화재감시 및 범죄예방 등의 역할을 수행하고 있다. 이외에도 KT-MEG라는 에너지관리 플랫폼

을 적용하여 호텔 전력 사용을 빅데이터로 분석해 전력 사용량 조회 및 예측, 피크 시간대 전력 관리를 하고 있다.

4) 비스타 워커힐의 객실 내 인공지능 및 IoT 서비스 제공

비스타 워커힐 호텔은 SKT의 인공지능 서비스인 '누구(NUGU)'를 적용한 IoT 룸을 운영하고 있다. 비스타 워커힐은 초기 인공지능 서비스 도입 전에 단계별로 2개 층에 걸친 총 40여 개의 객실에 인공지능 서비스 '누구'를 적용하면서 사용패턴 분석을 통한 데이터와 이용 고객의 피드백을 분석하여, 전 객실에 적용되었다. 인공지능 스피커를 통해 객실 조명, 커튼 개폐, 내부 온도 설정 서비스를 제공하고 있으며, 바다, 숲 등 자연의 소리를 전해 고객들이 잠시나마 자연 속에 머무는 것 같은 감각을 즐길 수도 있다. 이외에도 객실에서는 '방해 금지', '청소 요청' 등을 투숙객에 직접 표시하지 않고, 음성 명령을 통해 요청할 수 있다.

5) 웨스틴 조선호텔의 핸디

서울 웨스틴 조선호텔은 디지털 컨시어지 서비스 기능이 내재된 모바일 트래블 솔루션 기기인 '핸디(Handy)'를 선보였다. 핸디를 통해 투숙객들은 객실 어메니티의 주문, 객실 정비 요청 등의 하우스 키핑 서비스까지 원격으로 주문과 요청이 가능하다. 단순히 와이파이나 모바일 앱을 통해 체크인과 체크아웃을 하는 것에 그치지 않고, 사물인터넷을 통해 투숙환경의 조절이나 비대면 고객응대 솔루션이 디지털 컨시어지 등에 반영된 것이다.

▮ 그림 6-12 ▮ 스마트폰 형태의 핸디(Handy)

6) 일본의 헨나 호텔

일본 큐슈에 있는 헨나 호텔(Henn-Na Hotel) 프론트에는 사람이 아닌 로봇이 체크인 업무를 담당하고 있다. '헨나'는 일본어로 變な(이상한)이라는 뜻을 가지고 있다. 여성 로봇 1대와 공룡 로봇 2대가 손님을 맞이는 시스템을 도입하여 세계 최초로 로봇 호텔로 기네스북에 올라간 호텔로 유명하다.

호텔 프론트에 도착하면, 이들 로봇이 체크인 업무를 처리하며, 수하물 운반이나 일시 보관업무를 포터 로봇이 담당하고 있다. 또한 안내에 따라 체크인 수속을 마친 투숙객은 룸 카드를 객실 앞에 있는 인증기를 통해 대면 얼굴 인증을 처리하고, 이후부터 객실 열쇠 없이 얼굴 인증만으로 객실 문을 개폐할 수 있다.

▮ 그림 6-13 ▮ 헨나 호텔의 관련 시스템들

그러나 세계 최초로 사람 대신 로봇이 호텔업무를 담당했던 헨나 호텔은 사업 시작 4년만에 로봇을 절반으로 줄이고, 다시 사람을 채용하기로 결정하였다. 로봇의 잦은 고장과 고객불만이 증가한 것이 주원인이었다.

가령, 프론트 데스크에서 투숙객을 안내하는 로봇은 기본적인 질문에 제대로 답을 하지 못하는 경우가 많았고, 로비에서 율동을 하며 손님을 맞이하는 로봇은 자주 고장이 났다. 짐을 옮기는 로봇끼리 복도에서 충돌하는 사고도 일어났다. 객실마다 비치한 인형 모양의 인공지능 로봇 '추리(Churi)'는 투숙객이 자면서 코를 고는 소리에 반응해 "죄송합니다. 다시 한 번 말씀해주십시오"라며 엉뚱한 말을 하기도 했다. 이외에도 로봇 수리와 관리 인력에 더 많은 자원이 투입하는 등 운영효율성의 문제가 발생하였다. 현재는 새로운 로봇을 도입하기보다는 출입문 얼굴인식시스템 등 투숙객들에게 실질적으로 도움을 주는 시스템 도입으로 방향을 수정하고 있다.

인공지능과 로봇을 기반으로 한 국내 호텔산업의 인공지능과 로봇 도입은 아직 미비하지만, 일정 부분 서비스를 대체하고 있다. 모바일 앱을 통한 체크인과 체크아웃은 기본적인 서비스가 되어 가고 있다. 또한 자사 앱을 통해 프론트 데스크에서만 해야 했던 일들을 고객이 편히 처리하게 하거나, 전화로 구구절절 설명할 필요 없이 손가락 몇 번만 움직이면 내가 원하는 스타일의 침구를 지정하고, 호텔 부대시설의 예약 등이 가능하게 되었다. 이외에도 호텔객실 카드키를 없애고 고객의 스마트폰만으로 객실의 출입을 가능하게 하는 키리스시스템(Keyless System)을 도입하기도 한다.

최근 들어, 호텔은 모바일 등 첨단 정보통신기술을 받아들이기 시작하였다. 이를 통해 스마트 앱을 통해 예약하고, VIP 회원관리, SNS 마케팅 등을 관리하고 있다. 특히, 인공지능 스피커를 통해 음성데이터를 수집하고 어떤 시기에 어떤 고객들이 어떤 유형의 객실을 선호하고 어떤 서비스를 필요로 하는지를 분석하는 등 가장 ICT 도입에 보수적인 호텔들이 자신의 경영전략에 활용하기 시작했다. 또한 사물인터넷을 통해 호텔주차센서, 에너지 관리, 투숙환경 조절을 하며, 비대면 고객응대 솔루션인 디지털 컨시어지, 재무관리 영역 등에 AI기술이 활용되고 있어, 계속적으로 스마트 관광 차원에서 호텔 서비스는 진화할 것으로 예상된다.

제3절 스마트 관광 생태계 구축 사례

3.1 스마트 관광 생태계의 개념

초기 스마트 관광은 스마트폰을 활용한 관광객의 관광활동에 국한되어 있었다. 특정한 디지털 기술사용이나 디지털 콘텐츠의 활용 위주의 관광에 머물러 있던 스마트 관광은 이제 관광을 이루고 있는 모든 영역이 스마트해져서 더 효율적이고 질 높은 관광경험을 제공하는 관광 환경으로 확대되고 있다. 과거 스마트 관광이 관광객 측면에서 논의되었다면, 최근에는 서비스 이용자와 공급자 모두를 포괄할 수 있는 거시적인 관점으로 이동한 것이다.

이 과정에서 스마트 관광 생태계라는 표현이 등장하게 되었고, 현재의 스마트 관광은 주로 관광 생태계(Tourism Ecosystem) 측면에서 보는 것이 적절하다. 스마트 관광 생태계는 정보통신기술을 토대로 모든 요소와 주체가 함께 발전하여 스마트 관광을 가능하게 하는 환경을 말한다.

스마트 관광 생태계 출현의 근간에는 4차 산업혁명이 자리잡고 있다. 4차 산업혁명은 초연결, 초지능화, 융합화로 설명된다. 4차 산업혁명은 관광산업에서도 OTA(Online Travel Agency) 등의 플랫폼 경제 모델을 출현시켜 이해관계자들 간의 연계를 강화시켜는 초연결 현상을 강화시켰다. 또한 빅데이터 기반의 큐레이션은 온디멘드(On-Demand) 방식의 초지능 여행 서비스를 실현단계에 놓았으며, 공유경제를 기반으로 한 초융합화를 통해서 개별 서비스 간의 영역을 무너뜨리고 새로운 산업의 출현을 촉발시켰다. 4차 산업혁명에 따라 관광 생태계를 구성하고 있는 여행업, 숙박업, 항공업 등 관광산업과 연관된 분야에서 디지털 혁신을 기반으로 다양한 변화가 나타나고 있다.

표 6-2 4차 산업혁명 대표기술의 관광산업 적용 현황

분야	핵심기술	내용
여행업	가상여행보조 서비스 제공	• 인공지능 기능을 탑재한 가상 커시어지 모바일 여행사 Pana는 여행 옵션 및 예약방법 응대 • 여행에 대한 가격알림, 자동체크인 등의 추가기능 제공
	맞춤형 트립스앱 개발	200개가 넘는 관광목적지에 대한 가이드 및 개인별 구글 히스토리를 기반으로 레스토랑이나 행선지 등을 맞춤형으로 추천하는 구글 트립스앱 개발
호텔업	VR 경험 객실 서비스	메리어트 호텔은 객실내 엔터테인먼트 옵션으로 VR 룸서비스 제공
	호텔용 IoT 전원 자동화	CytexOne은 호텔시스템에 IoT 기술을 적용하여 환기, 조명, 점유감지 및 엔터테인먼트, 미니바 등 서비스의 진단 · 예측을 원격모니터링으로 감시
	IoT 기반 플랫폼	IoT 플랫폼 전문기업과 IoT를 기반으로 호텔전용 플랫폼 'Smart Stay' 공동사업 추진
	인공지능 안내서비스 로봇	IBM과 제휴해 미국 전역에 있는 호텔 체인에 인공지능을 갖춘 고객안내서비스 로봇 도입 추진
	인공지능 로봇	헨나 호텔은 인공지능 로봇을 배치하여, 수하물, 로커 운반 및 룸서비스 제공
카지노	인공지능 로봇 딜러	홍콩 파라다이스는 여성 카지노 딜러 대신 카드의 용량을 제한하는 로봇 딜러 배치, 향후 인공지능 로봇 딜러 개발 발표
항공업	개인맞춤형 데이터	콴타스(Qantas) 항공은 고객데이터 플랫폼 기업인 Umbel과 협력하여 개인맞춤형 데이터 허브 구축
	로봇 가이드	네덜란드 항공사 KLM은 암스테르담 공항에서 환승객을 게이트로 이동시키는 업무를 지원하는 로봇 가이드인 Spencer 배치
	3D 프린팅	에어버스는 툴링, 프로토타입 제작, 항공기 부품제작에 3D 프린팅 기술 적용

출처: 김규찬 등(2017)

[표 6-2]에서 나타난 것처럼, 여행업은 주로 인공지능 기반의 개인 맞춤형 여행 서비스와 가상 컨시어지 모바일 여행 서비스 제공으로 확대해가고 있다. 호텔업의 경우, IoT 전원자동화 시스템 도입, 인공지능 안내 서비스 로봇 배치 등이 주를 이룬다. 카지노산업은 인간 딜러를 대신하여 로봇 딜러가 배치되면서 기존인력의 재

배치가 이루어지고 있다. 이외에 항공업의 경우 개인 맞춤형 데이터 체계를 마련하거나 승객을 위한 안내 로봇, 3D 프린팅을 이용한 부품 제작 등에서 변화가 일어나고 있다.

3.2 스마트 관광 생태계의 구성요소

스마트 관광 생태계는 핵심산업, 연관산업, 유관산업 그리고 이들 산업을 둘러싼 제반환경을 포괄하고 있다. 스마트 관광 생태계 속에는 다양한 이해관계자가 존재하고 서로 지속적으로 네트워크를 형성하고 이익을 내는 구조가 된다. 구체적으로, 스마트 관광 생태계 영역과 각 영역별 구성요소는 [표 6-3]과 같다.

표 6-3 스마트 관광 생태계 영역과 구성요소

영역	내용
핵심산업	• 스마트 관광 생태계 속에서 관광객의 관광활동에 필요한 여행 서비스, 관광상품 등의 핵심적인 서비스를 제공하는 영역으로, 관광객과 서비스제공자로 구분 • 관광객: 관광목적, 체류기간, 동반형태 등 다양한 특성을 보여주는 개인이나 집단으로, 스마트 관광 생태계 안에서 다양한 ICT를 바탕으로 과거와는 달리 주체적인 활동을 나타냄 • 서비스제공자: 관광객의 관광활동에 필요한 숙박, 교통, 식음료, 오락, 여행서비스 등 관광상품이나 서비스를 제공하는 기업으로, 공급부문의 가치사슬을 형성하는 핵심적인 주체를 의미
연관산업	핵심산업을 구성하는 관광기업의 경영활동을 위한 소재 및 부품 공급, 서비스를 지원하는 기능을 담당하는 주체: 항공업, 식음료업, 외식업, 공연업, 이벤트업, 웨딩업, 통역서비스업 등이 해당
유관산업	핵심산업과 연관산업에 직·간접적인 영향을 미치는 이해관계자 집단: 관광관련 중앙 및 지방정부, 관광공기업, 관광연구기관, 관광 사업자 단체 등
외부환경	스마트 관광 생태계 전반에 영향을 미치는 제반 환경: 정치, 경제, 사회, 문화, 기술적 환경 등

출처: 김덕기 · 김현주(2013)

3.3 제주특별자치도의 스마트 관광 구축 사례

1) 스마트 관광 생태계 구축

제주특별자치도는 스마트 관광 생태계 구축을 위한 핵심산업 차원에서 관광지 및 공원 등에 520여 개의 무료 공공와이파이존을 구축하여 '개방형 스마트 플랫폼'을 실현하기 위한 인프라를 구축하였다. 제주도에서는 어디서나 고성능의 기가와이파이(Giga Wi-Fi) 기술을 통해 많은 관광객이 스마트 관광 콘텐츠 서비스를 원활하게 이용할 수 있다. 공공와이파이는 최초 1회만 인증을 받게 되면 누구나 이용가능하다.

■ 그림 6-14 ■ 제주 공공와이파이

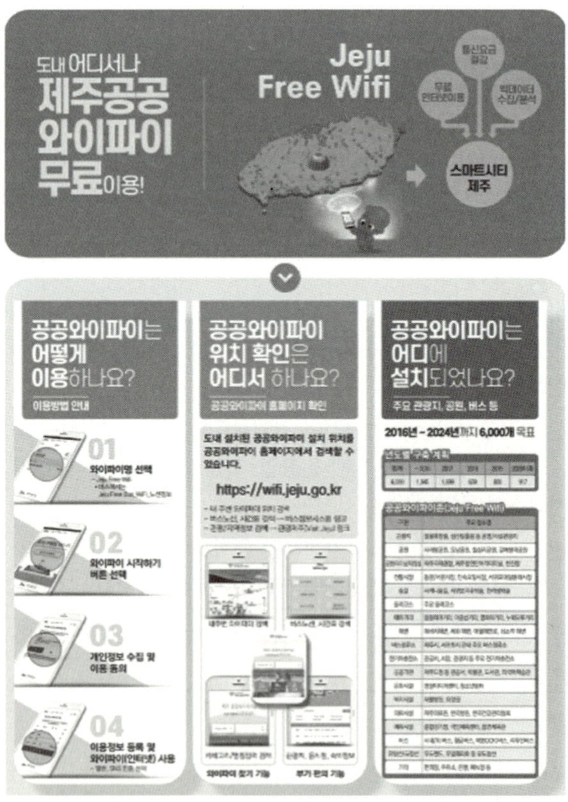

제주의 공공와이파이 보급은 개방형 스마트 플랫폼 구축의 사전단계였다. 이 플랫폼을 통해 관광객들이 공공와이파이 접속 시 입력하는 국적, 성별, 나이 등의 인구통계 데이터를 수집하여 이들의 체류시간, 이동경로, 소비행위 패턴을 분석하게 된다. 빅데이터 중심의 관광 서비스를 구현하게 되면 제주 방문 관광객에게 맞춤화된 관광상품 기획이 가능해지기 때문이다. 제주도는 2016년부터 공공와이파이와 비콘(Beacon)을 통해 빅데이터를 수집하고 분석하는 체계를 구축하는 시도를 하였다. 그러나 2018년 비콘의 사용실적 부진과 유지보수 비용의 문제로 비콘관리시스템은 폐지되었고, 비콘관리시스템과 같이 운영되었던 스마트 관광 플랫폼은 '제주데이터허브'로 통합되어 데이터를 제공하고 있다.

한편, 제주도는 이동형 IoT 플랫폼을 활용하고 있다. 제주의 대중교통 버스 전체에 이동형 IoT 플랫폼을 설치하여 정확한 대중교통 정보는 물론 운전 행태분석을 통한 운전 품질개선 데이터, 기온 및 미세먼지 등의 환경 관련 데이터 등을 확인할 수 있다. 제주도는 이들 데이터를 활용하여 대중교통 이용객들의 편의를 증가시키고 있다. 특히 카카오맵과 연계된 고정밀 위치정보를 활용한 실시간 대중교통 서비스는 버스의 움직임을 10cm, 또는 1초 간격으로 실시간 안내하고 있는 것이 특징이다.

그림 6-15 카카오맵 제주 초정밀 버스위치정보 서비스

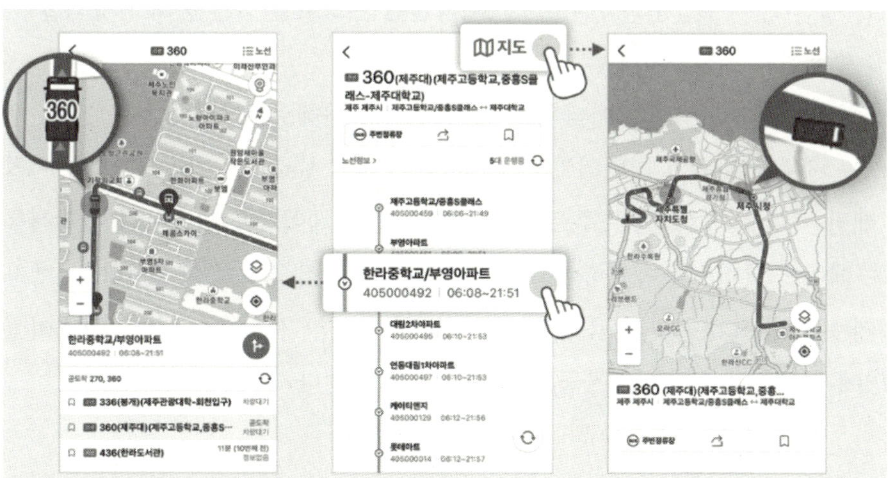

출처: https://kakaomap.tistory.com/272?category=197647

제주도는 '지속가능한 공존, 스마트 제주'라는 비전하에 스마트 도시 구축 사업의 차원에서 스마트 관광 활성화를 추진하고 있다. 문화 · 관광자원을 스마트화하는 것을 넘어 지역경제, 사회, 환경 분야의 공공서비스 개선을 위한 스마트시티 인프라 구축에 집중하고 있는 것이다. 이 인프라 위에 방대한 양의 관광정보를 체계적으로 수집 · 분석함으로써 관광객들에게 하나의 맞춤형 원스톱 관광정보 제공을 하기 위함이다. 제주도는 관광객의 이동경로, 체류시간, 소비현황 등을 분석하여 관광객 유치 및 홍보 마케팅을 하고 있으며, 관광 활성화를 위해 노력하고 있다.

2) 제주의 관광 서비스 사례

제주는 다양한 문화 · 관광자원을 보유하고 있어 이들 자원에 증강현실(AR: Augmented Reality), 가상현실(VR: Virtual Reality)을 활용한 관광콘텐츠 서비스를 중점적으로 진행하고 있다. AR과 VR 기술을 활용하여 기존 문화 · 관광 자원을 스마트화하고, 기존 관광업자에게 제공함으로써 관광산업의 고부가가치를 모색하고 있다. 이들 서비스는 주로 공영관광지에서 가족관광객이나 교육여행객들을 대상으로 스마트 교육관광 체험 서비스를 운영하는 데 사용되며, 스마트폰을 이용한 게임이나 미션 수행 활동을 제공하여 다양한 체험이 가능하도록 유도하고 있다. 예컨대, 제주돌문화공원이나 해녀박물관은 모바일 앱을 통해 관광객들이 미션을 수행하는 체험들이다.

이외에도 제주도의 빅데이터 기반 스마트 관광 사례로는 제주패스가 있다. 제주패스는 제주도 관광업 기반의 OTA(Online Travel Agency) 기업이다. 이 기업에서 개발한 애플리케이션은 주로 제주지역의 맛집 데이터를 활용하여 관광객들에게 큐레이션 서비스를 제공하여 최적화된 제주도 맛집 정보를 제공한다. 여행자들은 제주도 내 500여 곳의 음식점 쿠폰과 1만여 건의 사용자 리뷰를 통해 여행자 개인에게 맞춤화된 정보를 제공하고 할인도 받게 된다.

그림 6-16 제주패스 애플리케이션 화면

출처: http://www.thejejupass.com/home/main/main.do?#section2

제주도는 스마트 관광 서비스 도입에 적극적인 지자체이다. 스마트 관광을 활성화하기 위해서는 이를 위한 인프라가 구축되어야 한다. 제주도는 제주관광공사 연구조사센터를 통해 통계데이터 구축, 관광객 서비스 플랫폼 구축, 알고리즘 개발 등 빅데이터를 활용한 스마트 관광을 추진하고 있다. 공공기관이 여러 데이터를 개방하고 민간 사업자가 이를 활용하여 스마트 관광 서비스를 만들 수 있는 생태계를 마련하고 있는 것이다.

제주도의 여러 데이터를 관광사업자가 활용하게 되면, 이 데이터를 활용하여 트렌드에 맞는 다양한 관광 서비스와 상품개발이 가능하다. 관광객은 여행코스를 설계할 때 개인 맞춤형 정보로 최적의 여행을 기대할 수도 있다. 관광사업자 입장에서도 고객 친화적이고 수익성이 분명한 관광 아이템을 개발하는데 도움이 된다.

참고문헌

김규찬 · 이성민 · 김현주, 윤주, 4차 산업혁명과 문화 · 관광산업 정책방향, 한국문화관광연구원, 2017.

김덕기 · 김현주, 관광산업의 고도화를 위한 생태계 구축방안, 한국문화관광연구원, 2013.

구철모, 스마트 관광: 개념과 사례를 중심으로, 도서출판 청람, 2020.

구철모 · 김정현 · 정남호, "스마트 관광 생태계의 이론화와 활용," Information Systems Review, 제16권, 제3호, 2014, pp.69-87.

신선진 · 김성현 · 노희섭 · 구철모, "4차 산업혁명시대의 스마트 관광 생태계 고찰: 제주특별자치도 사례를 중심으로," 기업경영연구, 제25권, 제6호, 2018, pp.1-18.

문준환 · 김성현 · 노희섭 · 구철모, "빅데이터를 활용한 스마트 관광도시 사례분석 연구: 제주특별자치도 관광객 데이터를 중심으로," Information Systems Review, 제21권, 제2호, 2019, pp.1-27.

장병주, "관광기업의 4차 산업혁명기술 흐름과 미래전망 그리고 대응전략에 대한 연구: 호텔기업을 중심으로," 동북아관광연구, 제15권, 제2호, 2019, pp.149-166.

정병옥, ICT 신기술을 활용한 스마트 관광의 추진사례 분석 및 활성화 방안 연구. 한국콘텐츠학회논문지 '15 Vol.15, No.11, 2015, pp.509-523.

인천테크노파크, 인천광역시, 4차산업혁명 기술, 시장정보, 8회 스마트 관광, No. 8, 2020.

Gretzel, U., Sigala, M, Xiang, Z., and Koo, C., "Smart Tourism: Foundation and Developments," Electronic Markets, Vol.25, No.3, 2015, pp.179-188.

[참고사이트]

http://www.aitimes.kr

http://www.boannews.com

http://www.dailymagazine.co.kr/news/newsview.php?ncode=1065578129582108

07

CHAPTER

인공지능으로 구현되는 세상

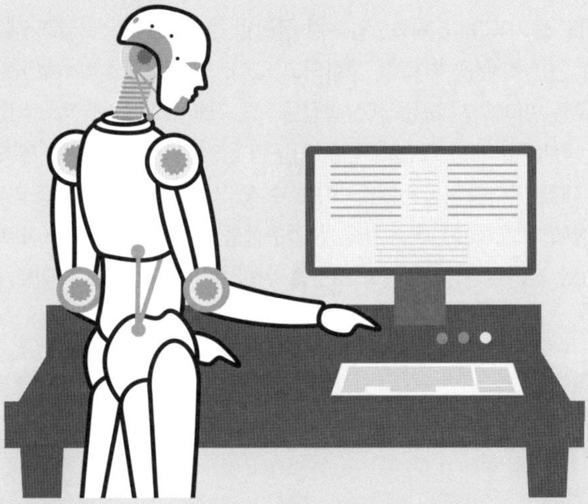

스마트 제조(공장)

07 CHAPTER 스마트 제조(공장)

정보통신기술(ICT)의 융합으로 달성되는 4차 산업혁명은 다양한 분야에 융합 · 적용됨에 따라 제조업에서도 불가피하다. 특히, 지속된 글로벌 경기 침체와 맞물려 제조산업의 위상 하락과 인구고령화로 인한 숙련공 부족이 심화되고 있다. 스마트 공장(Smart Factory)은 제품의 기획, 설계, 생산, 유통, 판매까지 모든 생산과정을 ICT 기술로 통합해 최소 비용과 시간으로 고객 맞춤형 제품을 생산하는 사람 중심의 첨단 지능형 공장이다. 이를 통해 제조업 생태계의 고부가가치화 창출과 제조 패러다임의 전환을 이룰 수 있다. 이 장에서는 제조업의 스마트화 등장 배경과 스마트 공장의 개념, 특징, 적용기술, 산업구성을 살펴본다. 또한 스마트 공장 수준 진단 및 분석 프레임워크와 스마트 공장의 기술 보호를 위한 이슈를 다루고, 스마트 공장의 구축 성공 사례를 살펴본다.

제 1 절 스마트 공장의 이해

1.1 제조업의 스마트화 등장 배경

1990년대 이후 지속된 글로벌 경기 침체와 맞물려 제조산업의 위상이 점차 하락하고, 인구고령화 및 교육 여건의 변화로 인해 숙련공의 부족이 심화되고 있다. 이는 노동원가 및 제조원가의 상승으로 이어지는데 비해 시장에서는 비용절감의 압박과 동시에 고객 위주의 맞춤형 제품에 대한 수요가 높아지고 있다. 과거 비용절감으로 인해 해외로 공장을 이전하는 오프쇼어링(Off-Shoring)이 증가됨에 따라 산업 전반에 위기감이 고조되었다. 하지만, 최근 코로나 사태로 인하여 전세계 국가들이 자국 기업의 생산라인을 국내로 다시 불러들이는 공격적인 리쇼어링(Re-Shoring) 정책을 펼치고 있다.

이때, 고객의 요구사항에 맞춘 공급의 안전성과 핵심 산업에 대한 지속적 성장, 양질의 일자리 구축 측면에서 무조건적인 리쇼어링은 피해야 한다. 또한 올해 유럽연합(EU)의 탄소국경조정제도(CBAM) 도입 발표를 전후로 탄소세 도입 논의가 대두되고 있다. 이는 우리나라의 산업 경쟁력 훼손 우려를 야기시킨다. 즉, 우리 기업에 대한 탄소세 부과로 제조원가 부담이 높아지는 상황에서 제조업에 대한 혁신은 반드시 요구된다.

고객지향적 제조업 특성상 단축되는 제품의 라이프사이클과 높아지는 제품 변동성과 맞물린 맞춤형 대량생산체제의 요구는 필연적이다. 아울러 세계적으로 'ESG 경영'이 뜨거운 화두로 떠오르면서 기업 경영의 핵심 키워드로 자리잡고 있다. 즉, 환경(Environment), 사회(Social), 지배구조(Governance)의 약어로, 기업이 환경을 보호하고, 사회적 가치를 중요하게 여기며, 투명하고 윤리적인 지배구조 개선을 실천해야 지속 성장이 가능하다.

정보통신기술(ICT)의 융합으로 달성되는 4차 산업혁명은 다양한 분야에 융합 적용됨에 따라 제조업에서도 불가피한 추세다. 즉, IoT, 인공지능, 빅데이터, 클라우드 등과 같이 제조 및 관리의 자동화와 유지보수의 지능화가 추구되고 있다. 따라서 스마트 제조 및 생산 기술이 토대가 된 상태에서 리쇼어링 기반이 마련되어야 하며, 이를 통한 제조업 생태계 고부가가치화를 통한 패러다임의 전환이 요구되며, 스마트공장을 통해 달성될 수 있다.

1.2 스마트 공장의 개념과 특징

1) 스마트 공장의 개념

스마트 공장(Smart Factory)은 제품의 기획, 설계, 생산, 유통, 판매까지 모든 생산과정을 ICT기술로 통합해 최소 비용과 시간으로 고객 맞춤형 제품을 생산하는 사람 중심의 첨단 지능형 공장이다. 이를 통해 실시간으로 기계의 상태나 공정의 진행률 등의 정보를 수집하고, 공유하며, 필요한 의사결정을 실시간으로 내림으로써 최고의 생산 효율성을 달성할 수 있도록 지원한다. 이를 위해 기존의 제조

기술에 센서, 클라우드, 빅데이터, 정밀제어, 모바일 등 사양한 ICT 기술과의 융합이 요구되며, 높은 수준의 자동화 및 지능화 인프라를 제공함으로써 생산성 제고, 에너지 절감, 안전한 환경, 유연한 생산체계 등의 구축을 지원한다.

스마트 공장을 제조 단계별로 나누면, 기획 · 설계 단계에서 제품 성능 시뮬레이션을 통해 제작기간 단축, 맞춤형 제품 개발을 할 수 있다. 생산 단계에서는 설비–자재–시스템 간 통신을 통해 다품종 대량생산, 에너지, 설비 효율을 제고할 수 있다. 유통 · 판매 단계에서는 모기업–협력사 간 실시간 연동을 통해 재고비용 감소, 품질, 물류 등 전(全)분야 협력이 가능하다. 이러한 스마트 공장은 제품 기획 · 개발부터 양산까지, 주문에서부터 완제품 출하까지 제조 관련 모든 과정을 말한다. 응용시스템뿐 아니라 현장자동화와 제어자동화 영역까지 공장 운영의 모든 부분을 포함하는 것이다.

[그림 7–1]은 스마트 공장의 개괄적인 구성도이다. 우선 클라우드 플랫폼은 클라우드를 통해 가상화된 컴퓨터시스템 리소스를 사용하는 영역이며, CPPS(Cyber Physical Production System)와 AI 지능형 기술이 결합될 수 있다.

현장자동화 영역은 스마트 공장의 최하위 영역으로 동작, 위치, 환경정보 등을 감지하고, 로봇을 통해 실질적인 제품생산 및 보관, 재고관리를 수행하는 장치를 의미한다.

제어자동화 영역은 스마트 공장의 생산설비로부터 입수한 정보를 분석 · 가공 · 시뮬레이션을 수행하며, 상위의 응용시스템 영역과 연계하여 생산설비를 모니터링 · 제어하는 영역을 의미한다. 이때, 제어자동화에는 공장제어(PLC), 컴퓨터수치제어(CNC), 산업용 센서 등이 포함된다.

응용시스템(S/W) 영역은 제어자동화로부터 수집된 정보를 사용자 편의에 따라 가시화하고, 분석을 수행하며, 제조 · 유통 · 조달 · 안전 등 플랫폼상의 전반적인 관리를 수행하는 최상위 소프트웨어 영역을 의미한다. 응용시스템은 기존 공정관리시스템인 PLM(Product Lifecycle Management), SCM(Supply Chain Management), MES(Manufacturing Execution System), ERP(Enterprise Resource Planning)를 플랫폼 서비스화하며, 생산성 향상, 에너지 절감, 안전한 생산 환경을 구현하고, 다품종 복합생산이 가능한 유연한 생산체계 구축을 제공한다.

▌그림 7-1▐ 스마트 공장 구성도

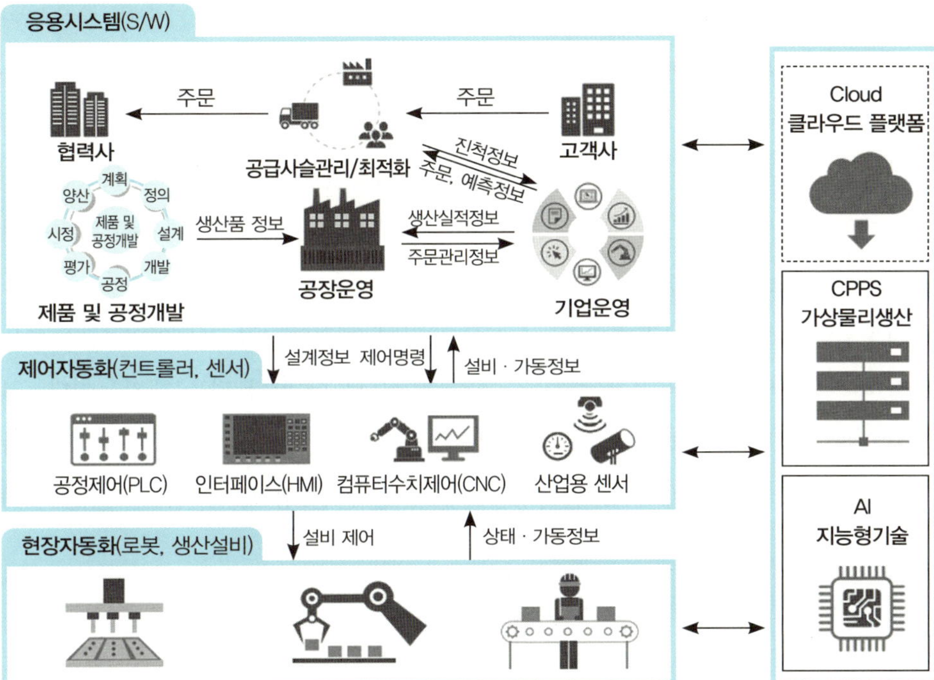

출처: 산업통상자원부(http://www.motie.go.kr/)

2) 스마트 공장의 특징

지금까지의 공장자동화 기술은 각각의 공정별로만 자동화가 이루어져 있기에 전체 공정을 유기적으로 관리하기가 어려웠다. 사전 프로그래밍이나 명령에 의한 생산으로 공정 변경에 따른 프로그램의 변경이 요구되었다. 또한 기업 내 정보시스템과 자동화시스템이 수직적으로 연결되어 운영되었다. 하지만, 스마트 공장은 ICT를 활용해서 모든 설비나 장치가 무선통신으로 연결되고, 모든 장치로부터 센서를 통해 데이터를 실시간으로 수집하고, 이러한 데이터를 공정 간 자유롭게 연계함으로써 보다 유기적이고 통합적인 최적의 생산 환경을 구축할 수 있다. 따라서 설비, 재료, 환경 등의 상태에 따라 통신에 의한 실시간 자율 판단에 근거한 생산이 가능하며 기존 정보시스템과의 수직 · 수평적 통합 연결이 가능하다.

스마트 공장은 지능화 · 연결화 · 가상화의 특징을 가지고 있다. 지능화란 디지털 데이터 및 정보를 수집 · 저장 · 분석하고 이를 기반으로 스스로 판단하며, AI를 활용하여 자율적으로 제어하는 기능이다. 연결화란 센서와 통신기술을 활용하여 공장에 존재하는 모든 사람, 설비, 부품, 재료, 공정을 연결하는 것이다. 가상화는 물리적인 현재 공장과 가상 공장을 연계하는 CPS(Cyber Physical System), 디지털 트윈(Digital Twin) 등의 개념과 연결된다. 이러한 특징 때문에 스마트 공장을 성공적으로 도입하기 위해서는 능동성, 지능성, 신뢰성, 민첩성, 연계성 측면에서의 고려가 필요하다(김승태, 2017).

지능성이란 변화된 여건에 따라 스스로 판단하는 의사결정 기능이며, 능동성은 생산 데이터 간의 상관성을 도출하고 이를 바탕으로 한 판단 및 이행기능이다. 신뢰성은 수집된 데이터의 신뢰성을 바탕으로 공정상의 이상 상황에 대한 안정성과 공정의 보장까지의 역할이며, 민첩성은 제조공정 관련 경보, 조치 소요시간 등의

▌그림 7-2▌스마트 공장 특징

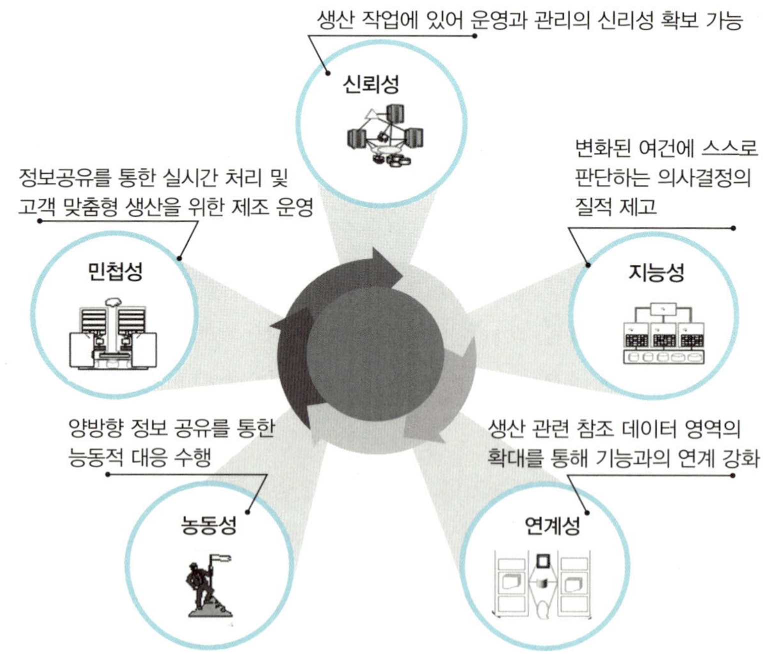

빠른 대응력 확보를 의미하며, 연계성은 대량의 데이터를 바탕으로 각종 기능과 연계하는 것이다.

결국, 기존의 중앙집권형 생산체제를 바꾸고 제조업이 생산의 분권화와 자율화를 가져옴으로써 다양한 제품을 신속하게 고객 맞춤형으로 합리적인 가격에 시장에 제공할 수 있다.

1.3 스마트 공장 적용 기술과 산업 구성

1) 스마트 공장 적용가능 기술

스마트 공장을 움직이는 다양한 ICT 기술들 중에서 가장 대표적인 기술을 요약하였다. 우선 IoT(사물인터넷)는 인터넷 기반의 사물 간, 사물과 사람 간의 연결을 통해 제조현장 내의 다양한 데이터를 수집할 수 있다. AR(증강현실)은 VR(가상현실)과 더불어 공정이나 조립과정에서의 문제점을 미리 파악할 수 있도록 함으로써 손실의 가능성을 줄여준다. CPS(Cyber Physical System)는 제조현장과 동일한 가상환경 시뮬레이션 환경을 제공함으로써 전사 최적화를 위한 디지털 트윈(Digital Twin)을 가능하도록 한다.

AI(인공지능) 기술을 통해 제조과정상의 축적된 데이터를 분석해서 최적의 의사결정을 내릴 수 있도록 만든다. Big Data(빅데이터) 처리를 통해 제조과정에서 발생되는 다양한 정형적 · 비정형적 데이터를 축적하고 분석해서 생산의 효율성을 높일 수 있다. 클라우드(Cloud)는 특히 중소기업의 제조현장에서 IT 자원을 활용하는데 매우 큰 도움을 줄 수 있다. 각각에 대한 상세한 내용은 [그림 7-3]에 정리하였다.

❚ 그림 7-3 ❚ 스마트 공장을 움직이는 핵심 기술

	개념	이미지
IoT (사물인터넷)	• 인터넷 기반으로 사물 간, 사물-사람 간 연결을 통해 기계로부터 유용한 정보수집 –제조현장에 센서와 디바이스 등을 설치하여 사전 공정제어 등 효과	
AR (증강현실)	• 실세계에 3차원 가상물체를 겹쳐서 보여주는 기술을 활용해 현실과 가상환경을 융합한 복합형 가상현실 –가상현실 기술을 활용하여 공정이나 조립과정에 대해서 적용가능	
CPS (사이버 물리시스템)	• 현실과 동일한 가상공간을 구현, 연결한 시스템 –제조현장과 동일한 가상환경 시뮬레이션을 통해 리스크 헤지가 가능	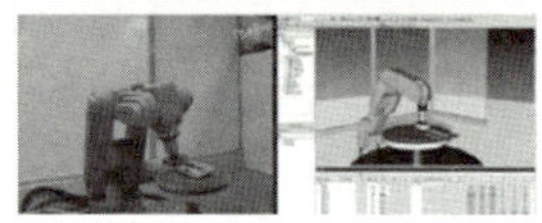 현실 가상공간
AI (인공지능)	• 인간의 사고능력(인지, 추론, 학습)을 모방한 기술 –제조과정에서 축적된 데이터를 분석하는 방식 중 하나로, 기계가 훈련과정을 거쳐 자율적으로 최적 의사결정을 할 수 있는가 여부가 관건	 현장에서 수집된 데이터를 AI를 활용해 분석
Big data (빅데이터)	• 방대하고 다양한 자료(정형 · 비정형)를 빠르게 분석하는 기술 –제조과정에서 발생되는 데이터를 어떻게 축적할 것인가가 이슈	
Cloud (클라우드)	• IT 자원을 필요한 만큼 빌려서 사용하고 지원받는 컴퓨터시스템 –제조과정상 발생된 데이터를 어디에 저장하고, 누가 소유할 것인가에 대한 이슈	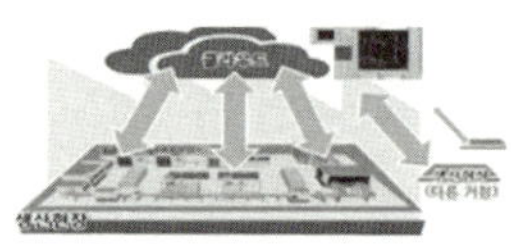 생산현장 데이터 저장

출처: 산업통상자원부

2) 스마트 공장 산업 구성

스마트 공장의 생태계는 크게 애플리케이션(Application), 플랫폼(Platform), 디바이스(Device)로 나눌 수 있다. 디바이스 영역의 경우 스마트 공장의 생산환경 변화, 제품 및 재고현황 등과 관련되어 제조 및 생산정보를 감지하고 애플리케이션에 전달하여 분석 결과를 제조현장에 반영하여 수행토록 한다. 플랫폼은 디바이

스와 애플리케이션을 연결하는 역할로서 효율적인 데이터 채널 제공이 핵심이며, 데이터 분석 및 모델링을 통해 가상 물리 시뮬레이션을 통해 최적화된 정보를 제공한다. 애플리케이션은 제조 실행에 직접적으로 관여하거나 디바이스로부터 수집된 데이터를 분석하고 정해진 규칙에 따라 판단하는 영역으로서 스마트 공장 솔루션의 최상단에 위치하는 소프트웨어 시스템이다.

그림 7-4 스마트 공장 생태계

생태계 주체	애플리케이션	플랫폼	디바이스
정보의 흐름		수집 및 알림 → ← 제어 및 피드백	
제품/서비스	MES, PLM, ERP, SCM 등	IoT, 클라우드, 빅데이터, 네트워크 등	로봇, 설비, 센서 등

이때, 스마트 공장 애플리케이션 및 플랫폼은 수평적 · 수직적 통합이 유기적으로 요구되며, 디바이스 영역은 기기 간의 연결이 주된 이슈가 된다. 이를 위한 요소 기술의 혁신 및 통합과 프로세스 혁신이 중요하다. 특히 성공적인 스마트 공장 구축은 단일 공장의 정보시스템 구축이 아니라 공급자와 공급사슬, 고객과 고객관계관리의 연결이 최적화되어야 한다. 따라서 스마트 공장의 주요 성공요인은 '연결'이 얼마나 잘되어 있는가에 달려 있다. 여기에 네트워크, 상호 운용성, 보안 분야가 추가되며, 공장의 자동화, 지능화 구현을 위한 대표적인 기술이 IoT와 이를 기반으로 하는 CPS(Cyber Physical System)라고 불리는 사이버물리시스템이 있다.

스마트 공장 생태계 구성을 공급과 수요 측면에서도 구분할 수 있다. 공급 측면은 기존의 공장을 보다 스마트하게 만드는 하드웨어 기술과 소프트웨어 기술을 공급하는 측면이며, 수요 측면은 스마트 공장 기술을 도입해서 실제로 고객 맞춤형 제품을 생산하는 측면으로 구분된다.

보다 구체적으로 스마트 공장 공급산업은 산업용 네트워크, RFID 시스템, 센서, 산업용 로봇, 3D 프린터, 컨트롤러 등의 하드웨어 기술과 MES, ERP, 빅데이터, 클라우드, 사이버물리시스템, 시뮬레이션 등의 소프트웨어 기술로 구분할 수 있다. 스마트 공장 수요산업은 자동차, 반도체, 핸드폰, 항공 등 조립 프로세스를 포함하고 있는 이산산업(Discrete Industry)과 정유, 발전, 제지, 제약 등 연속적인 프로세스를 포함하고 있는 연속공정산업(Continuous Industry)으로 구분할 수 있다. 따라서, 스마트 공장 공급산업에서 구축된 기술이 수요산업의 프로세스와 융합되어 고객이 원하는 다양한 제품을 스마트하게 생산하게 되는 것이다.

제2절 스마트 공장과 정보시스템

2.1 스마트 공장 수준 진단 평가

산업통상자원부에서는 국내 제조기업이 자사의 공장 수준을 객관적으로 진단 · 평가할 수 있도록 평가모델을 도입하고 있다. 스마트 공장 진단 모델은 전략 및 리더십, 프로세스, 시스템/자동화 구축 여부, 성과 등을 포괄하는 종합평가체계를 발표해 KS 표준화를 진행하고 맞춤형 진단컨설팅을 제공하고 있다.

진단 영역 및 범주와 주요 내용을 [표 7-1]과 같이 요약하였으며, [표 7-2]와 같이 영역별로 다섯 단계의 수준별 인증을 실시한다.

표 7-1 스마트 공장 진단 영역

구분	평가 영역	주요 내용	평가 항목수
경영시스템 (100점)	리더십/전략	리더십, 운영전략, 실행관리, 성과관리 및 개선	8
프로세스 (100점)	제품개발	설계 및 제작, 개발관리, 공정개발	12
	생산계획	기준정보관리, 수요 및 주문대응, 생산계획	5
	공정관리	작업할당, 작업진행관리, 이상관리, 재고관리	5
	품질관리	예방, 시정, 심사 및 표준관리, 검사, 시험	12
	설비관리	설비가동, 설비보전, 보전자재, 금형/지그관리	6
	물류운영	구매외주관리, 창고관리, 출하배송	7
시스템/자동화 (400점)	정보시스템	ERP, SCM, MES, PLM, EMS 등	20
	설비 컨트롤	제어모델, 제어유연성, 자가진단, 네트워크 방식, 지원설비	10
성과 (100점)	성과	생산성, 품질, 원가, 납기, 안전/환경, 보전	12
합계 (1,000점)	10개 모듈, 95개 평가 항목으로 구성		95

표 7-2 스마트 공장 진단 수준

	수준 정의	표준	IOT 대상	특성	조건 (구축수준)	주요 도구
고도화	Level 5	자율운영	작업자, 설비, 자재, 운전조건+환경	맞춤 및 자율 (Customized)	모니터링부터 제어, 최적화까지 자율로 진행	인공지능, AR/VR, CPS 등
중간 2	Level 4	최적화	작업자, 설비, 자재, 운전조건	최적화 (Optimized)	공정운영 시뮬레이션을 통해 사전 대응가능	센서 제어기 최적화 도구
중간 1	Level 3	제어	작업자, 설비, 자재	분석 (Analysed)	수집된 정보를 분석하여 제어 가능	센서+ 분석도구

기초	Level 2	모니터링	작업자, 설비, 자재	측정 (Measured)	생산정보의 모니터링이 실시간 가능함	센서
	Level 1	점검	자재	식별 (Identified)	부분적 표준화 및 데이터 관리	바코드, RFID

표 7-3 스마트 공장 진단 수준별 주요 내용

단계	구분	내용
1단계	기초 수준	**ICT를 아직 적용하지 않은 단계** • 체크시트, 작업 일지 등을 수기로 관리함 • 상태를 단순 감지하며 외부 시스템과 연계되지 못함
2단계	기초 수준	**생산정보 디지털화** • ICT를 활용해 실적 및 상태 정보가 수집되는 단계 • 공장 내 아날로그 생산정보를 디지털화하는 수준 • 눈으로 보는 관리가 가능하며 실시간 정보의 추적이 가능함 • 감지 결과를 외부 모니터링 시스템에 데이터로 보여줌 • 이를 통한 제품의 생산이력 관리
3단계	중간1 수준	**생산정보 실시간 수집/분석** • 생산설비, 공정, 자재 및 제품 정보가 실시간 수집 · 분석되는 수준 • 생산정보를 통해 품질 분석이 가능하고 생산계획 세움 • 설비 및 기계를 유 · 무선 네트워크를 통해 원격으로 제어가능 • 수집된 정보를 분석해 이상을 발견하고 조치를 취하는 의사결정 실시
4단계	중간2 수준	**시스템을 통한 생산공정 제어** • 수집 · 분석된 생산정보를 토대로 원인과 해결책을 시스템이 스스로 판단하고 실시간으로 제어하여 생산을 최적화하는 수준 • 빅데이터 기술, 전문가시스템, 시뮬레이션 기법 등을 활용해 사전 대응 시스템 구축 • 최적화기법(선형계획 등)을 활용해 얻은 결과를 의사결정에 활용
5단계	고도화	**맞춤형 유연생산, 지능형 공장** • 모니터링, 제어, 최적화가 사람이 아닌 시스템에 의해 자율운영이 가능함 • 무인화 공정이 확산되어 전체 공장을 자율운영할 수 있는 상태이며, 고객의 요구에 즉시 생산 배송하는 맞춤 서비스 공장 • IoT, CPS 기술 등이 완벽히 통합되어 물리적 공장과 디지털 공장이 같아지는 이상적인 디지털 트윈(Digital Twin)을 구축함. 디지털 트윈은 가상 환경이 현실에서 그대로 구현되는 것을 의미함

2.2 스마트 공장 프레임워크[01]

스마트 공장 운영관리시스템 프레임워크는 현 수준 진단 및 미래 시스템 설계의 기본 모델로서 비전과 전략, 목표와 성과, 기업경영, 제조운영, 기계와 제어의 5개 계층으로 구성되어 있다.

그림 7-5 스마트 공장 프레임워크

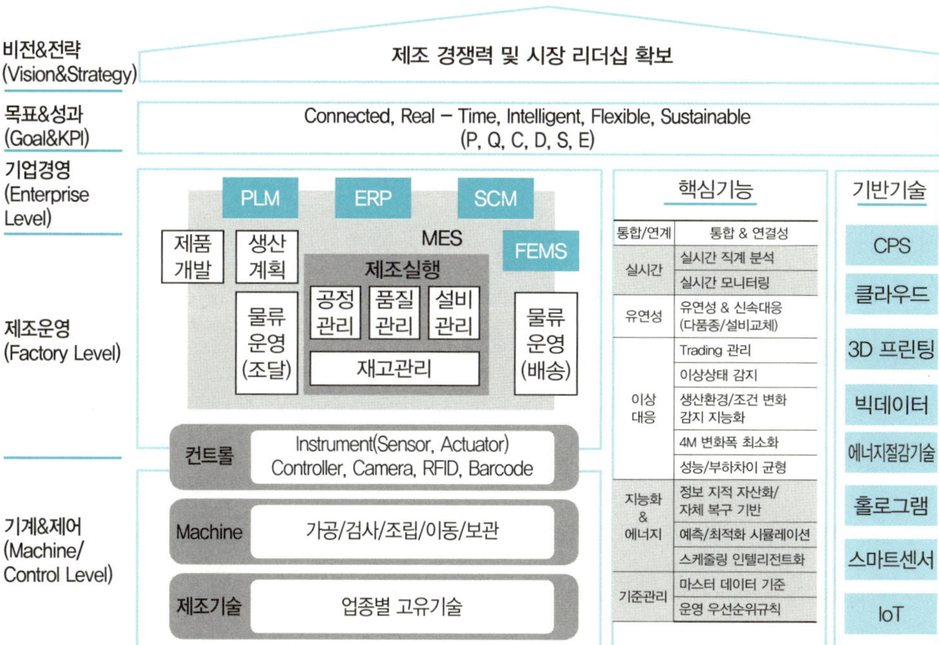

* PLM: Product Lifecycle Management
* ERP: Enterprise Resource Planning
* SCM: Supply Chain Management
* MES: Manufacturing Execution System
* FEMS: Factory Energy Management System
* CPS: Cyber Physical System
* AR/VR: Augmented Reality/Virtual Reality
* IoT: Internet of Things

01 스마트공장 추진단, 한국생산성본부(2016), 스마트 공장 3부: 수준진단평가모델(KS 3부)

우선, 최종 비전과 전략은 '제조 경쟁력 및 시장 리더십을 확보'하는 것이다. 이를 위한 목표와 성과는 시간(Time), 지능(Intelligent), 유연성(Flexible), 지속성(Sustainable) 등이며, 생산(Productivity), 품질(Quality), 원가(Cost), 납기(Delivery), 속도(Speed), 에너지(Energy) 등과 같은 KPI(Key Performance Index)로 구성되어 있다.

그리고, 기업경영 수준에서 제공되는 정보시스템이 제조운영 수준에서 제공되는 정보시스템과 연계되어 있고, 하단에 기계 및 제조기술 측면에서 기계 및 제어 수준 정보시스템이 토대를 이루고 있다. 그림에서 사용되는 약어는 아래와 같이 정리되어 있다.

이러한 스마트 공장을 구성하는 전체 시스템은 전사적 차원에서 하위 기계수준(Machine Level)에 이르는 전체 과정을 아우르고 있다. 결국 제조 경쟁력 및 시장 리더십을 확보하기 위한 스마트 공장은 개별 공장에서 가치사슬(Value Chain) 고도화에 이르기까지이며, 결국 스마트 공장의 핵심성공요인(CSF: Critical Sucess Factor)은 데이터를 잘 활용하는 방법에 달려 있다.

1) PLM(Product Lifecycle Management)

PLM이란 제품수명주기관리(Product Lifecycle Management)로 제품의 라이프사이클, 즉 제품의 기획 설계, 제조, 운영, 보수유지, 폐기 등 모든 활동을 지원하고 그에 관련된 데이터, 정보, 지식 등을 관리하는 하나의 혁신 비즈니스 솔루션이다. 특히, 제조업의 가치사슬인 제품의 기획-설계-제조-영업-서비스-폐기에 이르는 전체 라이프사이클을 관리하고, 각 프로세스에서 관리되고 있는 부품과 관련된 기술 데이터를 통합함으로써 전체 공정에서 모순 없는 데이터의 공통 이용을 실현하고자 한다.

초기에는 PDM(Product Data Management)이라는 개념으로 제품의 초기 개념, 설계, 개발, 마케팅 등의 제품의 모든 데이터를 단계별로 수집하여 이러한 데이터를 각 공정에 따라 부서별로 동시 병행 처리를 가능하게 만들어 제품의 개발, 작업의 효율성을 극대화시킨 개념에서 시작하여 PLM으로 발전하게 되었다.

2) ERP(Enterprise Resource Planning)

ERP는 전체 조직의 다양한 부서 및 운영을 연결하여 비즈니스에 대한 종합적인 뷰를 제공하는 솔루션이다. 특정 부서의 운영정보는 확대하여 자세히 살펴보고, 전체 비즈니스의 운영현황은 축소하여 살펴볼 수 있다. 이러한 뷰를 통해 문제를 사전에 해결하고, 방해요소를 제거하며, 비즈니스 성장을 지속하는 데 필요한 사항을 변경할 수 있다.

비즈니스 인텔리전스(Business Intelligence)를 시각화하는 ERP 시스템은 조직의 여러 업무 영역에 이점을 제공한다. 다음은 효율적인 ERP 시스템이 일반적인 비즈니스 업무 영역을 간소화하고 최적화하는 영역을 요약하였다.

(1) 재무

효율적인 ERP 시스템에서 제공하는 비즈니스 인텔리전스를 통해 수익성을 높이고, 오류를 식별하며, 데이터 중복을 제거하고, 규정 준수를 수행한다.

(2) 제조

제품의 제조 및 배송을 추적하고, 예약하고, 최적화하는 ERP 시스템의 이점을 활용하여 제품을 고객에게 배송하기까지의 전반적인 사항을 지원한다.

(3) 소매유통

ERP 시스템은 일원화된 소매유통 환경을 제공하고 원활한 운영 방식을 만든다. 제품정보, 재고, 고객 프로모션, 영업 관련 데이터를 모두 중앙에서 관리하므로 매장 판매와 온라인 구매를 모두 간소화할 수 있다.

(4) 공급망

영업부터 주문 이행까지 생산현장, 창고, 시설, 운송 전반에 걸쳐 물류를 최적화하는 ERP 시스템은 최적화를 촉진하고 가시성을 높이고 공급망을 간소화한다.

(5) 인사관리

단일 플랫폼에서 중앙집중식 데이터를 제공하는 인적자원관리시스템은 종종 ERP 시스템에 통합된다. 복리후생관리, 결근 및 퇴직관리, 최고의 인재 유치 및 온보딩 옵션, 규정 준수를 보장하는 도구를 통해 직원의 성공을 지원할 수 있다.

3) MES(Manufacturing Execution System)

MES는 제품주문에 의한 착수에서 완성품의 품질검사까지 전 생산활동을 관리하는 시스템으로 생산현장의 각종 정보, 즉 생산실적, 작업자활동, 설비가동, 제품 품질정보 등을 실시간으로 집계 · 분석 · 모니터링 및 생산공정을 제어함으로써 고품질의 수익 지향적 생산체제를 갖추게 하는 통합 생산관리시스템이다. 생산현장에서의 생산계획의 실행상태를 실시간으로 정확하게 관리함으로써 생산성을 향상시키고 생산제품의 품질 향상을 기대하는 고객사의 요구사항이 증대됨에 따라 기업의 업종과 현장의 특성을 반영하고 관리측면에서의 필요사항을 고려하여 구축된다.

기존에 ERP(전사자원관리시스템) 등과 연동하여 자재의 입출고관리를 바코드 등으로 관리하여 원/부자재 수불을 명확히 하고 생산계획 단계부터 작업지시, 공정관리, 생산실적 등록 등을 관리단위별로 처리하고 생산 이력관리를 통해 품질관리가 가능하며 제품 입출고관리에서도 유무선 스캐너나 PDA 등을 활용하여 생산업무의 자동화와 현장정보의 수집 및 분석을 통한 데이터 처리의 명확화로 고객요구와 품질관리 등 작업자와 관리자의 빠른 의사결정을 돕는 시스템이다. 즉, MES는 제품주문에서 최종 제품의 완성까지 생산활동의 최적화를 위해 제조현장에서 발생하는 다양한 상황에 유기적으로 신속하게 대응할 수 있는 관리지원 시스템이다.

4) WMS(Warehouse Management System)

WMS는 입고/적치/재고/파킹/출고 등 물류센터 프로세스 전체를 통합 관리하여 고객기업의 물류관리 및 운영능력을 향상시킴으로써 경영자원의 유용한 활용과 고객 서비스 향상을 지원하는 시스템이다. 최근 물류센터의 대형화, 중앙집중화, 부가가치 기능 강화 추세에 따라 물류센터는 기존의 단순 보관에서 차별화 전략의 핵심 요인이 되고 있다. 물류센터를 효과적으로 운영하기 위해서는 자동화, 정보화, 지능화를 달성해야 하며, 이는 ICT의 적극적인 활용이 필수적이다.

이러한 WMS는 최소의 비용으로 창고의 면적, 작업자 및 하역설비 등 경영자원을 유효하게 활용하고 고객에 대한 서비스 수준을 제고시키는 것이 주목적이다. 또한 보관시설 및 품목별로 재고상황 기록을 적정하게 유지하는 기능도 포함하고 있다. 이를 통해 단위로 입고되는 재고에 개별번호를 부여하여 입출고 등의 이력관리를 쉽게 할 수 있으며, 창고를 구역/위치별로 세분화할 수 있어 재고 위치를 정확하게 파악할 수 있다, 또한 입출고 예정수량을 반영하여 창고 내 재고의 실제 사용 가능 수량을 파악할 수 있다.

5) PLC(Programmable Logic Controller)

PLC는 공장과 같은 산업현장에서 자동 제어 및 감시를 하기 위한 제어 장치로, 스위치센서, 위치정보 등을 입력으로 받아들인 뒤 입력된 프로그램에 의해 순차적으로 논리를 처리하고, 그에 따른 출력을 기반으로 공기 실린더, 유압 실린더. 진동판과 같은 외부 장치를 제어한다.

과거 공장에서 기계 자동화를 위한 순차제어를 위해 릴레이 회로를 사용했었다. 하지만 현장에서 기계에 연결하여 동작을 확인하는 과정에서 수정 및 변경 사항이 시도 때도 없었기 때문에 반도체 기술을 기반으로 한 프로그램 가능 논리 제어 장치가 개발되게 되었으며, 이렇게 개발된 PLC는 공장과 같은 산업현장에서 자동 기계제어뿐 아니라 산업용 로봇 제어, 하수처리, 엘리베이터 등 수많은 장소의 다양한 장치 및 기기에 사용되고 있다.

최근, 설비의 자동화와 고능률화의 요구에 따라 PLC의 적용 범위는 확대되고 있다. 특히 스마트 공장과 FMS(Flexible Manufacturing System)에 따른 PLC의 요구는 과거 중규모 이상의 릴레이 제어반 대체 효과에서 현재 고기능화 · 고속화의 추세로 소규모 공작 기계에서 대규모 시스템 설비에 이르기까지 적용되고 있다.

6) EAM(Enterprise Asset Management)

전사적자산관리(EAM)는 운영 자산 및 장비의 유지보수와 통제에 사용되는 소프트웨어, 시스템 및 서비스의 조합으로서 전체 라이프사이클 중에 자산의 품질과 활용을 최적화하고 생산 가동 시간을 늘리며 운영 비용을 절감하고자 한다. 전사적자산관리에는 작업관리, 자산 유지보수, 계획 및 스케줄링, 공급망관리 그리고 EHS(Environmental, Health and Safety) 이니셔티브가 포함된다.

밸브에서부터 차량에 이르기까지 모든 사물들이 센서와 시스템으로 연결된 사물인터넷(IoT) 시대에, 실무자들은 첨단 분석 기능과 인공지능(AI)을 EAM에 통합하고 있다. 계측된 자산에서 수집된 데이터는 AI 기술을 사용하여 분석이 이루어진다. 최종적인 인사이트는 유지보수 팀이 보다 나은 의사결정을 내리고 효율성을 향상시키며 예방정비를 수행하고 물리적 자산의 투자를 극대화할 수 있다.

7) FEMS(Factory Energy Management System)

FEMS는 ICT 기술을 적용해서 공장 에너지 절감과 생산설비 능력을 최적화하는 공장 에너지 관리시스템이다. 스마트 공장의 생산시설에서 사용하는 에너지 성능의 최적화를 위한 관리시스템으로서 생산활동 및 시설 유지에 사용되는 에너지를 모니터링, 분석, 제어함으로써 에너지의 효율적인 사용을 유도한다. FEMS를 구축해서 에너지의 소비량, 설비나 시스템의 운전상태 등을 모니터링할 수 있고, 소비패턴 분석 및 시뮬레이션을 통해 에너지가 낭비되는 부분을 파악하여 에너지를 효율적으로 이용할 수 있다.

2.3 스마트 공장과 CPS

1) CPS(사이버물리시스템)

사이버물리시스템(CPS: Cyber Physical System)은 모든 사물들이 서로 연결되어 정보를 교환하는 사물인터넷(IoT: Internet of Things)에서 컴퓨팅을 이용한 사이버 세계와 물리 세계가 발전된 IT 기술을 통해 유기적으로 융합되어 사물들이 서로 소통하며 자동적 · 지능적으로 제어되는 시스템이다. 이러한 CPS는 다양한 이종(異種) 시스템들이 네트워크를 통해 서로 연동되어 자율적으로 과업을 수행하는 스마트 시티, 스마트 국방, 스마트 교통, 스마트 그리드, 스마트 제조 등을 모두 포괄하는 SoS(System of Systems)에 필수적인 개념이다. 그 중에서 스마트 공장에서의 CPS는 제조업에서 IoT와 블록체인이 적용될 수 있으며, 나아가 사이버물리생산시스템(CPPS: Cyber Physical Production Systems)을 구축할 수 있다. [그림 7-6]은 CPS 플랫폼과 사물, 사람, 서비스 간의 연계를 도식화하였다(손상혁, 2016).

그림 7-6 CPS 플랫폼과 사물, 사람, 서비스 간의 연계

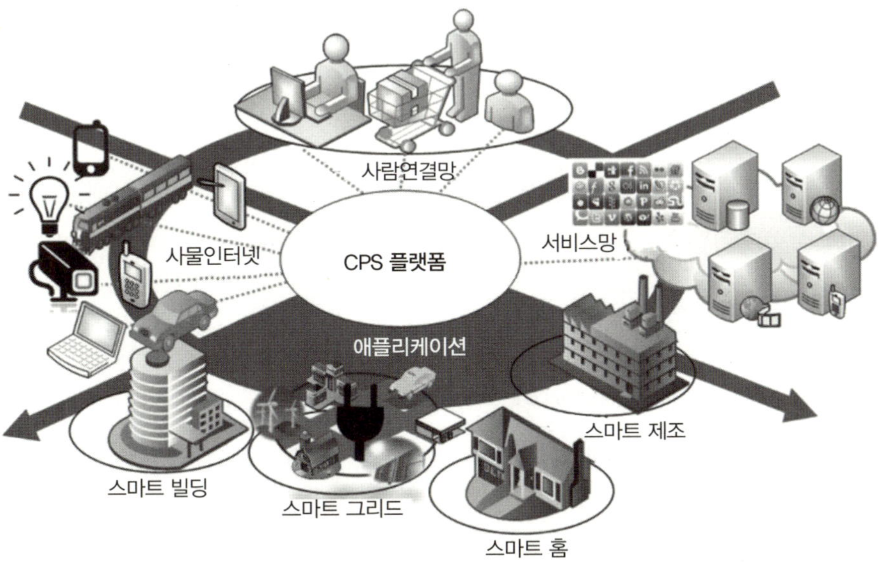

2) 제조업과 IoT

제조업에서 공장 내 생산활동을 '가시화(Visualization)'하는 것은 매우 중요하다. 공장의 생산활동은 다양한 기계 장비와 수작업의 조합으로 이루어지지만, 프로세스에 대한 양과 질은 가시적으로 쉽게 확인하기 힘들다. 이때, IoT 기술을 생산현장에 접목함으로써 프로세스에 대해 수치로 시각화할 수 있다.

가시화된 정보가 생산현장에 제공됨으로써 As-Is에 대한 명확한 판단과 To-Be에 대한 보다 정확한 예측이 가능해진다. 현재에 대한 명확한 판단의 예를 들면, 가시화된 생산 설비 정보를 통해 문제가 발생될 경우 스마트폰으로 바로 연락이 오거나, 판단이 필요한 정보가 있어서 현장에 갈 필요 없이 원격지에서 즉시 판단을 내릴 수 있다. 미래에 대한 정확한 예측의 예를 들면, 인공지능기술이 접목됨에 따라 미래를 예측하는 수단으로서 시뮬레이터를 사용함으로써 고장 예측이 가능해진다.

제조업에서 IoT를 적용할 때 다음과 같은 분야에서 효과성을 기대할 수 있다(조주현 역, 2019).

- 경영관리 분야: IoT는 많은 분야의 상황을 실시간으로 파악하고, 경영의사결정을 보다 정확하게 내릴 수 있도록 지원
- 개발설계 분야: 여러 거점 간의 데이터 교환뿐만 아니라 3D 프린터를 활용해서 시제품 등의 물건도 동시에 공유 가능함으로써 설계 리드타임을 절감하는 효과 존재
- 생산관리 분야: 생산 및 공급망상의 상황 전체를 파악할 수 있기에 최적의 관리가 가능하며, 발주에 대한 대응 능력 향상 및 생산 효율의 최적화를 통한 비용 절감과 수요 변동을 유연하게 대처 가능
- 제조관리 분야: 생산공정 현황을 파악하고, 원격 측정을 통해 다운 타임을 줄이고, 부하의 저감, 예지 보전 등과 같은 장점 제공
- 자동제어 분야: 장비에 설치된 센서로부터 데이터에 의한 공정의 이상 감지를 실행하거나 PLC를 통한 공정자율제어 실행 가능

3) 블록체인과 제조업

과거 대형 공장건물 속에서 중앙집중식 조립라인을 가진 제조공정 시대는 저물고 있다. 스마트 공장은 분산 제조의 시대를 열고 있다. 다양한 지역과 장소의 허브에 원자재 및 원재료는 분산되어 있고, 완성된 제품은 소비자 가까이에서 만들어져야 한다. 유통이나 운송을 최소화하면서 소비자 옆에서 제공될 수 있도록 해야 한다. 이때, 디지털 정보를 중심으로 제조에 필요한 재료는 모두 분산공급 체인으로 교체될 수 있다. 무역, 항구, 항만, 운송, 수송 등의 역할 변화와 축소가 예상된다. 국내의 많은 제조업체들이 인건비와 높은 부지사용료 등의 이유로 해외로 이전됨에 따라 국내 지역의 경제 상황은 악화되고 있다. 아울러 국내 운영 제조업체들은 낮은 생산성으로 글로벌 경쟁력이 약화되고 있다.

그림 7-7 MFG 토큰과 블록체인 활용

미국, SyncFab

- 블록체인 기반 도시형 분산제조 플랫폼
- 아이디어를 보유한 기업가와 하드웨어 제조사, 물류회사 등을 블록체인상에서 P2P로 연결하여 분산형 제조 생태계를 구현

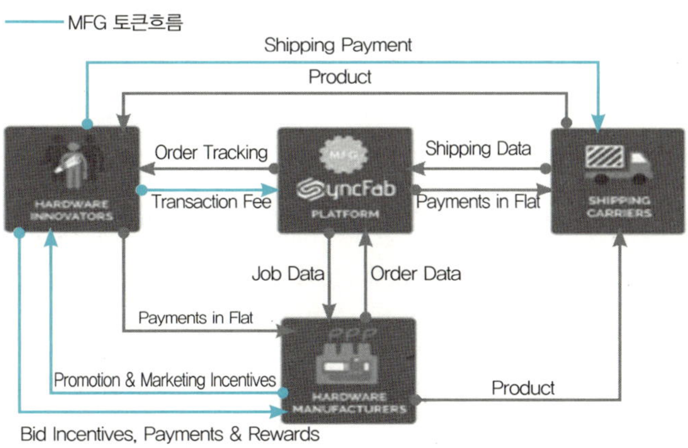

※ USE CASE: MFG Token and Blockchain for a More Responsive Supply Chain(SyncFab, 2018)

이를 해결할 수 있는 방안으로서 블록체인을 활용해서 제조업 혁신을 위한 도시형 분산제조 플랫폼이 구축되고 있다. 즉, 3D 프린팅, 협동 로봇 등 다양한 ICT를 블록체인으로 통하하여 분산 도시제조 생태계를 조성하고 있다. 이를 통해 지역결제의 활성화와 스마트 플랫폼 내에서 지역/전국 기업 간의 커뮤니티를 통해 정보 공유와 협력을 통한 새로운 비즈니스를 창출할 수 있다.

4) 사이버물리생산시스템(CPPS)

CPPS(Cyber Physical Production System)는 제조산업 분야에 CPS 기술이 적용된 것으로 컴퓨팅 및 정보처리, 통신, 센서 · 구동 · 제어 기능이 현실세계의 사물(생산 기계, 조립 로봇, 작업자 등)들과 네트워크로 연계되어 자동화 및 지능화된 유기적인 센싱제어 기반의 스마트 제조시스템 기술을 총칭한다.

CPPS는 공장 현장의 필드버스나 PLC, 센서 등에서 데이터를 수집하고, 상위로 MES, ERP, SCM 등의 기업운영 애플리케이션의 데이터로 변환하여 전달하는 수직적인 데이터의 통합을 통해 제조와 비즈니스 영역을 연결할 수 있는 역할을 차지한다. CPPS는 제품개발부터 출시 AS, 단종, 재활용의 단계까지 제품 라이프사이클상에 존재하는 제품의 기획, 수요조사, 설계 및 제품 시뮬레이션 등 PLM 전 과정에서 작동되고 있는 시스템과 협력 기업의 제조 및 비즈니스 활동에서 발생하는 데이터를 수평적으로 수집 · 통합해서 CPPS 내부로 전달한다.

따라서 CPPS는 공장 내외의 모든 정보를 수집하고 저장하여 하나의 빅데이터를 구성하는데 기여할 수 있다. 빅데이터를 분석하여 비로소 필요한 정보의 생성이나, 지능화된 자율의사 결정을 통해 물리세계인 설비와 공정 운영을 각종 액추에이터와 작업 지시 등을 통해 제어할 수 있게 되는 것이다.

스마트 공장에서 CPPS는 외부환경, 공장 설비 및 운영환경에 부착된 센서와의 통신을 통해 수집된 정보들을 자율적으로 분석하고 의사결정하여 최적의 솔루션을 찾는 방식으로 지능화된 '상황 인지', '판단 및 분석', '수행(Control)'을 통해 생산현장의 설비 네트워크 간 '운영'에 관련된 최적화된 의사결정을 통합하여 지원해 준다.

특히, 데이터 분석기술(Data Analytics)을 통해 생산현장의 물리적 세계와 동기화된 사이버 모델, 즉 디지털 트윈(Digital Twin) 기술과 5G통신 기술을 활용하여 원격관리가 가능해야 하며, 깊이 있는 빅데이터 관리 기술을 기반으로 한 가상화 기술(VR, AR)을 융합시키는 것은 필수적이다.

그림 7-8 CPS 시스템

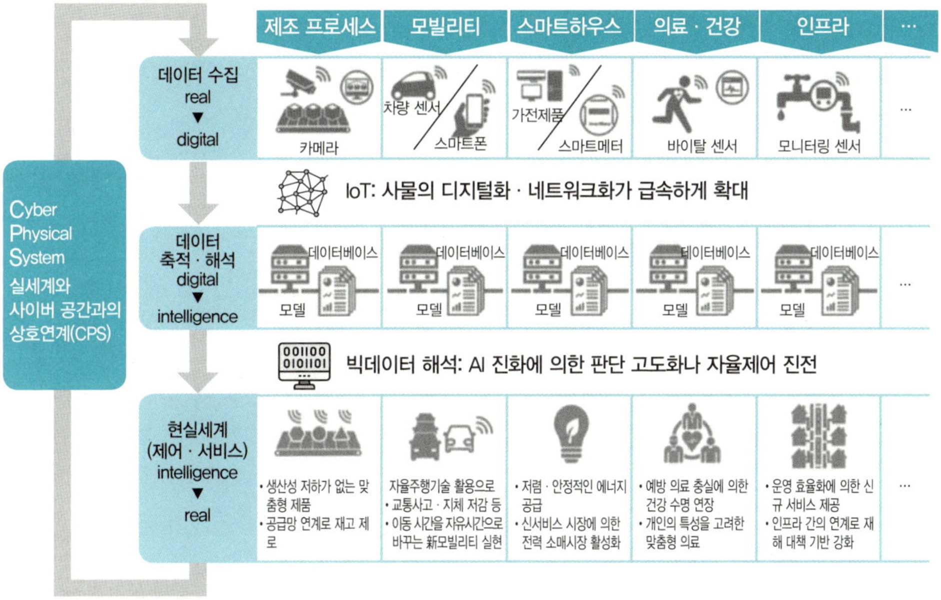

2.4 스마트 공장 기술 보호[02]

스마트 공장을 위해서는 4차 산업혁명의 핵심인 사물인터넷(IoT), 빅데이터 분석, 로봇공학, 인공지능, 5G 이동통신기술 등의 기술이 복합적으로 요구된다. 스마트 공장은 설계, 제조, 유통 등 전 과정이 ICT로 연결되어, 보안 사고시 모든 공

02 중소벤처기업부, 과학기술정보통신부, 한국인터넷진흥원, 대 · 중소기업 · 농업협력재단, 스마트 공장 기술보호 수칙, 2020.
한국인터넷진흥원, 공장 분야 ICT 융합 제품 · 서비스의 보안 내재화를 위한 스마트 공장 사이버보안 가이드, 2019.

정의 핵심 기술이 유출될 수 있다. 따라서 스마트 공장은 기존의 공장과 IT 기술이 융합됨에 따라 IT 환경에서의 보안 문제뿐 아니라 비IT 환경 또는 융합 환경에서의 보안문제를 고려해야 한다.

스마트 공장 단계가 고도화될수록 그에 상응하는 보안위협과 취약성의 범위가 늘어나고 피해에 따른 손해는 심각해진다. 따라서 현업 책임자는 반드시 스마트공장 기술보호를 위한 방안을 마련하고, 적극적으로 지켜야 할 것이다. 일반적으로 생산라인이 중단될 경우 시간당 평균 2만2천 달러의 손실이 발생되며, 다운타임, 정상화, 계약관련 금액, 주가 하락 등의 제반 비용의 손해가 발생될 수 있다.

대표적인 사례로서 2018년 대만 TSMC에서는 USB를 통한 악성코드 감염으로 일부 공장 내 생산라인이 가동 중단됨으로써 하루 110억 원의 추정 손실액이 발생되었다. 2019년도에는 노르웨이 노르스크 하이드로에서는 랜섬웨어 감염으로 인한 생산차질로 4,100만달러(한화 약 500억 원) 규모의 손실과 전 세계 알루미늄 가격의 변동을 초래한 바 있다. 2019년 벨기에 아스코 인더스트리에서도 랜섬웨어 감염으로 생산시스템이 마비됨으로써 1,500여 명의 직원 중에서 1,000여 명의 직원이 강제로 휴가를 부여받는 상황이 발생되었다.

1) 스마트 공장 보안 위협

스마트 공장은 정보통신 '기술'과 운영 '시스템'이 결합된만큼 기존의 IT 관련 보안 위협과 스마트 공장 운영과 연계된 정보시스템 관련 취약성, 그리고 외부 인터넷망과 연결됨으로써 발생되는 영역에 대한 다양한 보안 관련 사고가 내재되어 있다.

예를 들어, 보안 솔루션이 적용되기 어려운 산업용 설비가 외부 인터넷망에 직접 연결되어 바이러스에 감염되거나, 설비관리자가 악의적인 목적으로 펌웨어 업그레이드 또는 단순 점검을 위한 방문 시 USB를 활용하여 악성코드를 심는 방법 등을 통한 공격을 들 수 있다. 그리고 이러한 해킹을 통해 스마트 공장 내 생산공정 정보, 원료배합 정보 등의 기밀정보 유출이 발생할 수 있으며, 이외에도 악의적인 생산 중단을 통한 매출 손실, 작업자 인명피해 사고를 유발할 수 있다.

운영시스템 측면에서 스마트 공장의 보안의 우선순위를 데이터 유출, 위변조보다 설비시스템의 가용성과 작업자의 안전이 우선시되어야 한다. 이는 운영시스템 혹은 설비시스템이 제조사별 전용 OS와 상이한 통신 프로토콜이 결합되어 있는 복잡한 환경이라는 취약성에 노출될 수밖에 없다. 이는 시맨틱 상호운용성(Semantic Interoperability)과도 연결된다.

▮그림 7-9▮ 시맨틱 상호운용성 문제

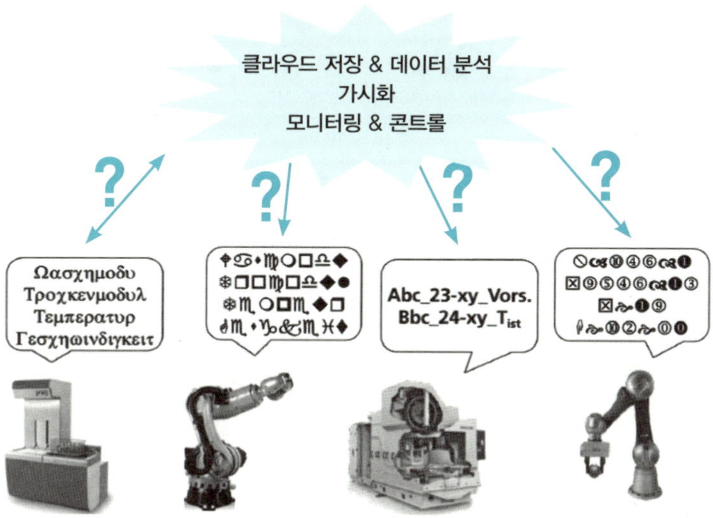

스마트 공장에서 발생할 수 있는 보안 위협에 따라 발생되는 취약성 발생 지점은 [그림 7-10]과 같다.

▮그림 7-10▮ 스마트 공장 보안 위협 및 취약성

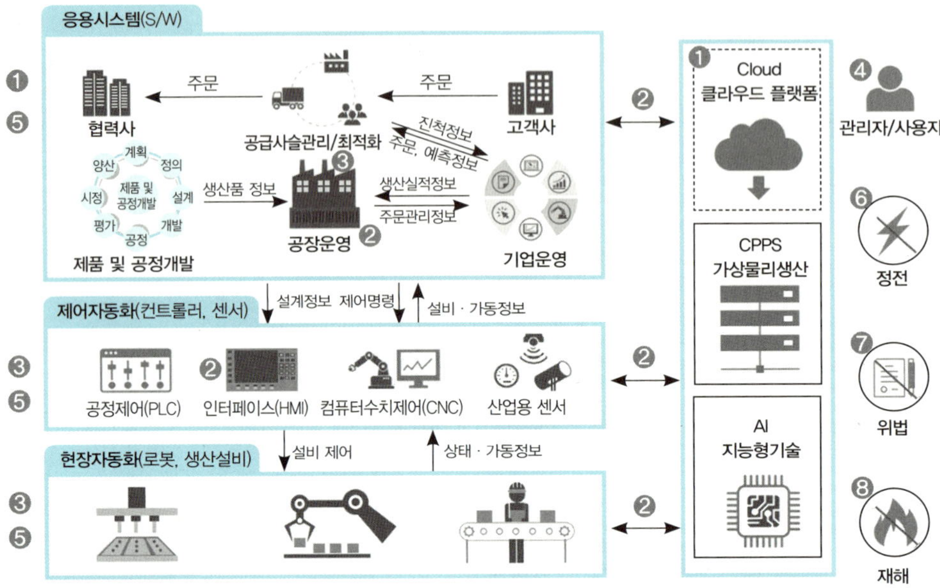

(1) 악의적인 활동

- 서비스 거부: IoT 시스템을 목표로 대량의 데이터 전송으로 야기되는 요청을 통해 시스템을 사용할 수 없도록 만드는 위협
- 멀웨어: 악의적 소프트웨어 침투를 통해 무단 조치를 수행토록 하여 OT 시스템, 운영 프로세스 및 관련 데이터에 손상을 줄 수 있는 위협
- 하드웨어 및 소프트웨어 조작: 공격자에 의해 OT 시스템 내의 장치 소프트웨어 또는 응용 프로그램이 무단 조작되는 위협
- 정보의 조작: 공격자에 의해 데이터가 위조 또는 수정되는 위협
- 표적 공격: 특정 조직 또는 특정 사람을 대상으로 한 고도로 개인화된 공격 위협
- 개인정보 악용: 기기 또는 클라우드에 저장된 개인의 민감한 정보를 공격자가 사용하는 위협
- 브루트 포스: 정확한 키나 암호를 추측하기 위해 수많은 시도를 하여 조직의 자원에 대한 접근권한을 얻는 위협

(2) 도청

- 중간자 공격: 통신으로 주고받는 정보가 공격자에 의해 유출 또는 노출되는 위협
- IoT 통신 프로토콜 하이재킹: 공격자가 두 네트워크 구성요소 사이의 기존 통신 세션을 제어하는 위협
- 네트워크 정보 노출: 네트워크를 수동적으로 검색하는 공격자에게 내부 네트워크 정보가 노출되는 위협

(3) 물리적 공격

- 직간접적인 시설 파괴: OT 환경에 물리적으로 접근할 수 있는 공격자에 의해 기기에 물리적 손상이 발생될 수 있는 위협

(4) 사고

- 의도하지 않은 데이터 또는 구성 변경: 불충분한 교육을 받은 직원에 의해 수행된 OT 시스템에 의해 의도하지 않은 데이터나 구성이 변경되어 운영 프로세스가 중단되는 위협
- 장치 및 시스템의 오용: 불충분한 교육을 받은 직원이 의도하지 않게 장치를 오용하여 운영 프로세스를 중단시키거나 기기에 물리적 손상을 입히는 위협
- 제3자에 의한 손실: 제3자에 의해 야기된 OT 자산 손상 위협

(5) 고장/오작동

- 센서, 액추에이터의 고장 또는 오작동: 장치의 매뉴얼과 지시사항을 지키지 않아 발생할 수 있는 IoT 종단 장치의 고장 또는 오작동 위협
- 제어시스템의 고장 또는 오작동: 장치의 매뉴얼과 지시사항을 지키지 않아 발생할 수 있는 제어시스템의 고장 또는 오작동의 위협
- 소프트웨어 취약점 악용: 공격자가 IoT 종단 장치 펌웨어 또는 소프트웨어

취약성(업데이트 부족, 취약한 암호 등)을 악용하는 위협

- 서비스 제동 업체의 실수 또는 중단: 제3자 서비스에 의존하는데 서비스의 장애나 오작동이 발생할 경우 프로세스가 중단되는 위협

(6) 정전

- 통신 네트워크 중단: 케이블, 무선, 모바일 네트워크 등의 문제로 통신 링크의 사용 불가능한 위협
- 전원 공급 중단: 전원 공급 장치의 고장 또는 오작동으로 전원 공급이 중단되는 위협
- 지원 서비스 손실: 생산 또는 물류를 지원하는 시스템의 오류 또는 오작동 위협

(7) 위법

- 개인정보보호 위반: 개인데이터 처리와 관련된 법적 문제 및 재정적 손실의 위협
- 계약사항 미이행: 구성요소 제조업체 및 소프트웨어 제공자가 필요한 보안 조치를 보장하는 것을 불이행하여 계약상 요건을 위반하는 위협

(8) 재해

- 자연재해: 홍수, 낙뢰, 강풍, 비, 강설 등의 자연재해의 위협
- 환경재해: 화재, 오염, 먼지, 부식, 폭발과 같은 사고 및 부정적인 조건의 위협

2) 스마트 공장 보안 관리자의 보안 수칙

스마트 공장의 보안 관리자가 기본적으로 지켜야 할 사항을 아래와 같이 요약하였다.

(1) 핵심기술 보호를 위한 정책 수립

- 스마트 공장 핵심기술 보호를 위한 정책 및 절차의 수립 및 준수
- 직원관리 절차, 핵심기술 식별/관리 절차, 보안구역 통제 절차, 보안사고 대응 절차 등 공장운영을 위한 정책 수립
- 주기적 점검을 통한 정책준수 여부의 점검

(2) 주요 자산 식별/관리

- 스마트 공장 주요 기술정보를 자산으로 정의하고 식별/관리
- 스마트 공장 운영에 필요한 장비, 데이터, 프로그램의 식별/관리
- 중요도에 따른 분류 및 핵심기술과 주요 시설의 별도 관리

(3) 보안업무 관리자 지정

- 기술보호를 위한 보안 관리자의 필수 지정
- 보안 관리자의 역할
  - 보안 정책 수립
  - 직원 보안교육, 보안 정책 이행에 대한 주기적 감사 및 점검
  - 보안장비 구축/운영
  - 보안사고 발생시 대응 및 복구 수행

(4) 체계적인 직원관리

- 모든 스마트 공장 근무자를 대상으로 직원관리 절차의 이행 여부 준수
- 내 · 외부 직원 인사변동(입사/퇴사/부서이동 등)에 따른 보안 서약서 작성
- 전직원 대상 필수 보안교육 실시
- 직원별 보안등급을 설정하고, 보안등급에 따라 공장 내 통제구역 접근 및 주요 데이터에 대한 접근 허용 가부 결정

(5) 스마트 공장 내 업무영역 분리

- 스마트 공장 운영시스템의 중요도에 따른 스마트 공장 내부 영역의 분리/운영
- 핵심기술 정보, 제어시스템 등 보호구역은 출입이 허가된 직원만 접근하도록 통제시스템 구축
- 보호구역은 통제 절차에 따라 CCTV, 출입대장 등을 통해 해당 구역에 대한 출입의 식별/관리

(6) 내 · 외부 위협으로부터 중요 설비 보호

- 내 · 외부 네트워크가 연결되는 PC 및 주요 서버의 패스워드에 대해 주기적 변경
- 백신, 방화벽 등 보안장비 운영을 통해 해킹 및 바이러스로부터 주요 기술 보호
- 백신은 주기적으로 업데이트(분기 1회 이상)

(7) 주기적인 보호 활동 수행

- 스마트 공장 운영시 주기적인 점검을 수행하여 이상유무 확인 필요
- 체크리스트에 따른 내부 보안규정 준수 여부 점검 및 미비사항 조치
- 체크리스트 필수 내용
  - 보안서약서, 보안교육 수행 등 직원관리 절차 준수 여부 점검
  - CCTV, 출입대장 등의 확인을 통한 외부인/보안구역 출입통제 규정 준수 여부 및 무단침입 기록 확인
  - 방화벽 등 보안기기의 운영기록 확인을 통한 외부 이상 접근 및 내부 비정상 운영 기록 확인

(8) 이동형 저장매체 사용 통제

- USB 저장매체, 스마트폰, 무선공유기 등에 대한 사용 관리 및 통제
- 핵심기술, 핵심장비가 있는 보안구역 출입 시 카메라, 스마트폰 등의 반입 차단

- 주요 정보시스템 및 내부 업무망에 접속할 수 있는 컴퓨터에서는 USB 등 휴대용 저장매체 사용 차단
- 사용이 허가되지 않은 무선 공유기 사용 금지

(9) 비상대응체계 구축

- 재해, 기술적 침해 상황에 대한 비상체계를 구축하여 사고 발생 시 신속히 대응
- 비상연락체계를 구축하여 해킹, 설비 중단 등 비상상황 발생 시 신속한 상황 전파
- 핵심기술 식별/관리 절차에 따라 주요 데이터 및 시설을 식별하여 우선순위가 높은 순으로 신속한 복구

(10) 비밀유지협약 체결

- 외부위탁 운영 시 비밀유지협약(NDA: Non Disclosure Agreement) 체결
- 클라우드 사용, 계약 관계 등으로 주요 기술의 외부 반출 시 상호 비밀유지협약(NDA) 체결
- 필요에 따라 쌍방 보호의무 준수와 단독 보호의무 준수의 구분 체결
- NDA 체결 시 포함 내용
  - 비밀정보의 범위
  - 비밀정보의 사용 용도
  - 비밀유지의무
  - 비밀정보 관련 권리의 귀속
  - 위반 시 손해배상 책임에 대한 내용

3) 스마트 공장 사용자의 보안 수칙

스마트 공장의 사용자가 일상적 · 기본적으로 지켜야 할 사항을 아래와 같이 요약하였다.

(1) PC 보호 프로그램 설치

- 스마트 공장 사용자의 노트북(PC)에 백신 설치 및 주기적 점검
- 백신에 대한 주기적 업데이트

(2) 노트북(PC) 비밀번호 설정

- 스마트 공장 사용자 PC(노트북)의 비밀번호 설정 및 주기적 변경
- 비밀번호의 철저한 관리(영문 대/소문자, 특수문자, 숫자를 혼합하여 8자리 이상 권장)
- 자리를 비울 때 화면 잠금기능 사용 생활화

(3) 불필요한 프로그램 제거

- 불법복제 프로그램, 공유 프로그램 등은 악성코드가 유포될 수 있으므로 사용 자제

(4) 신뢰할 수 없는 인터넷 주소 접속 금지

- 신뢰할 수 없는 사람으로부터 발생된 메일의 첨부파일 실행 금지
- 의심스러운 인터넷 주소의 클릭 금지

(5) 미등록 기기 사용 자제

- 스마트 공장 내에서 사용이 허가된 기기 이외에 미등록 기기 사용 자제
- 등록된 저장매체(USB 등)를 주요 시설에 연결하기 전 백신 검사 수행

(6) 데이터 보호

- 주요 기술정보가 포함된 문서는 암호를 설정하여 저장
- 주요 기술정보가 포함된 문서는 별도 백업을 통해 렌섬웨어로부터 보호

(7) 외부인 통제

- 외부인 방문 시 방문자 등록 및 출입증 발급 의무화
- 보안 영역에 외부인 방문 시 보안 관리자와 사전 협의 준수
- 방문인이 주요 보안 영역에 방문 시 내부 직원과 동행 필수

(8) 보안 사고 전파

- 보안 사고 또는 이상징후 발견 시 보안 관리자에게 신속한 보고
- 보안 대응 절차에 따른 신속 대응을 통해 피해 최소화

(9) 보안 교육 이수

- 사내에서 시행되는 보안 교육 이수 및 숙지
- 사내에서 시행되는 비상대응훈련 참석 필수

(10) 보안 규정 준수

- 사내 보안 규정의 숙지 및 준수

제 3 절 스마트 공장 구축 사례

3.1 글로벌 구축 사례

1) 독일: 지멘스(암베르크 공장)

지멘스는 공장 자동화 설비 생산의 강자로 CPS를 하드웨어와 융합하여 새로운 부가가치를 창출하려는 목적으로 디지털 트윈(Digital Twin)을 강조하였다. 이를 위해 제조업을 위한 클라우드 플랫폼인 '마인드스피어(MindShpere)'를 통해 소프트웨어 기업의 제조업 스마트화를 위한 솔루션과 수요 기업이 연계된 생태계를 구축하였다. 마인드스피어를 클라우드 기반 개방형 시스템으로 전환하고 공정 데이터 수집을 위한 플랫폼 구축을 추진하였다.

▮그림 7-11▮ 독일 지멘스의 마인드스피어

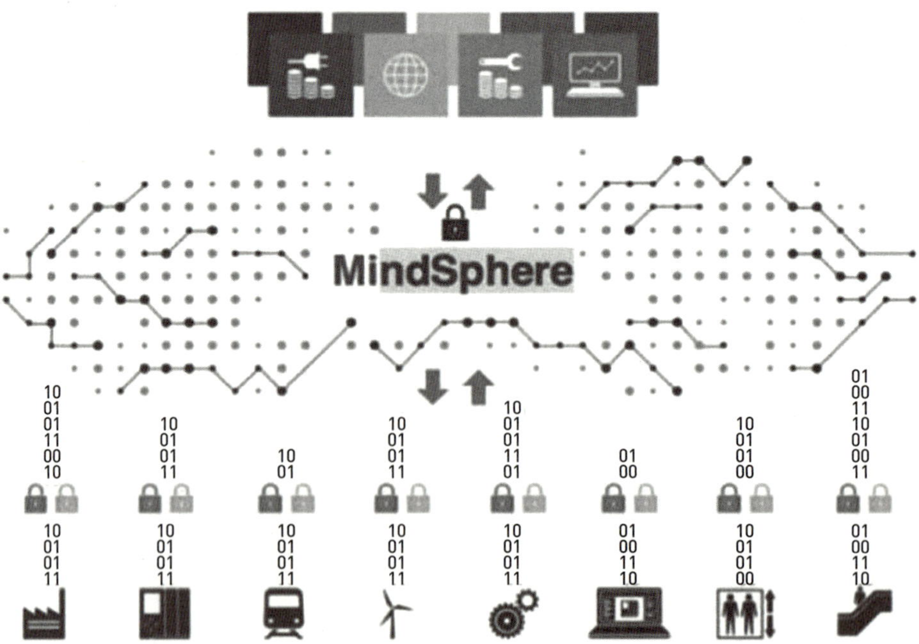

이러한 지멘스의 전략은 자사의 기존 강점을 바탕으로 기초 인프라 영역인 데이터 수집과 처리, 시뮬레이션 분야의 플랫폼으로 확장하고, 고성능 자동화 설비와 관리시스템 간 실시간 연동으로 다품종 고수율 생산을 구현하여 이를 통해 8배의 생산성이 향상되었다. 또한, 세계 최고의 지능형 공장을 구현하여 생산설비, 제어시스템 및 산업용 소프트웨어 등 거의 모든 산업분야의 제조 및 공정 자동화 솔루션을 보유하고 있으며 자동화·디지털화 영역에 핵심 역량을 집중하였다.

특히, 스마트 공장 EWA(Electronics Works Amberg)에서 매일 실시간으로 수집하는 5,000만 건의 정보를 통해 제조공정마다 자동으로 작업(75% 자동화 실현)을 지시하는 PLC 생산 공장으로 1989년 기준 공장 면적과 종업원 수는 동일하지만, 아래와 같은 절감효과를 얻었다.

- 개선 아이디어 채택: 13,000건(2014년) – 생산성 향상의 40% 기여
- 생산량: 150만 대 → 1,200만 대(8배 향상)
- 품질: 500 → 12 ppm(40배 향상)

2) 독일: 아디다스

아디다스는 신발 제조업체로서 업계 불황을 타개하고 가격경쟁력을 확보하기 위해 2013년부터 준비해서 최초로 독일 안스바흐(Ansbach)에 고도화된 스마트 공장인 스피트 팩토리를 구축하였다. 해당 프로젝트에는 소프트웨어, 센서 등 관련 업체 20개 이상이 참여했고, 최신 기술의 적용으로 소비자 주문부터 제작되는

■ 그림 7-12 ■ 독일 아디다스사의 스마트 공장

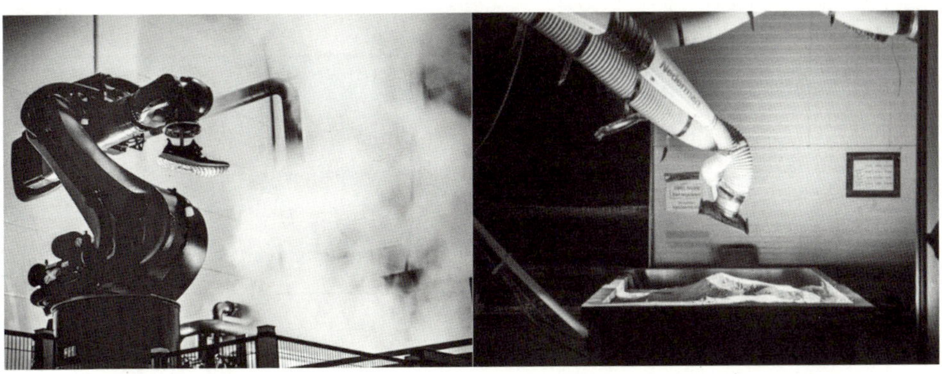

전체의 과정을 자동화하였다. 이후 2015년 미래형 공장을 선보였고, 2016년 최초로 고객 맞춤형 운동화인 퓨처크래프트 M.G.F(Futurecraft Made for Germany)를 생산해서 상업화 가동을 함으로써 대표적인 성공적인 스마트 공장 구축 사례로 출발하였다. 특히, 연간 50만 켤레를 생산함에도 불구하고 유지보수나 관리 등에 필요한 직원을 제외하면 생산현장에 직접 관여하는 인원은 10여 명 정도에 불과하였다.

하지만, 아디다스는 4년에 걸친 '스피드 팩토리' 생산성 향상 실험에 결국 실패했다. 노동집약적 신발 생산 방식을 바꾸고자 로보틱스 · 머신러닝 · 빅데이터 등 4차 산업혁명 기술을 총망라한 스피드 팩토리를 구축했다가 4년 만에 공장 중단을 결정하였다. 그 이유는 생산속도 면에서는 성공했지만, 대량생산까지는 아직 시기상조라는 교훈을 남겨두었다.

그림 7-13 아디다스사의 4년간 실험의 결과

아디다스 4년의 실험, 잃은 것과 얻은 것

잃은 것	얻은 것
• 대량생산에 부적합한 3D 프린팅 기술 한계 • 프린팅 소재물질 제한으로 가죽 공정 불가능 • 고성능 제품 중심의 좁은 포트폴리오 • 유럽 · 미국생산으로 아시아 유통 · 관세비용 증가	• 첨단기술 통해 제작시간 3배 단축 • 오픈 이노베이션 통한 협업 네트워크 • 4년 운영을 통해 축적한 방대한 데이터 • 3D · 4D 프린팅 기술 향상 시 재도전 가능

3) 미국: 테슬라

테슬라(Tesla) 역시 자본집약적인 자동차 산업에서 자동화를 활용하는 대표적인 사례이다. 테슬라의 프리몬트(Fremont) 공장은 '완전한 자동화 공장'이라는 목표로 1,000대 가량의 자동화 로봇을 활용해 조립라인을 구축했다. 자동 조립라인 구축을 위해 산업용 로봇 제조사 쿠카(Kuka)와 화낙(FANUC)으로부터 산업용 로봇을 구매했고, 부품 등의 이송을 위한 로봇(AGVs: Automated Guided Vehicles)을 활용 중이다.

또한, 테슬라는 3DX 시스템을 도입해 다품종생산 · 대량생산 기업으로 플랫폼을 전환해 나가고 있다. 배터리 대량생산이 가능해져 전기자동차 비용의 40%를 차지하는 배터리의 원가를 낮추고, 전기차의 가격 경쟁력을 높이고 있다. 배터리를 포함한 자동차 부품 및 외부 재료들이 재활용되고, 태양열 및 풍력 등의 재생에너지로 운영되는 공장으로 인해 비용을 절감하고 있다.

그림 7-14 테슬라사의 스마트 공장 전경

출처: 테슬라

하지만, 테슬라 역시 보급형 차량인 '모델3'를 출시하면서 스마트 공장에 대한 문제점이 드러났다. 2018년 40만 대 예약을 받고도 캘리포니아 프리몬트 공장라인에서 출고한 차량은 1,772대, 2019년 1분기 7,000대에 그쳤다. 업계에서 우려했던 생산차질이 현실화된 것이다. 테슬라의 최고경영자(CEO) 일론 머스크는 이에 대해 '과도한 자동화'를 이유로 꼽았다. "테슬라의 과도한 자동화는 실수였다. 정확하게 말해서 나의 실수다. 인간을 과소평가했다"고 말했다.

4) 미국: GE

GE는 전 세계 400여 개의 생산시설에서 생성되는 데이터를 수집하여 모니터링한 경험을 바탕으로 분석과 예측을 통한 제조공정 스마트화를 추구하고 있다. 주요 사업영역인 항공기 엔진과 발전기 설비는 중단 없이 안정적으로 가동하는 것이 무엇보다 중요한 분야이기에 최초의 산업용 클라우드 플랫폼인 'Predix'를 바탕으로 IoT를 통해 데이터를 수집하고 예지 정비를 수행하였다. 공장시설과 컴퓨터가 산업 인터넷을 통해 실시간 대화 및 정보 공유뿐 아니라 품질유지 및 돌발적 가동중지를 예방하는 의사결정을 내리고, 공급망 · 서비스 · 유통망과 인터넷을 통해 연결되어 최적화된 생산성을 유지하고 있다.

5) 일본: 미쯔비시

미쯔비시는 전기기기 분야의 강점을 활용한 엣지 컴퓨팅을 바탕으로 제조업 스마트화를 추진하고 있다. 엣지 컴퓨팅(Edge Computing)은 현장 설비와 ERP나 MES 등의 IT 시스템 중간에서 실시간으로 데이터를 분석하여 이벤트 발생에 대응하는 방식이다. 설비 가동 시 진동신호를 실시간으로 해석하여 고장 가능성을 알려주는 알고리즘을 내장한 건전성 솔루션 장치를 출시하였고, 사물인터넷 기술이 접목된 차세대 공장자동화(FA)시스템 개발을 위한 협력 프로그램을 시도하였다. 사물인터넷 관련 인텔의 전문 개발 솔루션과 미쯔비시 전기의 'e-Factory' 자동화 기술이 결합되어 조기 고장예측 등을 통해 생산성을 향상하였다.

6) 일본: 덴소

덴소는 유 · 무형의 자동화 프로덱트를 연결하고, 오픈 네트워크를 통해 공장의 모든 장치에 대한 통일된 액세스와 데이터 표현을 PC의 애플리케이션 소프트웨어에 제공하는 개방적인 통신 인터페이스 플랫폼으로 설계에서부터 시스템 구축에 이르기까지 설계자의 낭비를 최소화하고자 하였다. 로봇의 각 애플리케이션이 불필요하기 때문에 별도의 소프트웨어 개발이 필요 없고, 실제 기계가 만들어지기 전 단계에서부터 소프트웨어를 통한 시뮬레이션과 버그 수정이 가능하며, 더불어 사무실에서 실제 프로그램 편집 및 정보 확인이 가능하고 실제 기계로부터 리얼타임으로 정보를 수신해 장치의 움직임을 확인할 수 있어 공정 감시 및 원격 유지 보수가 용이하다.

3.2 국내 대기업 구축 사례[03]

(1) LS산전: 청주공장

LG산전의 청주공장은 1980년대 만들어져 1990년대 ERP/자동화시스템을 구축, 2008년부터 MES를 비롯한 자동화 설비 시스템을 추진했으며 상당 부분이 자동화를 달성하였다. 전체 시스템은 ERP 시스템을 중심으로 현장 데이터(MES)를 연결하고 공급망(SCM)을 연결해 주문부터 생산 공급을 모두 연결하는 시스템으로 구성되어 있다.

현재 LS산전은 천안공장 등에 싱글 패키지를 만들어 단일 라인으로 적용 가능하도록 스마트화를 진행 중이며 MES/품질관리/에너지관리와 더불어 시뮬레이션까지 패키지화해서 활용하려 하고 있다. 생산현장에서 발생된 정보들이 1차적으로 모이는 PLC 기기와 센서, 그리고 중앙통제장치 간에 IoT 기술을 적용함으로써 생산량은 기존 대비 60% 증가, 에너지 사용량은 기존 대비 60% 감소하는 효과를 가

03 국내 기업의 구축 사례는 네이버 검색을 통한 사례를 참고하였음.
(https://blog.naver.com/sigmagil/221543883688)

져왔다.

아울러 기존 생산제품에 커넥티드 기술을 패키지로 묶어 자사의 경쟁력을 강화하였고, ICT와 자동화 기술 융합을 통해 다품종 대량생산은 물론 맞춤형 소량 다품종생산도 가능한 시스템 변혁을 구현하였다. 또한 공장 자동화시스템과 스마트그리드 기술을 융합하여 에너지 최적화를 위한 통합 · 제어 · 관리시스템을 도입하고, 스마트 공장 시범사업(산업부)을 통해 PLC 기반의 조립 자동화 라인을 구축하고 수요예측시스템이 적용된 유연생산시스템을 운영 중이다.

(2) 포스코: Vision Factory

포스코는 제조공정 전체를 한눈으로 확인해 가장 효율적인 생산체계를 구축하는 미래형 공장을 구현함으로써 제조업의 비전을 달성하고자 하였다. 국내 제철소 대상 설비, 품질, 조업, 에너지, 안전관리 등의 분야에 스마트 공장 적용 프로젝트를 추진 중에 있다. 특히, 스마트 공장 구축을 위한 ICT 요소 기술을 적용 시도하고, RFID/GPS 기반 물류체계를 구축했으나 협력업체들의 비용 부담으로 인해 전체 협력업체로의 확산은 부족한 상황이다.

그림 7-15 포스코의 Vision Factory

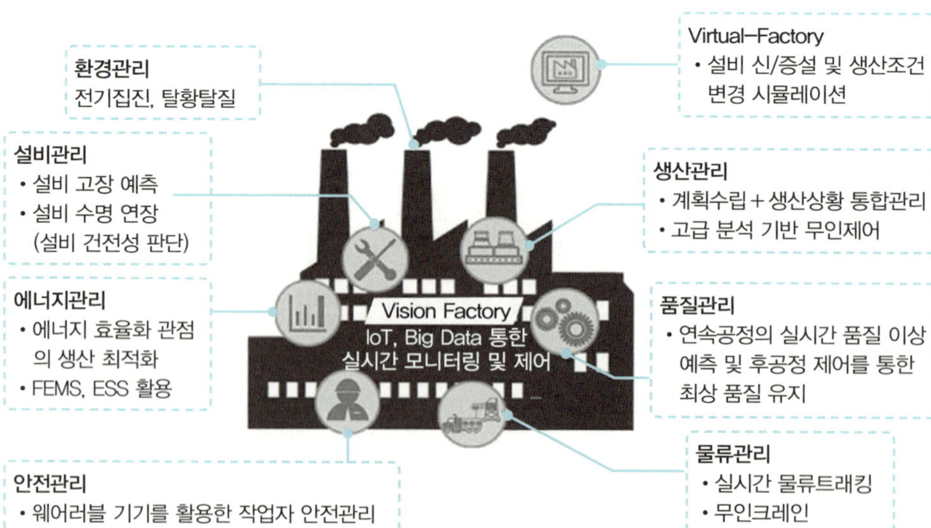

이러한 미래형 공장을 통해 포스코는 다음과 같은 목표를 달성하고자 한다.

- 제철소 시설 통합관리: 제조공정상 온도, 가스, 습도 등 정보를 통신센서를 통해 실시간 모니터링
- 물류효율성 제고: 차량 위치, 운행속도 파악, 적재 및 빈차 여부를 확인해 물류 신속성 향상
- 조명제어 등 에너지 절감: 8천 개에 달하는 조명설비의 통합 전원관리
- 모바일 오피스 구현: 현장점검, 정보를 실시간 처리, 이메일, 결재서류 현장에서 체크 등을 통해 기업 경쟁력을 제고

(3) 삼성전자

삼성전자는 반도체 제조공정의 24시간 무인가동체제를 구축 · 운영하고 있다. 1989년 설립된 삼성전자 광주사업장 그린시티는 3,000여 명이 근무 중인 삼성전자 프리미엄 생활가전 생산기지이다. 2016년부터 로봇, 인공지능, 자율주행, 사물인터넷 등 ICT 기술을 적극적으로 도입하여 삼성전자의 제조혁신에 앞장서고 있다.

(4) 아모레퍼시픽

지능형 무인공급 셀에 머신비전과 스파이더 로봇 기반 자동 Align 기능을 구현하여 부품 혼입 방지와 다품종 포장재 혼류 생산 기반을 확보해 투입 속도가 사람의 2.5배로 향상되었으며 분산자율제어 실행으로 유연성 극대화, IoT/ICT 기반 스마트 기술 활용 및 고효율 디지털 이송 모듈로 단위 면적당 절대 용량 향상과 다품종 유연화 생산 기반을 마련하여 IoT 실시간 데이터와 빅데이터 분석을 통해 품질 예측 및 공정 품질을 보증하고 있다.

(5) 현대위아

현대자동차그룹의 공작기계 제조회사로 지멘스와 협력하여 만든 스마트 공장 솔루션인 HYUNDAI I-TROL을 통해 제품 설계부터 3D 시뮬레이션 결과물을 확

인할 수 있다. 2019년까지 5년간 500억 원을 대 · 중소기업 협력재단에 출연하여 ICT 역량이 부족한 중소 협력사의 공장 스마트화에도 적극적으로 추진하고 있다.

참고문헌

김승태, "스마트 팩토리의 성공적 도입을 위한 고려사항", Strategy Consulting Group, 2017.

손상혁, 융합의 또 다른 이름, 사이버물리시스템, 지식의 지평, 2016.

스마트공장 추진단, 한국생산성본부(2016), 스마트공장 3부: 수준진단평가모델(KS 3부).

이록 · 김상영, 중소제조업의 스마트 팩토리 운영과 전략, 지식과감성, 2020.

이상진 · 임복규 · 박경록 · 박종찬, 사람중심의 4차 산업혁명을 선도하는 스마트 팩토리 운영과 전략, 한올출판사, 2018.

이호성, 현장중심형 스마트팩토리: 제4차 산업혁명 시대 최강의 무기, KMAC, 2019.

산업통상자원부, http://www.motie.go.kr/

중소벤처기업부, 과학기술정보통신부, 한국인터넷진흥원, 대 · 중소기업 농업협력재단, 스마트공장 기술보호 수칙, 2020.

최두환, 스마트팩토리로 경영하라, 허클베리북스, 2019.

카와카미 마사노부, 니이호리 카츠미, 타케우치 요시하사 저, 조주현 역, 스마트 팩토리, 위키미디어, 2019.

한국인터넷진흥원, 공장분야 ICT 융합 제품,서비스의 보안 내재화를 위한 스마트 공장 사이버보안 가이드, 2019.

08

CHAPTER

인공지능으로 구현되는 세상

스마트 도시

제1절 | 4차 산업혁명과 스마트 도시

제2절 | 스마트 환경

제3절 | 스마트 안전

08 CHAPTER 스마트 도시

인간은 사회적 동물이라고 한다. 인간의 사회적 특성은 도시의 건설과 도시문화를 가져왔다. 도시는 인류문명의 결정체이다. 2차 세계대전 이후 인구의 도시 집중으로 인하여 도시화가 급속히 진행되었다. 도시의 급속한 팽창은 환경, 교통, 에너지, 교육, 주거, 방범, 복지 등의 다양한 분야에서 문제점들을 드러냈다. 이러한 도시문제를 어떻게 해결하느냐가 미래 인류의 지속가능성을 결정할 것이다. 정보통신기술은 도시문제를 해결하는 데 있어 가장 중요한 수단이다. 정보통신기술을 활용하여 다양한 도시문제를 해결하기 위해서 나온 개념이 U-City이며, 이것이 더 진화한 개념이 스마트 도시(Smart City)이다. U-City가 정보통신기술을 이용하여 지자체가 시민들에게 일방적으로 제공하는 서비스에 초점을 두고 있다면, 스마트 도시는 주민들의 자발적인 참여와 정보공유를 통한 도시문제 해결 플랫폼의 개념이라 할 수 있다. 향후, 급속히 팽창하는 도시문제를 해결하기 위해서는 IoT, Big Data, Mobile, 그리고 AI 기반의 스마트 도시 구축이 그 열쇠일 것이다.

제 1 절 4차 산업혁명과 스마트 도시

1.1 도시문제와 스마트 도시 개념의 발전

2차 세계대전 이후 전 세계는 도시화가 급속히 진행되고 있다. 전 세계 도시인구는 2050년 약 63억 명(세계인구 약 98억 명)으로 증가할 것으로 예측되고 있다. 이렇게 급증하는 도시인구로 도시문제는 점차 더 복잡해지고 있다. 도시문제를 해결하기 위해 스마트 도시(Smart City)가 새로운 해결방안으로 떠오르고 있다. 전 세계적으로 지구 전체면적에서 도시가 차지하는 비중은 0.5%에 불과하다. 그러나 1950년대 도시인구의 비중이 약 30% 수준에 불과하였으나, 현재는 도시인구가

55%를 넘으며, 2050년에는 전체 인구의 약 68%가 도시인구가 될 것이다.

이렇게 급속한 도시화의 전진과 지구온난화로 인하여 도시는 교통체증, 환경오염, 에너지 고갈, 저출산, 1인 가구, 고령화, 소득 양극화 등 심각한 문제에 직면해 있다. 이러한 도시화의 문제를 해결하는 데 있어 4차 산업혁명의 핵심 기술인 인공지능과 IoT, Cloud, Big Data, Mobile이 응용된 스마트 도시(Smart City)가 중추적 역할을 할 것으로 기대된다.

그림 8-1 전 세계 도시인구 변화와 전망(1950~2050년)

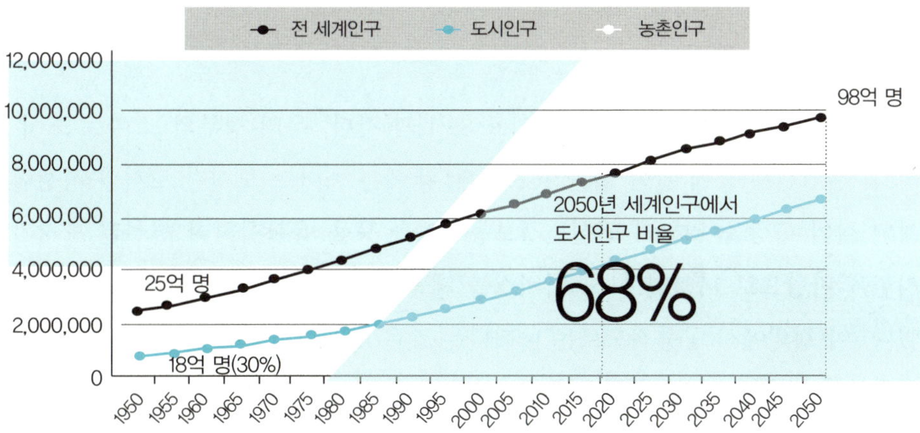

스마트 도시 또는 스마트 시티라는 용어가 등장한 이래로 구현된 폭넓은 기술들로 인해 스마트 시티의 정확한 정의를 내리는 것은 어렵다. 하지만 Deakin & Waer(2011)은 스마트 시티의 정의에 기여하는 요소로 ① 지역 및 스마트 시티에 광범위한 전자 및 디지털 기술 적용, ② 정보통신기술을 사용한 지역 내 삶과 작업 환경의 변화, ③ 그러한 정보통신기술을 정보시스템에 내장, ④ 기술이 제공하는 혁신과 지식을 향상시키기 위해 ICT와 사람들을 하나로 모으는 플랫폼의 제공이라는 네 가지 항목을 제시하였다. 또한 그들은 시장의 요구를 충족시키기 위해 정보통신기술을 활용해야 하며 스마트 시티를 위해서는 그 과정에서 지역 사회의 참여가 필요하다고 정의했다.

스마트 도시에 대한 정의는 국가별 여건에 따라 매우 다양하다. 스마트 도시에

▮그림 8-2▮ 도시화에 따른 문제점

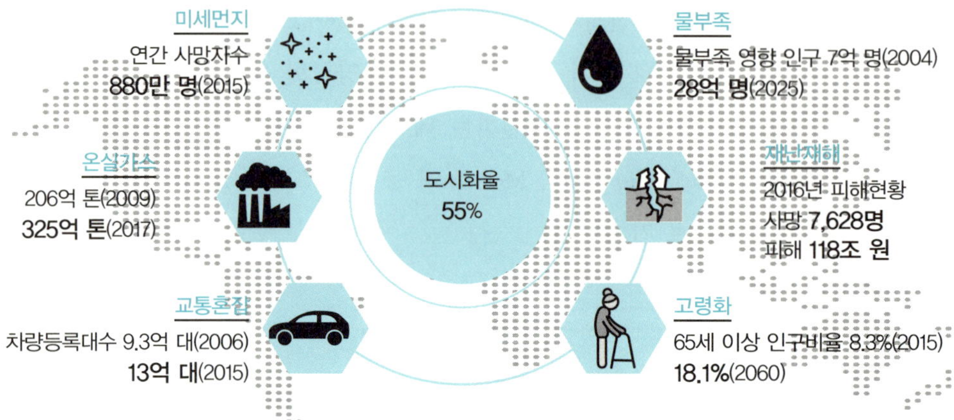

대한 주요 기관별 정의를 정리하면 [표 8-1]과 같다. 우리 정부의 '스마트 도시 조성 및 산업진흥 등에 관한 법률 제2조 제1항'에는 스마트 도시란 도시의 경쟁력과 삶의 질의 향상을 위하여 건설 · 정보통신기술 등을 융복합하여 건설된 도시기반 시설을 바탕으로 다양한 도시 서비스를 제공하는 지속가능한 도시라고 정의하고 있다. 이 정의에서 공통적으로는 나타나는 것은 4차 산업혁명 시대의 혁신 기술을 활용하여, 시민들의 삶의 질을 높이고, 도시의 지속가능성을 제고하며, 새로운 산업을 육성하기 위한 플랫폼이다.

우리 정부의 스마트 도시에 대한 정의와 각 기관에서 제시하는 정의를 종합하여 볼 때, 스마트 도시는 기후변화, 환경오염, 산업화 및 도시화에 따른 비효율 등에 대응하기 위해 자연친화적 기술과 ICT 기술을 융복합한 기술이 적용되는 미래 지속가능한 도시를 의미한다. 따라서 스마트 도시는 도시문화, 도시디자인, 도시정책, 도시문제, 도시재생, 신도시주의(New Urbanism), 에코도시(Eco City), 스마트 성장(Smart Growth), 도시성장관리, TOD(Transit Oriented Development), 콤팩트 시티(Compact City) 등과 밀접한 관련이 있는 새로운 도시의 패러다임이다.

표 8-1 스마트 도시에 대한 정의

기관	정의
EU	디지털 기술을 활용하여 시민을 위해 더 나은 공공서비스를 제공, 자원을 효율적으로 사용, 환경에 미치는 영향을 최소화하여 시민의 삶의 질 개선 및 도시 지속가능성을 높이는 도시
일본 경제산업성	에너지의 효율적인 사용, 열과 미사용 에너지원의 이용 및 교통시스템 개선 등 시민 삶의 질 개선을 위해 다양한 차세대 기술과 선진 사회시스템이 효과적으로 통합되고 활용되는 도시
ISO	도시와 관련된 사람들(거주자, 기업, 방문객)에게 서비스와 삶의 질을 변화시키기 위해, 도시의 지속가능성과 탄력성을 향상시키는 속도를 극적으로 향상시키고, 도시가 시민사회에 어떻게 영향을 주는지, 협력적 리더십 수단들에 어떻게 적용되는지, 도시 운영 구성 요소들과 도시 시스템에서 어떻게 작동하는지, 데이터와 통합 기술을 어떻게 사용하는지를 근본적으로 개선시키는 도시
Gartner	다양한 서브시스템 간 지능형 정보교류를 기반으로 하며, 스마트 거버넌스 운영 프레임워크를 기반으로 지속적인 정보 교환을 수행
Navigant	지속가능성, 시민복지 및 경제개발을 위해 전략적으로 기술을 통합하는 도시
IDC	시민들의 삶의 질 향상과 지속가능한 경제발전이라는 명시적인 목표를 달성하기 위해 떠오르는 ICT 등의 기술을 활용하는 지방정부 권한을 가진 명확한 주체(finite entity)
ITU-T	정보통신기술(ICT) 및 기타 수단을 사용하여 삶의 질, 도시 운영 및 서비스의 효율성 및 경쟁력을 향상시키는 혁신적인 도시
CISCO	ICT 기술을 이용하여 도시의 문제를 해결하고 효율성과 안정성을 높여 시민들의 삶의 질을 향상시키는 신개념의 도시
IBM	도시를 운용하기 위해서 핵심적 시스템의 열쇠가 되는 정보를 ICT를 이용하여 수집하고, 분석하며, 통합할 수 있는 도시

세계적으로 도시 가속화, 지속가능한 도시문제 해결과 기술 발전을 통한 산업 간 융합트렌드 가속화 등으로 4차 산업혁명 시대를 맞아 스마트 도시의 중요성이 점차 확대되고 있다. 스마트 시티 또는 스마트 도시의 전신이라 할 수 있는 개념이 바로 U-City 개념이다. 한계에 봉착한 도시의 문제를 해결하고 지속가능성을 확보하기 위해 우리 정부는 공공주도로 첨단인프라를 구축하는 U-City 사업을 2000년대 초반부터 시행하였다. 그러나 시민(사용자)과 민간기업(공급자)이 제외되어 발전 및 정착에는 한계가 있었다. 스마트 시티는 도시의 경제적 발전을 넘어

포용적 성장, 시민 삶의 질을 향상시키는 시민중심의 도시조성 패러다임이라 볼 수 있다.

▌그림 8-3▐ 한국형 스마트 도시 예상도

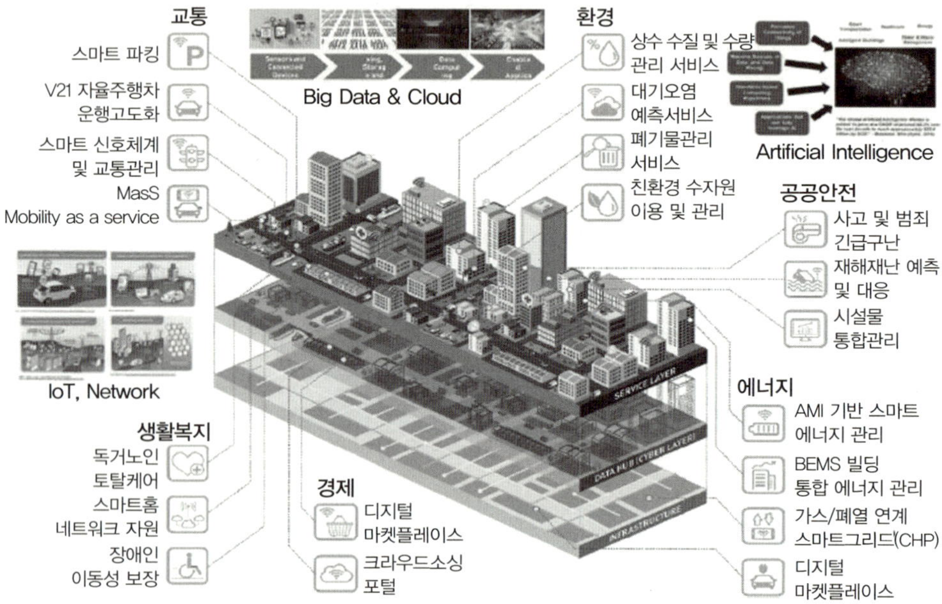

자료: 국토교통부

국내 스마트 도시는 U-City라는 이름으로 시작되었다. U-City 사업은 2000년대 초반 화성 동탄, 파주 운정, 대전 도안, 인천 송도 등 신도시를 중심으로 공공주도로 시작되었고, U-City를 효율적으로 건설하고 관리하기 위해 2008년 「유비쿼터스도시의 건설 등에 관한 법률」이 제정되었다. 하지만 오늘날 스마트 시티의 개념은 더 이상 공공주도 신도시 개발 사업이 아니다. 신도시뿐만 아니라 기존 도시도 효율적으로 관리하고 개선하기 위한 핵심 수단이자 모든 도시가 지향하는 공통 목표가 되었다. 그리고 공공은 민간이 지속적으로 발전하고 새로운 기술들이 안착하여 도시가 발전할 수 있도록 다양한 정책을 지원하는 역할을 하고 있다(국토교통부).

▌표 8-2 ▌U-City와 스마트 도시의 비교

구분	U-City	스마트 도시
사업방식	• 신도시 조성 시 기반시설로 CCTV, 통신망 등 인프라 공급에 집중 • 교통 · 방범 · 안전 · 방재 등 공공서비스 위주 제공	• 기반 인프라뿐 아니라 데이터 기반의 실질적인 도시문제 해결이 목표 • 교통 · 안전 등 공공서비스 공급 외 생활 · 복지 등 민간서비스도 창출
ICT 기술	• 유선 인터넷망, 광대역 통신 • 인터넷, 3G, RFID	• 유선+무선통신망 • ICBM 등 신기술, AI 등(IoT, Cloud, Big Data, Mobile)
정보전달	• 일방향 전달(One-way) • 시차 존재	• 양방향 공유(Two-way) • 실시간
시민역할	• 정보 수요자(수동적)	• 정보 생산자이자 공급자(적극적, 주도적 역할)
도시 데이터 활용	• 도시 내에서 기능별로 분절적 운영, 도시데이터 공유 · 활용 어려움 • 데이터를 활용한 민간 솔루션 개발 불가	• 도시 내 분야 간 연계, 데이터 공유 플랫폼 구현 가능 • 민간 솔루션 개발 가능(스마트 파킹 APP/결제시스템 등)
도시 데이터 활용 사용 예	예 1) 도시 통합운영센터에서 CCTV를 통한 도시관제 예 2) 유휴 주차공간에 대한 정보 → 주차장이 비어 있어도 활용 어려움, 주차난 발생	예 1) CCTV–센터–통신사 연계, 미아방지 서비스 제공 예 2) 공공 · 민간의 유휴 주차공간 정보를 데이터 플랫폼으로 수집 공유 → 시민들에게 제공, 주차난 해소
도시관리 시사점	• 정보 비대칭으로 도시자원의 효율적 배분에 한계 • 도시문제해결에 정부 등 일부만 참여하는 Top–down 방식	• 데이터 기반(공유 플랫폼, 공유경제)으로 도시자원을 효율적으로 분배 • 정부, 지자체, 기업, 시민이 함께 참여하는 Bottom–up 방식

스마트 시티 또는 스마트 도시는 다양한 유형의 전자 데이터 수집 센서를 사용하여 자산과 자원을 효율적으로 관리하는 데 필요한 정보를 제공하는 도시 지역이다(Hamblen, 2015). 여기에는 시민, 장치, 자산으로부터 수집하여, 교통 및 운송시스템, 발전소, 급수네트워크, 폐기물관리, 법 집행, 정보시스템, 학교, 도서관, 병원 및 기타 커뮤니티 서비스를 모니터링하거나 관리하기 위해 처리하거나 분석되는 데이터가 포함된다. 또 한편으로는 스마트 시티는 도시 운영 및 서비스의 효율성을 최적화하고 시민들과의 연결을 위해 네트워크에 연결된 다양한 물리

적 장치로 볼 수 있다.

1.2 스마트 도시 기술과 플랫폼

스마트 도시 정보시스템 또는 스마트 도시 서비스는 스마트 도시 구축과정에서 생산된 다양한 정보를 한곳에 모아 서비스하는 온라인 플랫폼이다. 이것은 4차 산업혁명 시대의 혁신적인 기술을 활용하여 시민의 삶의 질을 높이고, 도시의 지속가능성을 제고하여, 새로운 산업을 육성하는데 기여하는 플랫폼의 역할을 한다. 따라서 이 플랫폼은 스마트 도시 관련 계획에서부터 스마트 도시 사업, R&D, 거버넌스 등 공공에서 추진하는 다양한 정책을 공유하고 지식을 교환하는 소통창구 역할을 한다.

그림 8-4 스마트 도시 요소 기술

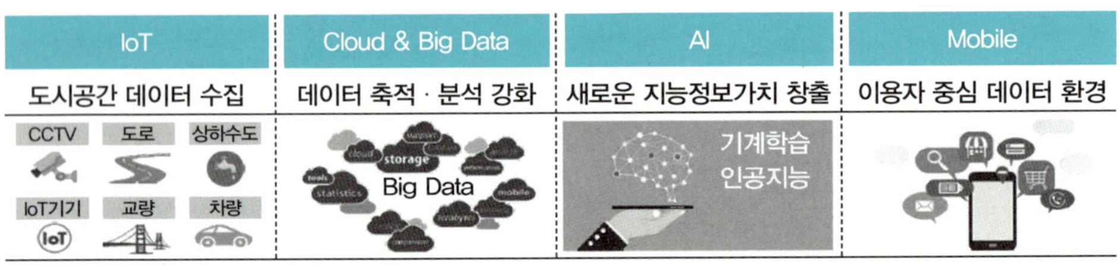

스마트 도시 플랫폼을 구축하는 데 있어 4차 산업혁명을 이끄는 혁신적인 기술들이 활용된다. 클라우드 기반 서비스, 사물인터넷(IoT), 실제 사용자 인터페이스, 스마트폰 사용 및 스마트 미터, 센서 및 RFID 네트워크, 시맨틱 웹 기반의 보다 정확한 커뮤니케이션을 촉진하는 새로운 인터넷 기술, 집단 행동 및 공동 문제 해결에 대한 새로운 방식 등 매우 다양한 기술이 이용된다.

더 나아가 온라인 협업 센서와 데이터관리 플랫폼은 센서 소유자가 장치를 등록 및 연결하여 스토리지를 위해 온라인 데이터베이스에 데이터를 제공한다. 또한, 이 플랫폼은 개발자가 데이터베이스에 연결하고 해당 데이터를 기반으로 자체 애플리케이션을 구축할 수 있게 하는 온라인 데이터베이스 서비스를 제공한다.

전자 카드 또는 스마트 카드(Smart Card)는 스마트 시티 상황에서 또 다른 공통 플랫폼이다. 이 카드는 소유자가 여러 계정을 설정하지 않고 정부에서 제공하는 서비스(또는 전자 서비스) 범위에 로그인할 수 있게 해주는 암호화된 고유한 식별자를 가지고 있다. 단일 식별자는 정부가 서비스 제공을 향상시키고, 그룹의 공통 관심사를 결정하기 위해 시민들의 선호도에 관한 데이터를 수집할 수 있게 한다.

스마트 도시는 다양한 혁신 기술을 도시 인프라와 결합해 구현하고 융복합할 수

표 8-3 스마트 도시 기술 영역

구분		주요 내용	추진 체계
인프라	도시 인프라	• 스마트 시티 관련 기술 및 서비스 등을 적용할 수 있는 도시 하드웨어 • 스마트 시티는 기본적으로 소프트웨어적이지만 도시 하드웨어 발전 필요	도시개발사업자/ 건설산업
	ICT 인프라	• 유무선 통신인프라의 도시 전체 연결	ICT 산업
	공간정보 인프라	• 현실 공간과 사이버 공간 융합을 위해 공간정보의 핵심 플랫폼 등장 • 공간정보 이용자가 사람에서 사물로 변화	공공의 GIS주도에서 향후 민간주도 GIS 산업으로 전환
데이터	IoT	• 도시 내 각종 인프라와 사물을 센서 기반으로 네트워크에 연결 • 스마트 시티 전체 시장 규모에서 가장 큰 시장을 형성하며 투자 역시 가장 필요	교통, 에너지, 안전 등 각종 도시운영 주체가 주도
	데이터 공유	• 협의의 스마트 시티 플랫폼 • 데이터의 자유로운 공유 및 활용 • 도시 내 스마트시티 리더의 주도적 역할 필요	초기 공공주도에서 데이터 시장 형성 후 민간주도
서비스	알고리즘 & 서비스	• 실제 활용가능한 품질 및 신뢰도의 지능서비스 개발 계층 • 데이터의 처리 분석 등 활용 능력 중요 • 유럽 Living Lab 등에서 다양한 시범사업 전개	공공 및 민간의 다양한 주체 등장 도시의 역할은 신뢰성 관리
	도시혁신	• 도시문제 해결을 위한 아이디어, 서비스가 가능한 환경 조성 • 정치적 리더십 및 사회 신뢰 등의 사회적 자본이 작용하는 영역 • 중앙정부의 법제도 혁신 기능 필요	시민이 주도하고 정치권 지원

출처: 한국정보통신기술협회(2018), 4차 산업혁명 핵심 융합사례 스마트 시티 개념과 표준화 현황

있는 공간, 즉 도시 플랫폼으로 [표 8-3]과 같이 도시 인프라, ICT 인프라, 공간정보 인프라, IoT, 데이터 공유, 알고리즘&서비스, 도시혁신의 7가지 영역으로 나누어 볼 수 있다.

지금까지 스마트 도시 서비스의 구현을 위해 사용되는 기술은 대부분 ICT 기술들이다. 구현을 위해 주로 사용되는 기술로는 센서 기술, GPS 기술, 이동통신시스템 기술, CCTV 기술, 서비스 제어 플랫폼 기술, 빅데이터 기술, 카메라 기술, 인터넷 모듈 부품 기술, 모바일 기술 등이다. 특히, 센싱 기술은 IoT 기술의 필수적 요소로써, 도시 내 관리공간 및 인프라 기반시설에서 실시간 변화 상황을 파악하기 위한 방안으로 활용되는 스마트 시티 서비스에서 다른 기술군보다 활용 및 적용가능성이 높으며, GPS와 이동통신시스템 역시 스마트 시티 서비스 구현에 있어 필수적인 요소이다. 스마트 도시의 구현을 위해 사용되는 개별 요소기술들을 정부의 ICT 연구개발 기술분류체계(정보통신 및 방송 연구개발 관리규정 제14조 제1항)에 따라 분류하면 [표 8-4]와 같다.

표 8-4 스마트 도시 서비스 구현을 위한 요소 기술

기술 대분류	기술 중분류	요소 기술
이동통신	이동통신시스템	근거리통신(Wifi, NFC 등), IoT통신, 기타 유무선통신
기반 소프트웨어 컴퓨팅	빅데이터	지하매설물 공간 데이터, 선박, 건강, 교통 데이터, 시맨틱 기반 지능적 사물 검색/추천
	지능형 소프트웨어	영상인식, 영상분석, 음성인식, 바이오인식, 음성안내장치
	휴먼 미래컴퓨팅	웨어리블 태크, 스마트밴드 컴퓨팅, 인공신경망 알고리즘
	클라우드	컴퓨터 자원 가상화, 클라우스 서비스, 가상 데스크탑 기술 등
네트워크	서비스 제어 플랫폼	스마트인터넷 플랫폼, 분산 클라우드 플랫폼, 개방형 플랫폼 등
	인터넷 모듈부품	네트워크 모듈부품, 디지털 조명기술
	인프라	코어망, 전송망, 유무선 액세스망, 융합인프라
정보보호	인증/보안	암호, 인증, 무선보안, 스마트기기 보안, 방화벽
GPS	GPS	위치인식, 위치측위

디바이스	비콘	안상태크 비콘, 실내 비콘
	모바일	모바일 애플리케이션, 스마트폰 단말기
	디스플레이	디스플레이 패널, 디밍 기술
	베터리	전기충전, 축전
디지털 콘텐츠	스마트 콘텐츠	콘텐츠 분석, 상황인지 컨텐츠, 동작인식, 가상현실
영상	영상	카메라, CCTV
스마트 서비스 (IoT 센싱 포함)	센서	광 및 모션센서, 온도 습도, 자외선, 미세먼지 빗물센서, 레이더, 융합 초연결장치, 센싱디바이스, IoT 기반 전자정보 수집장치
	스마트 서비스 플랫폼	스마트홈 허브, 미들웨어 클라우드, 스마트 스크린, 소셜서비스, 스마트홈 네트워크 등
인터페이스	인터페이스	정보처리, 변화, 저장, 프로세스관리, 제어
서비스 고유기술	서비스 고유기술	압축 쓰레기통, 미세안개분무장치, BEMS 등

출처: 김민주 · 정승현(2017), 스마트 시티 서비스의 요소기술 분류 및 특성분석

1.3 스마트 도시 적용 분야

4차 산업혁명이 촉발하기 시작한 2016년을 기점으로 하여 전 세계적으로 도시 문제 해결을 위해 도시에 ICT 기술을 접목한 스마트 도시 프로젝트가 급속도로 확산되고 있으며 그 서비스의 종류도 매우 다양해지고 있다. 스마트 도시는 도시 전역에서 정보를 수집하고 이것을 분석하여 필요한 곳에 자원을 투입하거나 기존 자원의 효율적 활용을 유도하는 방식으로 문제를 해결한다. 스마트 도시는 목적성에 따라 스마트 에너지, 스마트 교통, 스마트 빌딩, 스마트 워터, 스마트 행정 등으로 구분할 수 있다. 각 적용 분야별로 주로 사용되는 디바이스와 제공되는 서비스를 정리하면 [표 8-5]와 같다.

표 8-5 스마트 도시 적용 분야와 구현 서비스

중점분야	구분	디바이스	구현 서비스
스마트 빌딩	빌딩에너지 관리시스템 (BEMS)	빌딩전용 플랫폼	• 조명 · 공기조화 · CCTV 통합관리 플랫폼 • 제로에너지빌딩(ZEB) 기술개발
		전력 에너지	• 무선통신으로 소비전력을 통제하는 네트워크 스위치
		기타 에너지	• 방축열을 이용한 인공지능 냉방시스템, 빌딩 탄소제어시스템
	빌딩보안관리	보안시스템	• 실시간 CCTV 이미지 분석을 통한 보안
		관리시스템	• 빌딩 주차장 무인관리시스템
스마트 교통	차량	대중교통시스템	• BIS(버스정보시스템, BRT(간선급행버스체계) 우선신호시스템으로 교통흐름 관리
		주차시스템	• 무인 주차관리시스템, 주차면 센서를 활용한 주차유도시스템 등
		주차모니터링	• CCTV를 활용한 불법 주정차 자동단속
		공유차량	• 세종시 카쉐어링('어울림카') 세종청사+오송역 구간), 실시간 차량 예약
		공공자전거	• IoT 기반 친환경자전거 서비스 제공(서울시 '따릉이', 세종시 '어울링')
	교통신호	스마트 횡단보도	• 보행신호 음성안내, 신호연동 안전차단바 작동, 무단횡단 경고 방송 등
		스마트 교통안전	• 사회적 약자(치매노인, 어린이) 방범용 CCTV 시스템, 사회적 약자에 대한 위치 제공
스마트 에너지	전력에너지 관련	스마트 그리드	• 실내환경(온도, 습도, CO_2) 모니터링을 통한 에너지 절감시스템 스마트검측기(AMI), 에너지저장시스템(ESS) 등 기술접목
		신재생에너지	• 전기차/수소차 충전소 운영, 태양광 발전(세종 실증단지)
		스마트 가로등	• 유동 인구별 조명 밝기 조절, 환경정보(CO_2, O_3) 수집
	환경에너지 관련	폐기울시스템	• 쓰레기통 적재량 모니터링, 쓰레기 자동 크린넷 등
		대기환경 모니터링	• 미세먼지 모니터링, GIS 기반 악취확산 예측 모니터링
		스마트 방역	• 디지털 모기측정기를 통한 모기 발생지점 예측 등

<table>
<tr><td rowspan="4">스마트 워터</td><td rowspan="3">도시용수</td><td>워터 그리드</td><td>• ICT에 기반한 고도화된 수자원관리 기술개발, 일종의 플랫폼 기술</td></tr>
<tr><td>상하수도 설비</td><td>• 수돗물 정수 시스템으로 수돗물을 식수로 사용 소형로봇 상수도 원격탐사, VR/AR을 활용한 지하매설관 관리</td></tr>
<tr><td>폐수처리 설비</td><td>• 수질측정 센서를 부착한 수상드론 활용</td></tr>
<tr><td>수자원환경</td><td>재해 · 재난예측</td><td>• 인공지능형 홍수관리시스템, 센서를 활용한 하천상황 실시간 모니터링</td></tr>
<tr><td>스마트 행정</td><td colspan="3">• 방범, 방재, 교통 등 분야별 정보시스템 기반 소프트웨어인 스마트 도시 통합플랫폼으로 연계하여 지능화된 도시기반을 조성
• 이를 통해 각종 스마트 도시 서비스와 정보시스템, 중앙센터 등을 연계할 수 있도록 지원하며, 공공행정 서비스 간소화와 처리시간을 단축함</td></tr>
</table>

출처: 산업기술리서치센터(2018), 4차 산업혁명의 종합 플랫폼, 스마트 시티.

1) 스마트 빌딩

스마트 빌딩은 인텔리전트 빌딩이라고도 불린다. 전통적인 의미에서 보면 건축, 통신, 사무자동화, 빌딩자동화 등 4가지 시스템을 유기적으로 통합해 첨단 서비스 기능을 제공함으로써 경제성, 효율성, 쾌적성, 기능성, 안전성까지 추구하는 똑똑한 빌딩을 뜻한다. 최근에는 여기에 사물인터넷(IoT)을 더해 기술 확산에 따라 빌딩의 주요 설비에 IoT 센서를 적용해 빌딩 내 모든 상황을 모니터링하고 이를 기반으로 스스로 상태를 판단해 최적의 운영까지 지원한다. 스마트 빌딩의 경우 빌딩에너지관리시스템(BEMS: Building Energy Management System)이 그 중심적 역할을 한다.

2) 스마트 교통

스마트 교통(Smart Traffics)이란 첨단기술을 인간, 자동차, 교통인프라에 통합함으로써 교통정보 수집 및 제공, 교통체계 운영 최적화 및 자동화를 주목적으로 하며 지능형 교통체계(ITS: Intelligent Transport System) 또는 '첨단교통시스템'이라고도 한다. 이것은 교통수단 및 교통시설에 전자, 제어 및 통신 등 첨단기술을 접목하여 교통정보 및 서비스를 제공하고 이를 활용함으로써 교통체계의 운영 및 관리를 과학화·자동화하고, 교통의 효율성과 안정성을 향상시키는 교통체계를 말한다. 우리 생활에서 접할 수 있는 지능형 교통체계에는 버스 정류장의 버스 도착안내시스템, 교차로에서 교통량에 따라 자동으로 차량신호가 바뀌는 시스템, 네비게이션의 실시간 교통정보, 하이패스가 있다.

3) 스마트 에너지

스마트 에너지(Smart Energy)는 에너지의 생산, 전달 및 소비 과정에서 다양한 첨단 ICT 기술과 융합되어 에너지 생산·전달·소비의 효율성, 안전성, 친환경성을 높여가는 서비스이다. 최근에는 전력 부분에서 ICT 융합이 가장 활발하게 이루어지고 있으며 가스·석유 부분으로 확산되고 있다. 스마트 에너지의 경우 청정에너지, 에너지저장시스템(ESS: Energy Storage System), 에너지관리시스템(EMS: Energy Management System)을 융합한 기술이 적용되며, 태양광, 풍력, 소수력 등 소규모로 분산된 전원을 통합적이고 효율적으로 관리하기 위한 가상발전소(VPP: Virtual Power Plant)가 개발되어 운영되고 있다.

4) 스마트 안전

스마트 안전(Smart Safty)의 경우 AI와 사물인터넷(IoT) 센서를 이용해 시설물 재난안전관리시스템을 개발하거나 위험한 작업 현장에서 작업자를 보호하는 등에 이용되고 있다. 최근에는 재난 모니터링 예측, 사이버 안전, 안전장비 등의 기술 개발이 활발히 진행되고 있다.

5) 스마트 행정

스마트 행정(Smart Public Admmistration)은 스마트폰 앱과 CCTV를 연계한 안전귀가 서비스, 사물인터넷(IoT)을 활용한 독거노인 돌봄 서비스 등 첨단기술(ICT)을 활용해 주민들의 삶을 더욱 편리하고 안전하게 만드는 등 그 활용의 범위가 매우 넓다. 최근 빅데이터 및 AI를 통한 합리적 의사결정 기술 및 블록체인을 활용한 행정 처리를 중심으로 기술 개발 및 적용이 확대되고 있다.

제2절 스마트 환경

1.1 스마트 환경에 대한 이해

1950년 도시화가 본격화되고 전 세계적으로 인구의 절반이 도시에 거주하기 시작하면서 생활 · 사회 · 경제적 변화가 폭발적으로 증가하게 되었다. 또한 온실가스, 폐기물, 생태계 훼손, 에너지 등 환경문제의 대부분이 도시에서 발생하고 있다. UN(2019) 보고서에 의하면 전 세계 도시화 비율이 2019년 55%에서 2050년 68%로 계속 심화될 것이라고 예측하였다. 이와 같은 도시화로 인해 대기 및 기후, 수자원, 생태계 등 다양한 환경에서 문제를 야기하고 있다.

이러한 도시의 지속적인 발전과 환경문제 해결에 있어 친환경 도시로의 전환이 필요한 시점이다. 그리고 이러한 변화를 이끌기 위해서는 자원 소비를 감소시키는 콤팩트 시티(Compact City)나 자원의 재활용을 통한 폐기물 감소, 재생가능 에너지원 사용 등 자원의 재사용을 극대화하는 순환형 메타폴리즘(Circular Metabolism) 등 다양한 대안적 방법이 논의되고 있다. 콤팩트 시티는 공공시설이나 건물 등을 중심으로 집중시키고 사람들이 그 지역으로 모여들게 하는 개념이다. 순환형 메타폴리즘은 3L(3 Low: 저비용 · 저자원 · 저에너지)을 통해 도시의 탄소 중립과 고도의 지속가능성을 실현하는 것이다. 이와 같이 친환경 미래도시를 개발하기 위해서는 스마트 시티 및 인공지능, 사물인터넷, 빅데이터 등 신기술을 통한 접근이 무엇보다 중요하다.

2017년 국토교통부는 도시관리의 효율성, 국민 삶의 질 향상을 통한 지속가능한 스마트 시티를 구축하기 위해 전국 지자체(34개)를 대상으로 수요조사(2017.3.30~4.4)를 실시하였다. 환경/에너지 부문에 있어서 가장 핵심적 도시문제는 지속가능한 환경(44%)이 가장 높은 것으로 인식되었으며, 에너지 효율화(37%), 수자원관리(19%)의 순서로 나타났다.

첫째, 지속가능한 환경 이슈와 관련하여 대기오염 해소(36%)가 가장 높게 나타났으며, 공원녹지 및 도시농업(23%), 쓰레기처리(19%), 수질오염(12%), 소음공해(11%)의 순으로 인식되었다. 둘째, 에너지 효율화는 신재생에너지 확대 보급(43%), 도시공공시설물의 에너지 효율화(21%), 기후변화 대응(18%), 빌딩 및 지구단위 에너지 효율화(16%)의 순으로 나타났다. 마지막으로 수자원관리 이슈에 관하여는 수자원관리 효율화(37%), 다중 수자원확보(34%), 중수활용 및 오폐수 처리(29%)의 순으로 중요하게 인식되었다.

그림 8-5 환경 부문의 주요 이슈 및 해결방안

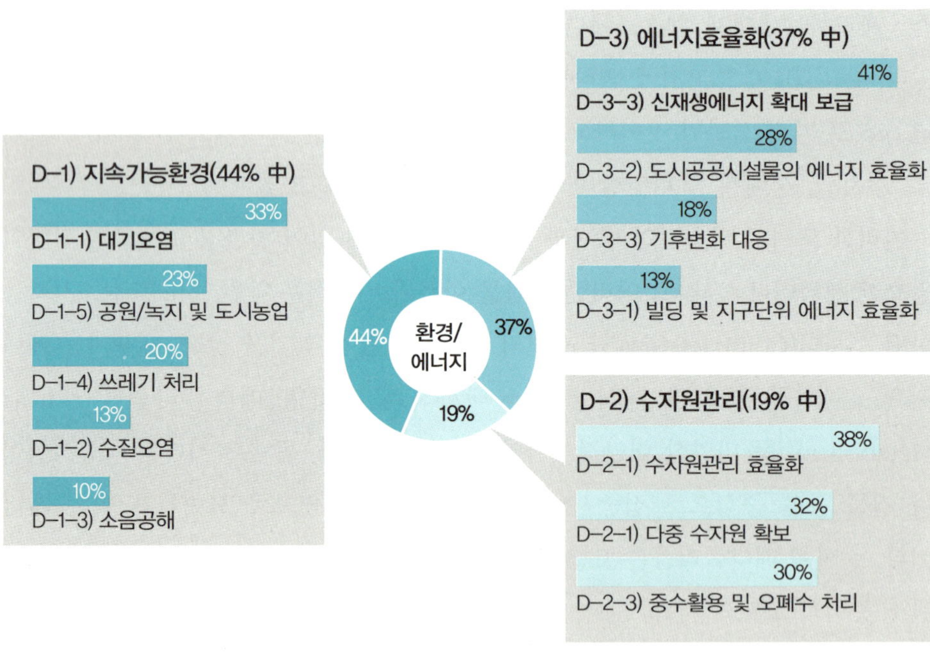

출처: 국토교통과학기술진흥원(2017), 2017 세계 선도형 스마트 시티 연구개발 사업

1.2 스마트 환경을 위한 주요 사례

1) 지속가능 환경: 인공지능 기반 대형생활폐기물 수거 시스템

2017년 행정안전부는 가정용 대형생활폐기물 배출 시 발생하는 주민 불편을 해소하기 위해 서울시 은평구청과 함께 모바일 및 인공지능 기반 대형생활폐기물 수거처리 및 비용결제 처리를 위한 시스템을 구축하였다. 예를 들어 기존 생활폐기물을 버릴 경우 자치단체가 발행하는 수거필증을 구입해 버리는 물건에 붙인 뒤 지정한 장소에 내놓으면 수거업체가 해당 폐기물을 가져간다. 문제는 버리는 절차가 은근히 귀찮아서 제대로 지켜지지 않는다는 점이다.

이런 문제를 해결하기 위해 일상생활에서 버리고 싶은 가구, 냉장고, 소파 등의 대형생활폐기물을 스마트폰으로 촬영만 하면 인공지능이 폐기물의 종류를 자동 인식하여 얼마인지 요금을 알려준다. 요금은 핀테크(FinTech)를 통해 몇 번의 클릭만으로 간단하게 결제할 수 있고 기존 방법과 다르게 폐기물 처리가 간소해졌다. 그리고 수거업체는 배출된 대형생활폐기물 위치정보를 자동으로 수신하고 이를 바탕으로 효율적으로 수거업무를 수행할 수 있게 되었다.

▮ 그림 8-6 ▮ 지능형 대형생활폐기물 처리 서비스 구성도

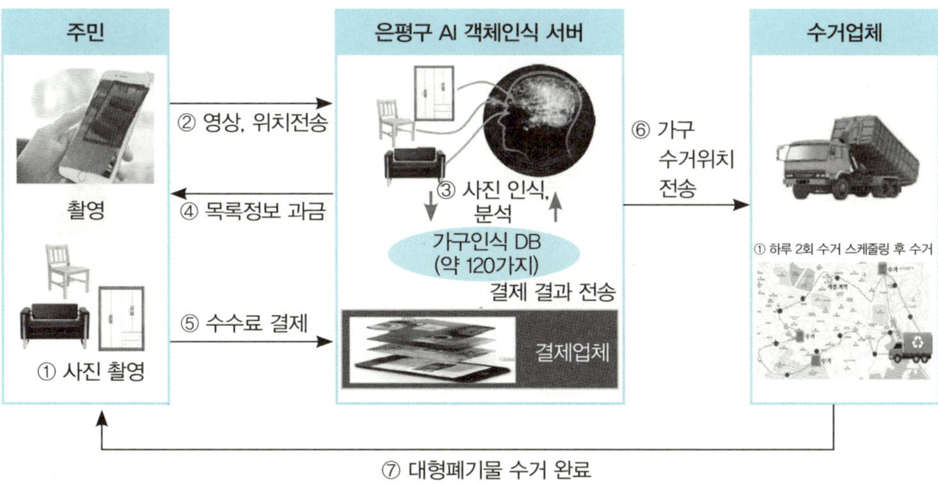

출처: 황명화 · 김대종 · 임용호 · 박미라(2018), 스마트 국토 · 도시관리를 위한 인공지능기술 도입방안 연구, 국토연구원

2) 에너지 효율화

스마트 시티에서 에너지관리는 무엇보다 중요하다. 친환경, 재생에너지에 대한 관심이 증가하면서 인공지능을 활용한다면 태양광, 풍력 등 재생에너지의 리스크를 해결할 수 있다. 예를 들어 태양광, 풍력 등 재생에너지는 구름, 먼지, 온도와 같은 대기환경에 따라 효율이 크게 달라진다. 인공지능을 통해 기상환경을 분석할 수 있다면 에너지 발전의 불확실성을 감소시킬 수 있다. 또한, 바람의 세기를 예측해 풍력 발전을 구동했을 때 가장 효율적인 시간대를 분석하고, 그에 따른 최대 발전량을 예측할 수 있다.

| 그림 8-7 | 에너지 관리하는 딥 솔라(Deep Solar)

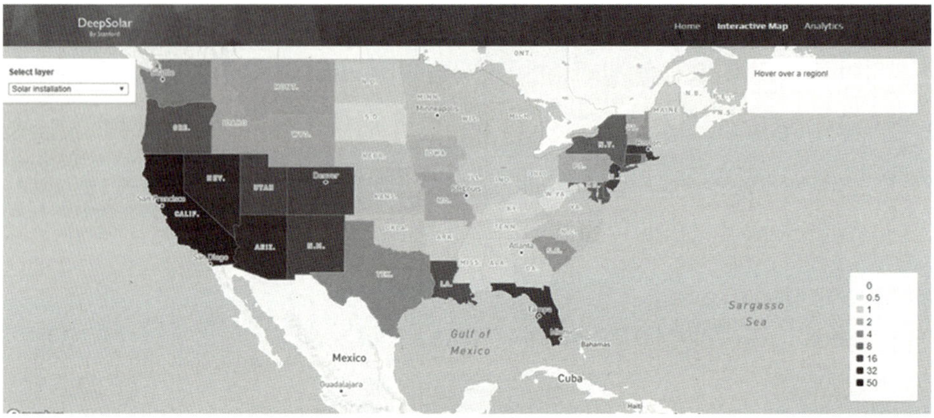

출처: KOSPO(https://kospomagazine.co.kr)

미국에서 인공지능기술로 개발된 딥 솔라(Deep Solar)는 고해상도 인공위성 이미지를 기반으로 현재 설치된 태양광 설비에 대한 정보를 제공한다. 예를 들어 분산화되어 있는 태양광이 얼마나 많은 에너지를 누가, 어디에서 생산했는지에 대한 정보를 머신러닝을 통해 학습시켜 고해상도 인공위성 이미지를 분석해 설비를 찾아내는 시스템이다. 딥 솔라를 통한 분석 결과, 지붕형 태양광 설비, 태양광 농장, 태양광 발전소 등 미국 전역에는 147만여 개의 태양광 설비가 있는 것으로 파악되어 기존 추정하던 102만 개 보다 많은 것을 확인하였다.

KT는 인공지능을 기반으로 중대형 빌딩 에너지 사용량을 효율화하는 기가 에너지 매니저(Giga Energy Manager)를 개발했다. 기가 에너지 매니저는 지능형 에너지 플랫폼 KT-MEG(Micro Energy Grid)를 기반으로 매장 내 에너지 및 시설을 실시간 관제해 에너지를 절감하고 효율을 높이는 솔루션이다. 특히 인공지능 기반 빅데이터 분석 엔진 '이브레인'이 매장의 에너지 소비 데이터를 학습·분석하여 에너지를 효율적으로 관리하도록 하였다.

또한 건물 설비를 제어하는 건물자동화시스템(BAS: Building Automation System)에 '로보 오퍼레이터(Robo-Operator)'와 지능형 컨트롤러 '이박스(eBox)'를 접목하여 건물 설비 및 운영을 에너지 효율화하는 방향으로 제어하도록 하였다. 예를 들어 매장의 에너지 소비현황을 실시간 분석하여 최적의 에너지 소비 가이드를 제공하고, 냉난방기 및 간판에 대해 스케줄링과 원격제어 기능을 제공한다. 그 결과 KT는 2018년 8월부터 2019년 9월까지 자체 건물 3곳에 적용했는데 평균 10%가량 절감하였다.

그림 8-8 KT 기가 에너지 매니저(GiGA Energy Manager)

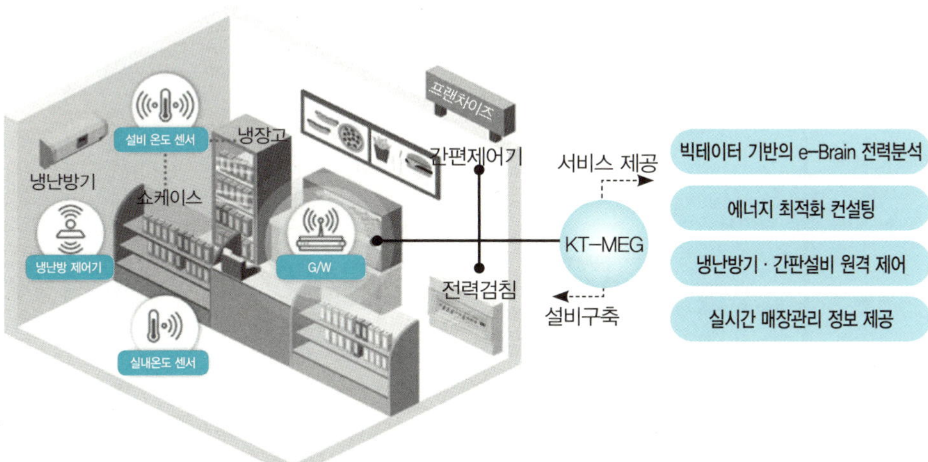

출처: KT Enterprise(https://enterprise.kt.com)

3) 수자원 관리: 스마트 워터

스마트 워터(Smart Water)는 취수원에서 수도꼭지까지 공급 전 과정에 정보통신기술(ICT), 인공지능, 빅데이터 등을 접목, 수량과 수질을 과학적으로 관리하고 수돗물 정보를 제공하여 소비자가 믿고 마실 수 있는 건강한 물을 공급하는 것을 의미한다.

▌그림 8-9▐ 스마트 워터(Smart Water)

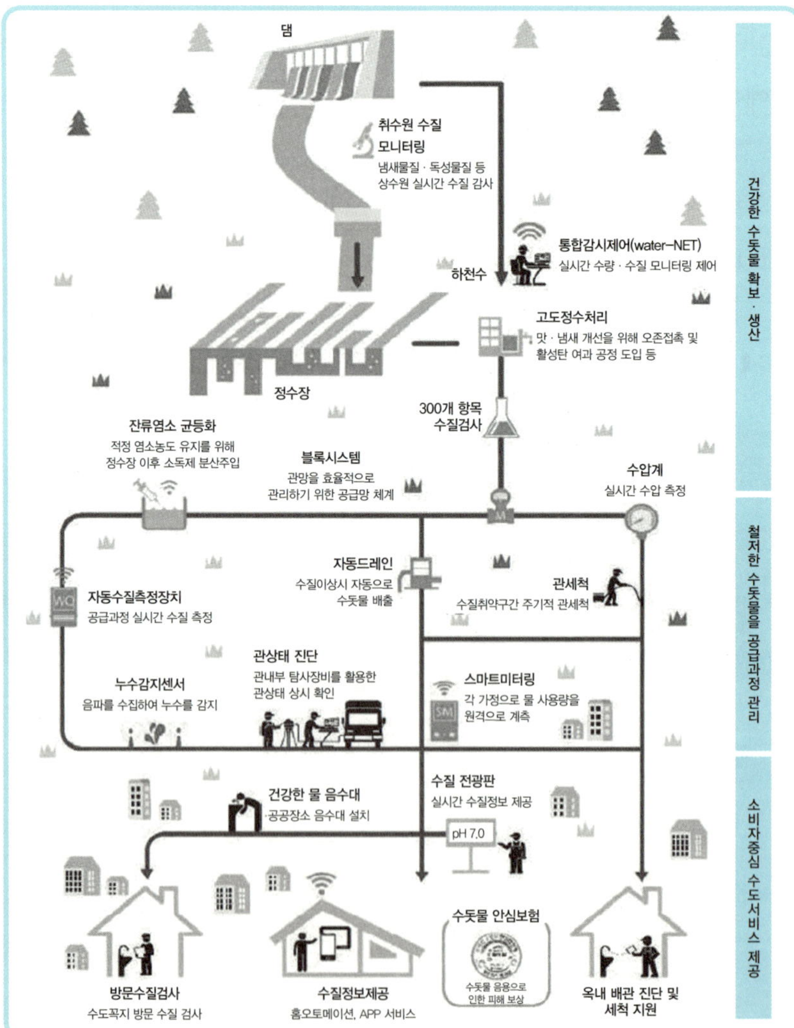

출처: 부산시(2018), 부산 에코델타 스마트 시티 시행계획

2019년 부산 에코델타 스마트 시티는 취수원부터 가정별 수도꼭지까지 물을 공급하는 순환과정에 인공지능, 빅데이터, 스마트 그리드 등 4차 산업혁명 신기술을 적용해 수량과 수질을 관리함으로써 데이터 기반의 물 특화 도시를 조성하였다. 세부적인 내용을 살펴보면 최첨단 강우 예측 레이더 설치 및 도시 물 재해 대응 시스템 도입, 도심 하천 수질 개선, 스마트 정수장, 내가 사용한 물의 양과 수질정보를 언제 어디서든 확인가능한 SWM(Smart Water Management), 한번 사용된 물도 그냥 버리지 않고 100% 재사용하는 시스템 개발 등으로 구성되어 있다.

제3절 스마트 안전

3.1 스마트 안전에 대한 이해

산업혁명은 인간에게 삶의 편리와 효용을 가져오면서 삶을 크게 진보시켰다. 4차 산업혁명 시대의 변화와 더불어 인공지능, 사물인터넷, 빅데이터, 가상 · 증강현실 등 새로운 기술을 안전분야에 활용하면 업무의 효율적 수행뿐만 아니라 안전도 획기적으로 줄일 수 있다. 기존 안전 상황을 고려해보면 사후 대응에서 탈피하지 못하고 있는 것이 현실이다. 하지만 인공지능과 같은 신기술을 생활, 사회, 산업 등에 활용한다면 안전에 대한 패러다임을 사전 예방 체계로 바꾸는 계기가 될 것이다. 4차 산업혁명 기술로 대표되는 인공지능, 사물인터넷, 빅데이터 등을 재난 및 안전관리 프로세스인 예측, 예방, 대비, 대응, 복구 등에 활용할 수 있다.

사물인터넷은 정보를 생성 · 수집 · 공유 및 활용하는 데 사용될 것이며, 빅데이터는 데이터를 실시간으로 수집하고 분석하여 의사결정, 예측, 상황인지 등을 지원하는 데 활용된다. 클라우드는 인터넷 기반의 대용량 데이터를 저장 · 관리 · 유통하는 데 활용되며, 로봇은 재난 환경에서 인간 접근이 어려울 경우 투입되어 상황 파악, 긴급 조치 등에 이용될 수 있다. 드론은 사람이 접근하기 어려운 환경에 대한 모니터링에 이용할 수 있다. 증강현실은 고위험 · 고비용의 현장훈련 대신 실

그림 8-10 최신 기술을 접목한 스마트 안전관리

출처: 이석민 · 윤형미(2020), 서울시 스마트 안전도시 구축방안, 서울연구원

제와 유사한 가상환경에서 교육 및 훈련을 수행할 수 있다. 인공지능은 빅데이터를 활용하여 인간이 의사결정을 신속하고 정확하게 수행할 수 있도록 지원한다.

국토교통부(2017)의 스마트 시티 구축을 위한 수요조사 결과, 안전부문에 있어서 가장 핵심적 도시문제로 재난안전(36%), 사회안전(35%), 산업안전(29%)의 순서로 나타났다. 세부적으로 살펴보면, 첫째 재난안전 이슈와 관련해서 수해 및 이상기후 대응체계(44%)가 가장 높았으며 지진발생 시 대응체계(30%), 산사태 도로상황 등 대응체계 등(26%)이 중요한 해결방안으로 인식되었다.

둘째, 사회안전 이슈와 관련해서는 범죄 등 대응체계(39%), 화재폭발 등 긴급구난 대응체계(37%), 가축전염병 및 식품안전 대응체계(16%), 인간전염병 대응체계(8%)의 순으로 인식되었다. 마지막으로 산업안전 이슈에 관하여는 유해화학물질 유출 및 오염대응체계(42%), 시설물 붕괴 등 대응체계(35%), 정전 가스유출 등 대응체계(23%)의 순으로 나타났다.

최근 기후변화와 도시화로 인한 대형 재난 및 안전사고 예방을 위한 예측이 무엇보다 중요하다. 이제는 4차 산업혁명의 신기술을 활용해 안전의 패러다임을 바꿀 수 있는 방안을 적극적으로 모색해야 할 시기이다.

▌그림 8-11▐ 안전 부문의 주요 이슈 및 해결방안

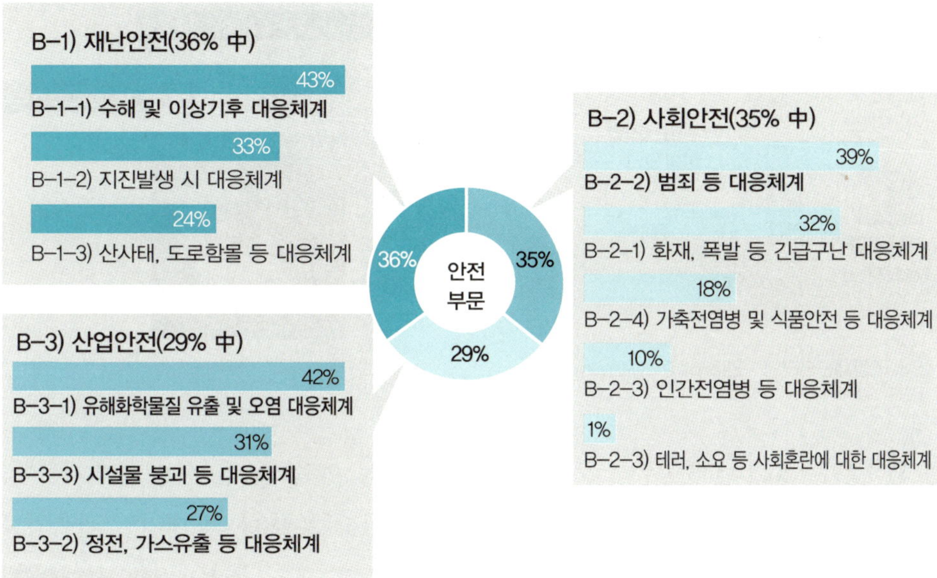

출처: 국토교통과학기술진흥원(2017), 2017 세계 선도형 스마트 시티 연구개발 사업

3.2 안전관련 주요 사례

1) 재난안전: 재난상황관리시스템

재난이란 국민의 생명, 재산과 국가에 피해를 주거나 줄 수 있는 것으로 자연, 사회재난으로 구분된다. 자연재난은 태풍, 홍수, 강풍, 대설, 지진, 황사 등 이에 준하는 자연현상으로 인하여 발생하는 재해이다. 사회재난은 화재, 교통사고(육상, 해상, 항공), 환경오염사고 등으로 인한 피해이다. 스마트 재난상황관리시스템은 재난발생 시 재난을 감지하는 사물인터넷 센서가 실시간 상황을 감지하고, 재난 유형(화재, 지진, 풍수해)을 해석하는 빅데이터를 활용하여 재난 유형별 최적의 대피경로를 제시하여 인명피해를 최소화하고 구조를 극대화시킬 수 있다.

▌그림 8-12▐ 스마트 재난상황관리시스템 구축

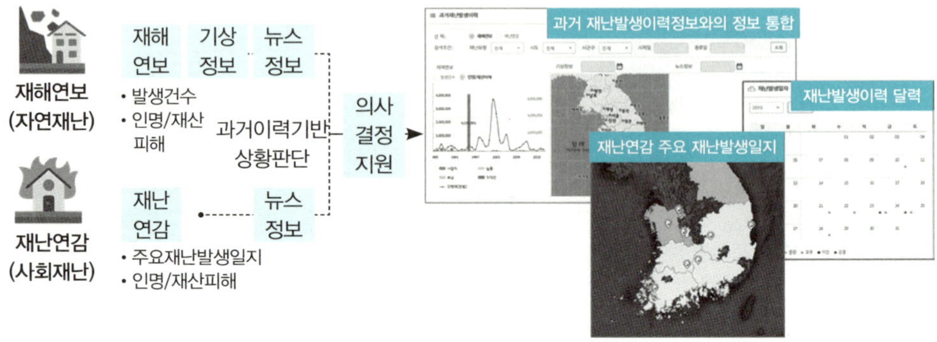

출처: 국립재난안전연구원(https://www.ndmi.go.kr)

환경부는 2020년 5월부터 오존예보에 인공지능 예측기술을 시범 도입하였다. 인공지능을 활용한 예측시스템은 최근 4년간(2015~2018년)의 대기질 관측자료(O_3, NO_2, SO_2 등), 수치모델 자료, 기상 자료(온도, 강우, 풍속, 풍향, 상대습도, 이슬점온도, 기압) 등으로 구성된 빅데이터를 기계학습 연산과정으로 학습시켜 3일간의 오존 농도를 예측 후 예보관에게 제공한다. 전국 255개 측정소를 2019년 4~10월까지 예측한 결과 인공지능이 기존 수치모델보다 상관도, 정합도에서 우

▌그림 8-13▐ 인공지능을 활용한 오존예측시스템 구성도

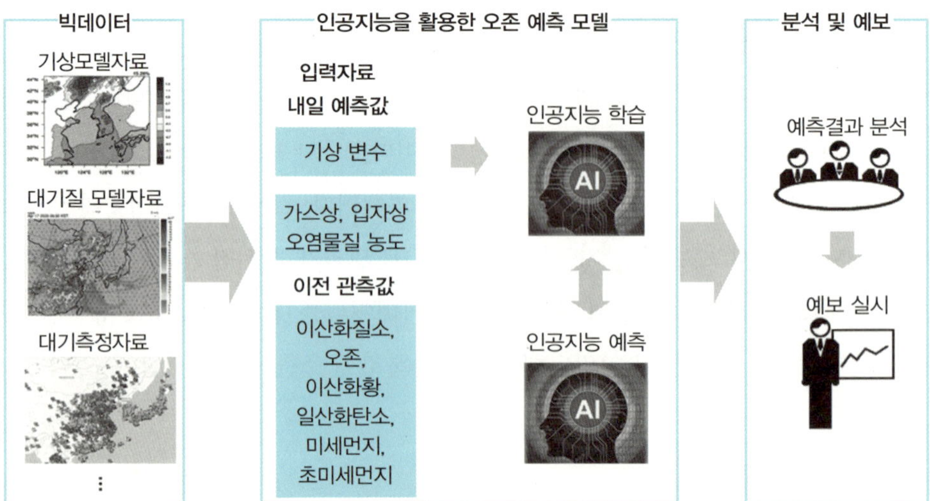

출처: 환경부(2020), 인공지능 예측기술로 오존예보 정확도 높인다, 보도자료, 202.5.21.

수한 성능을 보이는 것으로 나타났다. 이러한 결과를 바탕으로 향후 2022년부터 예보에 활용할 계획이다.

2) 사회안전: 스마트 치안/안전 서비스

사회가 발전함에 따라 사람은 안정적인 삶을 기대하는 성향이 있다. 인공지능, 로봇, 생명과학기술 등은 치안 및 안전 서비스의 지능화를 가능하게 하는 데 큰 역할을 하고 있다. 스마트 치안은 신종 및 지능형 범죄 등 급변하는 치안 환경에 발맞춰 선제적으로 대비하고 해결하는데 이용되는 치안활동이다. 스마트 치안은 체계적인 데이터 수집 및 관리, 입체적 분석, 맞춤형 정보 제공, 첨단기술 활용 및 대응과 같은 단계를 통해 실현된다. 스마트 안전 서비스는 인공지능, 사물인터넷을 통해 건물, 터널 및 교량 등이 안전한지를 상시 모니터링하고 이상 징후를 알려주는 것이다.

그림 8-14 스마트 치안

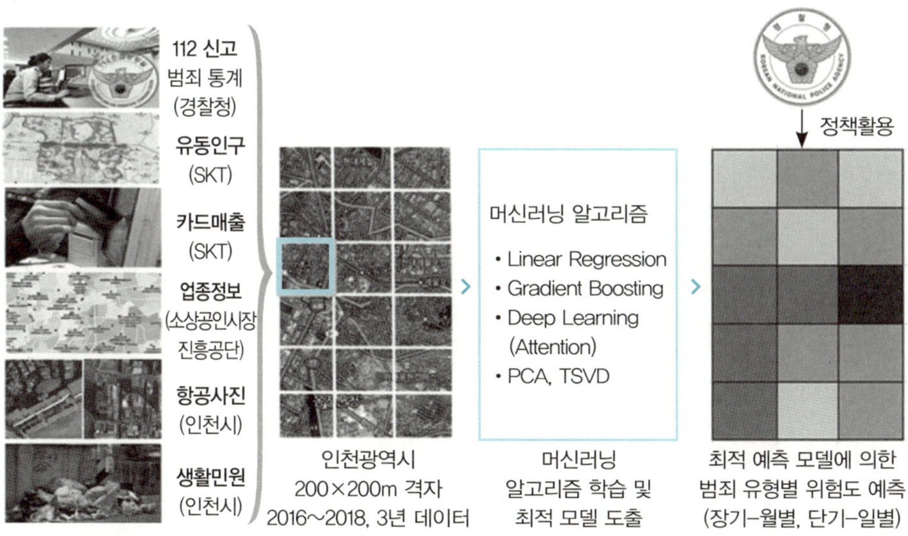

출처: 행정안전부 공식 블로그(https://m.blog.naver.com/mopaspr)

2019년 세종시는 빅데이터와 인공지능을 통한 단지별, 도로 위 스마트 치안 및 안전시스템을 구축하여 안전사고를 예방하고자 하였다. 건물 내 층별 감시를 위한 회전형 카메라, 단지 내 드론, 공중 영상 감시, 도로 및 터널 내 영상 감시를 통해 실시간 이상 내역을 모니터링하고 이상 발견 시 영상과 위치정보를 확인할 수 있다. 인공지능과 같은 신기술을 활용한 지능형 범죄 예측 및 대응시스템은 위험 상황 예측의 정확도를 향상시키고 비정형 데이터의 디지털화, 복잡한 데이터의 다차원 분석을 통해 사회 안전망 구축에 크게 기여할 것이다. 그리고 비용-효율적인 측면에서 범죄 예방 효과를 높이고 범죄 발생에 대한 두려움을 경감시킬 것이다.

그림 8-15 스마트 치안/안전시스템

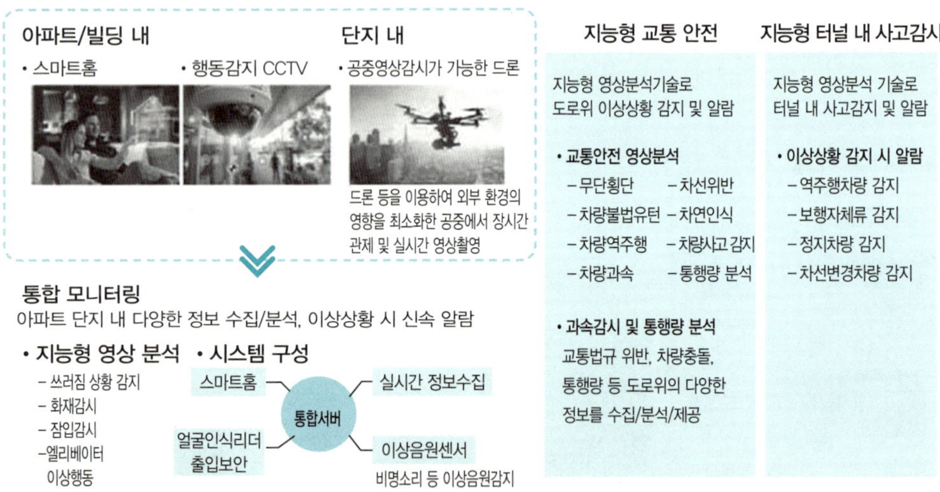

출처: 세종시(2019), 세종 스마트 시티 국가 시범도시 시행계획

3) 스마트 횡단보도 및 스쿨존 안전 서비스

스마트 횡단보도 안전 서비스는 보행안전 서비스의 제공을 통하여 시민들의 안전하고 쾌적한 보행을 지원한다. 스마트 횡단보도 서비스는 횡단보도 부근 교통사고 방지와 안전한 보행을 지원하기 위해 보행자 및 자동차감지시스템 등으로 사전에 교통사고를 예방하고 보행자의 안전한 보행을 지원한다. 특히, 보행신호 자동

연장시스템은 거동이 느리거나 불편한 노약자와 장애인 등 교통 약자를 위한 것이다. 예를 들어, 인공지능 영상분석을 통해 횡단보도 위를 걷는 교통약자(노약자, 장애인, 어린이 등) 및 보행자를 식별한다. 그리고 횡단보도 특정 구간에 교통약자가 건너갈 경우 인공지능은 교통신호제어기를 통해 횡단보행 신호 시간을 5~10초 연장한다.

스쿨존(School Zone) 안전 서비스는 스쿨존 지역 내 CCTV 영상분석 처리 및 감지센서를 통한 보행자 안전 강화 및 교통사고 예방 서비스이다. 인공지능 CCTV는 통신망을 통해 1분에 한 번씩 보행자와 차량 통행량 등 교통데이터를 시스템으로 전송해 교통정보 수집 및 분석을 한다. 예를 들어, 과속, 정지선, 주정차 위반 차량이 있는 경우 해당지역에 설치된 CCTV 카메라로 확인가능하며 해당 차량의 모습을 전광판으로 송출하여 운전자가 즉각 인식하고 법규를 준수할 수 있도록 유도한다.

▮그림 8-16▮ 스마트 횡단보도 서비스 개념도 예시

출처: 스마트 서울 포털(https://smart.seoul.go.kr)

4) 산업안전: 시설물 재난 안전관리시스템

산업안전에서 가장 중요한 것은 사고가 난 후에 대응하는 것보다는 사전에 미리 조심하는 것이 무엇보다 중요하다. 이를 위해 인공지능, 사물인터넷, 빅데이터 등 신기술을 이용한 시설물 재난 안전관리는 시설물과 관련 다양한 데이터를 계측하고 저장·분석하여 이를 활용해 시설물 안전 상태를 모니터링하고 위험도를 예측한다. 즉 이런 위험도를 분석하고 평가·예측하는 데 있어 인공지능기술이 핵심이다.

2020년 한국기계연구원은 인공지능기술을 이용해 공사 현장의 건축물이나 노후 시설물, 발전 플랜트 등 사회간접자본(SOC)의 위험요소를 사전에 파악하고 관리하는 기술개발을 진행하고 있다. 핵심기술은 인공지능을 활용한 시설물 위험도를 분석하고 평가·예측하는 것이다. 즉 인공지능기술을 활용해 축적된 사물인터넷 센서 데이터를 기반으로 현재 상황을 분석하여 미래 시점의 위험도를 예측하는 방식이다. 그리고 향후 예측된 위험도에 따라 대비책을 제시하는 인공지능기술을 개발하여 사전예측과 대응이 체계적으로 이루어지는 지능화된 스마트 안전시스템을 구축하여 실생활에 적용할 예정이다.

그림 8-17 AI와 IoT 센서를 이용한 시설물 재난안전 관리시스템 개념도

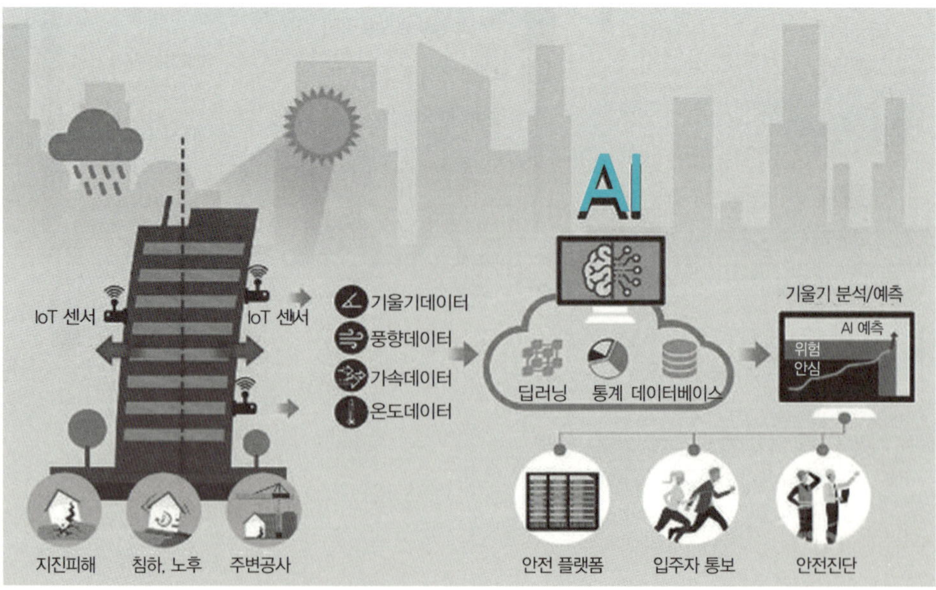

출처: 한국기계연구원(https://www.kimm.re.kr)

참고문헌

김민주 · 정승현, "스마트 시티 서비스의 요소기술 분류 및 특성분석", 대한건축학회 학술발표대회 논문집, 37(2), 2017, pp.459-462.

김진, "부산 에코델타 스마트시티 물 특화 기술", 물과미래, Vol.53, No.5, 2020, pp.27-34.

이석민 · 윤형미, 서울시 스마트 안전도시 구축방안, 서울연구원, 2020.8.

국토교통과학기술진흥원, 2017 세계 선도형 스마트 시티 연구개발 사업, 2017.4.

부산시, 부산 에코델타 스마트시티 시행계획, 2018.12.

세종시, 세종 스마트 시티 국가 시범도시 시행계획, 2019.2.

중소벤처기업부, 중소기업기술정보진흥원, 중소기업 전략기술로드맵 2019-2021, 스마트시티편.

환경부, "인공지능 예측기술로 오존예보 정확도 높인다", 보도자료, 2020.5.21.

황명화 · 김대종 · 임용호 · 박미라, 스마트 국토 · 도시관리를 위한 인공지능기술 도입방안 연구, 국토연구원, 2018.

한국정보통신기술협회, 4차 산업혁명 핵심 융합사례 스마트시티 개념과 표준화 현황, 2018.9.

Deakin, M. and Al Waer, H., "From Intelligent to Smart Cities," *Journal of Intelligent Buildings International*, Vol.3, No.3, 2011, pp.140-152.

Hamblen, M., "Just What is a Smart City?", computerworld.com, Oct 1, 2015.

[참고사이트]

국토교통부 스마트시티(https://smartcity.go.kr)

국립재난안전연구원(https://www.ndmi.go.kr)

스마트 서울포털(https://smart.seoul.go.kr)

스마트 서울경찰(https://smartsmpa.tistory.com)

한국기계연구원(https://www.kimm.re.kr)

한국수자원공사(http://www.kwater.or.kr)

행정안전부 공식 블로그(https://m.blog.naver.com/mopaspr)

KOSPO(https://kospomagazine.co.kr)

KT Enterprise(https://enterprise.kt.com)

09

CHAPTER

인공지능으로 구현되는 세상

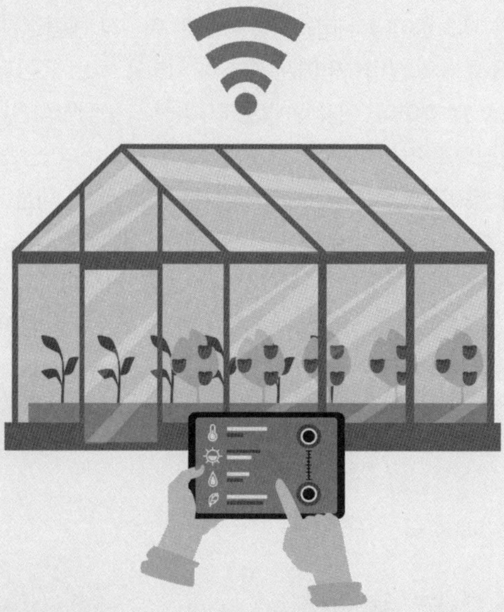

스마트 농림수산업

제1절 | 스마트 농업

제2절 | 스마트 임업

제3절 | 스마트 수산업

제4절 | 스마트 팜 및 양식장 국내 구축 사례

09
CHAPTER

스마트 농림수산업

정보통신기술은 제조업이나 서비스업에서 뿐만 아니라 농림수산업 분야에서도 매우 활발히 응용되고 있다. 특히, 4차 산업혁명에서 중추적 역할을 하는 인공지능기술은 미래 농업에서 가장 중추적인 역할을 할 것이다. 이제 농업은 더 이상 노동집약적인 산업이 아니라 첨단 지식을 기반으로 하는 산업으로 다시 태어나고 있다. 스마트 기술은 비단 농업에서 뿐만 아니라 수산업이나 임업 분야에서도 활발히 적용되고 있다. 스마트 기술의 적용은 농림수산업의 생산성을 급격히 증가시켰을 뿐만 아니라 인류를 고된 노동에서 해방시켜주고 있다. 그리고 스마트 기술은 바이오기술이나 나노기술과 융합하여 인간의 수명을 연장시키고 생명을 지키는 데 있어 중요한 역할을 수행하고 있다. 미래 스마트 농업은 단순한 자동화를 넘어 고도의 지식과 기술을 기반으로 하는 새로운 사업영역으로 급속히 변해가고 있다.

제 1 절 스마트 농업

1.1 농업 패러다임 변화와 스마트 농업

인류는 지난 3천년 동안 농경사회를 거치면서 번영과 부를 누려왔다. 고대 중국을 중심으로 동양에서 발달된 농업은 고도의 노동집약적인 산업이었다. 그러나 산업혁명을 거치면서 농업에 말이나 소가 아닌 새로운 동력이 활용되면서 농업의 생산성은 급속히 증가하였다. 19세기 말에서 20세기 초 2차 산업혁명을 거치면서 미국을 중심으로 대규모 기계화를 통한 농업의 발달로 인하여 농업은 이제 노동집약적인 산업이 아니라 거대 자본이 지배하는 새로운 산업으로 급성장하였다. 특히, 21세기 뉴밀레니엄 시대에 접어들면서 네덜란드를 중심으로 ICT 기술을 이용한 대규모 첨단 화훼농장을 중심으로 스마트 팜(Smart Farm) 기술이 급속히 발전하면서 이제 농업은 더이상 전통적인 1차 산업이 아니라 로봇, 인공지능, 빅데이터 등의 4차 산업혁명 기술이 접목된 첨단 융합산업이다.

CEMA(2017)에서는 이를 4차 산업혁명(Industry 4.0)의 개념과 맥을 같이한다는 뜻에서 농업혁명 4.0(Agriculture 4.0)으로 정의하고 있다. 1950년대 후반 녹색혁명을 통한 농업생산성의 획기적 증가를 Agriculture 2.0으로 본다면, GPS 기술을 활용한 맞춤형 정밀농업 기술의 등장을 Agriculture 3.0으로 정의할 수 있다. 그리고 4차 산업혁명의 촉발을 기점으로 한 2010년대는 ICT 기술과의 고강도 결합으로 정밀농업이 심화·발전된 형태인 스마트 농업 또는 디지털 농업은 Agriculture 4.0으로 정의할 수 있다.

우리나라의 경우 과거 삼국시대부터 농업이 발달하였으며, 조선시대에는 "農者天下之大本"이라는 슬로건하에 농업을 국가 존립의 근간으로 삼았다. 구한말 일제강점기를 거쳐 근대산업사회에 이르기까지도 우리 정부는 농업을 가장 중요한 산업으로 인식하고 식량 자립화와 농업기술의 혁신을 위해 엄청난 투자를 아끼지 않았다. 우리나라 농업은 토지, 농업, 자본에 의존해 농사를 지었던 때부터 오늘날 첨단 디지털 기술이 접목된 스마트 농업에 이르기까지 상당한 발전을 거듭해왔다. 지금까지 우리나라 농업 패러다임의 변화를 정리하여 보면 [그림 9-1]과 같이 크게 4단계로 나누어 볼 수 있다.

우리나라 농업은 1970년대 들어서면서부터 농업의 현대화와 기계화를 적극적으로 추진하여 엄청난 생산성 향상과 농업기술의 진보를 가져왔다. 또한 1990년대 농산물 시장 개방에 대응하여 농산물 품질의 개선과 농업시설의 자동화와 첨단화를 추진하였다. 그럼에도 불구하고 우리나라 농업은 도심화와 산업화로 인해 농촌인구의 급속한 감소와 함께 고령화 시대로 접어들었으며, 농촌경제는 계속해서 침체되고 있다. 이에 우리나라 농업은 4차 산업혁명 시대에 알맞은 새로운 패러다임 전환이 요구된다.

그림 9-1 국내 농업 패러다임의 변화

		+ 농업기술	+ 산업기술 +정보통신기술	+4차 산업혁명 기반기술, 생명공학기술 등
	농업 1.0 근대화 이전의 전통농업	2.0 1970년대 농업 현대화	3.0 1990년대 농산물 시장 개발	4.0 농업의 세계적 경쟁력 강화 및 데이터에 기반한 스마트 농업
발전 방향	• 전통농업 • 관행농업	• 비료, 농약, 농기계 활용 확대에 따른 화학농법	• 농업품질 개선, 다양화 • 농업의 자동화 • 정밀농업 발전	• 농업의 지능화 · 무인화 • 정밀농업으로 고도화 • 스마트 농업으로 진전
특징	• 노동집약적 • 비교적 낮은 생산성 • 경험기반	• 농업의 규모화 • 생산성 제고	• 다품종 소량생산 • 신기술의 농가보급	• 맞춤형 대량생산 • 최적의 의사결정 • 데이터 기반의 예측 농업
기술 발전	• 토지, 노동, 자본 등 기본적인 투입요소	• 농경기술 진보	• 컴퓨터, 인터넷, GPS	• 사물인터넷, 클라우드, 빅데이터, 인공지능, 블록체인 등 • 데이터가 노동, 지식, 경험 등을 대신하는 새로운 시대

고투입 · 저효율 ⟷ 저투입 · 고효율

출처: 한국농촌진흥청, 삼정KPMG 경제연구원 재구성

4차 산업혁명은 농업 분야에도 스마트 농업(Smart Agriculture)을 통해 [그림 9-2]와 같이 새로운 바람을 불러일으키고 있다. 전통적으로 농업은 영농인의 경험과 재배기술에 의존하여 발전되어 왔다. 그러나 이제 농업은 첨단 IoT 센서와 ICT 기술과 빅데이터를 기반으로 지능화되어 있으며, 생산성과 부가가치를 높이고 자재와 노동력의 투입은 최소화하는 방향으로 진화하고 있다. 인공지능기술을 탑재한 자동화된 농기계가 인간의 노동을 대신하고 있으며, 인공위성과 항공사진, 드론, 첨단센서 등으로부터 수집한 데이터를 효과적으로 처리하고 활용하는 빅데이터 기술이 농업 분야에도 보편화되고 있다.

또한 산업용 로봇기술을 농업에 활용하여 노동력을 줄여 노동생산성을 급속히 증가시키고 있다. 향후, 스마트 농업은 유연하고 안정적인 농산업 생산체계를 구축하여 시간과 장소에 구애받지 않고 언제 어디서나 다양한 농업 기구나 디바이스의 제어가 가능하며, 지능형 기술을 이용한 효율적인 모니터링과 감시를 통해 외부의 온도, 습도 등의 변화에 능동적으로 대응할 수 있는 체제를 갖출 수 있다. 따라서 스마트 농업으로의 전환을 통해 기후변화(재배적지 변화, 자연재해), 농산물 수급 악화(코로나-19, 보호무역주의 강화 등), 농산물 · 식품 수요 다변화, 농촌인력 부족 등의 농업 현안 문제를 해결할 수 있을 것으로 기대되고 있다(유거송 · 여창민, 2021).

▮그림 9-2▮ 스마트 농업으로의 변화 효과

	전통 농업	스마트 농업
편의성	시간과 장소에 구속	언제 어디서든 모니터링 및 제어
노하우	현장 인력 개인역량(경험 · 감각)에 의존	인력 노하우 중심에서 프로세스 · 시스템 중심으로 전환
소득	생산에만 집중	생산 · 2차 가공 · 직거래

우리 사회에 4차 산업이 본격화되고 농업의 스마트화가 진전됨에 따라 점차 '스마트 팜(Smart Farm)'을 도입하는 농가가 늘고 있다. 스마트 팜은 자동화 설비와 정보통신기술을 활용하여 시간과 공간의 제약 없이 작물이나 동물의 생육 환경을 최적 상태로 관리하는 편리하고 효율적인 농업 형태이다. 즉, 스마트 팜이란 온실, 과수원, 축사 등에 ICT 기술을 접목해 가축 및 작물의 생육환경을 시간 · 공간에 따른 제약 없이 적정수준으로 제어 · 관리할 수 있는 농장을 의미한다. 즉, 스마트 팜에서는 IoT(사물인터넷), 클라우드 등의 기술로 농작물 재배시설의 온도와 습도, 일조량 등을 측정 · 분석하고 모바일기기를 통해 작물의 생육환경을 원격으로 제어한다.

스마트 농업은 ICT 기술과 원격제어기술을 시설원예나 축사 등 농장에 적용하는 스마트 팜의 차원을 넘어 농업 가치사슬의 전 과정에 걸쳐 데이터 기반의 ICT 융복합 농업으로 확대 정의할 수 있다. 즉, 스마트 농업은 육종, 채종, 육모 등에서부터 생육–수확–유통–소비에 이르는 전체 농업 가치사슬의 모든 단계에 걸쳐 정보통신기술과 인공지능기술, IoT 및 빅데이터기술이 접목되는 ICT 융합산업이다. 더 나아가 스마트 농업은 정보통신기술 외에도 생명공학기술(BT: Bio Technology), 유전공학기술(GT: Genetic Technology), 환경공학기술(ET: Environment Technology) 등 다양한 첨단기술의 융복합이 이루어진 형태로 진화하고 있다(김수경 등, 2019).

스마트 농업 환경에서는 센서로 기상정보, 온실환경정보, 생체정보를 수집하고, 작물의 지상·지하부 생육환경을 원격으로 자동제어한다. 이를 통해 확보한 모든 데이터는 클라우드 서비스로 전송되어 농작물의 재배패턴 등을 보여줌으로써 농업관련인의 의사결정을 돕는다. 한편, 정보공동활용시스템과 같은 데이터 라이브러리를 통해 농가 간 데이터 공유가 가능하다. 스마트 농업은 빅데이터 기반 예측관리에 기초하며, 스마트 농업은 우리나라의 미래농업을 예측 기반 관리체계로의 변화를 주도해나가며 지속가능한 농업의 실현을 이끌 것으로 예상된다.

표 9-1 스마트 농업 관련 용어 정의

스마트 농업 용어	용어 정의	출처
정밀농업 (Precision Agriculture)	가장 오래된 개념으로 농경지를 세밀하게 모니터링하고 적재적소에 물과 양분을 투입하는 농업이며, 최근 위성·항공영상, 센서 등이 상용화되며 현실화되고 있음	농식품부(2019)
스마트 팜 (Smart Farm)	실내 시설농장(온실, 축사)에 해당하는 것으로, 사물인터넷, 빅데이터 등을 이용해 생육환경이 모니터링되고 적기에 최적의 영농의사결정이 수행되는 농장을 의미함	정부관계부처 합동(2018)
스마트 파밍 (Smart Farming)	스마트 팜이 노지로 확장되는 개념으로 시설농업과 노지농업을 포괄함	농식품·농진청·과기정통부(2019)
디지털 농업 (Digital Agriculture)	농업 관련 전반의 데이터를 디지털화하여 수집·분석하고 공유하는 기술을 의미함	Wikipedia

따라서 스마트 농업은 농업 가치사슬의 전과정(생산–유통–소비) 전반에 걸쳐 첨단 ICT 기술이 접목되어 자동화와 지능화를 구현하는 개념으로 정밀농업(Precision Agriculture), 스마트 팜(Smart Farm), 스마트 파밍(Smart Farming), 데이터 기반 농업 또는 디지털 농업(Digital Agriculture) 등이 총망라된 개념이다. 각각의 개념에 대한 정의를 정의하면 [표 9–1]과 같으며, 그 적용 범위를 구분하면 [그림 9–3]과 같다(유거송 · 여창민, 2021).

스마트 농업의 시발점은 정밀농업으로 볼 수 있다. 정밀농업의 개념은 1929년 미국 일리노이대학의 Linsley & Bauer가 토양 산성도의 공간변이성을 측정하는 연구를 기초로 시작되었다(Usery et al., 1995). 정밀농업은 지리정보체계(GIS & GPS), 생육 및 토양 측정센서 등에 기반하여 1990년대 중반부터 상용화되면서 본격화되기 시작하였다. 초기에는 미국, 호주, 유럽 등에서 대규모 경작지를 중심으로 경작지의 조건에 따라 맞춤형 비료, 맞춤형 농약 등을 투입함으로써 비용을 절감하고 생산량을 극대화시키는 데에 활용되었다. 최근에는 4차 산업혁명 핵심기술인 ICBM(IoT, Cloud Computing, Big Data, Mobile)과 AI & 로봇을 이용하여 스마트 농업의 외연이 확대되고 있으며 기술적으로 더 고도화 · 최적화되고 있다. 미래에는 무인화, 자율 의사결정시스템으로 발전해갈 것이다.

▌그림 9-3 ▌스마트 농업 관련 개념들의 적용 범위

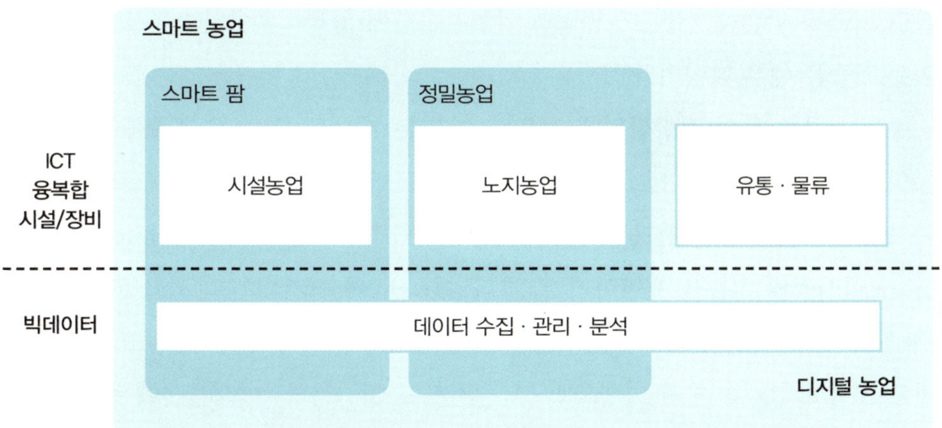

출처: 유거송 · 여창민(2021)

1.2 스마트 농업 가치사슬 구조와 기술

스마트 농업 가치사슬 구조는 매우 복잡하게 얽혀 있다. 스마트 농업의 가치사슬은 농사를 준비하는 단계에서부터 직접 재배하여 가꾸어 수확하여 최종 소비자에게 출하하는 일련의 과정상에 여러 유형의 기업들이나 이해관계자들이 상호 얽혀 있다. 일반적으로 농업의 가치사슬은 농작물 재배가 이루어지는 생산 · 생육단계에서 시작되어 최종 소비자에게 전달되는 유통 · 판매의 단계로 나눌 수 있다.

스마트 농업의 가치사슬을 더 확장하여 본다면 ① 종자산업(육종−채종−육묘)에 해당하는 농사 '사전단계(Pre−production)', ② 작물의 생산 · 재배 · 관리 및 수확 · 선별단계가 포함된 '농사 진행단계', ③ 작물을 수확한 이후, 출하 · 유통 및 소비단계에 이르는 '유통 · 소비단계' 등 크게 3단계로 구분할 수 있다. [그림 9−4]는 스마트 농업의 가치사슬 단계별 활동과 관련 기술의 적용 분야를 제시하고 있다(김수경 등. 2020).

스마트 농업은 곡물, 과수, 원예, 축산 등 여러 가지 농업 분야에서 일련의 가치사슬과정에서 자동화 · 지능화 · 계량화하는 데 필요한 일련의 기술들의 집합을 가지고 있다. 이들 기술을 에그테크(AgTech)라 하며 스마트 농업의 전 · 후방산업에서 광범위하게 적용될 수 있다. 에그테크(AgTech)란 농업(Agriculture)을 의미하는 단어와 기술(Technology)이 융합된 개념으로 스마트 농업의 기반이 되는 농업 관련 기술을 말한다. 스마트 농업의 가치사슬상에서 전 · 후방산업에서 적용될 수 있는 기술은 매우 다양하다.

종묘나 육종 등의 전방산업에 적용될 수 있는 기술은 유전학, 육종학 등과 같은 농업생명공학기술들이다. 그리고 농업의 후방산업에 속하는 유통과 소비를 촉진하기 위해서는 다양한 전자상거래 플랫폼들이 있다. 또한 배양육이나 식물성 단백질 등 혁신적인 식품을 개발하기 위한 다양한 생명공학기술이 나오고 있다. 이 중에서 마이크로바이옴(Microbiome)은 미생물(Microbe)과 생태계(Biome)를 합친 말로 몸속에 100조 개의 미생물과 그 유전자를 일컫는다. 미생물군에는 세균, 고세균, 원생생물, 균류 및 바이러스가 포함된다. 호스트(인간)의 건강과 성장에 결정적인 역할을 하는 것으로 나타난 마이크로바이옴은 '제2의 게놈' 또는 '제2의 뇌'

그림 9-4 스마트 농업의 가치사슬과 기술적용 분야

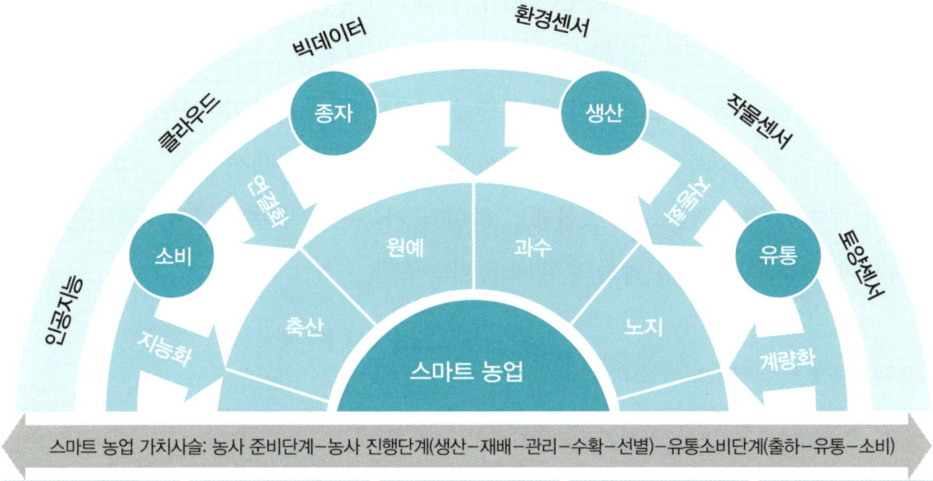

종자산업 벨류체인	생산의 정밀화·자동화	수확량·수확 시기 판단	스마트 유통·가격 예측	안전 · 안심 소비
• 육종(Breeding) –신품종 육성 · 개량 • 채종 (Seed Harvesting) –종자의 채취·처리·가공 –육종에 의해 새로이 개발된 종자를 대량 확산하여 판매할 수 있는 양 만큼 획득 • 육모 (Raising seeding) –양질의 묘를 육성	• 센싱 기반 시설물 제어 및 생장환경 모니터링 · 관리 –병충해 관리 –비료 공급 –작황정보 분석 –지능형 축사 관리 • 로봇·드론을 활용한 농작업 자동화 • IoT·AI 기반의 스마트팜, 식물공장으로 최적 재배	• AI · 드론 · 빅데이터 활용 통해 병해충, 질병 예측 및 조기 대응 • IoT, 로봇, AI 기반 수확 후 처리 자동화 • 포장 공정의 자동화	• 드론 활용한 작황 관측 • AI · 빅데이터 활용 농산물 가격 · 수급 예측 • 스마트 유통 시스템 및 창고 활용 –무인자동화, 드론 활용 농식품 직배송	• 식재료 정보 모니터링 • 생산–가공–유통 단계에 이르는 이력 인증 정보 제공 –IoT 활용해 품질, 원산지, 위해요소 관리하며 안전 농산물 소비 활성화 • IoT·빅데이터 활용 소비자 맞춤형 농산물 주문 및 생산 확대

출처: 김수경 등(2020)

로 불린다.

전통적으로 스마트 농업 분야의 핵심 기술은 농작물 재배 및 사육과 관련하여 기존의 농업기계의 전동화 및 자동화 시설이다. 특히, 시설농업의 경우 다양한 고부가가치 작물의 연중생산을 위한 정밀 환경(광, 온습도 등) 제어 기술이 필요하며, 축산은 개별 가축의 관리를 통해 생산량 증대와 품질향상을 실현하기 위한 기술이 필요하다. 시설재배의 경우 제어시스템을 기반으로 한 다양한 스마트 팜 기

술이 활용된다. [그림 9-5]는 시설재배에서 스마트 팜 시스템을 보여주고 있다. 이 시스템은 온실 내에 설치된 다양한 IoT 센서와 CCTV로부터 실시간으로 외부 환경과 재배환경 정보를 수집하여 실시간으로 분석하고 이것을 기반으로 개폐기 등 각종 제어장치를 통해 최적의 운영 및 환경조건을 유지할 수 있도록 한다. 또한 온실 내에 수직형 · 적층형 등 다양한 재배법으로 면적당 생산량을 극대화한 식물공장이 인기를 끌고 있으며, 도심에도 설치가 가능하여 유통을 효율화할 수 있고, 환경제어로 약용 등 특수 작물의 재배도 가능하다.

▮그림 9-5▮ 시설재배에서 스마트 농업기술의 적용

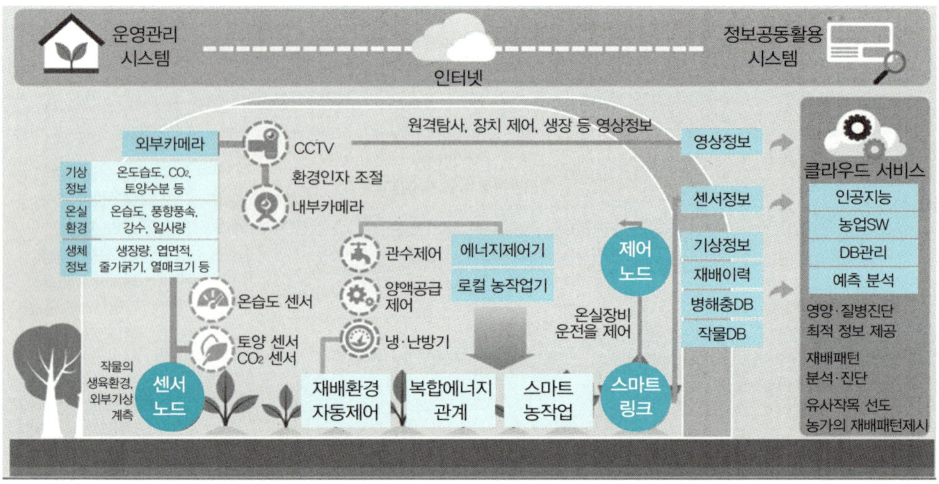

출처: 김수경 등(2019)

온실을 이용한 시설원예와 수직형 식물공장은 네덜란드, 이스라엘, 미국 등이 선도하고 있다. 이들 나라에서는 정밀 환경제어 기술 및 데이터 분석기술로 생산성과 경제성을 극대화하고 있다. 인공광원기술은 최적의 식물공장을 가능하게 하는 기술이다. 빛 파장에 따른 식물 성장 효과 데이터를 기반으로 최적의 빛을 공급하기 위해 OLED, 파장변화 LED 등의 조명 시스템이 유리온실이나 식물공장에 적용될 수 있다. 또한 양 · 수분공급조절 장치는 전기전도도(염도), pH, 온도 등을 센서로 측정하고 양액기 등으로 양분과 수분을 자동으로 공급할 수 있게 하여 수경재배에 적극적으로 활용되고 있다. 이 장치는 작물별 최적 조건을 유지하기 위

▌그림 9-6▌노지농업에서 스마트 농업기술의 적용

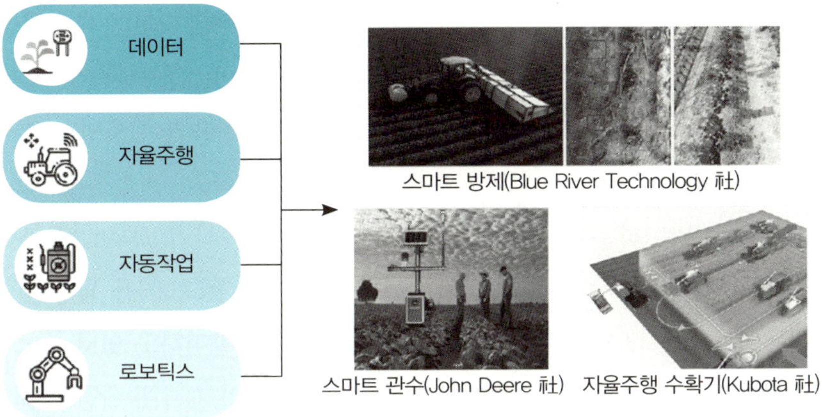

출처: 유거송 · 여창민(2019)

한 센서 및 양 · 수분 공급기술이 핵심이다. 한편, 통합자동제어시스템은 작물별로 최적의 조건을 유지하기 위해 농장 모니터링을 기반으로 차광, 환기 등이 이루어지며, 최적 수확시기와 출하 시기를 스스로 판단하여 사용자에게 제공할 수 있다.

스마트농업 기술은 식량작물 등의 생산을 위한 대규모 노지 경작과 신선채소, 고부가 작물 등을 위한 원예시설, 식물공장 등 스마트 농업은 농업 형태에 따라 다변화되고 있다. 대규모 노지 농업이 발달된 미국을 중심으로 자율주행, 인공위성, 빅데이터 등 다양한 첨단 기술이 접목되어 데이터 기반 정밀농업이 상용화되고 있다. 노지농업의 경우 광대한 농지의 콩, 옥수수, 밀, 쌀 등의 경작을 자동화하고 작황을 최적화하기 위해 각종 모니터링 데이터, 자율주행 트랙터, 스마트 관수 · 관비장치, 기상 데이터를 이용한 수확량 예측 등에 스마트 농업기술이 적용되고 있다. 특히, 작황의 예측을 위해서는 작황의 정확한 모니터링과 날씨와 종자정보의 결합이 중요하다. 또한 과수농업의 경우 효과적인 방제 · 수확 등을 위해 산업용 로봇이 개량되어 적용되고 있다. 팜봇(FarmBot)은 로봇이 설치된 틀 아래에서 토양의 파종, 물주기, 잡초 · 해충 제거, 수확 등 전 과정이 자동으로 수행되는 농업로봇시스템이다.

최근에는 식물재배에서 카메라, 광학센서 등을 이용해 필요한 위치에 필요한 양의 농약, 비료 등을 살포하는 변량 살포 기술이 상용화되어 농기계에 탑재되고 있다. 이 기술은 작물과 잡초를 구분해 제초제를 잡초에만 국소 살포하여 제초제 사용량을 90%까지 절감할 수 있게 한다. 특히, 센서기술 및 데이터 분석기술의 발전으로 농작업의 자동화 및 효율화가 극대화되고 있으며, 클라우드 기술을 통해 데이터 기반 농업 보급이 확대되고 있다. 센서기술을 이용하여 토양 수분함량을 분석해 물이 과도하거나 부족할 때 경고 메시지를 전달하고, 관수를 제어하여 물과 양분 유실을 방지하는 '제한적 자율관수'시스템이 상용화되었으며, 적외선 온도센서, 수분장력계 등을 통한 환경 측정, 카메라와 라이다(Lidar)를 활용한 꽃 · 과실 구분, 개수 및 상태 파악 등 실시간 모니터링 기술이 발전하고 있다.

최근에는 인공지능 기반의 영농의사결정지원 시스템의 개발이 활발히 진행되고 있다. 실시간으로 클라우드에 수집되는 농업데이터(센서, 항공사진 등)의 분석을 통한 투입시기, 투입량, 투입위치 최적화, 작황과 시장데이터 기반 재배 및 수확시기 결정을 지원하는 소프트웨어의 활용으로 영농수입을 극대화하는데 기여할 수 있다. 또한 농업 측정 데이터를 저장하고 공유하여 일반 농업인들이 손쉽게 사용 가능한 빅데이터 플랫폼이 상용화되어 있으며, 농기자재에서 지속적으로 데이터가 축적되어 고도화되고 있다. 스마트 농업기술의 선두주자인 John Deere사의 경우 빅데이터 플랫폼 활성화를 위해 타사 제품호환성을 갖추고 있으며, 미국 전체 농업인의 약 60% 정도가 1개 이상의 데이터 서비스를 이용하고 있다(한국농수산식품유통공사, 2019).

1.3 스마트 팜 기술 적용 분야

스마트 농업을 좁은 의미에서 본다면 스마트 팜으로 정의할 수 있다. 스마트 팜은 비닐하우스 · 유리온실 · 축사 등에 ICT를 접목하여 원격 · 자동으로 작물과 가축의 생육 환경을 적정하게 유지 · 관리할 수 있는 농장이다. 스마트 팜은 작물 생육정보와 환경정보에 대한 데이터를 기반으로 최적 생육 환경을 조성하여, 노동력 · 에너지 · 양분 등을 종전보다 덜 투입하고도 농산물의 생산성과 품질이 제고가 가능하다. 스마트 팜의 적용 분야로는 스마트 온실, 스마트 과수원, 스마트 축

❚ 그림 9-7 ❚ 스마트 온실 구성도

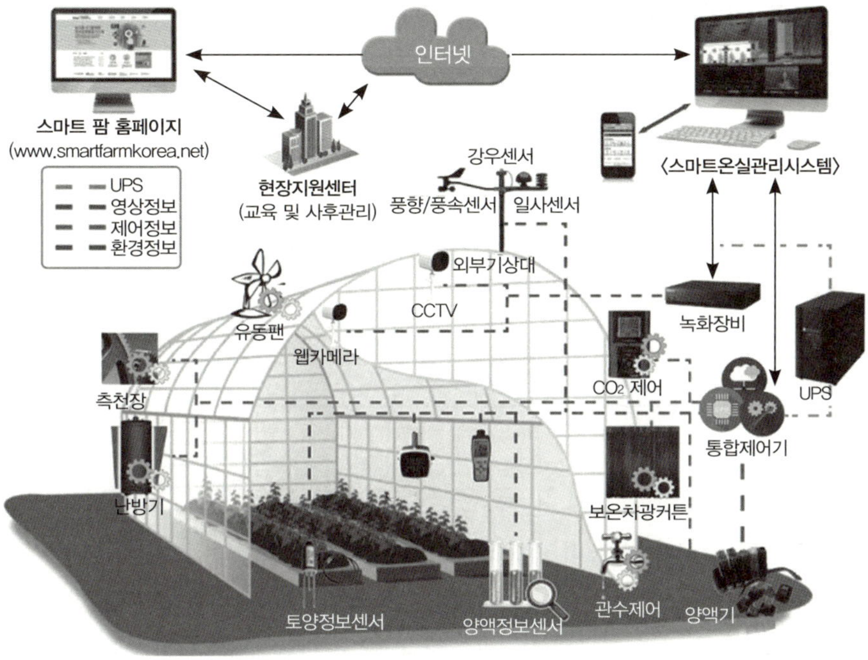

출처: https://smartfarmkorea.net

사 등이 있다.

스마트 온실은 PC 또는 모바일을 통해 온실의 온 · 습도, CO_2 등을 모니터링하고 창문 개폐, 영양분 공급 등을 원격 자동으로 제어하여 작물의 최적 생장환경을 유지 및 관리할 수 있게 한다. [그림 9-7]은 스마트 온실의 구성도를 보여준다. 그리고 스마트 온실의 주요 구성요소와 사용되는 장비나 시스템을 보면 [표 9-2]와 같다.

온실이 아닌 노지에서 작물이나 과수를 재배하는 경우 스마트 농장 또는 스마트 과수원 등이 가능하다. 이러한 스마트 농장이나 과수원은 PC 또는 모바일을 통해 온 · 습도, 기상상황 등을 모니터링하고 원격 · 자동으로 관수, 병해충 관리 등을 할 수 있게 해준다.

또한 최적의 환경에서 동물사육을 하기 위해 스마트 축사를 구축할 수 있다. 스마트 축사는 [그림 9-8]에서 보는 바와 같이 PC 또는 모바일을 통해 온 · 습도, 등

표 9-2 스마트 온실 주요 구성요소

구분		세부내역
환경센터	내부	온도, 습도, CO_2, 토양수분(토경), 양액측정센서(양액농도 EC, 산도 pH), 수분센서(배지) 등
	외부	온도, 습도, 풍향/풍속, 강우, 일사량 등
영상장비		적외선카메라, DVR(녹화장비) 등
시설별 제어 및 통합제어 장비		환기, 난방, 에너지 절감시설, 차광 커튼, 유동팬, 온수/난방수 조절, 모터 제어, 양액기 제어, LED 등
최적 생육환경 정보관리시스템		실시간 생장환경 모니터링 및 시설물 제어환경 및 생육정보 데이터베이스 분석시스템 등

축사환경을 모니터링하고 사료 및 물 공급시기와 양 등을 원격 자동으로 제어할 수 있다. 스마트 축사의 효율적인 운영과 관리를 위해서는 축산 빅데이터 플랫폼 활용을 위한 자가진단 서비스를 이용할 수 있다. 자가진단 서비스는 사육동물들의 개체정보, 사육정보, 질병정보, 경영관리정보 등 축산농장의 운영에 필요한 정보를 시스템에 등록하면, 축산농가에서 생성된 빅데이터를 활용하여 효율적인 농장 경영을 가능하게 하며 생산성 향상과 농가 소득증대를 가져올 수 있다.

이처럼 농업 분야에서 빅데이터의 활용은 농업의 지속가능성 발전에 핵심 역할을 한다. 빅데이터 기술은 위성측위시스템(GNSS), 센서, 드론, 유전체학(Genomics), 진단학(Diagnostics), 로봇 등의 정밀농업 기술의 발전과 상호 보완적인 역할을 한다. 빅데이터를 활용한 정밀농업 기술은 농부들과 식품업체들로 하여금 다양한 정보에 기반해 합리적인 선택을 가능하게 해주어 농가의 소득증대와 소비자를 합리적 소비를 가능하게 한다.

▮그림 9-8▮ 스마트 축사 구성도

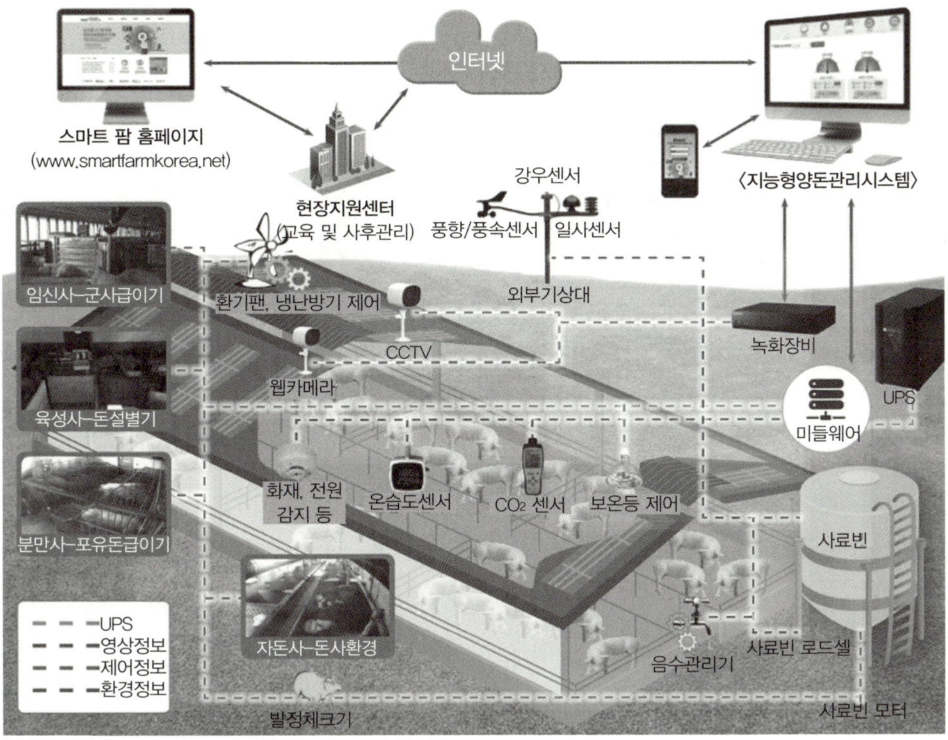

자료: https://smartfarmkorea.net

1.4 스마트 농업 선도기업

1) 네덜란드의 프리바(Priva)

프리바(Priva)는 네덜란드의 암스테르담에서 남서쪽으로 약 70㎞ 떨어진 북해 연안 도시, 헤이그(The Hague)에 위치한 온실환경 정밀제어 전문기업이다. 1959년 온실 보일러를 만드는 가족기업으로 출발한 이후 1990년대 중반 합병을 통하여 원예시설 환경제어 전문회사로 성장하였다. 프리바는 온실 내 정밀제어를 위한 다양한 센서와 자동화 기자재를 공급하고 설치하며, 스마트 팜 운영에 필요한 다양한 솔루션을 제공한다. 국내에도 1990년대부터 농가에 프리바 솔루션이 도입되기 시작한 가운데, 현재 국내 시설원예 운영사업체 대다수가 프리바 솔루션을 활용 중이다.

▮그림 9-9▮ 프리바사의 온실재배 영양공급시스템

출처: https://www.priva.com/solutions/horticulture/priva-neutralizer

온실 원예에 컴퓨터 기술을 이용하기 시작한 선구자로, 현재 세계 1위의 원예 응용 프로그램 공급업체이다. 1977년에는 원예 농업과 온실 운영을 위해 필요한 조명, 온도, 수분, 영양 요소까지 총체적으로 관리하는 시스템을 출시하였다. 또한 2016년에는 토마토의 가지와 잎줄기 사이의 불필요한 곁순을 스스로 제거할 수 있는 로봇 콤파노(KOMPANO)를 개발하고 출시하여 인공지능과 로봇을 농업에 활용하였다.

또한 프리바는 유리온실의 환경(온도나 습도 등)을 일정하게 유지하는 기술을 단순히 농업뿐만 아니라 다양한 분야에 적용하는 기술을 개발하였다. 프리바는 온실 자동화를 통한 전 공정의 운영 및 통제시스템 외에도 1990년대 중반부터는 네덜란드에 있는 고층 건물을 중심으로 실내 환경 조절 솔루션을 개발해 판매하고 있다. 2019년까지 유럽과 미국 등에 있는 5만여 개의 빌딩에 관련 솔루션을 적용하고 있다.

2) 네덜란드의 GrowX

GrowX는 미국인 John Apesos와 화학공학자인 Jens Ruijg가 설립한 신생회사로서 2017년 암스테르담에서 첫 번째 하이테크 수직 농장을 오픈하였다. GrowX는 암스테르담의 Amstel III 비즈니스 파크에 있는 회사 건물 내에 있는 'Food

Flat'에서 다양한 채소를 재배하여 암스테르담 시내에 신선한 작물을 도심의 소비자에게 공급하는 것을 목표로 하는 도시농장이다. 암스테르담시와 GrowX의 공동 목표는 2025년까지 암스테르담 인구의 절반에 수직 농장에서 재배된 채소를 공급하는 것이다. GrowX사의 수직 농장의 면적은 250㎡로 시작하여 2,000㎡로 확장할 계획이다. GrowX는 세계 최고의 셰프가 운영하는 고급 레스토랑인 Yerba Restaurant(Chef Yerba), Conservatorium Hotel(Chef Taiko) 등에도 채소를 공급하고 있다. GrowX의 수직 농장에서 재배하는 작물은 새싹 채소, 허브, 샐러드 등 매우 다양하다.

그림 9-10 GrowX의 도시형 수직 농장 구상

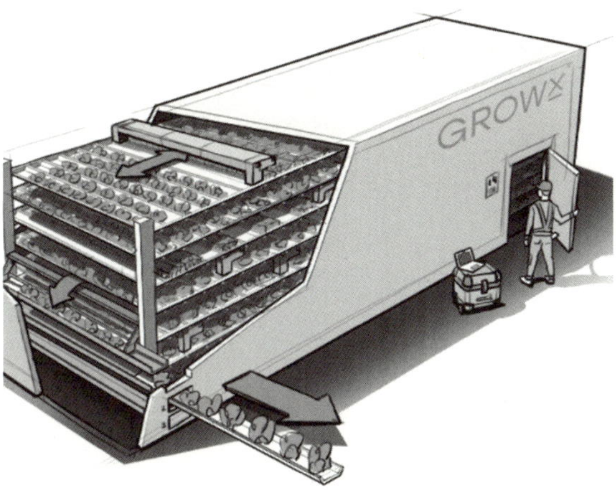

출처: https://www.growx.co

GrowX의 수직 농장은 도시 환경에서 운영되기에 작물의 운송시간을 단축할 수 있다. 또한 수직 농장에서 자란 채소는 하이테크 폐쇄시스템에서 재배되어 작물 재배에 이상적인 인위적 환경을 만들 수 있다. 그 결과 작물 재배에서 실패 염려 없는 수확이 가능하며 기후 통제를 통해 농약을 사용하지 않아도 되어 안전한 먹거리를 근거리에서 실시간으로 공급할 수 있다.

▮그림 9-11▮수직 농장

출처: https://interestingengineering.com/13-vertical-farming-innovations-that-could-revolutionize-agriculture

제2절 스마트 임업

2.1 4차 산업혁명 기술과 스마트 임업

4차 산업혁명의 핵심 기술 분야인 인공지능(AI), IoT, 3D 프린팅, 빅데이터, 로봇공학 등이 산림 분야에도 적극적으로 도입되고 있다. 스마트 임업(Smart Forest)은 IoT · AI · 빅데이터 등 4차 산업혁명 주요 핵심 기술을 임업 분야에 접목하여 산림재해로부터 안전유지, 산림자원 보호, 산림휴양 · 복지 등에 활용하는 것이다.

최근 무인항공기와 드론을 이용하여 산불피해지 조사나 산불 진화는 물론이고 공중에서 농약살포 등 다양한 산림작업에 가능하다. 첨단 기술을 활용하여 효율적인 산림재해 관리를 위해서는 드론, 스마트 계측기기 등 IoT 기반 스마트 기술 개발 및 활용으로 산불, 산사태와 같은 산림재해의 예찰, 조기대응, 사후관리 등 효율적인 예방 및 대처가 되도록 해야 한다. 또한, 산림작업에 효율적인 시드밤, 수확 자동화, 가지치기 로봇 등 로봇공학기술을 이용하는 사례가 점차 증가하고 있다. 그리고 QR코드를 이용한 이력추적제 시스템도 적용되면서 더욱더 효율적이고 안전한 산림작업이 가능해지고 있다.

빅데이터를 활용하면 임산물 유통체계의 고도화, 수요에 맞는 공급량 조절 등 다양한 기능을 수행하며, 이를 수행하기 위한 플랫폼 구축 및 지원체계를 갖출 수 있다. 또한 산림 치유 · 휴양 서비스를 위한 애플리케이션을 개발하여 산림휴양 과정에서 개인의 심리 · 행동 · 반응 등을 과학적으로 분석할 수 있어, 최적의 개인 맞춤형 서비스를 제공할 수 있다.

국내에서 스마트 임업은 아직 선진국 수준에 미치지 못하고 있다. 스마트 임업에 대한 정보기술이 접목된 간단한 사례로는 야산에 있는 소나무에 QR코드를 심어 소나무재선충병 이력 관리를 한 사례가 있다. 이것은 아주 간단한 방식으로 소나무재선충병으로 인해 죽은 고사목에 QR코드가 부착된 마킹테이프를 부착하면 고사목 수종과 좌표, 조사 날짜 등의 정보가 자동으로 입력 · 관리되는 식이다. 지금까지 소나무재선충병 고사목에 예찰단이 고사목 수종과 좌표, 조사 날짜 등을 수기로 기입한 마킹테이프를 부착해 관리했다. 고사목 시료 채취 시에도 시료를 담은 봉투에 수기로 시료 정보와 조사 날짜 등을 기입해야 했고 검사 기관도 이를 전산화해야 했다. 이처럼 많은 인력과 비용이 소요되는 일을 QR코드를 활용해 자동적으로 이력정보가 업데이트되도록 하고 수기로 인한 오차율을 줄일 수 있게 된 것이다.

다음으로 임업 분야에서 비교적 스마트 기술이 잘 적용되고 있는 분야로 스마트 양묘를 들 수 있다. 스마트 양묘는 묘목을 키우는데 있어 스마트 팜 기술을 접목하는 것이다. 스마트 양묘 기술은 ICT를 접목하여 PC 또는 모바일을 통해 양묘장치를 원격 제어할 수 있다. 각종 IoT 센서와 장치 등을 모바일 및 PC와 연결하여 원격으로 임산물의 생육 환경을 제어하고, 지능형 로봇 등을 이용하여 생산공정을 자동화할 수 있다. 또한, 빅데이터, AI 분석을 통한 재배패턴을 분석하여 생산성 및 품질의 향상을 기할 수 있다. 스마트 양묘 기술은 나무 묘목 생산뿐만 아니라 버섯재배 등에 적용할 수 있다.

일반적으로 임업은 넓은 면적에서 각종 작업이 행해지고 공간적인 제약이 많기 때문에 다른 산업보다 생산성이 낮다. 이런 측면에서 스마트 양묘시스템의 도입은 노동문제 해결에 큰 도움이 된다. 스마트 양묘시스템을 이용하여 일반 노지양묘 대비 단위면적당 생산량을 2배, 노동력 절감에 따른 생산비용을 50% 절감할 수 있었다는 보도가 있다(연합뉴스, 2016.12.5).

2.2 스마트 임업 기술 적용 분야

한국농촌경제연구원 연구보고서에 따르면, 임업 분야에 4차 산업혁명 기술 적용 방향으로 ① 첨단화되고 효율적인 산림재해관리, ② 스마트 임업시스템을 구축하고 임산물 유통 및 목재산업 첨단화를 위한 첨단 임업 및 임산업 육성, ③ 국민수요에 대응한 맞춤형 산림서비스 제공 확대, ④ 임업 · 임산업 전문인력을 양성하고, 산림정보 통합 체계를 구축하며, 획기적인 R&D 지원을 위한 인프라 구축 및

▮그림 9-12▮ 4차 산업혁명 기술의 임업 분야 적용 목표와 방향

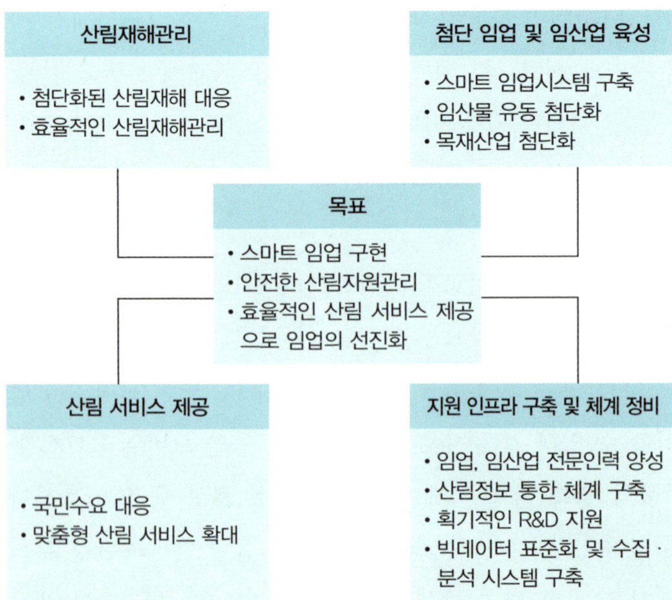

출처: 석현덕 · 변승연 · 정동열 · 김동훈(2017), 4차 산업혁명 기술의 임업 분야 적용 및 발전방향, 한국경제연구원 연구보고서

체계 정비 등 4가지로 제시하였다. 그리고 각 분야별로 적용될 수 있는 4차 산업혁명 분야의 주요 기술들을 [표 9-3]과 같이 정리하였다(석현덕 등, 2017).

표 9-3 스마트 임업과 적용 기술

구분	산림자원경영 및 관리	임산물 유통 및 소비	임산물 생산	재해 및 병충해 관리	산림 서비스
IoT	산림경영예측 시스템	유비쿼터스 푸드시스템	스마트 양묘, 스마트 온실시스템	산림재해통합 관리시스템, 원격진단시스템	등산도우미 애플리케이션, 전국 휴양림 표준데이터
로봇 공학	스마트 양묘, 시드 밤 로봇, 무인항공기, LandTrendr, 3D 레이저 스캐닝	창고 · 점포재고관리 로봇	수확자동화 로봇, 가지치기 로봇, 목재가공 로봇	산불감시 로봇, 무인항공기, 3D, 레이저 스캐닝, 산림병해충 탐지 자동화 기술	
빅데이터	세계 산림감시시스템, LandTrendr 프로그램, 산림경영예측시스템	유비쿼터스 푸드시스템, 임산물 유통 및 소비 플랫폼	임산물 생산지도, 임산물 작황 정보 서비스, 정밀임업	산림감시시스템, 산림재해통합관리시스템, 산불위험예보시스템, 산불지도 알고리즘, 산림병해충 탐지 자동화기술, 산사태피해 탐지시스템	산림정보 다드림, 등산도우미 애플리케이션, 전국 휴양림 표준데이터, 감성분석시스템 맞춤형 산림복지
인공 지능	산림자원감시시스템, 산림경영예측 시스템	물류자동화시스템, 무인편의점, 목재 운반 자율주행차량	창고 · 점포재고 관리 로봇	산림재해예측 시스템	맞춤형 산림복지시스템
ICT	LiDAR 시스템	유비쿼터스 푸드시스템	스마트 양묘, 임산물 작황 정보서비스, 정밀임업	산림재해통합 관리시스템, 산불위험예보시스템, 산림병해충 탐지 자동화 기술	등산도우미 애플리케이션

출처: 석현덕 · 변승연 · 정동열 · 김동훈(2017), 4차 산업혁명 기술의 임업 분야 적용 및 발전방향, 한국경제연구원 연구보고서

1) 산림재해 예방 및 관리

산림재해 예방 및 관리 분야에 4차 산업혁명 기술이 접목될 수 있는 분야로는 IoT 기반의 지능형 산림 드론을 이용한 산림 화재 예방 및 진화, 지리정보시스템(GIS)을 이용한 산불예측 및 분석, 무인원격 감시시스템을 이용한 산사태 피해지 탐지, 인공지능(AI)을 활용한 병해충 자동판독, 빅데이터 기반의 지능형 영상 모니터링과 조기예측시스템을 기반으로 한 산림재해 통합관리시스템 구축 등이다.

2) 스마트 임업시스템

스마트 온실 기술을 이용하여 스마트 양묘시스템과 같은 스마트 임업 생산시스템의 구축이 가능하다. 각종 센서와 장치 등을 모바일 및 PC와 연결하여 원격으로 임산물의 생육환경을 제어하고, 지능형 로봇 등을 이용하여 생산공정 자동화가 가능하다. 또한 빅데이터, AI 분석을 통한 재배 패턴을 분석하여 생산성 및 품질의 향상에 기여할 수 있다.

또한 목재가공 공장에서 자동화와 작업자 보호를 위해 스마트 팩토리(Smart Factory) 기술을 도입할 수 있다. 로봇공학, ICT 등 첨단 기술을 활용한 자동화된 목재가공시스템의 구축이 가능하며, 목재가공에 있어 지능형 스케줄링 알고리즘을 적용하여 제재공정 최적화와 생산성을 높일 수 있다. 특히, 목재가공 산업에 자동화 로봇공학을 도입하여 작업현장에서 목재 분진 및 유독한 물질에 노출되는 작업환경에서 벗어나 안전하게 작업을 수행할 수 있다. 목재공장 내 로봇을 도입하여 목재의 방부처리, 도장 등 유해 작업을 수행할 수 있으며, 적재(palletizing) 및 분류 작업의 자동화 기능을 할 수 있고 센서 기술을 탑재해 품질 검사까지 수행이 가능하다.

임업 분야에서 가장 노동집약적이며 노동의 강도가 높은 분야는 임목 벌채 작업이다. 임목 벌채 작업은 작업자가 기계톱 등을 이용하여 벌채한 후 포크레인, 도르래, 끌개 등을 이용하여 운송하는 것으로 노동집약적이고 작업 위험도가 높다. 이러한 벌채 작업에 로봇과 증강현실(AR: Augmented Reality)시스템을 이용하여 벌채목 선별 및 임업기계 원격 조종으로 작업자가 현장에 가지 않고 작업을 수행

▮그림 9-13▮ 목재 가공 자동화 로봇

출처: KUKA(www.kuka.com)

할 수 있는 스마트 벌채시스템이 개발된다면 산업재해 방지 및 인건비 절감, 작업 효율 향상 등 다양한 이점이 있다.

3) 임산물 유통 플랫폼

인공지능과 빅데이터 기술을 활용하면 임산물 수급관리의 정확도를 높일 수 있다. 생산량, 소비량, 기후 등 정형 데이터와 인터넷상의 비정형 데이터를 분석하여 수급 예측이 가능하고, IoT 기술을 활용하여 생산자와 산지유통조직에 임산물 생산 및 유통정보 서비스를 제공할 수 있으며, 생산지의 작황, 저장량, 출하량 등의 데이터를 실시간으로 수집 · 분석할 수 있다.

버섯, 산나물 등 임산물 유통 첨단화를 위해 임산물 유통 및 소비 플랫폼을 구축할 필요가 있다. 지금까지 임산물 판매처는 전통시장과 대형마트의 비중이 높은 편이지만 인터넷 거래의 비중이 점차 크게 증가하고 있다. 인공지능 알고리즘과 빅데이터 분석기술을 활용해 임산물 소비자의 소비패턴을 파악하고 분석하여 생산자와 공유하여 시기적절한 생산 및 생산량 조절이 가능하고 소비자 맞춤형 마케팅 전략을 수립할 수 있다.

4) 산림 서비스 제공

최근 나무가 내뿜는 피톤치드를 이용한 숲 치유가 인기를 끌고 있다. 현재 국내에 많은 휴양림에서 인체의 면역력 강화와 건강증진 등을 위해 '치유의 숲' 등을 운영하고 있으나, 감성과학 기반의 치유 서비스는 아직 미흡하다. 감성분석시스템은 인공지능과 빅데이터를 활용한 기술로서 이것을 숲 치유를 위한 건강관리 플랫폼에 도입할 경우 산림 치유 및 개인 맞춤형 산림서비스를 제공할 수 있다.

숲은 치유와 힐링을 위한 휴양공간이다. 도시민들의 경우 숲속의 맑은 공기를 마시고 여가를 즐기기를 희망한다. 도시민의 여가 선용 등을 위해 자연 휴양림과 같은 휴양시설이 운영되고 있으나, 기상 상황이나 거리 등의 제약으로 자주 이용하는 데 한계가 있다. 빅데이터 기반의 개인 맞춤형 휴양 서비스는 수요 성향에 대한 데이터를 활용하여 최적의 자연 휴양림을 추천하는 서비스를 제공할 수 있으며, 휴양림 이용객들의 고객만족도 제고와 편익 증진, 더 나아가 산림 휴양 서비스 산업의 발전에도 기여할 수 있다.

이 외에도 전국의 등산로 안내와 등산에 따른 일기, 산악지형 등 다양한 정보를 제공하는 등산도우미(앱)를 개발하여 보급할 경우 안전한 산행과 자신의 신체적 특성에 맞는 최적을 등산가이드를 받을 수 있다. 또한 등산 도중 조난이나 사고 등 긴급사고 발생 시 긴급 구조를 가능하게 한다.

제3절 스마트 수산업

3.1 4차 산업혁명 기술과 스마트 수산업

수산업 분야는 연근해 어업과 양식산업, 원양산업 등 매우 광범위하고 그 범위도 넓다. 특히 수산업은 기후환경 변화와 환경오염의 영향을 가장 많이 받고 있다. 따라서 지속가능한 수산물 먹거리를 확보하고 해양환경을 살리기 위한 다양한 기술들이 적극적으로 활용되고 있다. 이러한 변화에 따라 오늘날 수산업은 잡는 어업에서 기르는 어업으로 급속히 변화하고 있다. 이에 청정한 환경에서 최적의 양식 환경을 구축하고 생산성을 높이는 것이 가장 큰 화두가 되고 있다. 이에 스마트 수산업으로 가장 먼저 생각할 수 있는 분야는 스마트 양식(Smart AqueFarm) 분야이다.

스마트 양식(Smart AqueFarm)이란 양식 수산물의 효율적 · 친환경적 생산을 위한 최적 생육 알고리즘 구축과 양식 수산물의 생산-가공-판매에 있어 최적 의사결정을 위하여 사물인터넷(IoT), ICT, 빅데이터, 인공지능(AI) 등 4차 산업혁명 기술을 활용하여 양식산업 시스템을 자동화 · 지능화한 것으로 기존의 양식산업이 노동집약적 산업이라면, 스마트 양식산업은 기술과 자본집약적 지식산업으로 볼 수 있다. 반면, 스마트 수산업의 정의를 내리기는 다소 쉽지 않다. 수산업 분야에서는 수산물의 생산 · 가공 · 유통 등 전 과정에 스마트 기술을 도입하여 안전한 수산물을 공급하고, 수산업 종사자에게 노동의 고통을 들어주는데 필요한 디지털 기반의 수산업으로 정의를 내리고자 한다.

2016년 11월 우리나라 양식업계는 민간자본 유입을 촉진하고, 타 분야 첨단기술과의 융합 플랫폼을 마련하기 위해 '미래양식포럼'을 창립하였다. 동 포럼은 영세한 국내 양식산업의 과학화를 위해 ICT분과, 자동화 · 기계제어 · 소재분과, 에너지 · 수처리분과, 빅데이터분과, 친환경바이오분과 등 150여 개 기업이 참여하였으며, 특히 한국금융투자협회, 한국전자통신연구원, 한국전자정보통신산업진흥회, 한국벤처투자 등 투자 및 ICT 관련 기업 및 전문가가 대거 참여하였다.

실제로 양식 선진국들이 주도하는 글로벌 양식산업은 최첨단 생산시스템 구축으로 빠른 속도로 진화하고 있다. 특히, 노르웨이 등 북유럽 국가들은 이미 지난 20년 동안 연어양식 분야에서 최적 운영소프트웨어와 최적 양식 기술 등을 기반으로 하는 다국적 수직적 통합기업으로 발전을 거듭하여 글로벌 양식산업을 주도하고 있다. 북유럽 국가의 양식산업은 축적된 데이터를 기반으로 자동화시스템이 구현되어 있으며, 소수의 인원에 의한 양식장 운영으로 인건비 절감 등 양식품종의 원가절감을 견인하고 있을 뿐만 아니라 양식시스템의 수출을 통해 부가가치를 창출하고 있다.

해양수산부(2019)에서 발표한 4차 산업혁명 시대를 이끌 '해양수산 스마트화 전략'에서는 빅데이터, 사물인터넷(IoT), 인공지능(AI) 등 4차 산업혁명 기술을 적용하여 해양수산업의 체질을 개선하고, 새로운 미래성장동력을 창출하기 위한 전략을 발표하였다. 여기에서는 4차 산업혁명 기술들을 접목하여 수산업 전 과정에서 스마트 가치사슬(Value Chain) 구축을 주요한 이슈로 제시하였다. 이를 위해 ① 지속가능한 어업 실현을 위해 총허용어획량(TAC) 기반 자원관리형 어업 정착을 위한 스마트 어업관리시스템 개발 및 보급, ② 데이터 기반의 최적화된 환경에서 건강하게 기르는 스마트 양식 개발 및 확산, ③ 수산물 유통과정의 최적화 및 투명화 등 소비자가 안심하는 스마트 유통 · 가공체계 구축을 제시하였다.

스마트 어업관리시스템 개발 및 보급을 위한 구체적인 실현 방안으로 TAC 기반 어업규제완화 시범사업과 연계하여 스마트 어업관리 모델을 개발하고, 어업인들이 어종 · 어획량 등의 정보를 해상에서 실시간으로 입력하는 전자어획보고시스템, 어선의 어획량과 어종별 크기 및 무게 등을 양륙 단계에서 실시간으로 측정 · 확인하는 TAC 모니터링 시스템 등을 개발하여 적용한다. 또한, 인공지능기술을 접목시킨 지능형 CCTV 기반의 인공지능 기반 옵서버(Observer)를 개발하고 어선에 탑재하여, 조업현장의 어획량, 어종, 불법조업 여부 등을 실시간으로 분석할 수 있게 한다.

데이터 기반의 스마트 양식업을 위한 구현 방안으로 IoT 센서 등으로 수질 · 사료 · 질병관리 등 양식 전 과정을 데이터화하고, 스마트 양식 빅데이터 센터를 구축하여 실증 데이터 축적, 민간 양식장 기술 공유, 우수 데이터 거래 및 유통을 지원한다. 또한, 인공지능기술을 도입하여 최적 사육 알고리즘과 24시간 무인관리가 가능한 정밀 제어모델을 개발한다.

스마트 유통 · 가공체계 구축을 위해서는 수산물 유통 분야에서는 선상에서 바로 어획물 정보를 온라인에 공개하고 양륙 전에 경매하는 선상 온라인 경매시스템을 도입하여 유통비용과 시간을 줄이고 신선도를 높일 수 있도록 한다. 또한 수산물의 양륙 · 선별 · 위판과정을 자동화하고 온도 자동제어 기능 등을 갖춘 스마트 위판장의 표준모델을 개발한다. 아울러, 소비자가 산지 위판장을 방문하지 않고 온라인에서 수산물 영상을 확인하고 바로 주문할 수 있는 '캠(Cam) 마켓'을 구축하고, 수산물의 신선도와 유통경로 정보 등을 소비자에게 투명하게 제공하는 스마트 어상자, 스마트 포장재 등을 개발한다. 그 밖에 원산지 판별기술을 고도화하고, 스마트 가공 공장 구축을 추진한다.

3.2 스마트 수산업 적용 기술

스마트 수산업에서 첨단 기술이 적용되는 분야는 무수히 많다. 원양어업이나 근해어업에서 어군탐지기술이나 포획기술들은 일찍부터 발달되었다. 최근 수산업의 추세가 잡는 어업에서 기르는 어업으로 발전하면서 스마트 양식 기술이 급속히 발전하고 있다. 특히, 4차 산업혁명에서 중심적 역할을 하는 IoT와 인공지능기술이 양식업에서 큰 변화를 일으키고 있다. 스마트 양식장은 농업에서 스마트 팜과 대비된다.

스마트 양식 기술 개발은 노르웨이, 스웨덴 등 유럽 선진 수산국과 일본을 중심으로 ICT, IoT, AI 기술을 접목하여 사육환경 측정 및 자동제어기술, 양식생물의 생산자동화기술, 사육수(물)처리기술, 사료자동공급기술, 사육환경 데이터 수집 및 분석기술, 스마트 양식 생산 모델링 등 매우 다양하다. 스마트 양식 기술은 양식산업의 규모화와 첨단화를 가능하게 한다.

사육환경 측정과 자동제어 기술은 사육환경을 실시간으로 측정하고 설정값을 기준으로 자동으로 제어하는 기술로서 스마트 양식 기술을 구현하기 위한 주요 핵심 기술 중의 하나이다. 주요 품목은 사육환경 센서, 순환여과시스템, 히트펌프 등이 있다. 또한, 양식생물의 생산자동화 기술에는 사료 자동공급 장치, 개체수 및 크기측정 장치 등이 있다(이동길 등, 2021).

사육수(물)처리기술은 어류를 양식하기에 최적의 환경으로 만드는 기술이다. 육상양식장의 경우 순환여과 기술을 이용하여 수질오염을 막고 청정한 수질을 유지하는 것이 중요하다. 한편, 스마트 양식 생산 모델 및 플랫폼은 사육환경과 양식 어류의 특성을 고려하여 적정한 환경을 스스로 결정한 후 이를 자동제어하는 시스템으로 미래 스마트 양식에서 가장 중요한 기술 중의 하나이다.

미래 첨단 스마트 양식장이 되기 위해서는 양식장 내에 IoT 센서(온도, 수질, 이산화탄소 농도 등 측정)와 5G 기반 초연결망을 기반으로 AI 기술 및 AR/VR 기술을 적용하여 최적의 양식장 운영을 가능하게 해야 한다. 또한 친환경 에너지를 이용하여 저렴한 비용으로 양식장 온도 유지를 가능하게 하며, 최적의 수질을 유지하기 위한 자동화된 순환시스템을 갖추고 있어야 한다. 미래 첨단 스마트 양식장을 구축하기 위해서는 1단계 원격제어에서부터 4단계 자율경영시스템까지 갖추어야 한다.

그림 9-14 미래의 첨단 스마트 양식장 구성도

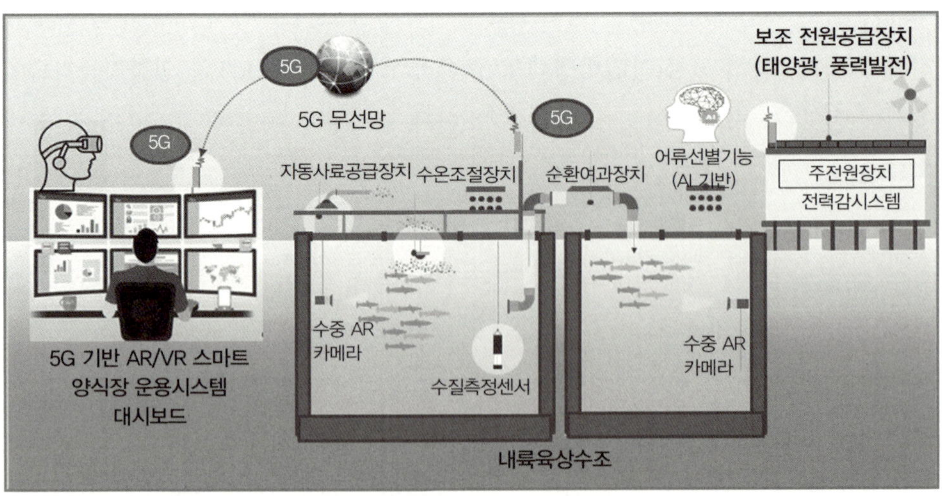

출처: 해양수산부 보도자료

1) 1단계: IoT 기반의 원격제어

다양한 계측장치를 기반으로 한 수온 · 염분 · pH 등 실시간 수질환경을 모니터링하는 원격제어시스템을 구축한다. 이를 통해 원격감시와 원격제어가 이루어진다. 1단계는 원격감시와 제어가 사람에 의해 이루어진다.

2) 2단계: AR/VR 기반의 융합자동제어시스템 구축

사람과 컴퓨터가 함께 데이터를 기반으로 하여 수질환경을 모니터링해 복합적인 환경을 제어하는 자동제어시스템을 구축한다. 1단계에서는 사람이 직접 실시간 정보를 모니터링했다면, 2단계에서는 5G, AR/VR 기술, AI 기술을 접목하여, 복합적으로 모니터링하는 융합시스템을 구축한다. 이를 통해 양식장을 자동제어가 가능한 시스템으로 업그레이드한다.

3) 3단계: AI, 빅데이터 기반 제어 지능화

AI, 빅데이터 기술을 기반으로 하는 2단계를 고도화하여 최적의 생육환경을 자동으로 구현하는 지능형 양식시스템을 구축한다. 인력의 개입을 최소화하여 양식장 스스로 주변 환경 및 생물을 인식하고 자동 사료급이, 양식장 환경 제어, 어류 질병 체크 및 건강관리, 제품 출하 등을 판단해 양식장을 관리한다.

4) 4단계: 수중 로봇을 이용한 자율경영

자율경영 단계에서는 로봇이나 수중드론을 투입하여 수조 청소, 어군 군집통제, 집중 관찰 등 생산량을 극대화하는 등 최적의 양식경영시스템을 구축한다.

3.3 스마트 수산업 선도기업

세계적으로 양식 수산물의 최적화 조건을 갖춘 양식시스템들은 노르웨이

AKVA, 덴마크 빌룬트 등에 의해 제작 · 수출되고 있다. 노르웨이 AKVA사는 10여 개국에 연어양식시스템을 판매하고 있으며, 덴마크 빌룬트는 육상양식시스템인 순환여과양식시스템을 포함한 양식기자재 산업으로 연 20억 달러 이상 수출하고 있다.

스마트 양식장에 적용된 ICT 기술은 수질(DO, pH 등)과 성장률을 기반으로 한 데이터 축적과 양식 품종에 적합한 수질 제어 등을 목표로 하고 있다. 북유럽 국가들의 스마트 양식 솔루션 기업들은 연어시장의 확대와 더불어 성장하고 있으며, 양식산업의 자동화에 핵심 데이터를 제공하면서 다양한 방식으로 부가가치를 창출하고 있다.

세계 최대 양식 기자재 업체 중 하나인 AKVA사는 빅데이터 기반의 양식생산 자동화 기술을 개발하였다. 각종 환경 센서 및 화상 카메라, 생산제어 소프트웨어를 통해 사료공급의 자동화를 구현하고 있다. AKVA사의 CSS 사료공급시스템은 중앙공급시스템의 개념으로 각종 환경센서 및 고급 카메라와 생산제어 소프트웨어가 통합되어 시간과 사료량, 사료와 증강제 비율 등을 자동으로 제어한다. 이외에도 자동 유수흐름시스템, 환경모니터링 및 제어시스템, 개체 자동인식시스템, 개체 자동선별시스템, 스마트 수처리시스템 등이 스마트 양식 자동화시스템에 활용되고 있다.

그림 9-15 AKVA사의 CCS 사료공급시스템

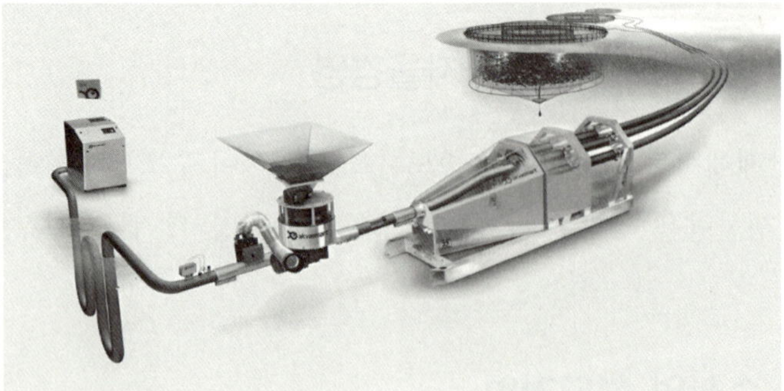

출처: https://www.akvagroup.com

양식장에 들어가는 핵심 소프트웨어를 제공하는 aM(aquaManager)사는 최적 생육정보와 양식환경정보를 통합하여 양식장 관리자가 운영 목표에 따라 합리적으로 의사결정을 할 수 있도록 지원하고 있다. 또한 옥시가드는 양식기술의 핵심인 수질관리를 위한 산소공급장치 판매를 통해 세계시장의 점유를 확대하고 있다. aM사의 Hatchery 모듈은 양식환경 변수와 산란관련 변수 등을 수집하여 정보를 제공하고, Nursery 모듈은 대상 품종의 생육에 영향을 미치는 양식장 밀집도, 급이, 양식환경 관련 데이터를 수집 · 가공하여 비용 및 생산관리에 도움을 주는 실시간 정보를 제공한다.

▌그림 9-16▐ aM사의 스마트 양식관리시스템

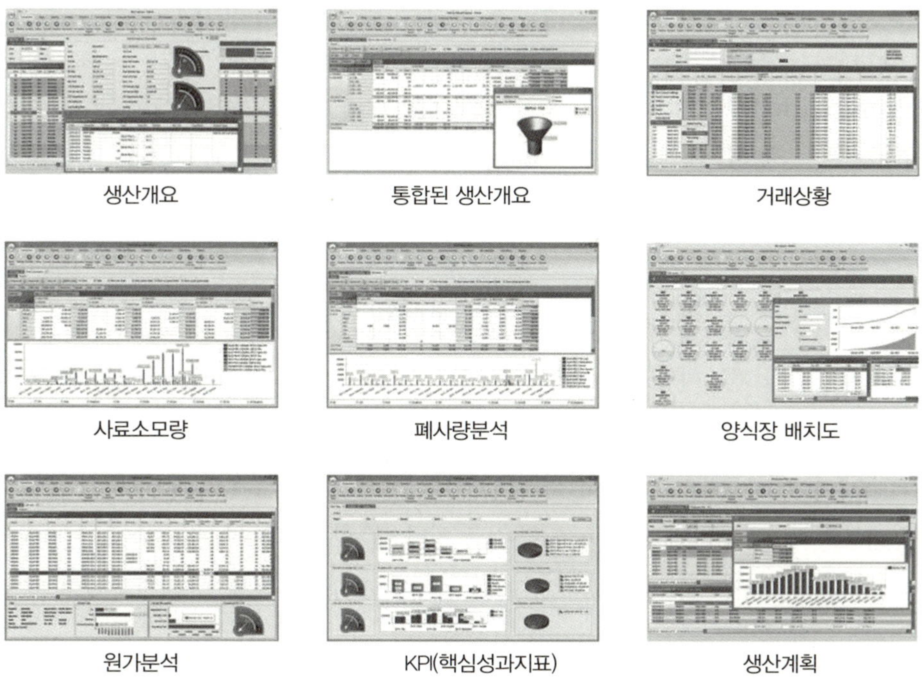

출처: aquaManager사 홈페이지

제4절 스마트 팜 및 양식장 국내 구축 사례

4.1 화옹지구 첨단유리온실 단지 조성 사례

경기도 화옹지구 첨단유리온실은 국내 최대 규모의 스마트 팜 시설을 한 곳이다. 한국농어촌공사가 민간기업과 협력을 통해 화성시 화옹간척지구 내에 2010년부터 추진한 시범사업이다. 이 사업은 농식품 100억 달러 수출목표 조기 달성을 위한 융복합 산업형 수출전문단지 조성과 첨단농업시설의 규모화 및 집적화로 생산, 가공, 유통, 관광형의 대규모 첨단농업 구현을 목표로 조성한 것이다.

초기 추진은 동부팜화옹을 중심으로 한 주사업자를 선정 후 콘소시엄 방식으로 추진하였다. 사업의 규모는 약 10ha(118,542㎡)이며, 총사업비는 약 568억(2010~2012년)이 소요되었다. 이 중에서 첨단유리온실을 짓는데 380억 원, 기반시설에 86.6억 원, 냉난방 및 용수공급시설에 100억 원이 소요되었다. 사업비 재원은 국비(FTA 기금, 예특회계), 지방비(경기도, 화성시), 민자(동부한농 외) 합작으로 조달되었다.

주요 시설은 첨단생산온실(3블럭)을 비롯하여 육묘장, 선별시설 및 창고, 열공급 시설, 서비스동, 체험공단 등으로 구성되어 있다. 온실은 최첨단 자동제어시스템을 갖추고 있어 온도, 습도, 일조량 조절이 자동으로 이루어지고 있다. 또한 온실 내에 토마토 재배에 필요한 양분(배양액)을 자동으로 공급하는 장치와 수확물의 이동장치, 자동선별장치 등을 갖추고 있다. 수확된 토마토는 곧바로 선별장으로 이동하여 자동으로 분류되어 포장 및 출하되고 있다. 이들 대부분의 스마트 팜 시설들은 네덜란드에서 직수입하여 설치하였다.

현재 화옹지구 첨단유리온실과 스마트팜 시설은 우일팜이 2015년 9월 동부팜화옹으로부터 인수하여 운영하고 있다. 한국농수산식품유통공사에 따르면 인수 이듬해인 2016년 우일팜은 토마토 총 2,736톤을 생산했고 전체 물량의 24.8%인 679톤을 수출했다고 한다.

▮그림 9-17▮ 첨단유리온실과 부대시설

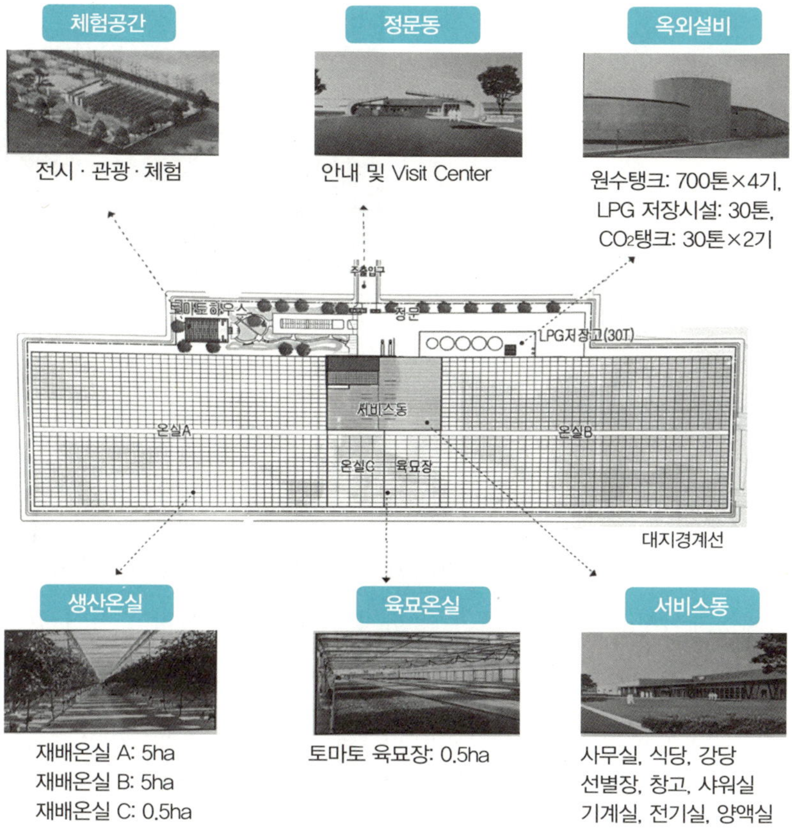

▮그림 9-18▮ 자동 양액장치와 수확물 이동장치

▮그림 9-19▮ 육묘장 내부와 자동 선별장치

4.2 보령 수산종묘배양장 구축 사례

한국중부발전(주)는 발전소의 온배수를 활용한 보령 수산종묘배양장 시설 구축을 지원하여 2013년 10월 착공하여 2015년 8월에 준공하였다. 이 수산종묘장은 최첨단 자동제어시스템과 수조를 이용하여 치어를 생산하기 위하여 만들어졌다. 치어를 배양하기 위한 배양장 규모는 총사업비 67억 원을 투입하여 연면적 2,641㎡로 온배수 사용량 680톤 규모이다. 주요 시설로는 어류종묘동 8개, 패류종묘동 16개, 부화동 14개, 관리동(근무자룸, 전기실, 기계실, 먹이창고) 등을 갖춘 첨단시설이다. 연간 70만 미 이상의 치어와 치패를 생산할 수 있다.

수산종묘장 운영은 보령수협이 하며, 치어를 생산하여 서해안 지역에 방류하여 회유하는 물고기를 잡아 어민들의 수익 향상과 지역의 수산업 발전에 기여한다. 종묘장 운영은 순환여과방식으로 운영하고 있으며 첨단 자동화된 제어시스템을 갖추고 있다.

▮그림 9-20▮ 보령 수산종묘장 제어시스템과 치어 생산시설

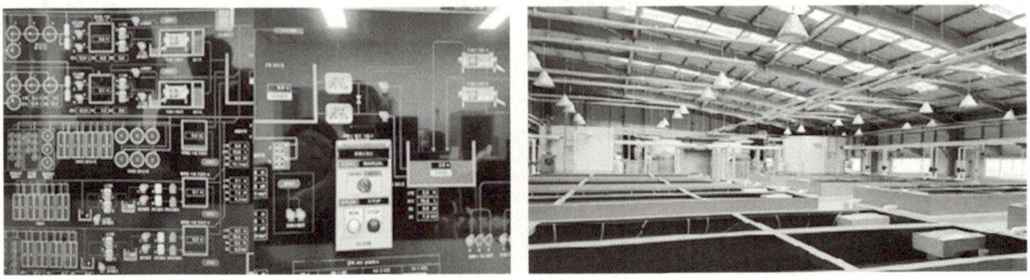

참고문헌

고대식, ICBM(사물인터넷, 클라우드, 빅데이터, 모바일) 기술을 활용한 산림업무 영역별 적용 방안 연구, 산림청 연구보고서, 2016.

김상철 · 최규홍 · 홍영기, "스마트 시대, 스마트 농업," RDA Interrobang, 제13호, 2011, pp.1–20.

김수경 · 이효정 · 김주희, "스마트 농업, 다시 그리는 농업의 가치사슬," 삼정KPMG 경제연구원, KPMG Issue Monitor, 제119호, 2019.

김수경 · 이효정 · 김주희, "스마트 농업과 변화하는 비즈니스 생태계," 삼정KPMG 경제연구원, KPMG Issue Monitor, 제125호, 2020.

김연중 · 박지연 · 박영구, 4차 산업혁명에 대응한 스마트농업 발전방안, 한국농촌경제연구원 연구보고서, 2017.

농식품부, 농진청, 과기정통부, "스마트팜 연구개발(R&D), 도약의 날개를 달다!", 보도자료, 2019.

농식품부, 프랑스 EU 주요국, ICT에 기반한 디지털 농업 스마트팜, 2019.

유거송 · 여창민, 스마트 농업, 한국과학기술기획평가원, 기술동향 브리프, 2021–03호.

유제범, 스마트 양식산업의 현황과 향후 과제, 국회입법조사처, NARS 현안분석, 제89호, 2019.

이상철 · 마상모, "첨단 스마트 양식 기술발전 동향분석," 제어 · 로봇 · 시스템학회지, 제22권, 제3호, 2016, pp.26–33.

이주량 · 추수진 · 임영훈 · 박동배 · 심상철 · 김가은, 스마트 농업 현장 착근을 위한 기술정책 제고 방안, 과학기술정책연구원, 정책연구 2018–10.

소프트웨어정책연구소, 어그테크 국내외 시장 및 정책 동향, 연구보고서, 2019.

석현덕 · 변승연 · 정동열 · 김동훈, 4차 산업혁명 기술의 임업 분야 적용 및 발전방향, 한국경제연구원 연구보고서, 2017.7.

우충식, 산림 분야 무인기(드론) 활용 방안, 국립산림과학원, 2016.

이동길 · 배봉성 · 이정호 · 김석태 · 김형수, "스마트 양식 기술 개발과 산업화 방안," 수산해양교육연구, 제33권, 제2호, 2021, pp.412–420.

정부관계부처 합동, 스마트팜 확산 방안, 2018.

한국농수산식품유통공사, 미국 스마트 농업 및 IT 시스템을 활용한 농작물 재배현황 및 관리, 연구보고서, 2019.

해양수산부, 스마트 양식산업 기술개발사업 공청회, 2018.8.1.

해양수산부, 4차 산업혁명 시대 이끌 해양수산 스마트화 전략, 해양수산부 보도자료, 2019.11.11.

CEMA, Digital Farming; What Does It Really Mean?, *European Agricultural Machinery Industry Association*, 2017.

Usery, E. L., Pocknee, S., & Boydell, B., "Precision Farming Data Management Using Geographic Information Systems", *Photogrammetric Engineering and Remote Sensing*, Vol.61, No.11, 1995, pp.1383-1392.

[참고사이트]

농수축산신문(http://www.aflnews.co.kr)

Wikipedia, Digital agriculture, https://en.wikipedia.org/wiki/Digital_agriculture

10

CHAPTER

인 공 지 능 으 로   구 현 되 는   세 상

스마트 헬스케어

제1절 | 스마트 헬스케어

제2절 | 인공지능과 헬스케어의 융합

제3절 | 스마트 헬스케어 기업 동향

CHAPTER 10 스마트 헬스케어

4차 산업혁명 핵심기술과 헬스케어와의 접목으로 탄생한 스마트 헬스케어는 기존의 헬스케어 산업의 생태계를 바꾸고 있다. 과거 헬스케어 산업은 의료기기, 제약회사, 의료기관 위주의 치료 중심이었다면, 스마트 헬스케어는 ICT가 접목되어 치료를 포함한 예측 및 예방 중심의 산업으로 변화되고 있다. 특히, 코로나19 팬데믹 이후 헬스케어 생태계 전반의 변화는 가속화되고, 공공 및 민간 의료시스템이 새로운 상황에 적응하고 혁신하고 있다. 이러한 역학 관계 속에서 정부 의료 서비스 제공자, 의료 서비스 소비자 및 기타 이해관계자들은 스마트 헬스케어 거버넌스 구축에 박차를 가하고 있다. 이 장에서는 스마트 헬스케어 부상 배경과 개념, 스마트 헬스케어 산업 생태계를 살펴본다. 또한 의료 디바이스, 의료진단, 인공지능 로봇 분야, 신약개발 분야, 진료 프로세스 측면에서 인공지능과 헬스케어의 융합을 알아본다. 이후 스마트 헬스케어 비즈니스 모델별로 선도 기업의 사례를 살펴본다.

제 1 절 스마트 헬스케어

4차 산업혁명 핵심기술과 헬스케어와의 접목으로 탄생한 스마트 헬스케어(Smart Health Care)는 기존의 헬스케어 산업의 생태계를 바꾸고 있다. 스마트 헬스케어 산업의 부상은 과거에 생각지 못했던 영역으로의 확장이 두드러지고 있기 때문이다. 과거 헬스케어 산업은 의료기기, 제약회사, 의료기관을 중심으로 발전했다면, 다양한 센서를 내장한 스마트폰, 활동량과 생체신호를 지속적으로 모니터링하는 웨어러블 기기의 확산 등은 4차 산업혁명 핵심기술과 의료기기의 융합으로 전환되고 있는 것이다.

코로나19 팬데믹이 발생하면서 헬스케어 생태계 전반의 변화를 가속화하고 공공 및 민간 의료시스템이 새로운 상황에 적응하고 혁신하는데 박차를 가했다. 그 결과 가상 및 디지털 혁신을 신속하게 채택하고, 상호 운용가능한 데이터 분석을 추진하고, 백신 및 치료제 개발에 있어 민관 협력을 도모하는 사례가 증가하고 있다.

1.1 스마트 헬스케어 부상 배경

스마트 헬스케어에 대한 관심이 확대되고 있는 배경은 크게 네 가지로 구분할 수 있다. 먼저, 의료 서비스의 패러다임이 질병이 발생한 후에 치료를 받는 치료 · 병원 중심에서 스스로 건강을 관리하는 예방 · 소비자 중심으로 변화하고 있다. 즉, '자가건강측정(Quantified Self)' 트렌드가 확산하고 있다. 둘째, ICT의 발전이다. IoT 및 웨어러블 디바이스의 발전과 다양한 ICT 기술, 의료기술, 빅데이터 등이 인공지능과 결합하여 새로운 혁신 서비스를 창출하고 있다. 셋째, 의료

그림 10-1 스마트 헬스케어의 부상 배경

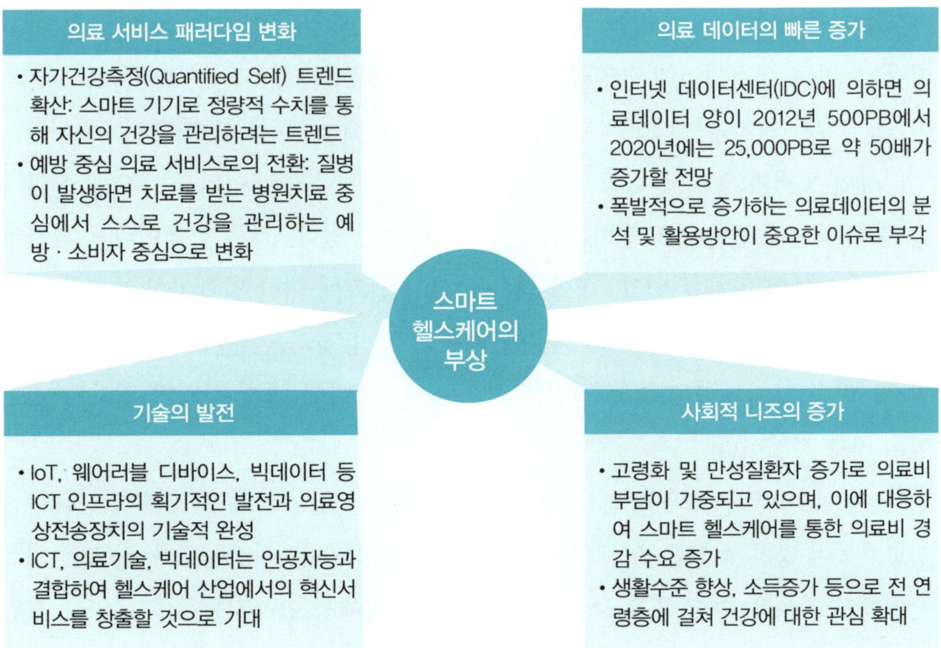

데이터의 급속한 증가이다. 정밀, 개인별 맞춤형 진료를 위해 바이오 빅데이터를 구축 중이고, 의료 데이터의 신뢰성, 보안성 확보를 위해 블록체인이 접목되고 있다. 마지막은 고령화와 만성질환자 증가로 인한 사회적 요구의 증가이다. 이는 스마트 헬스케어가 의료비 경감에 대한 해법으로 주목받고 있다. 이에 전 세계적으로 스마트 헬스케어가 추진되고 있으며, 특히 개발도상국의 경우 의료시스템의 부재, 부족한 의료 인력을 보완할 수 있는 수단으로서 스마트 헬스케어가 추진되고 있다.

1.2 스마트 헬스케어 개념

스마트 헬스케어란 4차 산업혁명의 핵심기술인 IoT(Internet of Things, 사물인터넷), 클라우드 컴퓨팅, 빅데이터와 인공지능을 헬스케어에 접목한 분야를 말한다. 기본적으로 소비자가 일상생활이나 의료기관 등에서 생성해 낸 데이터를 데이터 전문 기업이 수집 · 분석하여 이를 의료 및 건강관리 기업이 다시 활용하여 소비자에게 자문이나 치료를 지원해주는 구조이다.

헬스케어 산업은 인공지능 기반 분석이 빠르게 도입되고 있는 산업 중의 하나이다. 스마트 헬스케어에서 인공지능의 역할은 질병을 진단 또는 예측하는데 필요한 인간의 지능(학습능력, 추론능력, 지각능력, 이해능력 등)을 수행하는 것이다.

의사의 노력과 인지 그리고 판단능력으로 방대한 양의 데이터를 분석해서 환자를 위한 최선의 결론을 도출하는 것은 분명 한계가 있다. 같은 질병이라도 의사들에 따라 진료의 편차가 있고, 개별 의사들 역시 진료에 대한 일관성이 부족한 것도 현실적인 문제이다. 이에 따라 최근에 데이터 분석 결과를 근거로 정확하고 빠른 연산능력을 가지는 인공지능 기반의 헬스케어시스템에 대한 신뢰가 점차 커지고 있는 것도 사실이다.

특히, 2016년 구글의 자회사 딥마인드가 개발한 알파고가 입증한 연산능력은 인공지능이 충분히 많은 의료데이터를 축적하고 학습하면 정밀도가 필요한 의료 분야에도 기여할 수 있음을 보여주었다. 헬스케어에서 인공지능은 의료영상 정밀

진단, 신약개발, 진료 프로세스의 개선, 의료로봇, 가상간호(Virtual Nurse), 처방 오류방지 등 다양한 분야에 적용되고 있다.

1.3 스마트 헬스케어 산업 생태계

스마트 헬스케어 산업 구조는 [그림10-2]와 같이 요약될 수 있다. 다양한 기기와 기관으로부터 데이터를 생성하고, 이렇게 생성된 데이터를 수집해서 분석을 수행한 이후 전문 의료인 및 의료기관으로부터 소비자에게 자문 및 치료가 이루어진다. 이러한 절차는 새로운 데이터 생성에 기여를 함으로써 순환 구조가 형성된다.

그림 10-2 스마트 헬스케어 산업 구조

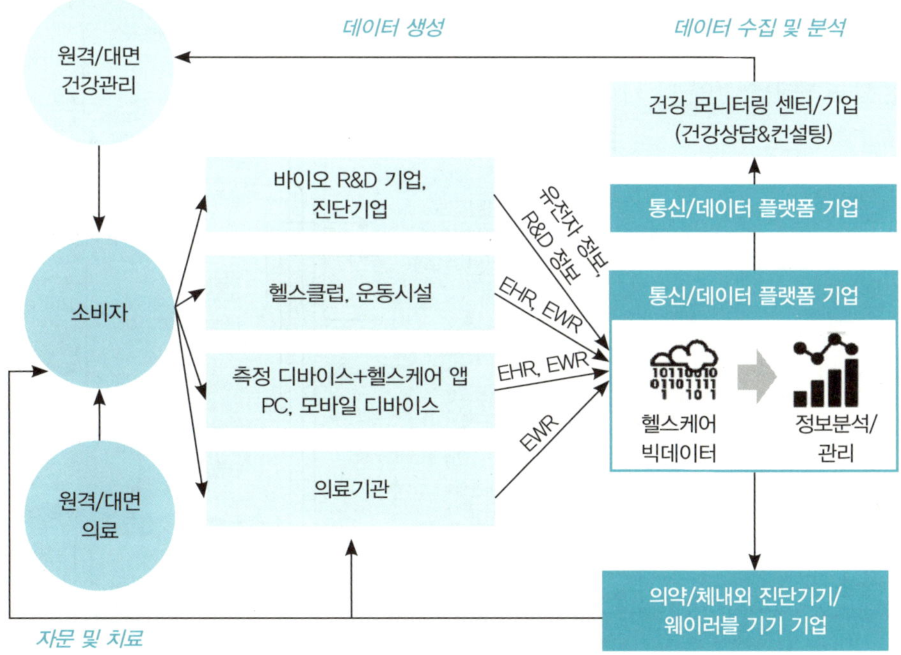

- EHR(Electronic Health Record): 의료기관이 아닌 일상생활에서 수집되는 디지털화된 개인 건강정보
- EWR(Electronic Wellness Record): 건강관리를 위한 활동시 수집되는 디지털화된 생체정보
- EMR(Electronic Medical Record): 환자의 모든 정보를 전산화하여 입력, 관리, 저장하는 형태

출처: ETRI 미래전략 연구소

이때, 개인이 생성해 낼 수 있는 데이터는 유전체정보, 개인건강정보, 전자의무기록 등 크게 세 가지로 나뉠 수 있다. 유전체정보는 개인당 약 30억 개, 1TB에 달하는 유전체 염기쌍의 서열이다. 이를 통해 정밀의료나 개인 맞춤형 신약 개발,

▮그림 10-3▮ 국내 의료 ICT, 소프트웨어 생태계

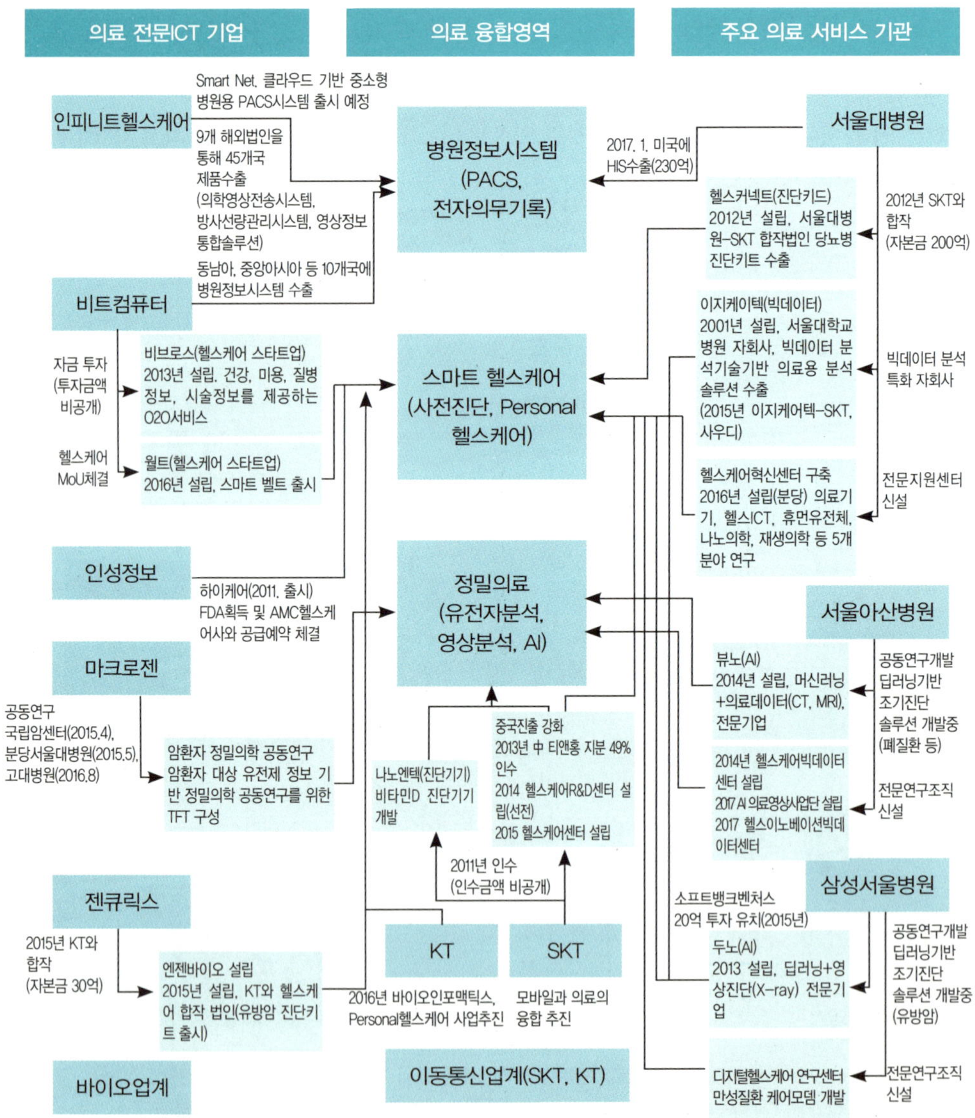

출처: 정보통신산업진흥원(2020)

유전자 편집, 합성 생물학을 구현시킬 수 있다. 개인건강정보는 웨어러블 디바이스나 헬스케어 앱 등을 통해서 수집되는 개인의 혈당 수치, 혈압, 심전도, 식단정보 등 개인 일상생활 활동에 관한 모든 데이터로서 이를 활용한 다양한 서비스가 확대되고 있다. 전자 의무기록은 과거 의료 기관에서 종이차트에 기록했던 인적사항, 병력, 건강 상태 등을 비롯하여 처방 정보, 처방 결과 등이 데이터베이스로 저장된 것이다. 이러한 세 가지 차원의 개인 데이터가 종합적으로 분석되어야 개인의 건강 개선, 질환 치료 및 예방과 같은 임상적 가치가 부여될 수 있다. 이러한 국내 의료 ICT 및 소프트웨어 생태계는 [그림 10-3]과 같다.

스마트 헬스케어 산업은 다음의 [표 10-1]과 같이 크게 하드웨어, 소프트웨어, 서비스 영역으로 구분될 수 있다. 해당 표는 정보통신산업진흥원(2020) 자료를 토대로 수정 보완하여 정리하였다.

표 10-1 스마트 헬스케어 산업 분류

구분		설명		주요 기업
하드웨어 (H/W)	개인건강 관리기기	건강관리를 위해 건강 생체 신호를 측정하는 (의료) 기기	혈당계, 혈압계, 심전도계, 체온계, 요화학 분석계, 체성분/체지방 측정계 등	아이센스, 인디비, 더바이오, 인포피아, 자원메디칼, 휴비딕, 메디칼드림, 인바디, 바이오닉스 등
	웨어러블 (웰니스) 기기	건강증진 개선을 위해 신체에 적용되어 생체 신호 측정과 모니터링을 하는 기기	웨어러블 단말(스마트밴드), 산소포화도 모니터(운동용/레저용), 심(맥)박수 모니터(운동용/레저용) 등	삼성전자, LG전자, 직토, 키위 플러스, 젤 리코스터, 스마트 사운드 등
	통신 기기	개인건강 기기와 웰니스 기기, 웨어러블 기기의 정보 전송과 원격 의료 서비스를 제공하기 위한 기기	게이트웨이, AP, 셋톱, 서버 등	H3 시스템, 씨어스테크놀로지, 인성정보 등
	각종 부품류	부품, 장치, 시약 등	부품류, 장치류, 시약류 등	

소프트웨어 (S/W)	의료, 건강 관리 콘텐츠	건강정보제공 앱	웰니스(휴식방법, 요가, 뷰티팁 등), 영양관리 및 정보 제공, 의학적 정보(약품, 질병, 복약 등) 제공	개인건강정보 앱 카카오 · 네이버, 보건소 모바일 헬스케어 등
		맞춤형 건강관리 앱	개인 건강기록(PHR), 병원기록 관리, 피트니스/운동 관리 관련 각종 앱	피어나인, 헬피, 어디아파 등
	의료정보 및 건강관리 플랫폼 및 솔루션	의료정보관리 플랫폼 (EMR, EHR)	의료기관 의료정보의 통합 저장 및 관리 시스템	이지케어텍, 유비케어, 비트컴퓨터, 인성정보, 유라클, 라이프시맨틱스, 소프트넷 등
		개인건강관리 플랫폼 (PHR)	개인건강 기기와 웰니스 기기를 통해 취득한 건강정보와 의료정보를 통합 저장, 관리하는 시스템	유라클, 라이프시맨틱스, 소프트넷 등
서비스 (Services)	진단 서비스	진단 서비스	유전자, 의료진단 서비스 제공	지노닥터, 마크로젠 등
	건강정보 서비스	일반적 의학정보, 운동정보, 영양정보 등 건강에 대한 정보를 제공하는 서비스	웰니스 정보(휴식 방법, 영양관리, 뷰티팁 등) 및 의학적 정보(질병, 복약 등) 제공 서비스, 운동 활용 정보 서비스 등	망고앱스, 엘로우토오, 버드뷰 등
	개인맞춤형 건강관리 서비스	개인의 건강정보를 수집하여 맞춤형 건강관리를 제공	개인건강정보(PHR) 관리 서비스, 병원기록 개인정보 관리 서비스, 피트니스.운동 관리 서비스, 건강검진 사후관리 서비스, 기능성 게임(재활, 치매예방) 서비스, 유전자분석 서비스, 원격상담, 원격 모니터링 서비스 등	코어메드, 눔코리아, 미라콤아이앤씨, 네오팩트, 마크로젠, DNA 링크, 에임에드, 오픈잇 등

제2절 인공지능과 헬스케어의 융합

헬스케어 산업에서 인공지능을 적용하기 위해서는 극복해야 할 과제가 여전히 많다. 인공지능의 성능은 데이터의 양과 질에 의해 결정된다. 양질의 학습데이터를 확보하는 것이 가장 우선되어야 하며, 인공지능이 자율적으로 의사결정을 수행하도록 개발자의 편견이 개입되어서는 안 된다. 인공지능의 결론 도출과정이 블랙박스이기 때문에 이 과정에서 인간의 개입이 어렵다는 것과 일반화 능력이 떨어진다는 한계도 감안해야 한다.

그러나 이러한 한계에도 불구하고, 장기적으로 볼 때, 헬스케어 산업에서 인공지능의 활용은 점차 확대될 것으로 예상된다. 인공지능의 적용이 헬스케어를 변화시키고 실질적인 차이를 만들어내고 있는 것도 사실이다. 인공지능은 질병과 유전정보 간의 상관관계를 발견하고, 수술실에서 외과의사를 지원하며, 병원의 일상업무를 간소화하는 등의 다양한 가치를 제공하고 있다. 중요한 것은 인공지능을 활용함으로써 인간의 생명을 구하는데 도움이 된다는 것이다. 시작단계이지만, 인공지능이 헬스케어에 어떻게 적용되고 있는지를 다양한 사례를 통해 확인가능하다.

2.1 의료데이터 활용 플랫폼

현재 스마트 헬스케어에서 가장 많이 활용되는 것은 데이터 기반의 의료 서비스이다. 특히, 인공지능이 적용된 웨어러블 디바이스는 신체 일부에 착용하여 개인의 생체신호를 모니터링하고 분석할 수 있다. 웨어러블 디바이스 기술은 크게 입력, 처리, 출력, 전원, 응용으로 구분되는데, 인공지능은 처리기술에 주로 활용되고 있다.

애플(Apple)의 경우, 헬스키트(HealthKit)라는 플랫폼을 통해 헬스케어 산업에서 존재감을 드러내고 있다. 헬스키트는 2014년 6월에 애플이 공개한 의료데이터 플랫폼이다. 사람들은 헬스키트를 통해 스마트워치 등 아이폰과 연동된 기기에서 환자의 건강정보를 측정한 뒤, 정보를 수집 및 분석할 수 있다. 개인의 생체신호를 입력하는 것은 물론 맞춤형 헬스정보를 전달하여 자사 디바이스에 대한 충성도를 높이는 데도 기여하고 있다. 애플의 헬스키트와 더불어 애플의 리서치키트(ResearchKit)도 주목할만 하다. 리서치키트는 2015년 3월에 공개되었으며, 연구자들이 애플 제품 사용자들을 대상으로 의학 임상시험을 할 수 있는 플랫폼이다. 이 플랫폼은 연구자에게 특정 질병에 대한 데이터를 측정하여 증상을 완화 또는 악화시키는 요소를 발견하는 데 도움을 준다. 예컨대, 파킨스병의 경우, 아이폰의 기능을 활용해서 민첩성, 균형감각, 보행능력, 기억력 등을 측정하고, 이를 통해 연구자들이 수면, 운동, 기분 상태 등을 조절하는 요소들에 대해 통찰력(Insight)을 얻을 수 있다.

애플은 의학 연구자들이 리서치키트를 활용해서 다양한 앱을 만들어 성과를 내는 것을 보고, 이를 임상에서 활용할 수 있는 도구로 만들 방법을 고민하게 된다. 그 고민 끝에 만들어진 것이 케어키트(CareKit)이다. 케어키트는 환자 혹은 사용자들이 스스로 건강관리를 할 수 있도록 돕는 앱 개발도구이다. 이 앱을 통해서 환자는 병원방문에 의존하지 않고, 스스로 증상과 처방 약을 정기적으로 모니터링할 수 있다. 예를 들어, 케어키트의 대표적인 심장마비 앱인 케어키트의 케어카드(Care Card) 모듈을 사용해 약복용이나 활동량 등을 손쉽게 추적할 수 있다. 심박수, 혈압, 기분 등과 같은 회복 관련 지표를 지속적으로 업데이트해 줄 뿐만 아니라, 데이터를 검토한 의료진이 의사와의 면담이 필요하다고 판단할 경우, 환자에게 연락을 취할 수도 있다.

▌그림 10-4▐ 애플의 헬스케어 프레임워크(좌) / 리서치키트(우)

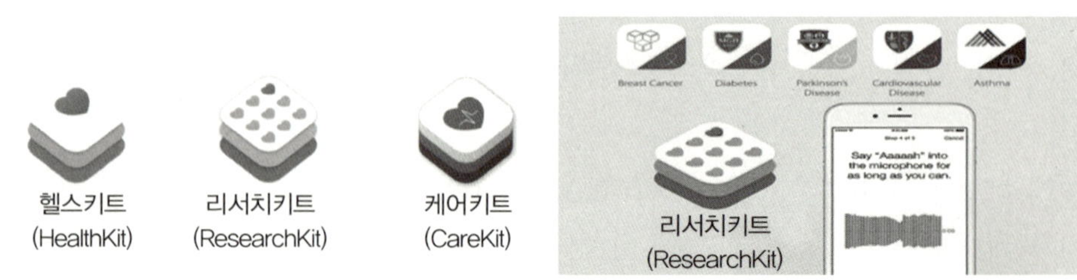

출처: https://medium.com/kinandcartacreated(좌) / https://www.assignmentpoint.com(우)

리서치키트가 의학 연구자들이 의미있는 데이터를 수집하도록 지원하는 앱을 위한 소프트웨어 프레임워크라면, 케어키트는 개인의 건강상태를 이해하고 스스로 관리할 수 있게 해주는 앱을 위한 소프트웨어 프레임워크이라는 점에서 차이가 있다.

2.2 웨어러블 의료 디바이스

웨어러블 의료 디바이스는 헬스케어 산업의 확장과 인공지능 활용의 핵심분야로 주목받고 있다. 웨어러블 의료 디바이스는 헬스케어 수요 관리 방법의 모니터링 장비로서의 역할을 수행한다. 웨어러블 의료 디바이스를 통한 실시간 모니터링은 발병 시 신속한 조치를 취할 수 있도록 지원하고, 이를 통해 인공지능은 개인에 대한 학습을 거쳐 더욱 정확한 판단을 내릴 수 있기 때문이다.

웨어러블 의료 디바이스란 웨어러블 디바이스(Wearable Device)의 한 종류로, 센서가 장착되어 사람이 착용할 수 있는 의료기기를 말한다. 보통 웨어러블 의료 디바이스는 사람의 혈당, 혈압, 심장박동률, 혈액 함량, 체온, 호흡 빈도수 등 건강지표를 수시로 체크할 수 있는 진단용 웨어러블 의료기기와 각종 질병 진료에 도움을 주는 치료용 웨어러블 의료기기로 구분할 수 있다.

또한 웨어러블 의료 디바이스는 유형에 따라 휴대형, 부착형, 이식/복용형으로 분류할 수 있다. 휴대형(Portable)은 스마트폰과 같이 휴대할 수 있는 형태로, 안경, 시계, 팔찌의 모습인데 반해, 부착형(Attachable)은 패치(Patch)와 같이 피부에 직접 부착할 수 있는 형태이다. 그리고 이식/복용형(Eatable)은 웨어러블 디바이스의 가장 최종단계로 인체에 직접 이식하거나 복용할 수 있는 형태이다.

▌그림 10-5▌웨어러블 의료 디바이스의 종류

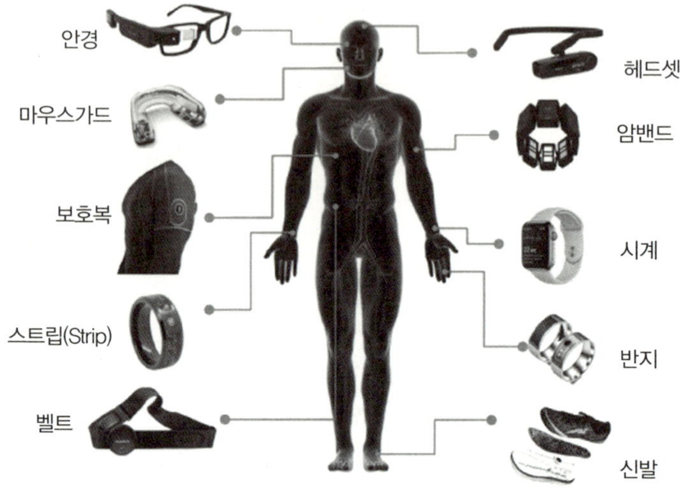

출처: 김진태(2020)

결국, 웨어러블 의료 디바이스는 사용자가 자신의 몸에 장착하고 사용자 자신의 건강 및 행동패턴 등을 감지, 진단, 모니터링하고 최종적으로는 그 정보들을 전달할 수 있는 기기를 의미한다. 웨어러블 디바이스에서 수집된 의료정보는 사용자의 건강에 대한 컨설팅 소스로 활용되기도 한다. 최근에는 의료용 장비, 생체 신호 인식 기기 등의 소형화 등에 따라 웨어러블 의료 디바이스의 초소형화가 가능해지고 있으며, 일상생활 속 건강관리에 점차적으로 적용되고 있다.

2.3 인공지능 수술 로봇

CMR 서지컬(CMR Surgical)은 영국의 수술용 로봇 스타트업이다. 이 기업이 개발한 수술 로봇으로 '베르시우스(Versius)'가 유명하다. '베르시우스'는 초소형 수술 도구 로봇으로 세 개의 팔 끝에 바늘 장치가 부착되어 있다. 이 장치에 카메라가 있어 수술 부위를 3차원으로 재구성하여 제시하고, 자체적으로 절개나 봉합도 할 수 있다.

외과전문의는 '베르시우스'를 활용해서 전체 수술 과정을 통제하고 미세한 절개

부위에는 '베르시우스'의 팔을 사용하면 된다. '베르시우스' 로봇은 환자의 신경이나 혈관, 장기를 건드릴 위험을 줄이고, 감염, 통증, 탈장 가능성도 현저히 낮게 해준다. 환자뿐만 아니라 외과의들이 불편한 자세로 장시간을 버텨야 하는 수술 시간도 줄여줄 수 있다. 가령, 1시간 20분 정도 소요되는 외과적 수술은 '베르시우스'를 통해 30분만에 수술을 마칠 수 있다. 개복 수술보다는 복강경 수술(키홀수술)과 같이 신체 일부를 작게 절개하고 그 부위에 카메라를 사용하는 수술에 있어서는 베르시우스의 장점을 극대화할 수 있다.

그림 10-6 CMR 서지컬의 베르시우스

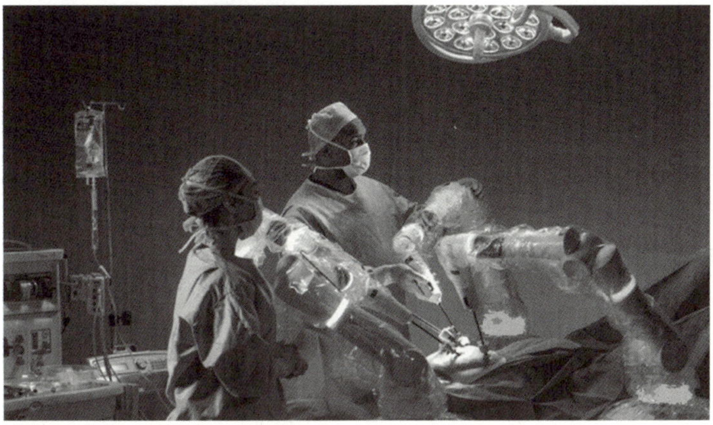

출처: https://www.chosun.com/economy/tech_it/2021/01/07/

한편, 대표적인 인공관절 수술 로봇으로 미국 스트라이커의 '마코(Mako)'가 있다. '마코'는 인공관절 삽입에 필요한 절삭 부위를 사전에 파악하여 정확하게 깎아내는 햅틱(촉각) 기술이 적용되어 있다. 정해진 부위를 벗어나면 스스로 작동이 멈추게 된다.

2018년 국내에도 연세대 세브란스병원, 부산경남지역의 단디병원 등 상급종합병원과 관절척추전문병원에서 '마코'가 도입되어 환자 수술에 활용하고 있다. 수술 전에 환자상태를 토대로 3D 시뮬레이션을 통해 수술 계획을 수립하고 의료진이 직접 '마코' 로봇팔을 잡고 수술을 집도하게 된다. 로봇 팔의 정교함으로 안전성을 높인 것이 장점이며, 기존의 수기로 진행된 인공관절 수술에 비해 절삭 정밀도를

5배 높이고, 인공관절 삽입 정확도 또한 3배 이상이 향상되는 효과를 거두기도 하였다.

▌그림 10-7▌마코를 활용한 수술

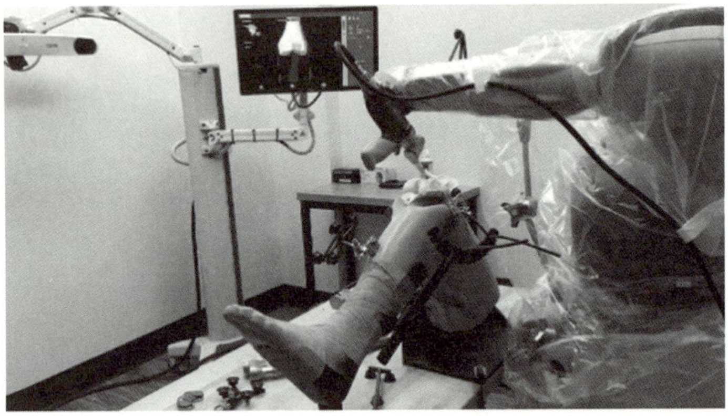

2.4 의료진단 분야

인공지능은 질병 진단에서 두드러진다. 유럽 최대 병원체인을 가진 '애피디아'는 유방암 진단에 인공지능을 활용한다. 이 인공지능의 이름은 '트랜스파라'이며, 사람의 가슴을 촬영한 엑스레이 사진을 재구성해서 악성 종양을 찾아낸다. 인공지능이 수많은 진료기록을 스스로 학습하는 딥러닝(Deep Learning) 덕분에 가능하다. 인공지능을 통해 유방암 진단 결과를 불과 35초면 알 수 있다. 국내의 경우, 이미 서울대병원, 아산병원 등에서 도입한 '루닛'의 소프트웨어는 폐암, 유방암을 97~99% 확률로 진단하는 것으로 유명하다.

▮그림 10-8▮ 인공지능으로 영상을 판독하는 모습

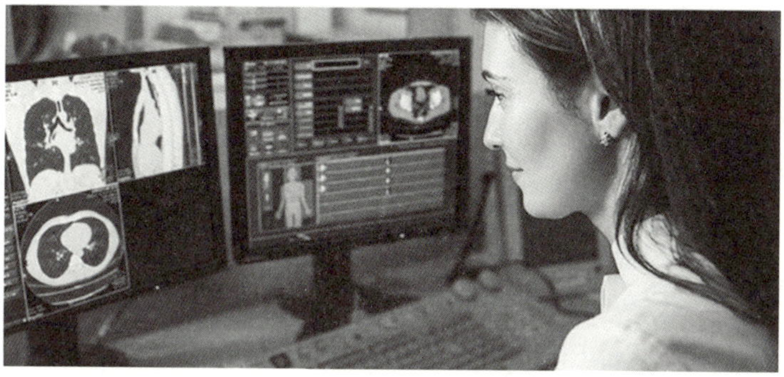

또한 병원 안에서만 가능했던 영상진단은 일상생활에서도 가능해졌다. 가령, 버터플라이 네트워크(Butterfly Network)사가 개발한 'iQ'는 태블릿 PC에서 영상진단 기기를 연결하여 언제 어디서나 개인이 자신의 심장이나 폐 등을 촬영할 수 있다.

▮그림 10-9▮ 버터플라이 네트워크의 iQ

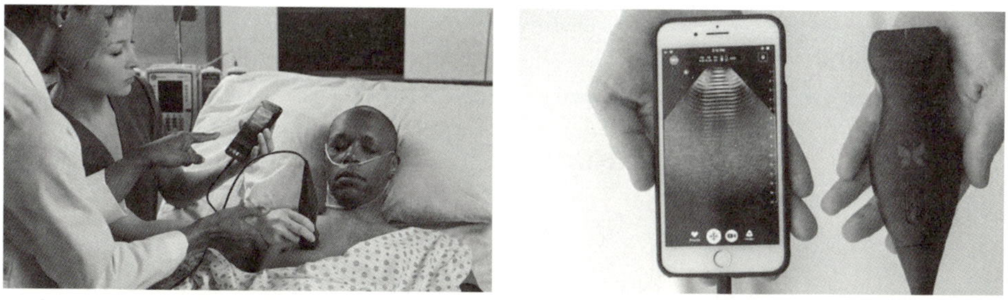

출처: https://www.courant.com/business/

의료영상을 통한 정밀진단은 인공지능 활용이 가장 활발한 분야이다. 환자의 질병을 진단하기 위해 의료영상은 영상수집 기기를 통해 다양한 인체 부위에서 수집된다. 수집된 영상은 임상의나 영상의학 전문의의 경험적 판단에 의존하여 진단되었지만, 이제는 수백만 장의 검사 영상을 스캔하여 데이터화시킨 후 인공지능을 통해 가장 효과적인 치료법이 제안되도록 설계되고 있다.

예컨대, 암 치료에 있어 동일한 신체 부위의 암이라도 육안보다 더욱 정밀한 인공지능기술을 활용해 병리진단을 통해 암의 진행 속도를 평가할 수 있고, 이에 따라 약제와 치료법을 적절히 대체할 수 있다.

2.5 신약개발 분야

인공지능을 활용한 신약 연구개발의 대부분은 임상 전 표적물질 개발 분야이다. 사실 신약개발의 가장 큰 어려움은 임상단계이다. 많은 중소 제약사가 후보물질을 개발하고도 임상단계에서 대형 제약회사에게 기술이전 또는 양도를 하는 이유가 이 때문이다. 예를 들어, 전통적인 의약품 개발과정은 허가에서 판매까지 약 10여 년의 기간이 소요된다. 특히 신약의 최종 상용화까지는 평균 성공률이 10% 미만 수준이다. 인공지능을 활용한 임상단계 평가는 임상기간과 비용을 줄이고, 임상실패에 대한 위험을 감소시킬 것으로 예상된다.

▮그림 10-10▮ GENTRL을 활용한 신약 후보물질 발굴 및 검증 과정

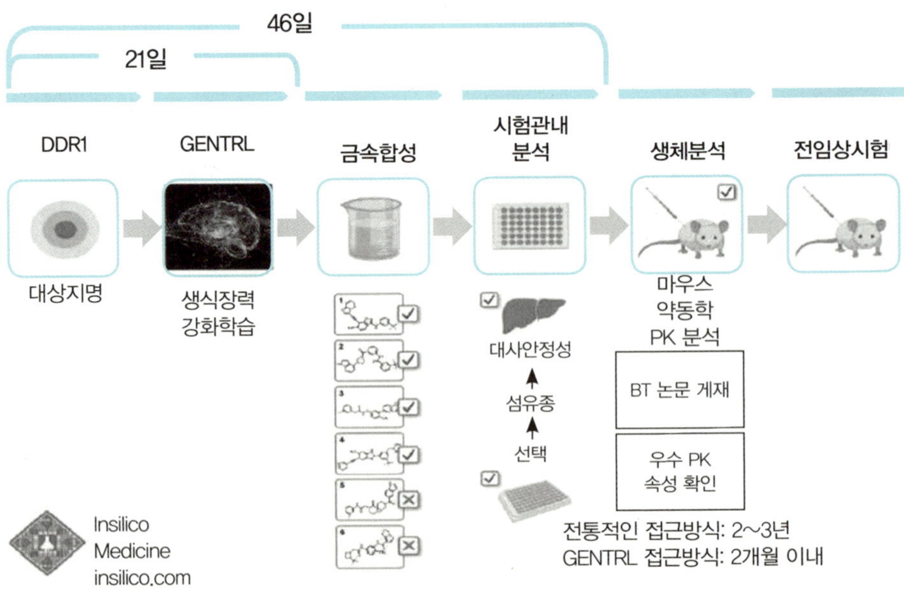

출처: http://www.dailypharm.com

인공지능을 활용한 제약 분야 스타트업으로 인실리코메디슨(Insillico Medicine)이 있다. 이 기업은 새로운 신약 후보물질을 발굴, 합성 그리고 검증까지 단시간에 수행할 수 있는 인공지능 'GENTRL(Generative Tensorial Reinforcement Learning)'을 개발하였다. 딥러닝 시스템인 'GENTRL'은 소분자 화합물 발굴과 검증에 최적화된 것으로, 21일만에 유망한 후보물질을 6개를 발굴하고 이후 합성과 동물실험을 통해 가능성 있는 결과를 확보하기도 하였다.

또한 구글을 모회사로 둔 '23andMe'는 개인 유전체 분석 서비스를 하는 기업으로 유전자 분석 키트 구매 소비자의 유전체 정보를 기반으로 빅데이터를 인공지능을 통해 신약개발이 가능한 항체로 개발하였다. '23andMe'는 개인유전정보와 사용자 라이프사이클 정보를 통합한 약 1,000만 명의 유전체 데이터를 확보하고 있다. 이 기업은 자사의 데이터를 기반으로 제약사와 데이터 공유사업을 진행하여 다국적 제약회사인 GSK(GlaxoSmithKine)에게 앞으로 4년간 자사의 특정 유전정보 DB에 대한 독점적 접근권을 주고 엄청난 금액의 투자를 받았다.

▮그림 10-11▮ 23andMe의 유전체 데이터베이스를 활용한 신약개발 프로세스

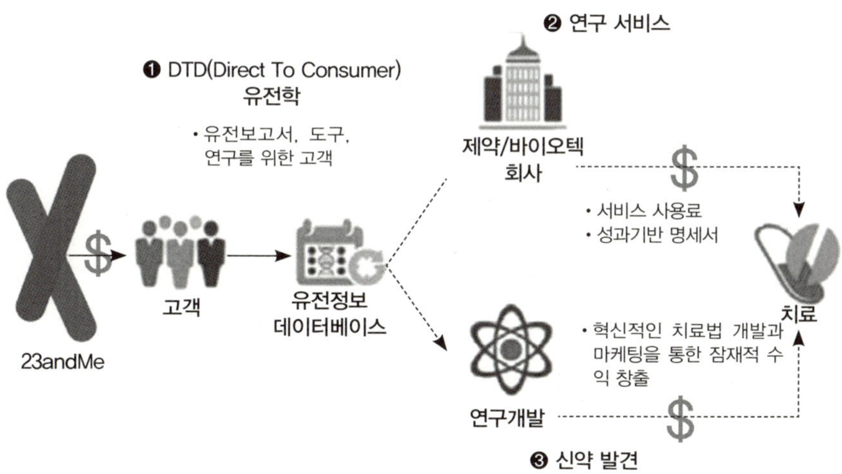

출처: Find my Family Magazine

영국의 '베네볼런트 AI(Benevolent AI)'는 후보물질 선정부터 임상단계까지 단계별 실험 데이터를 기반으로 가장 적합한 신약개발 프로세스를 컨설팅하는 기업

이다. 최근에는 시판 중인 항바이러스제를 인공지능으로 분석하여 코로나-19에 적용할 수 있는 치료제를 예측한 결과를 발표하기도 하였다. 물론 인공지능을 이용한 예측이기 때문에 실제로 효과가 있을지는 실제 실험과 진행되는 임상을 통해 비교해 볼 필요는 있다. 코로나-19에 대한 효과보다는 분초를 다투는 공중보건 상황에서 인공지능이 역량을 발휘하고 환자치료에 신속 대응할 수 있다는 점에서 주목할 필요가 있다.

국내의 경우, 제약회사가 자체 인공지능 전문인력을 보유하고 있지 않기 때문에 인공지능 전문기업과 제약사가 공동연구 및 협력을 통해 의약품 개발 및 신약개발에 주력하고 있다. 예를 들어, JW중외제약이나 CJ헬스케어는 신테카바이오(인공지능 전문기업)과 함께 항암, 통풍 치료제, 면역항암 치료제를 개발하고 있으며, 한미약품 그리고 SK케미칼은 항암, 비알콜성 지방간 치료제 개발을 위해 스탠다임(인공지능 전문기업)과 공동개발 중이다.

신약개발이 더 이상 전통적인 제약회사만의 것이 아니라는 점을 주목할 필요가 있다. 이제는 빅데이터와 인공지능을 활용한 신약개발 시장을 주목할 필요가 있다. 앞으로 인공지능을 활용한 신약개발 프로세스의 신뢰성이 입증된다면, 인공지능 기업의 신약개발 분야 진출은 더욱 가속화될 것이다.

2.6 진료 프로세스의 효율화

인공지능을 통해 그동안 수작업으로 진행되던 병원의 업무 프로세스를 자동화하는 경향도 나타나고 있다. 병원 경영성과는 시간과 높은 관련성이 있다. 환자의 만족도를 높이면서 동시에 회전율을 높이는 것은 병원 경영에서 중요한 부분이다. 간단한 의약품에 대한 환자 처방, 재고가 낮은 물품에 대한 공급업체 자동 주문, 차트 작성을 자동화하는 음성 인식기술의 사용, 환자 의무기록을 포함한 다양한 보고서의 수집, 저장, 전송 등이 인공지능을 통해 자동화되어 진료 과정의 효율성을 향상시키고 있다. 이 분야에서 두각을 나타내는 스타트업 중 하나인 올리브(Olive)의 AI 플랫폼은 환자의 신원 확인에서 진료비 청구, 데이터 이전 등 저수준의 진료 프로세스를 AI로 자동화하여 직원들이 더 나은 환자 서비스 제공에 집중할 수 있도록 지원하고 있다.

이외에도 미국의 인공지능 스타트업인 큐벤터스(Qventus)는 응급실 등에서 발생하는 환자 안전 관련 문제를 해결하는 AI 소프트웨어 플랫폼을 제공하고 있다. 이 회사의 자동화 플랫폼은 환자의 질병 또는 부상의 정도를 고려한 병원 대기시간을 추적하고 가장 빠른 구급차 경로를 차트로 만들 수도 있다. 클라우드메덱스(CloudMedX) 역시 머신러닝을 활용하여 지역 내 의료시스템 전반에 걸쳐 환자의 진료전달을 개선하기 위한 환자 맞춤형 컨설팅을 제공한다. 이 기업의 시스템은 여러 병원들과 데이터를 공유하고 협업하여 환자의 의료기관 간 이송, 의료비 지불 등을 자동화하여 지역 내 다양한 의료 제공자들이 혼란 없이 환자를 효율적으로 이동할 수 있도록 도와준다.

2.7 환자에 대한 지속적인 치료와 모니터링 제공

인공지능은 환자에 대한 모니터링을 지원하기도 한다. 인공지능 기반의 애플리케이션과 챗봇을 통해 환자가 병원에서 퇴원한 후에도 간호 서비스를 받을 수 있도록 도와준다. 웨어러블 기기 또는 스마트폰으로도 충분하다. 인공지능 기반의 가상 간호는 약물 관련 질문에 대한 빠른 답변, 지속적인 건강 모니터링 서비스 등을 지원한다. 이외에도 환자 자신의 건강관리에 필요한 데이터를 웨어러블 기기, 홈 모니터링 장치, 디지털 침대 등을 통해 생성하고 축적한다. 이렇게 축적된 데이터를 분석하여 발작이나 패혈증과 같은 긴급 상태에 조기 경고를 제공하기도 하고, 환자의 건강상태와 위험을 수치화하여 스스로 관리하는데 도움을 준다.

병원 안에서도 상시적인 환자 모니터링이 필요한 중환자실이나 응급실에서 인공지능의 활용도는 높다. 일반적으로 환자의 뇌파추세변화 데이터는 의료진이 육안으로 확인해야 한다. 이 과정은 많은 자원이 필요하고 의료진의 기술과 경험에 따라 그 결과가 달라질 수 있다. 인공지능의 알고리즘과 다양한 환자의 데이터가 존재한다면, 인공지능은 장기적인 패턴과 비교해서 치료에 대한 적절한 의사결정에 영향을 줄 수 있는 미묘한 개선을 쉽게 발견할 수 있다. 인공지능의 활용은 인력의 한계와 자원 부족에 시달리는 병원의 환자 대응 체계를 변화시킬 수 있다. 현행 보험 급여 구조상 주로 질병에 대한 보상만 가능하지만, 향후 예방 및 예측 의료서비스에 대한 진료비 청구가 가능해진다면, 병원의 인공지능 도입은 가속화될 것으로 예상된다.

제3절 스마트 헬스케어 기업 동향

스마트 헬스케어가 부상함에 따라 다양한 이종(異種) 산업의 기업들이 참여함으로써 생태계가 변화되고 있다. 헬스케어 산업의 전통적 사업자는 필립스 · GE · 지멘스와 같은 의료기기 업체, 존슨앤존슨 · 노바티스 · 화이자와 같은 제약회사, 삼성서울병원 · 메이오클리닉 등과 같은 의료기관과 같다. 하지만, 스마트 헬스케어 산업이 부상함에 따라 신규 사업자들이 등장하게 되었다. 피빗(Fitbit), 직토 워크(Zikto Walk)와 같은 웨어러블 디바이스 기업, 구글, 애플, MS와 같은 모바일 운영체제(OS), 퀄컴, AT&T와 같은 기존 통신사가 주축이 되어 협력과 경쟁을 동시에 수행하는 코피티션(Copetition: Cooperation+Competition) 상황이 펼쳐져 있다.

3.1 스마트 헬스케어 내 기업 동향

스마트 헬스케어의 지속적인 성장이 예측됨에 따라 다양한 기업들이 각자의 시장 진출 전략을 내세워 시장에 뛰어들고 있다. 현재 대표적인 의료기기 업체, 제약회사, 의료기관, 웨어러블 디바이스 업체, 모바일 OS 업체들이 경쟁과 협력을 수행하고 있음을 아래의 [표 10-2]와 같이 요약하였다.

표 10-2 스마트 헬스케어 기업의 시장 진출 전략

분야	기업	시장 진출 전략
의료기기 업체	PHILIPS	• 환자의 생체정보를 모바일 기기를 통해 실시간으로 확인하는 커넥티드 모니터링 솔루션 서비스를 제공 • 영상진단장비, 초음파, 마취기 및 신생아 중환자 관리 등 스마트 헬스케어 사업 영역을 확대 중
	GE Healthcare	• 인공지능 컴퓨터기업 엔비디아와 협력을 통해 GE 헬스케어 의료영상 기기에 최첨단 AI를 도입, 의료데이터 처리 속도 향상을 위해 노력
제약회사	Johnson & Johnson	• 구글의 생명화학 자회사인 베릴리(Verily)와 함께 인공지능을 활용한 헬스케어 개발에 집중하고 있음 • 특히 인공지능기술이 적용된 수술로봇 개발에 노력
	NOVARTIS	• 구글과 협업하여 공동으로 구글렌즈를 제작해 눈물의 당 농도를 분석, 진단시스템을 개발 중
의료기관	삼성서울병원	• 2017년 6월, 스마트 헬스케어 · 의료기기융합연구센터 설립 • 인공지능과 의료정보 표준화, 인체삽입형 의료기기, 광바이오 진단기기 등에 대해서 연구할 예정
	MAYO CLINIC	• 애플과 협력하여 환자들에게 칼로리 섭취 및 소모량, 몸무게, 혈압 같은 건강 상태를 모니터링 진행
웨어러블 디바이스 업체	fitbit	• 수면 일정 관리, 심박수 측정 기능 등이 웨어러블 스마트 밴드를 통해 사업을 추진중 • 2016년 스마트워치 업체 페블(Pebble)의 핵심사업 인수를 통해 사업 확장중
	ZIKTO	• 걸음걸이를 분석하여 잘못된 보행습관을 바로잡아 주는 웨어러블 밴드 출시 • 걸음걸이 자세교정을 통한 예방의학적 차원의 건강증진 서비스를 제공
모바일 OS 업체	Google	• 자사가 직 · 간접적으로 개발하는 디바이스 및 서비스를 통합하는 플랫폼 구글핏 운영 • 의료기관 연계보다 개인의 데이터 활용에 주력하는 생태계 조성
	Apple	• 개방형 스마트 헬스케어 플랫폼 '헬스키트(HealthKit) 운영' • 애플워치, 모바일앱 등을 병원 등과 연계해 생태계 조성 모색
통신사	QUALCOMM	• 만성폐질환 관리 서비스 플랫폼 운영 • 스위스 제약회사 Novartis의 흡입형 의료기기와 연동하며 사업 확장 중
	AT&T	• 조직 내 헬스케어 서비스 전담부서 신설 및 신사업 추진 • 의료영상 이미지 및 정보 관리, 공유 서비스 제공

3.2 스마트 헬스케어 협력 시스템

스마트 헬스케어 산업은 전통적인 의료산업 영역에 ICT 기반 기술이 접목되는 융합 산업이다. 그렇기 때문에 핀테크의 사례에서와 마찬가지로 구글, 애플, MS, IBM 등과 같은 빅테크 기업들이 시장 주도권을 확보하기 위해 적극적인 투자와 인수합병을 진행하고 있다. 예를 들어, IBM은 2015년 4월 왓슨 헬스 부서를 독립시킨 이후에 애플, 존슨앤존슨, 메드크로닉, 에픽 시스템즈 등과 협력 및 인수를 하면서 의료 생태계 확장에 앞장서고 있다. 애플 또한 2016년 헬스케어 스타트업인 글림스(Gliimpse)를 인수하고, 2017년에는 개인 맞춤형 의료 및 건강관리 서비스를 제공하는 크로스오버헬스(Crossover Health) 인수를 추진하면서 병원 사업에 도전하고 있다. AT&T의 경우 정부 및 의료단체와 함께 건강정보교환 시스템을 구축하여 국가 시범사업에 적용하고 있다. AT&T가 선보인 HCO(Healthcare Community Online)은 독점적으로 미국병원협회의 승인을 받은 의료정보 공유 서비스로 의료진, 헬스케어 서비스 업체, 환자들이 건강기록을 열람할 수 있는 서비스를 제공하고 있다.

아래 [표 10-3]은 국내외 대표적인 전자의무기록시스템 업체의 현황이며, [그림 10-12]는 스마트 헬스케어의 협력 시스템을 도식화하였다.

표 10-3 국내외 대표적 전자의무기록시스템 업체

구분	해외 주요 업체	국내 주요 업체
대기업	Cerner(미국), Epic(미국), Allscripts(미국), MEDITECH(미국), McKesson(미국)	유비케어, 비트컴퓨터, 전능아이티
중소기업/스타트업	Athenahealth(미국), Practice Fusion(미국), Kareo(미국), Carecloud(미국)	이지스헬스케어, 세나클소프트

출처: 정보통신기획평가원

▌그림 10-12▐ 스마트 헬스케어의 협력 시스템

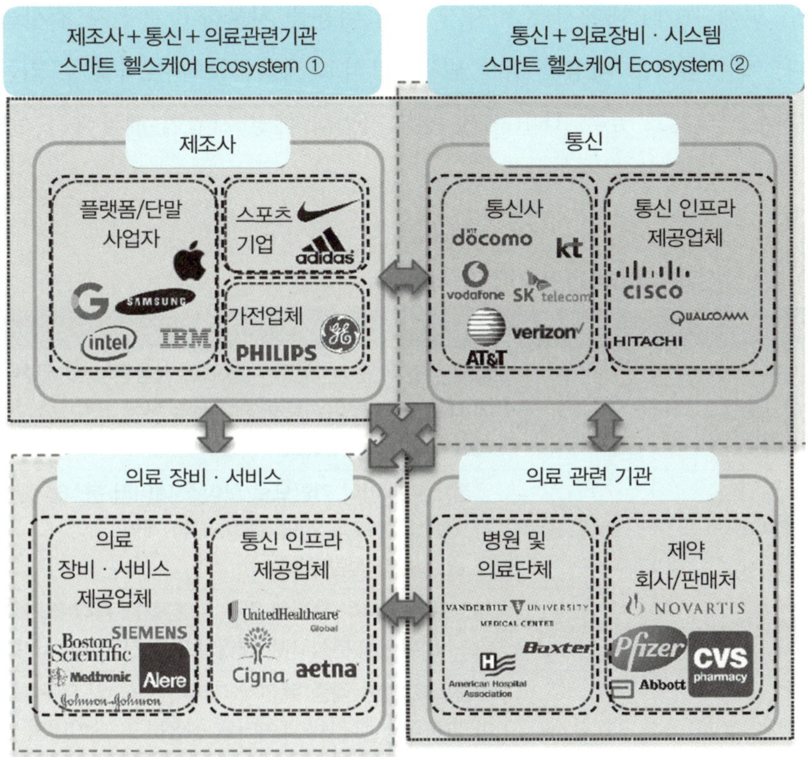

출처: 조인호 · 김도향(2016)

3.3 스마트 헬스케어 선도 기업

스마트 헬스케어 산업은 전통적인 의료산업 영역에 ICT 기반 기술이 접목되어 새로운 형태의 비즈니스 영역을 창출하고 있다. 이에 본절에서는 한국데이터산업진흥원에서 발표한 스마트 헬스케어 관련 비즈니스 모델을 토대로 관련 기업을 살펴보았다.

1) 유전체 데이터 관련 비즈니스

2015년 유전체기업협의회가 출범한 이후 병원에서 의료진이 유전자 검사가 필요한 경우에 기업에 검사를 의뢰하면 기업 검사실에서 분석 후 의사가 결과를 해석해 치료에 반영한다. 반면, 제한된 DTC(Direct to Consumer) 검사 허용 항목(2020년 현재 70개) 내에서 소비자가 직접 비용을 지불하고 유전자 검사를 받을 수 있다. 이는 앞으로 대상과 검사 범위, 그리고 제품군들이 확대될 수 있는 비즈니스 모델을 가지고 있다. 대표적인 관련 기업과 해당 기업이 제공하는 서비스는 아래 [표 10-4]와 같다.

표 10-4 유전체 데이터 관련 기업과 서비스

기업명	서비스명	설명
마크로젠	iD4U	국내 유전체 분석 1세대 기업으로 임상진단 및 유전체 분야에 대한 연구개발을 통해 염기서열 분석, 바이오칩 분석, 올리고 합성 등을 서비스
테라젠이텍스	헬로진	유전체 빅데이터 기반으로 오믹스 데이터 분석을 통해 유전자 기반의 예측 및 진단, 예방, 신약 개발, 제약, 의약품 유통 등 관련 산업 전반 서비스
메디젠휴먼케어	M-CHECK	개인별 질병예측 유전체 연구 및 분석을 통해 조기 예방 서비스 및 유전체 분석 기반 개인별 맞춤 건강검진 서비스 진행
디엔에이링크	DNALink	맞춤의료 위한 각종 유전체 데이터 분석 및 연구를 실행하여 고품질의 유전체 데이터를 생성하고, 데이터의 분석 및 결과 해석 지원
이원다이애그노믹스	gene2me	비침습적 산전 진찰 기술로 유전 질병을 예측하고 유전자 특징 분석기술의 구현 및 서비스, 유전체 기반 소프트웨어 개발 및 공급 지원
닥터노아바이오텍	ARK	시스템 생물학 기법으로 약물을 재창출하고 의약학 빅데이터 분석과 인공지능 기술을 바탕으로 신약 연구 및 개발
신테카바이오	tinygenes	빅데이터 및 인공지능 기반 알고리즘 개인 유전체맵 플랫폼 기술을 통해 신약 개발 및 가상 임상시험 진행
천랩	Smilebiome	빅데이터 및 인공지능 기반 알고리즘 개인 유전체맵 플랫폼 기술을 통해 신약 개발 및 가상 임상시험 진행, 장내 미생물 유전체 정보를 해석하고, 미생물 연구를 통해 국내외 휴먼 마이크 로바이오 및 감염성 질환에 대한 솔루션 제공

2) 병원정보시스템 관련 비즈니스

병원정보시스템(HIS: Hospital Information System)에는 처방전달시스템, 전자의무기록, 의료영상 저장전송 기능 등이 포함되어 해당 병원의 업무 프로세스에 따라 설계된다. 하지만, 기존의 병원정보시스템의 경우 데이터베이스 구조가 복잡하며 통일된 표준이 없기에 상호 호환성도 결여되어 있으며, 보다 고도화된 사용자 친화적인 인터페이스 환경 구성이 요구된다. 이에 전자의무기록을 수행함에 있어 상호운용성 차세대프레임워크(HL7-FHIR)를 따르도록 권장되고 있다. 향후 보건의료정보시스템의 고도화·표준화를 통한 비즈니스 모델 구축을 위해 수행되어야 할 부분이다. 대표적인 관련 기업과 해당 기업이 제공하는 서비스는 아래 [표 10-5]와 같다.

표 10-5 병원정보시스템 관련 업체와 서비스

기업명	서비스명	설명
유비케어	에버헬스	국내 1차 의료기관 처방전달시스템 '의사랑' 개발하였고, 1차 진료에 대한 FHIR 변환 모듈 제공 기술 보유
비트컴퓨터	클레머(CLEMR)	2차 의료기관 위주 의료정보시스템 제작
이지케어텍	BEST Care	서울대학교 병원 전산시스템 개발기술을 바탕으로 국내외 의료정보시스템 제작 및 사우디에 병원정보시스템 수출
삼성SDS	P-HIS	정밀의료 패러다임에 맞는 클라우드 기반 병원정보시스템 P-HIS 개발
에픽(Epic)	Epic Systems	미국 전자의무기록 시장점유율 1위 기업. 진료과별로 근무 환경에 맞는 모듈 개발 및 지원
써너(Cerner)	Cerner	아마존과 함께 의료 분야 인공지능 및 머신러닝을 연구 수행하고, 병원별 맞춤 모듈 지원. 미국 재향군인회의 전역군인 건강기록 시스템에 Cerner EHR 채용

3) 개인 건강기록 비즈니스

개인이 평생 동안 이용한 모든 병원의 정보와 개인의 건강정보는 다양한 사회경제활동과 연동된다. 따라서 개인의 건강정보는 위변조 위협으로부터 자유로워야 한다. 이를 위해 블록체인 기술을 도입해서 용량이 큰 개인 건강 데이터를 안전하게 처리하는 기업들이 존재하며, 새로운 비즈니스 모델로 등장하고 있다. 대표적인 관련 기업과 해당 기업이 제공하는 서비스는 [표 10-6]과 같다.

표 10-6 | 개인 건강기록 관련 업체와 서비스

기업명	서비스명	설명
레몬헬스케어	M-Care	진료 예약부터 처방전 전송 등의 과정을 서로 다른 병원으로부터 단일 앱으로 해결하는 엠 케어를 개발함
메디블록	패너시어	여러 기관에 흩어져 있는 의료정보를 안전하게 통합하여 관리할 수 있게 하는 블록체인 기반의 의료정보 오픈 플랫폼. 암호화폐인 MED(Medi token)을 발행하여 플랫폼 내 경제 생태계 구축
비링크헬스케어	아임닥터	개인 맞춤형 건강관리 프로그램을 제공하기 위한 '아임닥터' 앱을 개발
애플	AC웰니스	HL7-FHIR를 이용하여 여러 병원의 의료정보를 단일 앱에서 접근할 수 있도록 함
MIT 미디어랩	메드랙(MedRec)	블록체인 원장을 통해 환자 약물치료에 대한 정보를 공유하는 탈중앙화 기록관리시스템

4) 라이프로그 관련 비즈니스

웨어러블 기기로 측정하는 모든 신호를 라이프로그(Lifelog)라고 하며, 이를 확장하여 의료사물인터넷(IoMT: Internet of Medical Things)이라는 용어도 존재한다. 이러한 데이터는 24시간 측정가능하며 실시간 추적이 가능하지만, 데이터 수집에 대한 표준안에 대한 논의가 부족하다. 향후 질병에 대한 다양한 정보를 공유하고 추적할 수 있는 비즈니스 모델이 요구된다. 대표적인 관련 기업과 해당 기업이 제공하는 서비스는 [표 10-7]과 같다.

❙ 표 10-7 ❙ 라이프로그 관련 업체와 서비스

기업명	서비스명	설명
핏비트(FitBit)	FitBit	헬스케어 전문 스타트업 카디오그램(Cardiogram)과 협력하여 이용자의 건강 모니터링 서비스 제공. 기업 가입자 전용 웨어러블 디바이스 '핏비트 인스파이어(Fitbit Inspire)' 출시
웰트(Welt)	웰트	스마트벨트 제작. 과식, 앉아있던 시간 등을 측정하여 서비스 제공
휴이노	CICLO	심질환 의심 환자 대상으로 간편한 웨어러블 심전도 기기 개발
엠투웬티(M20)	마이미러	근육에 전자기 자극을 주는 EMS 제품을 개발해서 근 손실 최소화 도모함
PatientsLikeMe	PatientsLikeMe	환자들이 본인의 질환에 대한 이야기를 자유롭게 하고, 비슷한 양상을 가진 환자들의 경험을 공유할 수 있게 해줌

5) 분석 관련 비즈니스

의료진이 병원 내 축적된 데이터를 연구하기 위해 익명화된 환자정보를 공통 데이터 모델을 통해 수집하는 분산형 빅데이터 사업이 존재한다. 나아가 의료진이 데이터를 분석해서 진단하는 과정을 도와주는 다양한 인공지능기술이 활용되고 있다. 특히, 이미지 관련 분야에 인공기능 분석 기술이 접목되어 임상 데이터를 시각화할 수 있다. 대표적인 관련 기업과 해당 기업이 제공하는 서비스는 [표 10-8]과 같다.

❙ 표 10-8 ❙ 분석 관련 업체와 서비스

기업명	서비스명	설명
에비드넷(EvidNet)	EvidNet	공통데이터 모델을 이용한 분산형 빅데이터 분석 플랫폼 제공
미소정보기술	Smart CDW	Qlik 솔루션 파트너로서 빅데이터, BI, 비즈니스 디스커버리 솔루션 제공
에이치스퀘어	HSquare	임상 데이터웨어하우스를 통한 '헬스케어 인텔리전스' 솔루션 공급을 통한 의료서비스 고도화 지원
루닛(Lunit)	Lunit Insight CXR Module	인공지능 기반으로 결핵이나 암을 진단하는 AI 기업
뷰노(VUNO)	Deep ASR	인공지능 기반의 영상의학 분석 기업으로 IPO 상장되었음

참고문헌

김진태, 웨어러블 의료 디바이스의 기술개발 동향, 주간기술동향, 정보통신기획평가원, 2020.7.29.

삼정KPMG 경제연구원, 스마트 헬스케어의 현재와 미래, 이슈 모니터, 2018.

이새봄 · 송재민 · 박아름, “헬스케어산업에서의 인공지능 활용 동향,” 한국콘텐츠학회논문지, 제20권, 제5호, 2020, pp.448-456.

정현주 · 피승훈 · 김재영, “인공지능을 활용한 신약개발 국내외 현황과 과제,” 보건산업브리프, Vol.14., 2020, pp.1-20.

정보통신기획평가원, 글로벌 DNA 동향: 디지털헬스케어, ICT Brief, 2020.

정보통신산업진흥원, 스마트헬스케어 현황 및 생태계 분석, 2020.

조인호 · 김도향, 스마트 헬스케어 시장의 성장과 기회, KT경제경영연구소, 2016.

한국데이터산업진흥원, 2019 데이터산업백서, 통권 22호, 2019.

[참고사이트]

https://www.chosun.com/economy/tech_it/2021/01/07/GQJMLJGYMJGBNLMGYVQTUL6DJQ/

http://www.irobotnews.com/news/articleView.html?idxno=19699

http://www.aitimes.com/news/articleView.html?idxno=47086

https://www.nifds.go.kr/index.do

| 찾아보기 |

[기타]

| 저자 소개 |

강성배

2014년부터 동국대학교 파라미타칼리지 교수로 재직하고 있으며, 주요 관심 분야는 동적능력 관점에서의 공급사슬관리 및 성과, 정보기술의 가치 및 평가, 창의적 사고 및 문제해결 등이다. 동국대학교에서 경영학사, 석사 그리고 한국외국어대학교에서 경영정보전공으로 박사학위를 취득하였으며, 한국경영정보학회, 한국문화융합학회 부회장, 한국정보시스템학회, 한국인터넷전자상거래학회, 한국교양교육학회에서 상임이사 및 편집위원으로 활동하고 있다.

박상철

2015년부터 대구대학교 경영학과 교수로 재직하고 있으며, 주요 관심 분야는 행동경제학 관점에서의 IT 사용자 행동, 디지털 환경에서의 그림자노동 현상 규명, IT개발프로젝트 과정에서의 의사결정 등이다. 이와 관련하여 Journal of AIS, European Journal of Information Systems, Information Systems Journal 등의 해외저널에 논문을 게재하였다. 성균관대학교에서 경영정보전공으로 박사학위를 취득하였고, (미) 조지아주립대학교 컴퓨터정보시스템학과에서 박사후연구원으로 근무하였다.

오창규

2004년부터 경남대학교 경영정보학과 교수로 재직하고 있으며, 주요 관심 분야는 조직 내 정보기술의 수용, IT Happiness, e-비즈니스 모델링 및 전략 등이며, 특히, 맞춤형 교육과정 개발 및 운영에 정보시스템을 활용하는 방안에 관심을 가지고 관련 특허를 보유하고 있다. 부산대학교에서 상학사(전자계산학 부전공), 동 대학원에서 경영정보시스템 전공으로 석사 및 박사학위를 취득하였으며, 현재 한국정보시스템학회 편집위원장을 역임하고 있다.

정대율

1998년부터 경상국립대학교 경영정보학과 교수로 재직하고 있으며, 주요 관심 분야는 시스템분석 및 설계, 의사결정지원시스템, 지능형 시스템, 전자상거래, 플랫폼 비즈니스, 문화융복합, 기술창업 등이다. 부산대학교 경영학과 경영학사, 석사, 박사학위를 취득하였으며, 한국정보시스템학회 회장, 한국인터넷전자상거래학회 회장, 한국창업학회 회장, 한국경영학회 부회장, 한국경영정보학회 부회장 등을 역임하였다.

정석찬

1999년부터 동의대학교 e비즈니스학과 교수로 재직하고 있으며, 주요 관심 분야는 인공지능, 빅데이터, e비즈니스, 기술정보수용, 정보화 전략 등이다. 부산대학교 기계설계공학과 공학학사와 오사카부립대학 경영공학 석사와 박사학위를 취득하였으며, 한국전자통신연구원 선임연구원으로 전자상거래 및 ERP 관련 기술 개발을 담당하였다. 과학기술정보통신부 정보화전략위원회 위원, 부산정보산업진흥원 상임이사 등을 역임하였으며, IT Innovation 대상 지식경제부 장관상 표창(2008), 정보통신 유공자 부산광역시장 표창(2018), SW산업 발전 유공 홍조근정훈장 수훈(2019)하였다. 현재 동의대학교 부산IT융합부품연구소장과 인공지능그랜드ICT연구센터장을 담당하고 있다.

인공지능으로 구현되는 세상

2021년 11월 20일 1판 1쇄 인쇄
2021년 11월 25일 1판 1쇄 발행

저 자 | 강성배 · 박상철 · 오창규 · 정대율 · 정석찬

발행인 | 이수영
발행처 | 도서출판 청람
서울시 마포구 독막로 288(대흥동, 세양상가 109호)
전 화 | 02)3272-2601(대)~2
팩 스 | 02)3272~2603
이메일 | crbooks@daum.net
홈페이지 | http://www.crbooks.co.kr
등 록 | 2000년 8월 26일 제6-0509호

ISBN 978-89-5972-848-0 93320 [정가 25,000원]

본 연구는 과학기술정보통신부 및 정보통신기획평가원의 지역지능화혁신인재양성(Grand ICT연구센터) 사업의 연구 결과로 수행되었음(IITP-2021-2020-0-01791)